主　编：刘　伟

副主编：李永珺　黄晓明　齐武福

参　编：赵心亮　唐琳琳　权永红　尹华玲　卜琼琼 等

编委会

云南现代学徒制试点

——典型案例——

YUNNAN XIANDAI XUETUZHI SHIDIAN DIANXING ANLI

刘　伟◎主编

云南大学出版社
YUNNAN UNIVERSITY PRESS
·昆　明·

图书在版编目（CIP）数据

云南现代学徒制试点典型案例 / 刘伟主编. -- 昆明：云南大学出版社，2021

ISBN 978-7-5482-4375-5

Ⅰ. ①云… Ⅱ. ①刘… Ⅲ. ①职业教育－学徒－教育制度－研究－云南 Ⅳ. ①G719.2

中国版本图书馆CIP数据核字(2021)第156010号

策划编辑： 张丽华
责任编辑： 孙小林
封面设计： 杨　雪
装帧制作： 任　徽

云南现代学徒制试点

——典型案例——

YUNNAN XIANDAI XUETUZHI SHIDIAN DIANXING ANLI

刘　伟◎主编

出版发行： 云南大学出版社
印　　装： 昆明理煋印务有限公司
开　　本： 787mm × 1092mm　1/16
印　　张： 29
字　　数： 710千
版　　次： 2021年10月第1版
印　　次： 2021年10月第1次印刷
书　　号： ISBN 978-7-5482-4375-5
定　　价： 118.00元

地　　址： 昆明市一二一大街182号（云南大学东陆校区英华园内）
邮　　编： 650091
发行电话： 0871-65033244　65031071
网　　址： http://www.ynup.com
E-mail： market@ynup.com

前　言

2014年6月《国务院关于加快发展现代职业教育的决定》（国发〔2014〕19号）提出：要“推进人才培养模式创新，开展校企联合招生、联合培养的现代学徒制试点，完善支持政策，推进校企一体化育人”。2015年8月5日，教育部遴选出165家单位作为首批现代学徒制单位。2017年8月23日确定第二批203家现代学徒制试点单位。2018年8月1日，确定第三批194家现代学徒制试点单位。云南响应国家号召，结合实际积极部署现代学徒制试点工作。2015年10月《云南省教育厅等五部门关于印发云南省职业院校现代学徒制试点工作实施方案（试行）的通知》（云教职〔2015〕31号）明确了云南省现代学徒制试点工作要求。2016年10月云南省启动首批现代学徒制试点申报，在众多的申报单位中，经过专家评审、结果公示，于2016年10月在《云南省教育厅关于公布首批现代学徒制试点单位的通知》（云教职〔2016〕19号）中公布了20家试点单位，其中高职院校9所、中职院校7所、应用型本科院校3所、企业1家，正式开启了云南省首批现代学徒制试点，并成立云南现代学徒制工作专家指导委员会，对试点工作进行研究和指导。2017年10月云南省启动第二批现代学徒制试点申报工作，在众多的申报单位中，经过专家评审、结果公示，于2017年11月在《云南省教育厅关于公布第二批现代学徒制试点单位的通知》（云教职〔2017〕1号）中公布了19家试点单位，其中高职院校11所、中职院校8所。两批共遴选了39家试点单位开展现代学徒制试点，省级试点的39家单位中，昆明工业职业技术学院等11家试点单位还是全国现代学徒制试点单位，其中高职院校9所，中职院校2所，已经通过验收。

按照教育部的统一安排，云南省全面落实国家现代学徒制试点工作要求，各试点单位按照“学校企业双重主体，学生学徒双重身份，工学交替，岗位成才”的“四双”现代学徒制云南模式，积极开展现代学徒制试点。试点期间，云南省教育厅全面加强对现代学徒制试点工作的领导，各试点院校领导高度重视，全力做好试点的各项工作，云南现代学徒制专家指导委员会认真履行职责，发挥专家委员会的作用，加强对试点工作的全面指导，中期检查和验收期间，专家跑遍了9个州市的39家试点单位，开展中期检查指导和试点验收，每次行程上万千米，工作得到试点学校、企业和学生（学徒）的一致肯定和好评，得到全国现代学徒制专家指导委员会和教育主管部门的肯定。

全省39家试点单位共有97个试点专业、130家参与企业、5091名试点学生（学徒），聘任企业1892名能工巧匠担任师傅，投入试点经费近2亿元（其中企业投入经费4454.96万元）。现代学徒制试点工作的开展，提高了企业参与职业教育的积极性、主动性，深化了产教融合、校企合作，培养了一批优秀的“双师型”教师（师傅）队伍，缩短了学生（学徒）适应岗位的时间，提高了技术技能人才培养质量，丰富了职业教育的办学资源，缓解了职业教育供给侧与需求侧之间的矛盾。培养成本分担机制的建立，解决了困扰职业教育发展的企业参与职业教育积极性不高等问题；教师、师傅的双向聘任、双向兼职，解决了职业教育“双师型”教师数量不足、质量不高等问题；现代学徒制试点中招生招工的一体化，解决了学生学徒双重身份的问题；校企深度合作、企业全程参与，解决了学校企业双重主体协同育人的问题；学校企业两个学习场所开展教学，解决了学生职业能力提升的问题；学校企业双重管理制度的建立，解决了与现代学徒制相适应的学生（学徒）管理问题。现代学徒制试点工作创新了职业教育人才培养模式，建立了与现代学徒制试点相适应的教学管理制度，成效显著。试点期间专委会牵头召开试点工作推进会、研讨交流会、成果展示会，高质量推进试点工作的开展。云南现代学徒制试点工作得到全国现代学徒制专家委员会的指导，得到各兄弟省份的关心支持，得到同行们的充分肯定，一些典型做法和经验被兄弟省份借鉴和推广。试点工作已于2020年基本结束，云南率先成立了云南学徒制联盟，全面推广和探索中国特色学徒制，现代学徒制云南模式正在各职业院校广泛推广和快速发展，试点过程中，涌现出了一批典型案例，积累了丰富的试点经验。

为深入贯彻落实党的十九届五中全会精神、落实“探索中国特色学徒制”要求，以及总结经验和进一步做好学徒制人才培养工作，我们收集整理了各试点单位的典型案例，梳理了现代学徒制试点的相关政策和云南的一些做法，目的是在总结试点经验的基础上，为全面推进中国特色学徒制人才培养提供借鉴参考。

现代学徒制试点是云南省“万人计划”省级教学名师刘伟教授的重点研究项目之一，本书是该项目研究和实践的重要成果，项目的顺利实施，得到了云南省人才工作领导小组的关心和支持，在此深表感谢。同时，本书的出版得到了云南省教育厅相关领导的指导，得到了各试点院校的支持，得到了昆明工业职业技术学院和相关企业的关心和帮助，得到了云南大学出版社的支持，在此一并表示感谢。

由于时间关系和编者水平所限，我们对典型案例的描述和问题的分析可能存在不足，望读者见谅，并提出宝贵意见。

编　者

2021年8月21日

目　录

上编　云南现代学徒制典型案例

下编　文件制度汇编

上编　云南现代学徒制典型案例

案例一：

基于大型国企办学体制下的现代学徒制人才培养实践与探索

昆明工业职业技术学院[①]　昆明钢铁控股有限公司

摘　要：昆明工业职业技术学院发挥大型国企办学产教融合、校企一体独特优势，通过专业对接产业、资源共享、师资共建、人才共育，形成了校区、厂区、社区“三区”融合，办学机制校企一体化、培养方式产教一体化、教学方式理实一体化、办学形式职业教育与职工培训一体化“四化”，人才培养目标定位与企业人才需求融合、专业教师与企业能工巧匠融合、教学内容与工作任务融合、理论教学和技能培训融合、能力考核与技能鉴定融合、校园文化与企业文化融合“六融合”的“三区四化六融合”国企办学现代学徒制人才培养新模式；建立了职业教育人才培养和企业职工培训“双轮驱动，两翼齐飞”的人才培养体系，形成了现代学徒制人才培养新模式，取得了显著成绩。

关键词：国企办学；现代学徒制；人才培养模式

一、“三区四化六融合”国企办学模式助推现代学徒制试点工作

（一）国企办学及学校优势

昆明工业职业技术学院是一所隶属于昆明钢铁控股有限公司（以下简称“昆钢”）的公办高等职业院校，是“云南省省级示范高职院立项建设单位”和“云南省优质高职院校建设单位”。昆钢始建于1939年，经过多年转型发展，已由单一钢铁制造企业逐步形成传统产业和新兴产业相结合的现代企业集团，是中国企业500强之一。昆钢累计投入资金3.4亿元，在人才培养、专业设置、校区建设、师资队伍、实习实训基地建设等方面给了学校极大的办学支持，各厂矿和子公司的企业一线生产车间都是学校的校外实习实训基地。学校形成了学历教育、职业培训、技能鉴定并举的办学格局，建立了“资源共享、人才共育、过程共管、成果共享、责任共担、互惠共赢”的“校企一体化”办学和人才培养机制。

① 昆明工业职业技术学院是全国首批现代学徒制试点单位，2018年通过教育部验收。

（二）昆钢及区域相关产业人才需求

学校处于云南省工业聚集地昆明市滇中经济圈核心区安宁工业园区内，学校周边工业园区为云南首个千亿级工业园区的主园区，学校区位优势明显。目前，昆钢正处在深化改革、转型发展、结构调整起步阶段，技术技能型人才的严重缺乏，已成为制约产业升级与转型的突出问题。

今后 5 年，随着昆钢产业升级转型发展及区域经济发展，每年对冶金类、电气类、机械类、建筑工程类、经管类、计算机应用技术类等技术技能人才的需求预计达 6000 人。同时，昆钢将对钢铁主业职工 11861 人（其中技术技能岗位职工 9243 人）实施全员培训，持续提高职工队伍的整体素质。

（三）昆钢国企办学模式

学校通过多年的改革探索，形成了以校区、厂区、社区“三区”融合，办学机制校企一体化，培养模式产教一体化，教学方式理实一体化，办学形式职业教育与职工培训一体化“四化”，人才培养目标定位与企业人才需求相融合、专业教师与企业能工巧匠相融合、教学内容与工作任务相融合、理论教学和技能培训相融合、能力考核与技能鉴定相融合、校园文化与企业文化相融合“六融合”的国企办学现代学徒制人才培养新模式，见图 1。“三区四化六融合”国企办学模式的改革与实践，使学校在教学、人才培养等方面收获颇丰，有些教学成果荣获 2018 年国家教学成果二等奖。

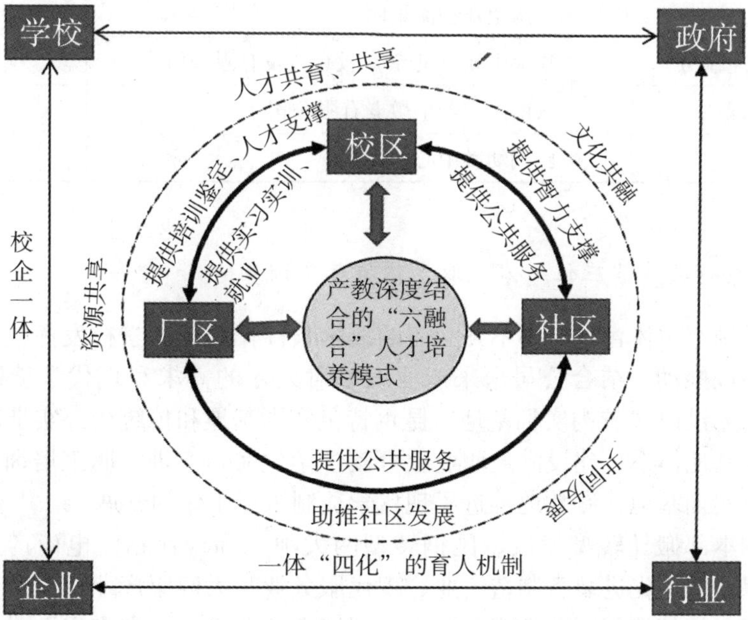

图 1　国企办学现代学徒制人才培养模式框图

二、发挥校企一体优势，实施现代学徒制试点工程

（一）校企协同育人助推现代学徒制试点工作开展

按照《教育部关于开展现代学徒制试点工作的意见》（教职成〔2014〕9号）的要求，在昆钢的统筹推动下，学校与昆钢所属的云南昆钢重型装备制造集团有限公司、云南泛亚物流集团、云南昆钢养生敬老有限公司、云南昆钢建设集团、武钢集团昆钢股份公司和华育中航（北京）教育科技有限公司等单位深度合作，开展现代学徒制试点，分别选取了黑色冶金技术、电气自动化技术、机电设备维修与管理（焊接方向）、建筑工程技术、物流管理、空中乘务（航空服务）、老年服务与管理、学前教育八个专业，进行现代学徒制试点。（见表1）

表1　试点专业与合作企业情况统计

试点专业	合作单位	试点人数（第一年）
黑色冶金技术	武钢集团昆钢股份安宁公司	30
电气自动化技术	云南昆钢重型装备制造集团有限公司	30
机电设备维修与管理（焊接方向）	云南昆钢重型装备制造集团有限公司、云南昆钢建设集团	28
建筑工程技术	云南昆钢建设集团	30
物流管理	云南泛亚物流集团	24
空中乘务（航空服务）	华育中航（北京）教育科技有限公司	25
老年服务与管理	云南昆钢养生敬老有限公司	40
学前教育	昆钢幼教中心	415

（二）校企行共建“三位一体”双主体特色实训基地

现代学徒制双主体育人，离不开必需的教学条件作保证，学校发挥校企一体办学的优势，昆钢高位推动，结合公司未来产业发展对人才的需求和现代学徒制试点育人要求，共同规划建设由“校内实训基地、昆钢特色实训基地和传统校外实训基地”组成的三位一体实训基地体系，建设满足职业教育教学学生实习实训、职工培训和产品研发三大功能的特色实训基地，有效地推进了现代学徒制试点工作的开展。

围绕昆钢本部搬迁转型发展、昆钢转型两大项目和现代物流电商产业、新材料产业、节能环保产业、先进装备制造产业、现代服务业、大健康产业六大产业的发展对技能人才的需求，学校按照职业教育和职工培训“双轮驱动，两翼齐飞”的办学定位，服务公司人才兴企战略，规划在学校内建设十大类实习实训基地，在昆钢所属二级企业建设十大特色实训基地，提升现代学徒人才培养质量，在学校建设现代学徒培训站，在企业建设现代学徒教学站，为现代学徒人才培养提供优越的条件保障。

（三）共建、共育、共培、共享双导师教学团队

发挥昆钢和学校的资源优势，校企共建云南省“双师型”教师培养培训基地。昆钢制定了企业专业技术人员履职晋级考核管理办法，明确企业专业技术人员师带徒和承担学校教学任务的要求及考核办法。学校以昆钢及190家下属企业、产业拥有的一大批理论基础扎实、实践经验丰富、懂技术的技能大师、高级工程师和能工巧匠为依托，建设了一支稳定的承担专业课程教学和实践教学的兼职教师队伍，聘请了名誉教授13人、兼职教授199人、兼职教师和师傅465人，形成“双师型”教师队伍资源，传承昆钢近80年的师带徒历史，丰富了学校“师带徒”的新教师培养制度（见图2）。

图2　学校领导向现代学徒制教学站企业师傅颁发聘书

学校明确师带徒、教师下厂实践锻炼的要求和考核标准，完善专业教师到昆钢各生产单位接受培训、挂职和实践锻炼制度，落实专职教师每五年深入企业实践时间不少于6个月的政策，提升教师实践教学能力；鼓励教师加入行业协会组织、参与行业企业技术研发、在合作企业中兼任技术职务；重点培养一批具有技术开发应用能力和社会影响力的专业带头人及骨干教师。

昆钢投入500万元设立科研奖励基金，鼓励专兼职教师从事人才培养和科研工作。平均每年有100～150位昆钢的专家、能工巧匠被学校聘为特聘教授、兼职教师、学生师傅为学生上课，他们充分发挥了在行业领域里的特长，在学校的教学、专业建设、课程开发等诸多方面发挥了重要作用，从而打造了一支专兼结合的优秀“双师型”教师队伍，提高了学生的职业能力和综合素质，为现代学徒制人才培养模式的实施提供了强有力的师资支撑。学徒向师傅行拜师礼见图3。

图3　学徒向师傅行拜师礼

三、具体做法

结合专业特点和试点企业条件，针对不同专业设计不同的现代学徒制教学模式。

（一）黑色冶金技术专业——“校企多段式、工学交替式”

1. 黑色冶金技术专业现代学徒制试点工作实施路径（见图4）

注重职业岗位核心能力培养，以生产工艺流程为主线，构建“校企多段式、工学交替式”的现代学徒制人才培养模式。

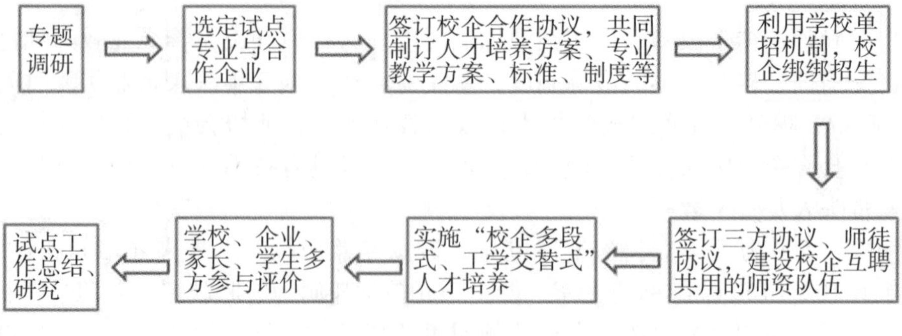

图4　黑色冶金技术专业现代学徒制试点工作实施路径

2. 有特色亮点的人才培养路径

（1）“校企多段式、工学交替式”的人才培养模式创新

结合黑色冶金技术专业与钢铁冶金生产特点，学校与合作企业多次研究，共同制订

了《现代学徒制试点2015级冶金技术专业实施方案》《冶金技术现代学徒制人才培养方案》《“现代学徒制”试点2015级冶金技术专业教学方案》等，把理论教学与实践教学科学、合理、有机地结合起来，采用“校企多段式、工学交替式”的培养模式，打造理实结合、工学交替的学习环境，为学徒理论知识的学习、专业技能的锻炼、职业素养的养成提供强有力保障。

（2）建立健全现代学徒制校企协同育人机制

学校与武钢集团昆钢股份安宁公司签订了《昆明工业职业技术学院现代学徒制试点项目校企合作协议》，并在试点过程中形成了一系列保障现代学徒人才培养质量的方案、制度、办法、标准等，建立起冶金技术专业校企协同育人的机制。具体内容见表2。

表2　现代学徒人才培养具体内容

序　号	内　容	实施主体
1	现代学徒制试点2015级黑色冶金技术专业实施方案	学院与企业
2	黑色冶金技术现代学徒制人才培养方案	学院与企业
3	“现代学徒制”试点2015级黑色冶金技术专业教学方案	学院与企业
4	校企合作协议	学校与企业
5	黑色冶金技术专业教学标准	学院与企业
6	黑色冶金技术专业核心课程课程标准	学院与企业
7	黑色冶金技术专业岗位标准	学院与企业
8	黑色冶金技术专业企业师傅选聘标准及工作要求	学院与企业
9	黑色冶金技术专业质量监控标准	学院与企业
10	学徒制实习管理办法	学院与企业
11	学徒实习考核制度	学院与企业
12	现代学徒制人才培养试点弹性学制实施方案	学校
13	现代学徒制第三方评价考核办法	学院与企业

（3）构建基于生产工艺流程的课程体系

结合黑色冶金技术专业特点，校企共同建设基于工作内容的专业课程和基于典型工作任务的专业课程体系。坚持以合作企业岗位需求为导向，围绕钢铁冶金生产工艺流程：烧结—炼铁—炼钢—精炼—连铸，设置了“烧结（球团）生产”“炼铁生产技术”“炼钢生产技术”“炉外精炼”“连铸生产技术”等专业核心课程。在培养计划中，无论是理论教学还是轮岗锻炼，都必须按生产工艺流程的先后顺序安排教学任务，实现教学内容与工作任务的对接、教学过程与生产过程的对接、教学标准与岗位标准的对接。

（4）注重职业岗位核心能力的培养

结合生产实际，立足岗位需求，校企共同制定了《黑色冶金技术专业岗位标准》，学徒在企业岗位历练期间，必须完成整个钢铁冶金生产工艺流程中所设置的所有岗位的历练，并达到相应岗位标准要求。以学徒职业岗位核心能力培养为重心，培养企业急需、上手快、动手能力强的高技能人才。

（5）培养受企业欢迎的高技术技能人才

经统计，2015级黑色冶金技术现代学徒制班30名学徒，都已就业，就业率高达100%，并且深受用人单位的欢迎和好评。

（二）机电设备维修与管理专业（焊接方向）——“校企一体、工学交替”

机电设备维修与管理专业（焊接方向）现代学徒制依托学校和昆钢“校企一体”的特色优势，学校和云南昆钢重型装备制造集团有限公司共同实施现代学徒制人才培养；专业现代学徒制试点从制度上创新校企一体育人机制，参照职业岗位标准要求，校企共同开发工作任务导向、技术标准融入、项目课程主体、能力素质融合的课程体系；实施“教、学、做一体化”教学方式，明确校企“双主体”责任目标，即教学资源共同开发，育人环境共同建设，责任共担，人才培养共同谋划，教学任务共同制定完成。

机电设备维修与管理专业（焊接方向）现代学徒制试点班第一学年以学校教育教学为主，完成公共课和专业基础课程学习；第二学年和第三学年实施校企双主体、工学交替现代学徒制人才培养模式，每周周一、周二在校学习专业理论，周三、周四、周五到云南昆钢重型装备制造集团有限公司构建加工车间开展焊接相关工种的岗位培养。

现代学徒制岗位培养的实践教学场所承载了现代学徒制实施企业课程的教学任务，实践教学条件对现代学徒制定岗培养质量标准起决定作用。学校与云南昆钢重型装备制造集团有限公司签订了学徒制特色教学站建设协议，承担现代学徒定岗培养、企业职工技能培训、技术研发职责，把企业专家，能工巧匠、学校名师和学生汇聚在一起，共同提高技能，共同探讨新工艺、新技术，共同开发新实习实训项目，帮助学生、企业员工创新创业，对专业实施现代学徒制试点起到支撑作用，并建立长效合作机制，实现共建、共用、共管，见图5。

图5　校企共建现代学徒制特色教学站

（三）学前教育专业——“政企校园、四协三共”双岗交替

1. 利用企业办学优势构建“四协三共”育人模式

2017年在安宁市政府与昆钢的支持下，在安宁市教育局的指导下，学校与昆钢幼教

中心签订了现代学徒制合作协议，形成了安宁市政府、昆钢、学校与幼儿园“共享资源、共建师资、共建课程”的校园“四协三共”育人模式（见图6），实现了实践条件、师资构成和课程建设与教学管理的一体化。同时，学校与安宁市56家幼儿园商定学生定岗培养的意向协议，实现“双主体、双导师、四方协作”的“政企校园”育人模式，打造“政企校园”互通互用、专兼结合、开拓创新的现代学徒制导生制教学团队，保育员、教师双岗交替学习保障学生实现岗位成才。

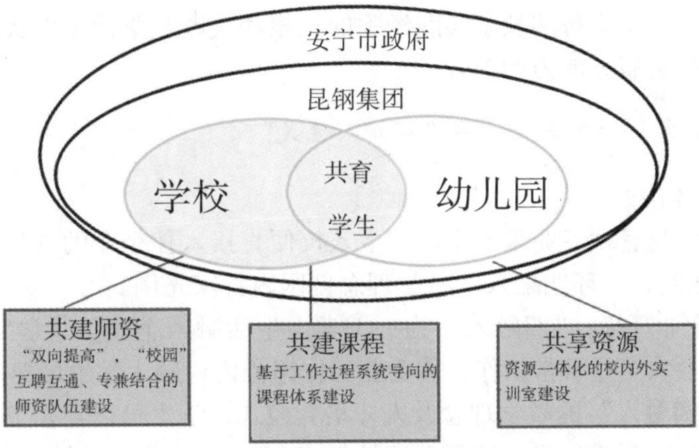

图6　政企校园“四协三共”育人模式

2. 构建“双岗交替、工学交替、角色转换”人才培养模式

以幼儿园真实岗位实践为前导，基于工作任务进行“做、学、会”反复训练，将“专业理论基础、岗位核心能力、教学技能、教学机制”融入人才培养全过程，实施递进式、分阶段教学。学生实行全员分批入园的双主体学习，每位学生分别进行60周的入园学习和43周的在校学习，实践课时比例高达60%。

3. 构建四阶递进实践教学体系

整合实践教学内容，创新实践教学模式，以幼儿教师职业岗位核心技能为依托、以幼儿教师职业素养和资格取证为参照，以学习项目、工作任务贯穿全过程，形成由“职业认知→基本技能训练→专项技能训练→专业综合技能训练”构成的四阶递进实践教学体系。

4. 创新双主体多元评价模式

为保证教学质量，学校构建学校教师、幼儿园带班导师和幼儿的多元评价模式，贯穿全过程地对课程实施进行阶段性评价。学生学业成绩的评价构成将学生专业学习，岗位职业取证、学校教师评价、幼儿园导师评价和幼儿评价相结合。

5. 学前教育专业现代学徒制试点成效

（1）育德技并重学前教育人才

校企共同制订人才培养方案、共建课程体系，科学设置实训岗位，优化教师团队，创新质量监控，实现学生品质塑造、专业提升、技能强化的全过程和目标。学生职业道德、职业素养、职业关键能力养成明显加快，更加贴合实际岗位操作。

德在熏陶，终身受用。学前教育专业形成了双导师—专业学生（学徒）—幼儿的教育生态模式，在让学生从导师身上感受职业道德的同时，在与幼儿的互动中体会职业道德的重要性，帮助学生内化职业道德。

技在传授，学以致用。岗位成才的育人模式让学生在真实任务中体验技能的基础上理解理论，再掌握技能，使学生的专业知识教学和岗位核心能力实现了互通和相互促进，有效提高了学习效果。

（2）塑素质优良教学团队

互聘互通，教学相长。幼儿园导师的选聘充实了“双师型”师资队伍。学校教师挂职入园学习管理，工学交替的教学实践经验的积累和实践教学能力的提升，带动了教师整体教学能力和社会服务能力的提升。

（四）老年服务与管理专业——“创新入住式”

1. 实施的具体内容

学校老年服务与管理专业采取全体学生入校便直接入住企业的现代学徒制模式，以“入住式现代学徒制，一环四融入”教学理念创国内首家先例。

“一环”为企业环境；“四融入”为：①学生生活融入企业，②学生学习融入企业，③学生社会服务融入企业日常工作，④企业工作岗位内容融入学生培养过程。

通过“一环四融入”的教学理念及人才培养模式，学生可以零距离地接触工作岗位任务、零距离地跟随师傅学习、零距离地接触老年人，真正实现真实岗位任务真实做，提升学生实践技能，具体见图7。

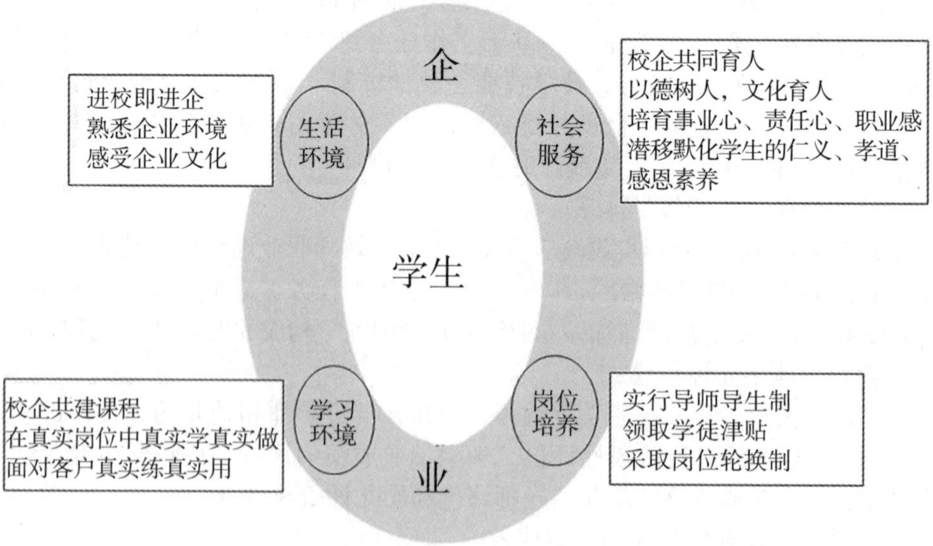

图7 “一环四融入”人才培养模式

2. 以“两条主线、三个阶段、六培养机制”构建人才培养思路

①“两条主线”是指以“企业育人＋学校育人”为人才培养模式的关键路径。

②“三个阶段”是指将整个人才培养的进程分为三个阶段，分别是岗位认知阶段，

岗位实践阶段，岗位成才阶段（岗位主要是指老年机构管理岗及老人护理岗），在这三个阶段中分别通过学校课程、企业课程、校内任务、企业任务、岗位历练五大模块来实现学生六个方面的培养。

③“六培养机制”是以职业标准为培养目标，对学生进行两方面的培养，一是职业能力和技能的培养，即“通识能力培养＋岗位基本能力培养＋职业核心技能培养”；二是职业道德和素养的培养，即“孝心培养＋责任心培养＋事业心培养”。

整个教学过程采取从易到难、从低级到高级的双螺旋模式推进，同时以“真实岗位任务真实学真实做”为目的，实现学生、学徒、准员工、员工四个层次的职业能力和身份转变。

3. 特色课程

老年服务与管理专业三个学年的课程除了常规的专业基础课和专业必修课之外，由企业和学校根据养老服务岗位需要，设计相应的模块和具体的内容，进而完善以职业需求为导向的人才培养方案。

4. 实施效果

（1）一定程度解决了区域养老产业人才紧缺的难题

截至2018年底，云南省安宁市60岁以上老人已占当地总户籍人口的近1/3，共有4家养老福利机构，但相关从业人员仅有100～150人。地处安宁的昆钢作为省属国有特大型钢铁企业，于2013年7月成立云南昆钢养生敬老有限公司，大力发展大健康产业，产业发展急需大量护理、康复类人才，但市场供给不足，学校老年服务与管理专业现代学徒制的试点，培养了一批具有“理论＋实践”的人才，一定程度上解决了安宁养老人才紧缺的问题。

（2）创新人才培养模式，提高了专业人才培养质量

校企合作共同设计制订现代学徒制人才培养方案，优化人才培养目标定位，校企共建课程6门，构建来自医院、养老院、学校三方的专职教师队伍，优化课程体系和教学过程，实现了学生在学徒、准员工以及员工的三阶段学习过程，创新了跟岗学习、岗位历练、轮岗培训三步骤的学徒过程，创新了学校老师评价、企业师傅评价、学徒自评三结合的考核模式，学徒的职业道德、职业技能、职业关键能力养成明显加快，与真实岗位需求距离明显缩短。学生的职业态度有明显的转变，从不熟悉养老、不喜欢养老服务工作变为认同养老、热爱养老服务工作。同时，学生在实践过程中主动要求参与护理不同护理级别的老人，学生对养老服务与管理这一工作的认可度大幅度提升。

（3）现代学徒制保障了社会服务能力的提升，助推了大健康产业的发展

校企协同育人的现代学徒制模式及真实任务真实做的教学手段，大大提升了学生的职业素质和技术技能，以及其专业的社会服务能力。学生专业的社会服务能力的明显提升，不仅增强了其对社会、涉老行业的服务能力，也促进了区域经济和社会的发展。学生在企业入住学习，成为养老院的一道风景线。不仅如此，学生还参与过云南省教育厅组织的国培项目“休闲服务与管理”教学助手等多项社会服务工作，这在提升学生能力的同时，更好地打造了“昆钢养生敬老”的这一张名片（见图8）。云南省老年护理协会会长李晓珠曾表示：“自昆明工业职业技术学院老年服务与管理专业学生参加省护理行业协会组织的培训以来，云南省老年护理人才队伍正走向年轻化、专业化，正有力地推进着云南大健康产业的发展。”

图 8　校企联合开展老年服务与管理专业现代学徒制人才培养工作

四、因地制宜、多种模式推进现代学徒制试点，取得丰硕成果

（一）实习实训条件明显改善

围绕昆钢两大转型项目和六大产业发展对技能型人才提出的需求，按照学校专业群建设人才培养条件需求，在学校内建设十大实训基地，在昆钢相关二级企业建设十大特色实训基地，服务昆钢职工培训和学校专业人才培养。

2018 年 10 月，钢铁冶金特色实训基地、节能环保实训基地、信息化产业实训基地、大健康特色实训基地 4 个基地顺利揭牌运行。特色实训基地服务职工和学生实习图见图 9。

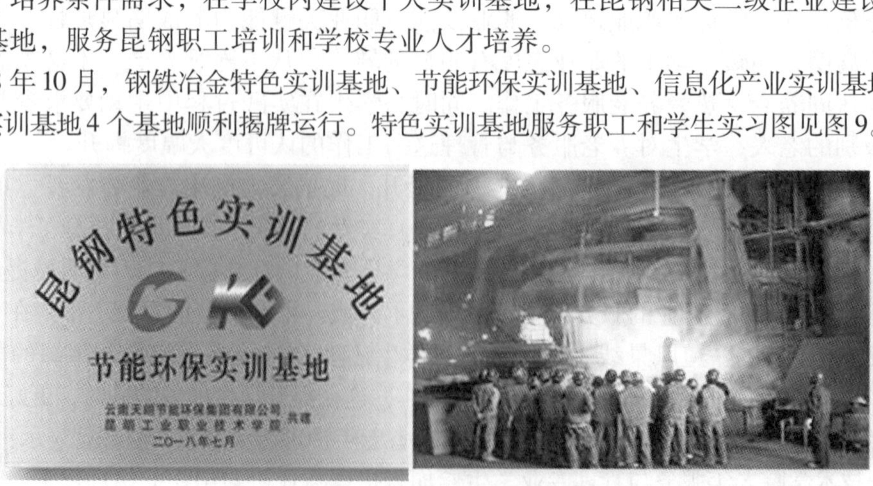

图 9　特色实训基地服务职工培训和学生实习

（二）“双师”队伍建设得到加强

开展现代学徒制试点，企业师傅参与教学，师傅能将企业生产研发过程的新技术、新工艺及时融入教学内容中，能及时把握知识更新和专业领域的新动向。学校相关专业课程和实践教学环节的任课教师，50%以上是直接来自昆钢企业的高级工程技术人员和技师、高级技师。昆钢制定了专业技术人员、技师、高级技师履职晋级传授实施办法，要求中级及以上专业技术人员、技师、高级技师等高技能人员每年必须到学校承担一定量的职业教育或职业培训教学工作才能聘用，从制度层面为建设一支数量大、质量高的“双师”队伍提供了制度保障。

（三）企业参与学校办学，特色更加鲜明

对接产业、服务企业是学校开展现代学徒制试点工作的出发点，企业深度参与教育教学，构建“学校课程＋企业课程”现代学徒制专业课程体系，实现了学生岗位成才目标，使学校办学特色更加鲜明。在试点工作的实施过程中，校企双方不断完善校企协同育人机制，创新“校企一体、工学结合”的“四双”人才培养模式。

（四）校企协同，育人质量明显提高

学校通过校企协作，成功承办了2014年至2018年云南省职业院校技能大赛有关赛项（见图10）。在学校组织学生参加的各级学生技能大赛中，现代学徒制试点学生在各类技能大赛中大显身手，参赛师生取得优异成绩，荣获省级、国家级奖项50多项，学生动手能力和岗位适应能力明显提高。“构建体系　搭建平台　全面提升高职院校技能型人才培养质量的研究与实践”荣获2017年云南省教学成果一等奖。

图10　学校承办2018年云南省职业院校技能大赛

（五）学校服务企业发展能力明显增强

学校不仅是云南省高技能人才培养基地，还是云南省第127职业技能鉴定所、全国冶金行业特有工种第54职业技能鉴定站、省安监局安全培训中心，每年为社会和企业培训各类人员15000人次以上，开展各类鉴定4000人次以上。先后被授予“全国企业职工培训教育先进单位”“全国企业职工培训教育百强单位”等荣誉称号，连续六年荣获“云南省职业技能培训、鉴定‘双十佳’先进单位”称号，部分学校所获荣誉见图11。

图11　学校所获荣誉（部分）

（六）学校的美誉度明显提高

昆明工业职业技术学院开展现代学徒制人才培养试点的经验和做法，相继被《中国职业教育》《云南日报》《云南政协报》等多家媒体宣传报道，这提高了学校办学的美誉度，提升了学校职业教育的影响力。全国现代学徒制工作指导委员会主任赵鹏飞也莅临学校指导相关工作，见图12。

图12　全国现代学徒制工作指导委员会主任赵鹏飞教授莅临学校指导现代学徒制试点工作

（撰写人：张晓雷　邹红艳　周辉林等）

案例二：
全面开展现代学徒制试点，构建双主体育人立体化实施路径

云南国土资源职业学院[1]　云南地矿珠宝检测中心

摘　要：云南国土资源职业学院在充分研究了学校“十三五”发展战略目标的基础上，2016年决定在10个二级学院各遴选一个专业进行全面试点，从点到面，整体推进，将开展现代学徒制试点工作作为学校二次发展跨越的重要抓手。通过3年试点，学校探索出了基于“一套流程”“两项选聘”“三类制度”“三种方案”“三层分担”“四个协议”“五方评价”的“一二三三三四五”立体化双主体育人现代学徒制实施路径。现代学徒制试点的全面推进，带动了学校人才培养模式的整体转型，有效地深化了学校教育教学一体化改革，实现了以产教融合为主线的人才培养机制的优化，稳步提升了人才培养的质量。

关键词：全面试点；双主体育人；实施路径

一、打破原有校企合作瓶颈，探索新型人才培养模式

云南是矿产资源大省，被称为“有色金属王国”，矿业经济对云南国民经济起着重要支撑作用：全省80%以上重工业原料取自矿产资源的开发，能源消费量的80%来自煤炭。根据《全国矿产资源规划（2016—2020）》，云南以能源资源基地和国家规划矿区建设为重点，同时被列入保障国家资源安全供应的战略核心区域和新型现代化资源高效开发利用示范区。

云南国土资源职业学院主动对接区域经济发展需求，积极发挥云南省和西部地区高技能资源勘查人才培养基地的作用，依托国土资源大行业办学优势，于2009年牵头组建了云南国土资源职业教育集团，积极开展校企合作和产教融合，基本形成了“教、学、做一体”的工学结合人才培养模式。但是，学校在校企合作过程中，存在着基于熟人关系的“人情式合作”、侧重三年级顶岗实习的“片段式合作”、仅开展校外实习的“片面式合作”以及学生参与不积极的“被动式合作”等问题，亟须通过构建新型人才培养模式来打破目前的困境。

二、做好顶层设计，全面推进试点，构建双主体育人立体化实施路径

学校在申报全国首批现代学徒制试点单位之初，面对如何选择国家现代学徒制试点

① 云南国土资源职业学院是全国首批现代学徒制试点单位，2018年通过教育部验收。

的二级学院及专业时，学校既没有选择1个专业试点力求做精做细，也没有在3~5个专业试点而实现有一定的代表性和覆盖面，而是以敢为天下先的勇气，将实施现代学徒制试点作为学校实现“十三五”发展目标的总抓手，从学校层面全面推进试点，在10个二级学院中各选择了一个专业开展试点。通过试点，学校通过将现代学徒制试点工作作为人才培养模式的重大改革和产教融合一体化育人的重要实现形式，带动了学校人才培养模式整体转型，探索出一条基于“一套流程”“两项选聘”“三类制度”“三种方案”“三层分担”“四个协议”“五方评价”的“一二三三三四五”立体式双主体育人现代学徒制实施路径。

（一）“一套流程”构建顶层设计

面对在试点前期出现的试点专业多、合作企业杂、推进节奏慢、工作流程乱等问题，为高效、有力、统一、完整地实施全部专业的现代学徒制试点工作，学校从实际出发，制定了一整套完整的现代学徒制试点工作实施流程（见图1）：建立领导小组→设立办公室→下达任务书→遴选企业→签订各类协议→制订方案、选拔学徒、聘任师傅、分担成本、开发课程、质量监管，结合自查总结、立卷归档和专项绩效考核与督查，将现代学徒制试点工作成效同部门、个人年终奖励性绩效考核挂钩，最终全面提升与强化现代学徒制试点工作的顶层设计与执行力。

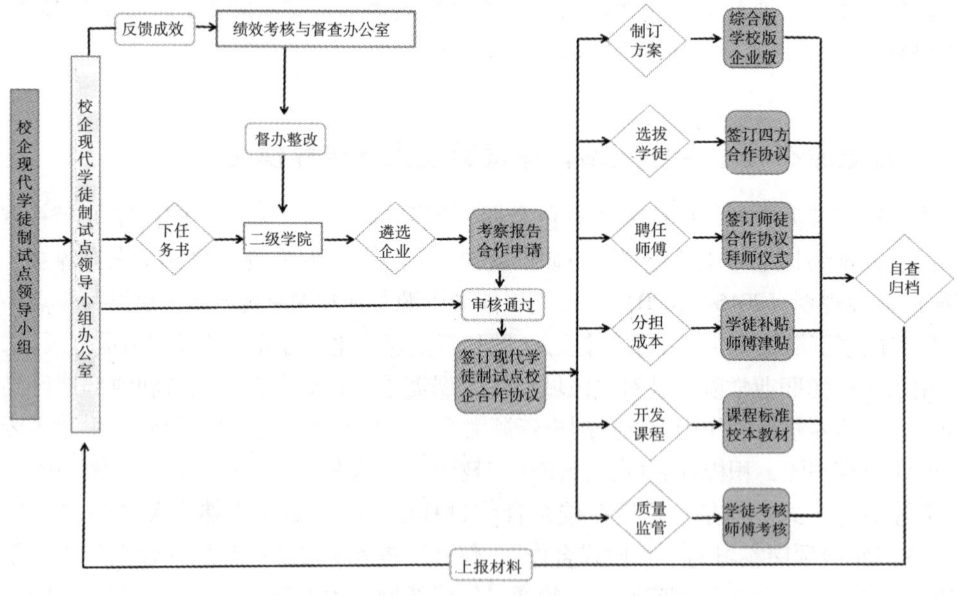

图1　现代学徒制试点工作流程图

（二）“两项选聘”构建师徒集合机制

1. 学徒选拔

为明确学徒的企业员工和学校学生双重身份，学生本着自愿的原则参加学徒选拔

（选拔流程见图2），由校、企、学生、家长共同签订“四方协议”，师徒之间签订“师徒协议”，使学徒知情权、保险等权益得到落实。校企共同制定学徒管理办法，建立学徒过程考核、奖惩体制以及退出机制，使学徒的日常管理工作一一落到实处。

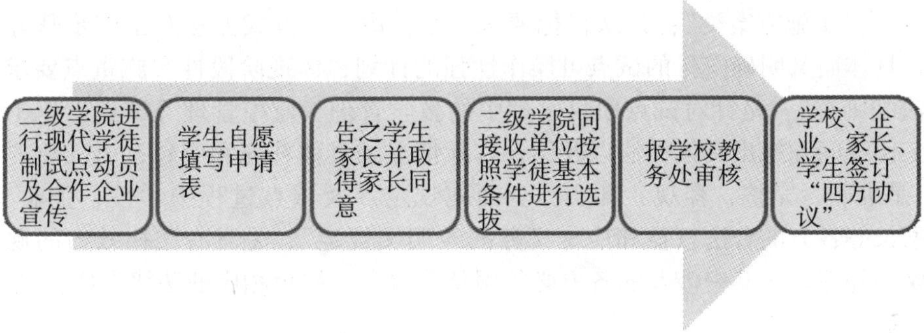

图2　学徒选拔流程

2. 师傅聘任

为加强企业师傅的管理，学校完善了专兼结合的“双导师”制，制定实施现代学徒制双师傅管理办法，明确学校师傅（担任专业技术技能基础课程负责人）和企业师傅（担任岗位技术技能课程和拓展选修课程负责人）不同的聘任条件（如对学校师傅职称而言，要求相对较高，需要中级及以上工程系列专业技术职称或者获得高级及以上职业资格等级证书；而对企业师傅而言，由企业推荐具有五年以上岗位工作经验的优秀员工，可不受学历、职称和职务的限制），对双导师聘任实行严格的审批手续、学校还统一规定了双师傅职责和待遇：企业师傅按实际工作量享受带徒津贴［①中职（含高级工）20元/学徒/天；②副高（含技师）30元/学徒/天；③正高（含高级技师）40元/学徒/天］，以及所担任的相关课程课时津贴，见图3。

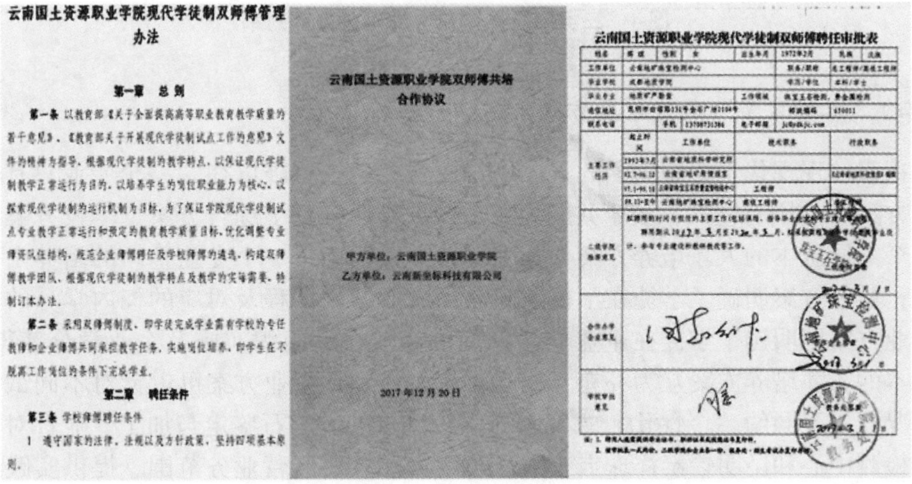
云南国土资源职业学院现代学徒制双师傅管理办法

第一章　总则

第一条 以教育部《关于全面提高高等职业教育教学质量的若干意见》、《教育部关于开展现代学徒制试点工作的意见》文件的精神为指导，根据现代学徒制的教学特点，以保证现代学徒制教学正常运行为目的，以培养学生的岗位职业能力为核心，以探索现代学徒制的运行机制为目标，为了保证学院现代学徒制试点专业教学正常运行和预定的教育教学质量目标，优化调整专业师资队伍结构，规范企业师傅聘任及学校师傅的遴选，构建双师傅教学团队，根据现代学徒制的教学特点及教学的实际需要，特制订本办法。

第二条 采用双师傅制度，即学徒完成学业需有学校的专任教师和企业师傅共同承担教学任务，实施岗位培养，即学生在不脱离工作岗位的条件下完成学业。

第二章　聘任条件

第三条 学校师傅聘任条件

1 遵守国家的法律、法规以及方针政策，坚持四项基本原则。

云南国土资源职业学院双师傅共培合作协议

甲方单位：云南国土资源职业学院

乙方单位：云南新坐标科技有限公司

2017年12月20日

云南国土资源职业学院现代学徒制双师傅聘任审批表

图3　双师傅管理办法、共培协议、聘任审批表

（三）“三类制度”构建管理机制

为建立健全试点工作管理体制机制，学校以问题为导向，及时出台、动态完善各项学徒制制度，现已基本建成完整的由三类制度组成的现代学徒制试点工作管理制度体系。第一类“实施方案类”：是从目标要求、工作内容、方式方法及工作步骤等方面做出全面、具体而又明确安排的试点可操作性强的计划，体现阶段性实施重点要求；第二类“办法细则类”：是针对试点项目管理中的教学管理、监控管理等试点工作中的某单一方面工作或问题提出具体做法以及结合实际情况的具体补充和解释；第三类“协议规范类”：是准确、完整、客观、真实、全面地规定涉及试点过程中学校、企业、学徒、师傅、家长等各方的合法权益和应尽义务的“明文规定”，是具有法律效力的规范性文件，协议一经签订，其中涉及的各方必须服从和遵守，担负相应的法律责任，见图4。

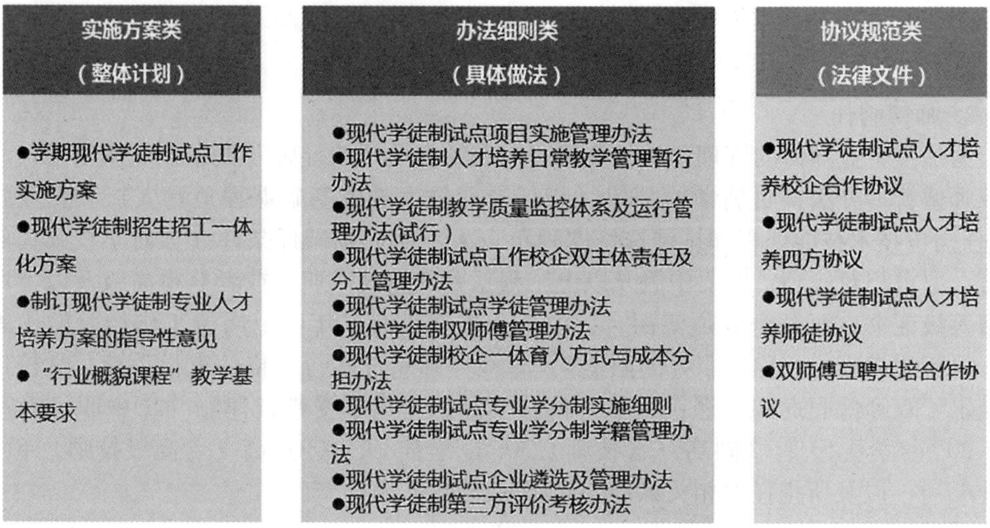

图4　三类制度具体包含的相关内容列举

（四）“三种方案”构建培养方式

为探索体现现代学徒制内涵的人才培养模式，学校打破以往“一个专业只有一个人才培养方案”的固有模式，校企共同为每个试点专业开发了综合方案、学校方案和企业方案三个不同版本的人才培养方案。其中综合方案明确了一个专业整体的培养内容安排及要求；学校方案明确了学徒在学校期间需完成的学校课程及对应的校内学分的安排要求；企业方案则明确了学徒在企业学习期间的企业课程组织实施及企业学分获得要求。三个版本的人才培养方案互为补充，相互对应，特别是企业方案可以针对不同试点企业实际情况开发不同的“个性化”方案。如学校试点的宝玉石鉴定与加工专业针对云南地矿珠宝检测中心和昆明怡泰祥珠宝有限公司两家在主要经营业务范围、提供实践学习岗位、所需人才技能有较大不同的合作企业，根据企业不同的人才需求，校企共同分别开发了两个在教学实施、课程内容等方面有着较大差异的企业方案，从而使企业课程的实施能够具备符合企业的实际生产环境条件，为企业课程的真正落地提供体制保障，见图5。

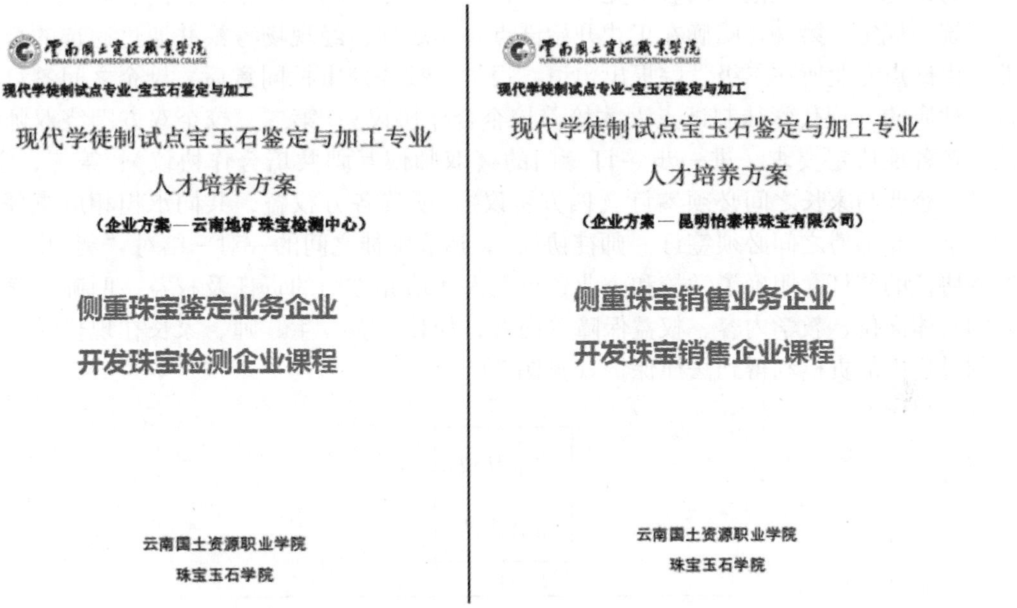

图5　企业方案各有侧重

（五）“三层分担”构建长效机制

为实现校企一体育人机制可持续长效发展，校企以“合作共赢、责任共担”为原则，共同制定了“校企一体育人三层成本分担办法”，明确了校企双方共同以及学校、企业单独承担的费用内容（见图6）。通过校企之间搭建的人才培养成本共同分担机制，激发学徒制试点办学活力，降低人才培养成本风险，确保实现校、企、生三方共赢。

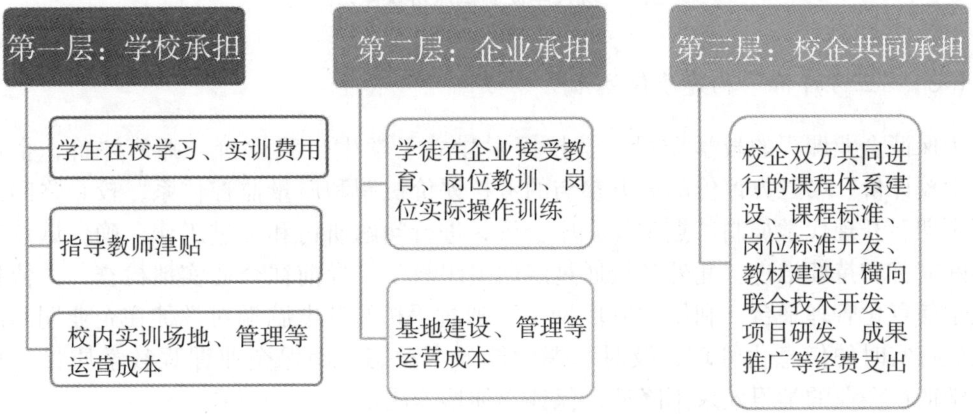

图6　校企一体育人三层成本分担办法

（六）“四个协议”构建权益保障

为避免协议不规范、内容不完整，学校对四种主要的协议格式、内容以及签订要求作了统一规定。第一，明确在正式开始试点合作之前，经现场考察并通过遴选的合作企业，由试点专业所在二级学院提出申请，报学校教务处审批同意后，校企之间签订具有框架性质的《现代学徒制试点人才培养校企合作协议》；第二，校企双方围绕双师傅共建共培各项协定要求，进一步签订专门的《双师傅互聘共培合作协议》；第三，学徒、学校、企业与家长之间必须签订《四方协议》，明确各方权益，共同承担相应责任；第四，学徒与师傅之间必须签订《师徒协议》，达成师徒之间的一对一结对“契约”。通过这些协议的签订，明确了学校和企业各自在人才培养方面的责任及权益，明确了学徒培养的具体岗位、教学内容、权益保障等内容，使校、企、生、师、家长在现代学徒制试点的过程中的责权利得到法律保护（见图7）。

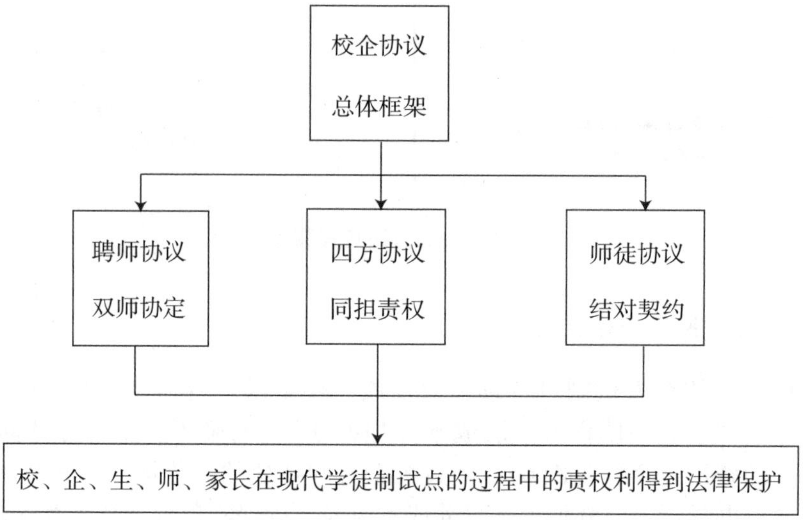

图7　现代学徒制试点协议体系图

（七）“五方评价”构建质保体系

为保证企业课程的教学质量，学校探索建立了学生自我评价、师傅评价、企业评价、学校评价、第三方评价的五方参与的考核评价机制和质量监控体系，校企之间定期或不定期召开现代学徒制试点工作联席会议，进行问题研讨和推进工作，确保试点工作的不断完善和持续推进。此外学校通过定期组织教学督导前往企业实地检查，并依托校外教学信息化管理平台，利用“互联网＋”通过手机端和电脑端对学徒在企业期间的全过程进行实时的信息化管理，及时掌握学徒学习动态，确保企业课程教学质量不打折扣、学徒在企业的学习效果不降低，保证学徒培养质量。

三、全面试点成效初显，人才培养质量稳步提升

（一）全面推进试点成效明显

截至2018年8月试点验收时，学校进行试点的10个专业共有合作企业17家、学徒（学生）164人，聘任企业师傅62人，累计投入建设资金2929.1万元。试点专业数、参与试点企业数位居云南省试点院校第一，学徒数、企业师傅数、投入建设资金位居云南省试点院校前列。

（二）人才培养质量稳步提升

通过参与试点与未参与试点学生的对比分析，参与试点的学生专业思想更巩固，专业基本素质更高，专业核心能力更强，特别是在工匠精神培育方面，参与试点的学生明显优于未参与试点的学生。企业更愿意招聘和接收参与试点的学生。在2018年全国职业院校技能大赛（学校获奖数量居全国第30名、云南第1名）和中国第五届全国大学生地质技能竞赛中获奖的专业均为试点专业，获奖学生中有多人为现代学徒制试点学徒。

（三）教育教学一体化改革不断深化

通过现代学徒制试点工作的实施，“以学生（学徒）为中心、以能力为本位”的“校企双主体育人”教育教学理念得到了家长、学生、学校、企业的广泛认同，有效推动了学校教育教学一体化改革，学校教育教学管理制度和体系更加完善，为学校“十三五”规划目标的完成起到了良好的推动作用。

（撰写人：齐武福、赵心亮）

案例三：
“三位一体”现代学徒人才培养模式的构建

玉溪工业财贸学校[①] 玉溪市玉之陶文化传播有限公司
玉溪远能电力设备有限公司

摘　要：作为全国首批现代学徒制试点建设单位，玉溪工业财贸学校紧贴玉溪当地优势特色产业和学校实际，确立服务陶瓷产业发展的陶瓷工艺专业、服务现代装备制造产业发展的数控技术应用专业、服务新能源发展的机电技术应用专业、服务汽车产后体系的汽车应用与维修专业4个试点专业。在试点建设中，学校以“利益相关者”理论为指导，兼顾企业、学生、学校三方利益，以试点专业为依托、以双导师教学为基础、以企业实习和学校学习为重点、以制度建设为保障，构建现代学徒人才培养模式，从而形成企业储备优质员工、学校输出优质人才、学生多元成长的良好局面。

关键词：校企合作；陶艺；装备制造；培养模式

一、实施背景

国家开展现代学徒制试点工作的根本原因在于，经济发展进入新常态对技术技能人才有新需求，新的技术技能人才需求对职业教育有新期待，职业教育的新期待要求职业院校改革原有教学模式以进行实践创新。玉溪工业财贸学校将现代学徒制试点视为职业教育人才培养制度和模式创新的机遇，推进校企融合以实现学校和企业“双主体”育人的重要渠道。基于全国首批中等职业教育改革示范学校的实践基础，玉溪工业财贸学校立足新常态下玉溪经济特色优势产业的技术技能人才需求，瞄准现代学徒制中利益相关者的利益诉求、职业院校内涵发展的现实需求，科学制定现代学徒制试点的战略目标及实施策略。为推进现代学徒试点建设工作有序推进，学校以现代学徒制建设工作委员会、专家咨询委员会为保障，以试点专业工作组为重点，以企业导师和学校教师为延伸，构建决策、管理、执行三维组织保障体系，见图1。

---

① 玉溪工业财贸学校是全国首批现代学徒制试点单位，2019年通过教育部验收。

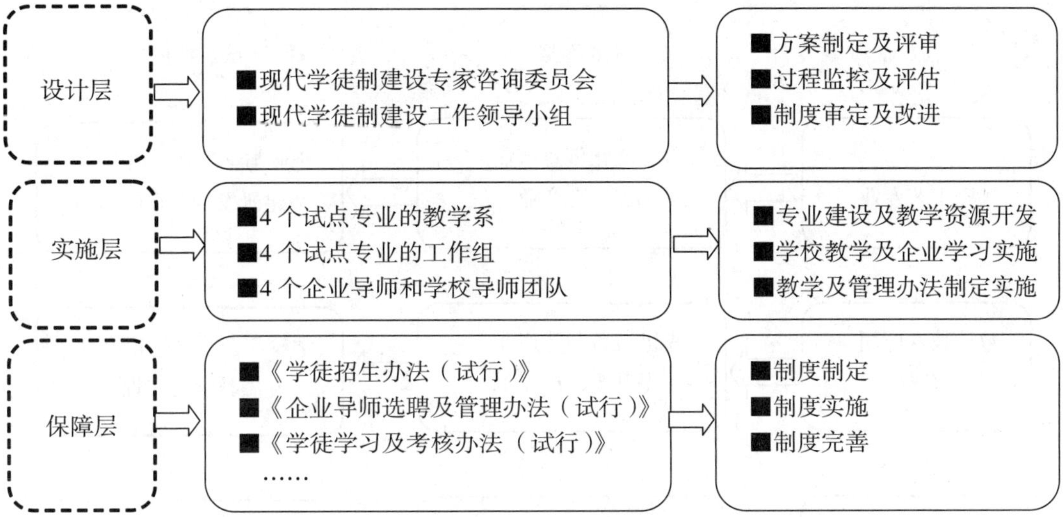

图 1　现代学徒制试点建设组织体系

二、具体做法

1. 做好顶层设计，明确试点总体思路

学校以服务玉溪重点产业布局为导向、以当地优势特色产业为重点、以培养高素质技术技能人才为目标、以专业对接产业为标准，明确试点工作的总体思路。总体思路具体如下：第一，服务玉溪陶瓷产业发展，尤其是为适应玉溪市大力推动和培育文化创意陶瓷产业需要，确定陶瓷工艺为试点专业，精准选择当地文创陶瓷龙头企业，形成“企业＋学校＋学徒＋员工”的深度融合模式；第二，立足玉溪发展先进装备制造业的需要，选择数控技术应用为试点专业，与江川区先进设备制造企业共同开展人才培养；第三，服务玉溪电器设备生产制造对机电类人才的需要，确定机电技术应用为试点专业，将企业生产车间建在学校，从而让实习学校和企业共同参与，实现员工与学徒、学习与实习、上课与上班的无缝对接；第四，服务玉溪汽车产后需求旺盛的实际，确定汽车应用与维修为试点专业，在汽车行业协会指导下，与多家企业精准定位 4S 店员工培养目标，实现“学徒＋员工＋技术骨干”的阶梯式人才培养和成长模式，见图 2。

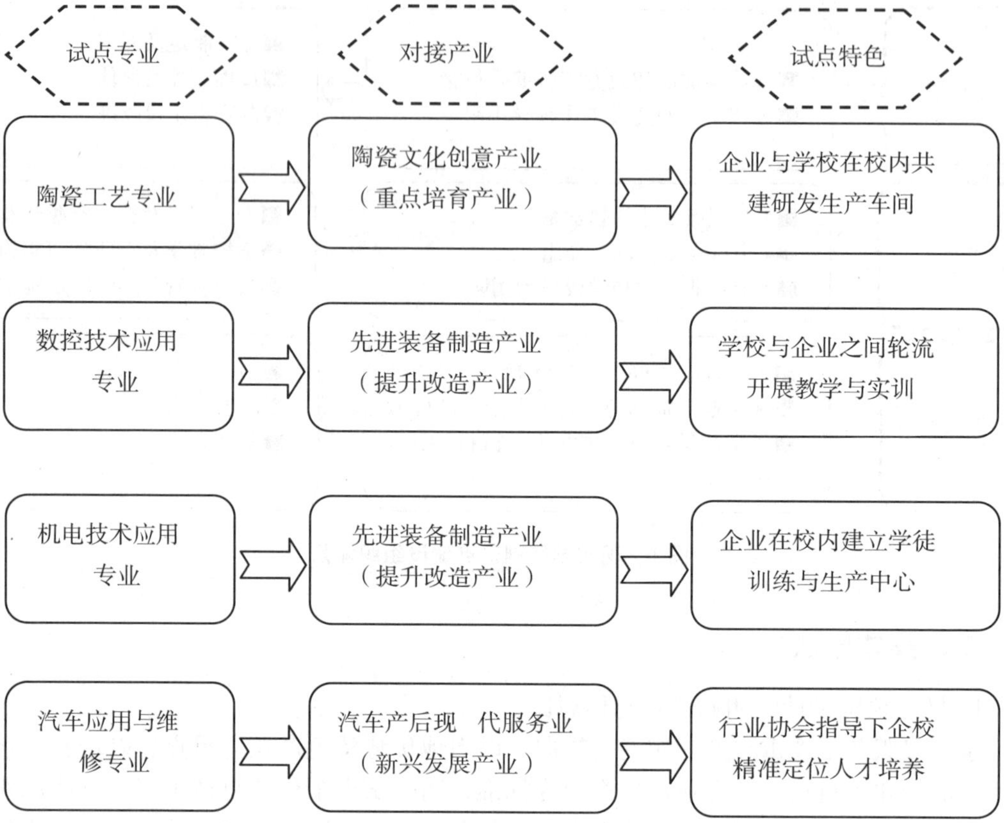

图 2　学校试点专业、对接产业及试点特色

2. 兼顾各方利益，构建“三位一体”的现代学徒人才培养模式

在现代学徒制试点实践中，学校在政府推动和引导下，在行业协会统筹协调下，着力于有效处理好企业、学生及学校之间的关系。基于此，学校以试点专业和龙头企业深度融合、企业师傅和学校导师紧密互动、企业学习和学校学习良性互动、员工培养与学徒培养同步推进为重点，探索“三位一体”的现代学徒人才培养模式，以实现学校、企业、学生的共同发展，见图 3。

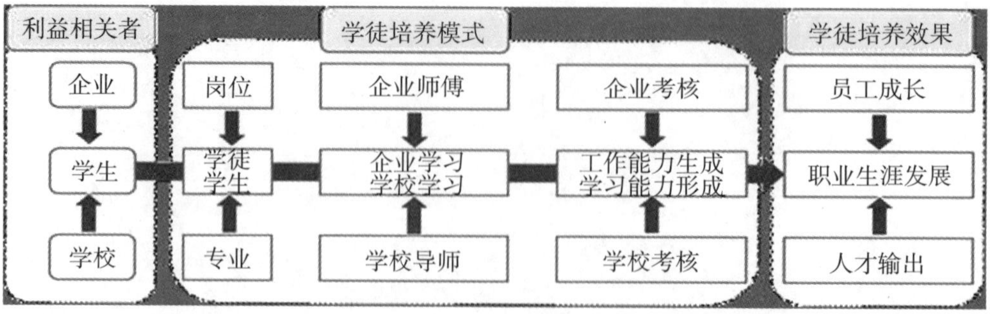

图 3　学校“三位一体”现代学徒人才培养模式框架

3.“引企入校”建立生产车间，企业研发与生产、学徒学习和培训、学校人才培养改革协同推进

机电技术应用专业依托国际品牌西门子、施耐德等电气公司的技术支持，引进玉溪远能电力设备有限公司优质资源，将企业部分生产线移至学校，在校内建立生产车间。基于生产车间这一平台和资源优势，以理论教学与实践生产深度融合为前提，以企业用人需求与岗位资格标准为导向，以学生（学徒）技能培养为核心，以学校、企业的深度参与和学校教师、企业师傅的传授为支撑，深化现代学徒培养模式改革，推行现代学徒教学模式，实现企业生产、学徒学习和学校人才培养改革的同步推进和一体发展。

4.“办教于企”建立企业教学车间，服务地方经济发展、促进学生就地就近就业和满足企业人才需求深度融合

数控技术应用专业立足玉溪数控产业发展对企业人才的需求，就近与云南腾达机械制造有限公司深度合作，建立企业教学车间。基于该企业是当地规模以上装备制造业企业，产品技术在省内领先，部分生产设备在国内处于先进水平，在玉溪市政府推介和引导下，数控技术应用专业与云南腾达机械制造有限公司共同推进现代学徒培养工作，将企业对技术工人的需求（岗位）与学校人才培养（专业）有机衔接，共同制订人才培养方案并实施招生。人才培养按照“学生＋学徒”“准员工＋员工”的总体思路，实现学校和企业在场地、师资、教学安排等关键环节的统筹，形成学校理论知识学习与企业工作学习技能训练的有效衔接，满足学生职业能力和生涯发展的需求，为企业培养了一批适应性强的专业人才。

5.“校企共融”建设陶艺实训中心，陶瓷产业发展、陶瓷从业人员培养和非遗文化传承一体规划和实施

陶瓷工艺专业基于当地陶瓷产业发展的人才之需、陶瓷创意产业发展的人才之需和非物质文化遗产传承保护的人才之需，在政府资金和项目支持下，构建“校企共融”的“校企命运共同体”，实现人才需求精准定位，与企业共同制订人才培养方案，确定培养陶瓷生产企业陶瓷烧成和陶瓷装饰方面的中级技术人才。学校与云南玉之陶文化传播有限公司等当地企业开展以企业为主导的校企合作机制，共同面试新生，学生被录取后由企业与学生、学校、学生监护人四方共同签订用工、培养、合作协议，确保企业、学校、学生的权益，明确各自的责任。人才培养主要在企业设在校内的生产中心进行，在企业主导下，双方共同培养人才。

6.“校企轮学”建设企业教学基地，学校学习与企业学习相轮换、企业工作学习与学校理论知识学习相衔接、学习能力与工作能力相促进

汽车应用与维修专业结合汽车行业迅速发展且行业人才需求日趋细化的实际，将试点专业人才培养目标定位为面向汽车维修行业培养具有良好职业素养、掌握必要的文化科学素质和汽车专业知识、在生产一线进行服务管理和实践的中级技能人才。各企业确定学徒数量及岗位后，通过学校与企业两个场地轮流学习的思路，推行以“学校学习＋企业学习＋学校学习”为周期螺旋上升的方式推进学徒培养。

三、成效与经验

1. 企业优质资源支撑是现代学徒培养成功的关键要素

汽车应用与维修专业2013年加入“教育部—PPG校企合作”项目，共建PPG联合实训中心；在与美国PPG工业集团庞贝捷漆油贸易（上海）有限公司合作中，通过PPG专业培训课程体系，与企业共同培养了上百名汽车钣喷学徒，一些学徒在较短时间内就已担任汽车喷漆组长，促进了学生职业发展。

2. 多主体共发展是现代学徒制长效机制构建的基本前提

学校办学特色和实力更加突显，在全国职业院校技能大赛排行中连续两年在全国排名前17名、云南省第1名，2019年获全国一等奖1项；试点建设带动2家企业在校内建立生产中心和研发平台，支撑了企业发展；一大批学徒在毕业后较短的时间内就成长为企业的技术骨干，促进了学生职业发展。

四、反思与展望

1. 要高度关注企业的发展变化对现代学徒试点的影响

企业作为市场主体，面临着市场风险。在学徒制试点建设中，尤其需要关注企业发展变化会影响到对学徒训练的投入、能接纳的学徒岗位数量变化等。当企业面临经营危机时，会中断学徒项目，这就需要学校有预备方案并适时调整。

2. 要注重通过灵活多样的方式推进现代学徒制建设工作

学校和企业双方需尊重初中毕业生年龄上未成年、心智上未成熟、企业对学徒动态考核的需求等实际情况，建立学徒动态考核淘汰机制、学徒升学发展机制等保障，这既可增加对学徒的约束，亦可满足学徒多样化成长发展的需求。

3. 要通过现代学徒制试点建设推动学校教育教学改革发展

学校和企业共同参与，基于各自优势，从不同层面培养企业员工。通过学徒制试工作，学校进一步明确自身在人才培养中的定位和优势，即注重文化素质、综合素质和职业素养的培养；企业的定位和优势则在于职业道德和职业能力的培养。

（撰写人：张正全、瞿连贵、张燕等）

案例四：

校企协同构建“标准引领、三阶段多交替”人才培养模式

云南机电职业技术学院[①]　云南雄风汽车工贸集团有限公司
云南港翊航空服务有限责任公司

摘　要：云南机电职业技术学院现代学徒制试点瞄准云南省“五网”建设人才需求，按“传统专业做强，新兴专业做优”理念，遴选汽车检测与维修技术、飞机机电设备维修、民航运输3个试点专业与云南雄风汽车工贸集团有限公司、云南港翊航空服务有限责任公司、海航航空技术股份有限公司、北京中航联盟教育投资有限公司4家企业深度合作，联合实践现代学徒制，探索“双元育人，岗位成才”育人模式。通过创新校企协同育人机制、创新成本分担机制、实施差异化的招生招工方式和建立学徒择优和退出机制，搭建了多元育人、多方评价平台，构建了“标准引领，三阶段多交替”人才培养模式，学校现代学徒制建设取得较好成效。

关键词：学徒制；校企协同；人才培养

一、项目背景及意义

2015年，为破解跨越式发展瓶颈制约，云南启动了“五网”建设5年大会战，计划用5年时间，总投资1.6万亿元，加快路网、水网、航空网、互联网、能源网的建设步伐。云南机电职业技术学院围绕云南省“五网”建设、“八大产业”的需要，将现代学徒制试点实践列为学院发展的重点工程，以教育部立项的现代学徒制试点专业建设为突破口，着力推进校企合作、产教融合、协同育人的现代职业教育教学改革，培养复合型技术技能人才，更好地服务区域经济和装备制造企业转型升级。

在两年试点期间，学院探索了一套具有机电特色的现代学徒制人才培养新模式。为响应《国家职业教育改革实施方案》，发挥双高院校示范引领作用，学院进一步总结完善现代学徒制试点经验，全面推进现代学徒制工作。

---

① 云南机电职业技术学院是全国第二批现代学徒制试点单位，2019年通过教育部验收。

二、措　施

（一）创新校企协同育人机制

深化产教融合、校企合作，育训结合，推动企业深度参与协同育人，成立学院、企业“双主体”的现代学徒制试点工作组，由项目总负责人、学院院长担任组长，合作企业的总经理担任副组长，统筹推进现代学徒制试点工作。学院与合作企业签订经双方法律顾问审核的校企合作框架协议、现代学徒制共建协议，以及学院、企业、学徒三方协议，明确三方的责任、权利、义务，明晰校企成本分担，以及联合招生、分段育人、多方评价、学徒就业等基本原则，签订具有法律效力的合同，为现代学徒制项目做好顶层设计。

工作组下设办公室，办公室设在学院校企合作办公室（实训中心），负责工作组的日常事务。学院综合职能部门、试点专业所在系部、试点专业教研组分别与企业人力资源部、车间、班组结对子，决策层、管理层、执行层三级协同共进，形成教师师傅“双导师”、学生学徒“双身份”、标准课程“双贯通”、教学生产“双融合”、毕业证资格证“双证书”五融通育人机制，见图1。学生（学徒）拜师仪式见图2。

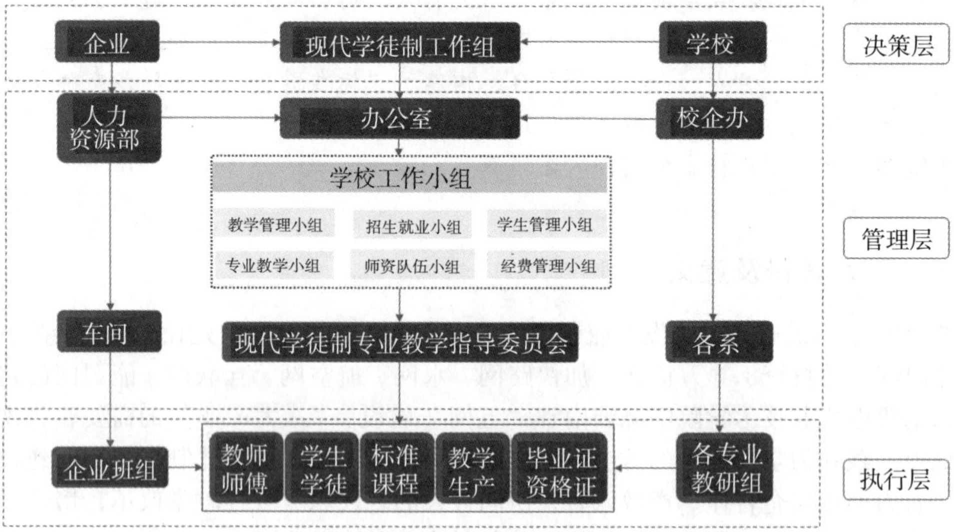

图1　“双元三层五融通”校企协同育人机制

图2　学生（学徒）拜师仪式

（二）标准化贯穿人才培养

按照国家“管好两端、规范中间、书证融通、办学多元”的原则，学校严把教学标准和毕业学生质量标准两个关口。按照各试点专业专业设置与产业需求对接、课程内容与职业标准对接、教学过程与生产过程对接的要求，对接国家标准和行业标准，校企合编试点专业教学标准、课程标准、企业师傅标准等标准，构建学院标准体系。学院审核后各试点专业对标建设，落地实施，为服务现代制造业提供制度保障与人才支持。

（三）创新成本分担机制

遵循“量入为出、互利双赢”原则，创新以绩效考核为导向的成本分担机制。实训基地依据设施设备产权归属划定成本开支主体，产权为学院的实训设备，其相关开支由学院承担；产权为企业的实训设备，其相关开支由企业自行承担。学生在学校产生的课时费用由学院承担，按照学院课时规定由学校按月打卡发放，学生保险由学院承担；学生在企业实习期间由企业承担学徒补贴（包括工资、交通补贴、住宿补贴等）、企业师傅补贴（包括师傅工资）和奖励费用等。校企双方共同进行的课程体系建设、课程标准、岗位标准制定、教材建设、项目研发等经费由校企双方共同承担。学院按照校企合作协议规定以学年（期）为时间单位拨付企业教学费用，作为购买企业优质服务和行业先进标准的成本，因合作企业所处行业差异，汽车检测与维修技术、飞机机电设备维修、民航运输3个试点专业有所不同。学院制定《现代学徒制试点专项资金管理规定》，对现代学徒制涉及资金依法规管理、监督检查和绩效考评，各项经费使用均做到有法（制度或协议）可依，有据可查。

（四）实施差异化的招生招工方式，建立学徒择优和退出机制

学院与企业共同建立学院招生录取和企业用工一体化的招生招工制度，规范学院招生录取和企业用工程序，明确学徒的职业院校学生和企业员工双重身份。试点专业根据所处行业特点，实施差异化的招生招工，汽车检测与维修技术专业实行“先招生，再招工”，学生进校后，学院组织校园专场选拔会，从汽车检测与维修技术专业学生中进行“海选”，合作企业组织笔试和面试，择优录用的学生签订校、企、学徒三方协议，组建现代学徒制试点班，见图3。飞机机电设备维修、民航运输2个试点专业实行“招生招工一体”+“先招生，再招工”，在单独招生阶段，合作企业派出团队参与面试，择优录用部分学生；高考统招生进校后，合作企业组织笔试和面试，从学院所有专业学生中进行“海选”，择优录用部分学生，最终两部分学生签订校、企、学徒三方协议，组建现代学徒制试点班。招生招工过程穿插宣讲、企业考察、座谈会等形式，充分保障学生的知情权，激发学生参与现代学徒制的内生动力，力求从企业的角度选人、育人和用人。

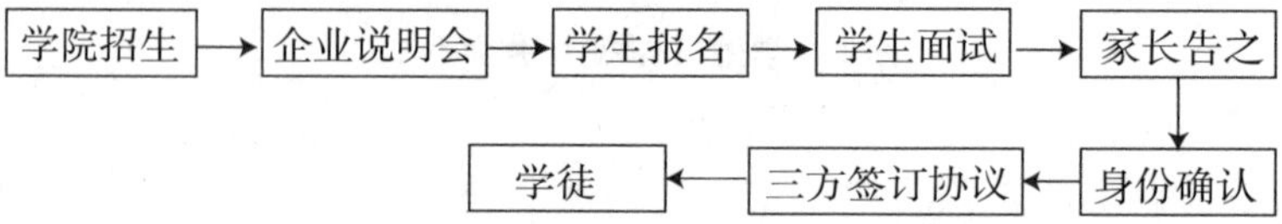

图3　招工流程

现代学徒制试点班学生具有学生、学徒双重身份，实行动态管理，考核不合格的转入相应年级普通班学习。

（五）搭建多元育人、多方评价平台

1. 依托企业所处行业，实施统一岗位标准下的多元育人

合作企业利用所处行业龙头地位，依托行业协会，整合行业内企业的岗位资源，在行业内企业间推行“标准统一、岗位共享、分流培养、结果互认”的机制，形成“合作企业主导、行业协会支持、行业企业参与”的“1+1+N”的“多元”育人格局，保证试点专业有足够的教学资源，持续培养学徒。

2. 以学徒岗位能力培养导向，实施“过程+结果”并举的多方评价

校企共同制定基于“过程+结果”的考核制度，依据学徒岗位目标完成情况，开展学徒自评、教师师傅评价、学院企业相关部门综合评价、学生家长评价，力求客观公正地评价每一个学徒。

3. 建立校企学分互认

校企共同制定《现代学徒制试点学分互换实施细则》，明确校内学分和企业学分互换标准，解决学徒制培养过程中工学交替、弹性学时，以及行业内多个企业培养带来的学分不对称问题。

（六）构建“标准引领、三阶段多交替”人才培养模式

校企共同编制人才培养方案，打破传统学期学时课程束缚，以行业技术标准和企业岗位标准为依据，以岗位能力培养为核心、以学徒岗位成才为导向，学生、学徒、（准）员工三个阶段（见图4），学训交替、岗位轮换，构建“标准引领、三阶段多交替”人才培养模式，3个试点专业各具特色。

图4　师带徒岗位教学

如汽车检测与维修技术专业以企业工作岗位标准为依据，融入中德职业教育汽车机电合作项目（SGAVE）教学标准；以学徒岗位能力培养为核心，融入汽车维修职业资格证书要求元素，构建了“标准引领、学训交替、三段四能力”的现代学徒制人才培养模式。飞机机电设备维修专业以中国民航CCAR147部为引领、以民航飞机维修岗位核心能力培养为导向，构建了“标准引领、学训一体、三段四转换”人才培养模式。民航运输专业基于空乘、地勤工作过程及岗位要求，融入民航局安检员资格标准，构建了“标准引领、先学后训、三段五方位”人才培养模式。

三、实施成效

（一）完成与人才培养模式匹配的课程体系建设

校企共同开展“校企一体、岗课融通、两模块、九项目”课程体系建设，基于职业资格证书标准、企业技术标准和学徒工作岗位，合作制定了8门课程标准，编写了14本教材，以及系列工单式教程。

（二）校企共建产教融合生产性实训基地

校企共同投入资金3800多万元，共建飞机机电维修实训基地、雄风现代学徒人才实习工厂等产教融合生产性实训基地（见图5），为学徒岗位成才创造了较好条件。

图5　产教融合生产性实训基地

（三）培养了一批岗位成才的优秀学徒

一批学生立足学徒工作岗位，职业素养和岗位能力得到较大提升，获得合作企业青睐，与企业签订了劳动合同，在学徒岗位上直接享受正式员工待遇。

（撰写人：黄晓明、杨晓春、卜琼琼）

案例五：
校企协同构建和实施"标准引领、学训交替、三段四能力"育人模式

云南机电职业技术学院　云南雄风汽车工贸集团有限公司

摘　要： 云南机电职业技术学院与云南雄风汽车工贸集团有限公司以汽车检测与维修技术专业为合作载体，构建和实施"标准引领、学训交替、三段四能力"的现代学徒制的人才培养模式。校企以汽车维修标准和岗位技术标准为引领，以学徒岗位能力为核心，建立与人才培养模式相匹配的课程体系。以区域汽修行业为依托，搭建多元育人、多方评价平台，实现了校企学分互认。建立了"三维四级"激励制度，从身份、权益、能力三个维度，实施四级晋阶的正向激励，增强了学徒的企业身份认同和学习积极性，促进了学徒岗位成才。

关键词： 标准；学训交替；岗位成才；人才培养

一、背　景

20 世纪 80 年代以后，以德国、英国和澳大利亚等为代表的西方发达国家在吸收传统学徒制的优点并融合现代学校职业教育优势的基础上，建立了现代学徒制。我国积极借鉴西方现代学徒制经验，2014 年启动现代学徒制试点工作，云南机电职业技术学院紧跟国家教育改革步伐，与云南雄风汽车工贸集团有限公司（以下简称"云南雄风"）深度合作，以汽车检测与维修专业为载体，校企双主体共同探索和实践现代学徒制，2016 年 10 月成为云南省教育厅首批现代学徒制试点单位，2017 年 8 月成为教育部第二批现代学徒制试点单位，2019 年 3 月获全国机械行业职业教育科研专项课题支持。

二、措　施

（一）主要实施路径

1. 通过协议建立校企"双主体"协同育人机制

学院与云南雄风为现代学徒制项目做好顶层设计，签订经双方法律顾问审核的校企合作协议，以及学校、企业、学徒三方协议，明确学校、企业、学徒的责任、权利、义务，建立校企成本分担机制，以及联合招生、分段育人、多方评价、学徒就业等基本原

则，形成具有法律效力的合同。

2. 按“先招生，再招工”方式组建学徒制班

学院与云南雄风共同建立学院招生录取和企业用工一体化的招生招工方案，联合制定了汽车检测与维修技术专业现代学徒制试点班招生简章、招生计划，共同开展招生招工宣传工作，通过制度规范职业院校招生录取和企业用工程序，以三方协议的形式确认了学徒的职业院校学生和企业员工双重身份招进招工一体化实施路径，具体见图1。

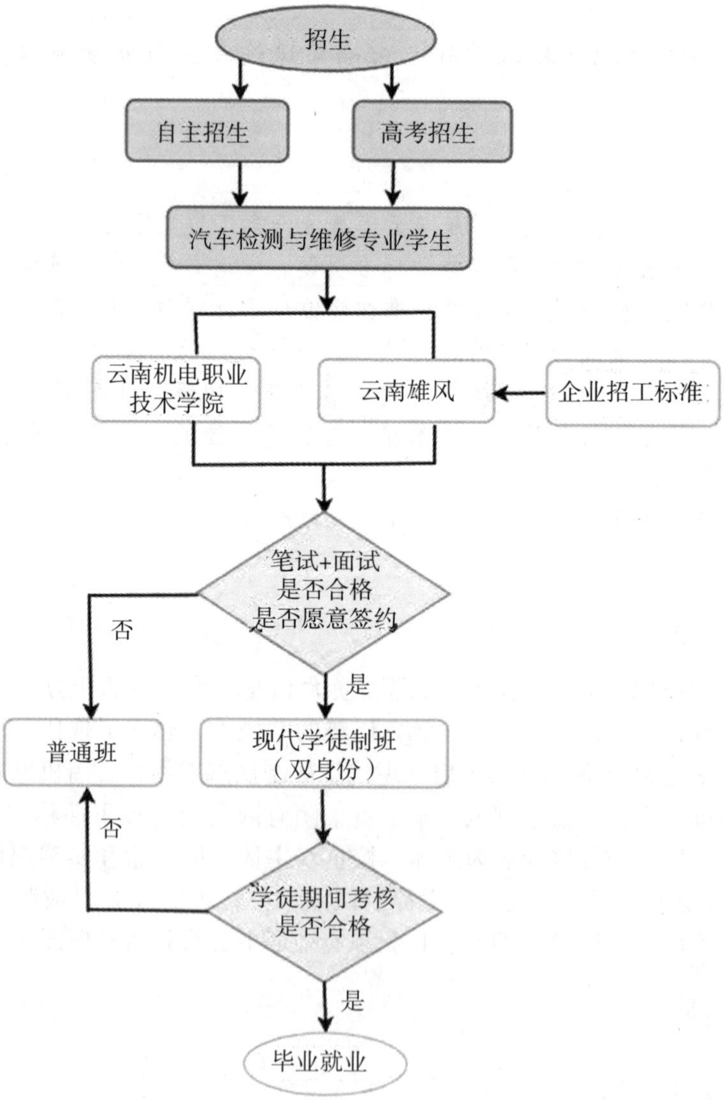

图1　招生招工一体化实施路径

通过校园宣讲会、企业考察认知、座谈会等形式，保障学生的知情权，激发学生参与现代学徒制的内生动力，在此基础上采用“笔试＋面试”方式，力求从企业的角度选

人、育人和用人。在尊重学生意愿的基础上，选拔合格学生与学校、企业签订三方协议。

3. 以学徒为中心，强化“双导师”过程管理

企业师傅以“师带徒”形式在企业岗位完成学徒岗位教学，校内导师以理论、实践一体方式实现校内教学，校企“双导师”团队对学徒制班学生进行全过程评价和管理，并完成学徒的过程考核、结果考核，考核不合格的学徒退出学徒制班，转入相应年级普通班学习，学徒管理机制见图2。

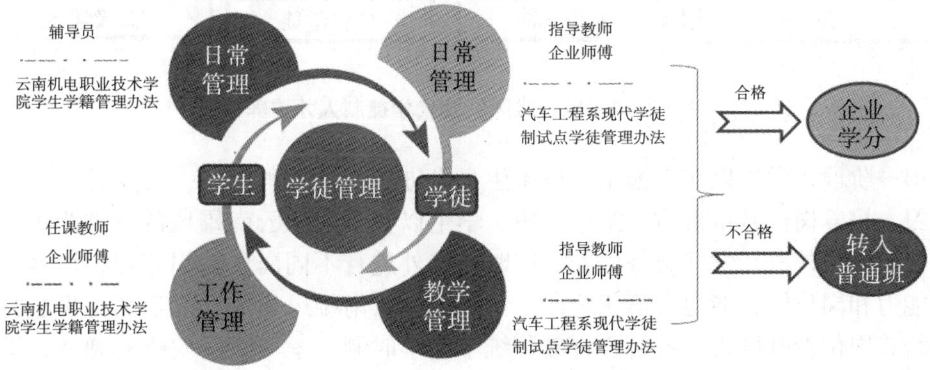

图2　学徒管理机制

4. 突出绩效导向，购买企业服务，建立互利共赢的成本分担机制

遵循“量入为出、互利共赢”原则，创新校企成本分担机制，保障校企“双主体”协同育人机制持续有效。实训基地依据设施设备产权归属划定成本开支主体，课时费、津贴由人员所属单位考核发放。学院拨付给企业教学费用，作为购买企业优质服务和行业先进标准的成本，学院制定《现代学徒制试点专项资金管理规定》，对现代学徒制涉及资金依法规管理、监督检查和绩效考评。实训基地建设及管理费用，教师课时费、学徒补贴与保险（包括工资、交通补贴、住宿补贴、保险等）、企业师傅带徒津贴，以及课程体系建设、项目研发、成果推广等经费均做到有法（制度或协议）可依，有据可查。

（二）创新人才培养模式

学院与云南雄风以企业工作岗位标准为依据，以学徒岗位能力培养为核心，融入汽车维修职业资格证书元素，借鉴中德职业教育汽车机电合作项目（SGAVE）教学标准，校企联合编制人才培养方案，构建、形成了“标准引领、学训交替、三段四能力”的现代学徒制人才培养模式，具体见图3。

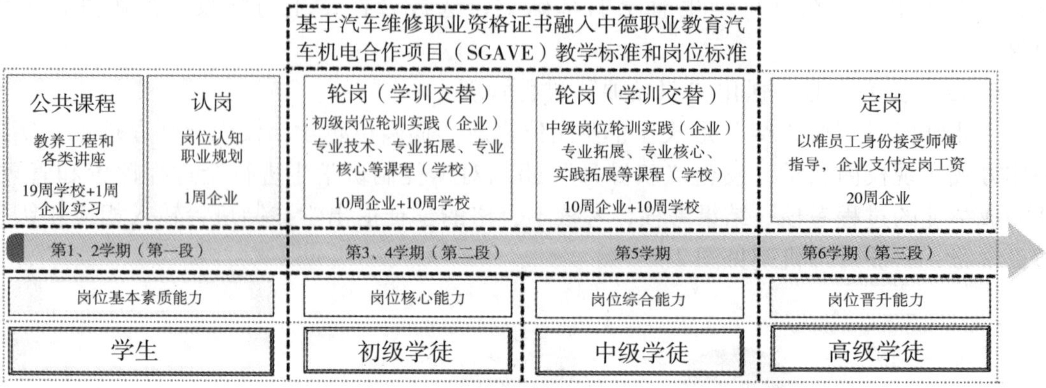

图3　“机电—雄风”现代学徒制人才培养模式

第一阶段，学生以在校为主，以学生身份进行公共课程学习，并安排一周的岗位认知实习，培养岗位基本素质。第二阶段，学生以在学院和云南雄风的学训为主，以学徒身份在校内校外进行学训交替培养，同时在校外进行不同岗位轮岗实习，培养学徒岗位核心能力和岗位综合能力。第三阶段，学生以在云南雄风为主，以学徒身份进行定岗训练，培养岗位晋升能力。各阶段打破传统学期学时制，学习时间安排有弹性，学生在校阶段按照学校课程学时和作息时间安排，以学徒身份在企业阶段按照岗位课程要求及企业作息时间安排。

通过校企工学交替，培养学生（学徒）的专业精神、职业精神和工匠精神，提升学生（学徒）的职业道德、岗位能力，实现初级学徒、中级学徒、高级学徒进阶，最终实现由学生、学徒到员工的转换。“机电—雄风”人才培养模式经过3年试行，形成了“学生与员工一体、教师与师傅一体、教学与生产一体、学业与产品一体”的“四个一体化”育人特色。

（三）以区域汽修行业为依托，搭建多元育人、多方评价平台

1. 以岗位资源共享实施“多元”育人

合作企业云南雄风一方面利用学院拨付的实习教学经费和自有资金，在企业建设机电—雄风产教融合示范基地，为学徒建立了22种岗位和222个工位；另一方面，利用所处汽车维修行业龙头地位，依托云南省汽车维修行业协会吸纳行业企业按照人才培养标准分流培养，最终实现行业、企业、学校三方共同育人。

2. 以学徒岗位能力培养为导向，实施“过程+结果”并举的多方评价

制定《现代学徒制企业导师教学质量评价指标》《校企合作教学质量学生评价指标》等多项基本制度，依据学徒岗位目标完成情况，开展学徒自评、教师师傅评价、学院企业相关部门综合评价、学生家长评价，力求客观公正地评价每一个学徒。

3. 实现校企学分互认

校企共同制定《现代学徒制试点学分互换实施细则》，明确校内学分和企业学分互换标准，解决学徒制培养过程中工学交替、弹性学时，以及行业内多个企业培养带来的

学分不对称问题。

三、主要成效

（一）“机电—雄风”人才培养模式形成特色

学院先后组建了3个现代学徒制班，推行“机电—雄风”人才培养模式。“机电—雄风”人才培养模式经过3年试行，形成了“学生与员工一体、教师与师傅一体、教学与生产一体、学业与产品一体”的“四个一体化”育人特色。

（二）建立了现代学徒制特点的管理制度

根据教育部《关于开展现代学徒制试点工作的意见》（教职成〔2014〕9号）和《教育部办公厅关于做好2017年度现代学徒制试点工作的通知》（教职成厅函〔2017〕17号）的要求，以“重过程、优结果”为目标建制度、定细则，校企联合制定了《现代学徒制试点合作企业遴选标准》《现代学徒制试点专业招生招工管理办法》《现代学徒制试点专业教学管理实施意见》《“双导师”培养管理与考核办法》《学生（学徒）考核评价办法》等16项制度，以及《现代学徒制汽车检测与维修技术专业人才培养方案》《现代学徒制汽车检测与维修技术专业教学计划》《现代学徒制汽车检测与维修技术专业教学标准》等29项实施规范，覆盖了从学徒招生、培养到就业的全过程，为实施校企双主体联合培养、招生招工一体化、多方参与考核评价机制和教学质量监控机制等提供制度保障。

（三）完成与人才培养模式相匹配的课程体系，形成共建共享的教学资源体系

学院与云南雄风组建由学院、公司、汽修行业协会的领导、专家、技术骨干组成的专业指导委员会，以企业汽车维修标准和岗位标准引领，以学徒岗位能力为核心，完成与“机电—雄风”人才培养模式相匹配的课程体系。针对学生阶段，开发公共课程模块，培养岗位基本素质能力；针对初、中级学徒阶段，开发专业技术、专业核心、专业拓展、轮岗实习等课程模块，培养岗位核心能力和综合能力；针对高级学徒阶段，开发定岗实习模块，提升岗位晋升能力。每个课程模块由若干门课程组成，与“机电—雄风”人才培养模式匹配的课程体系详见图4。

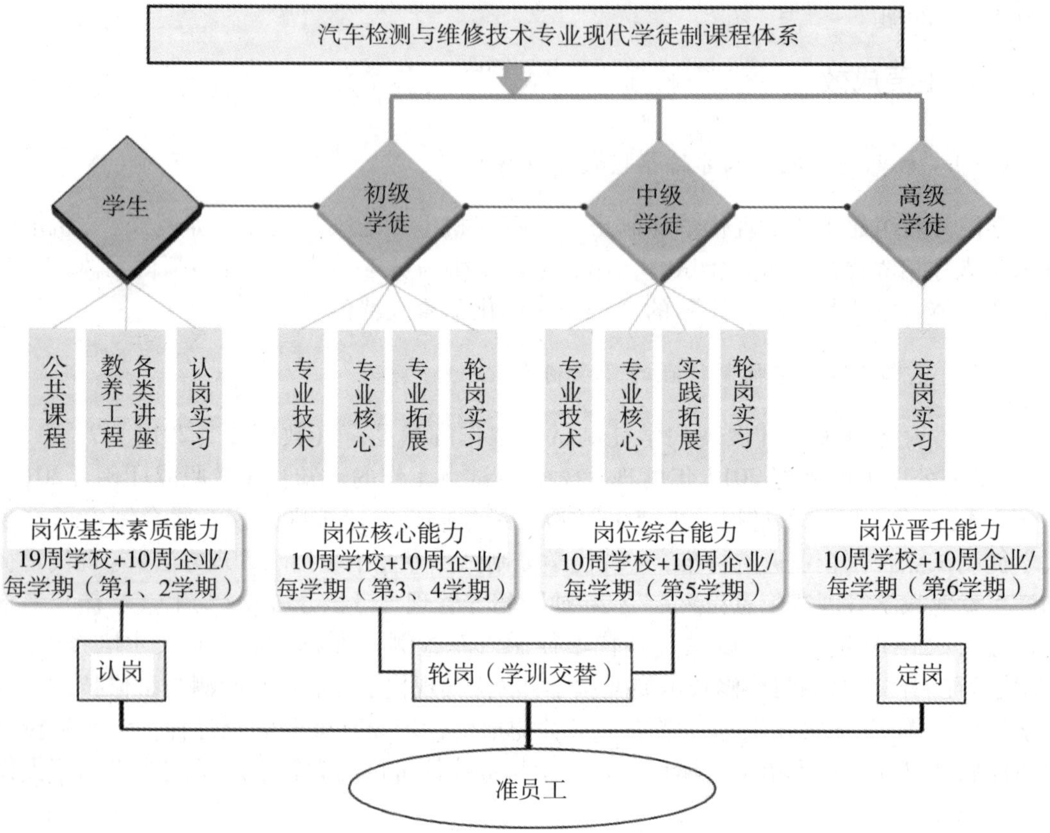

图4　与“机电—雄风”人才培养模式匹配的课程体系

依托学院8个生产性实训基地、20个综合实训室，以及云南雄风生产车间，发挥校企双方的场所、设备、人员优势，及时将新技术、新工艺、新规范纳入教学标准和教学内容，校企共同完成现代学徒制汽车检测与维修技术专业人才培养方案、教学标准1套、岗位技术标准1套、课程标准6门、融入中德SGAVE项目标准的现代学徒制教学规范8册，开发编写理论与实践相结合的汽车维修工单式教程8册、学徒轮岗手册8册、校本教材7本，以及高端赛车维修改装典型案例，形成共建共享的教学资源体系，保障了学徒的高质量培养。

（四）“三维四级”激励，促进优秀学徒岗位成才

校企从身份、权益、能力三个维度，实施四级晋阶的正向激励（见图5），增强了学徒的企业身份认同、学习积极性。一批学生立足学徒工作岗位，职业素养和岗位能力得到较大提升，获得企业青睐，与企业签订了劳动合同，在学徒岗位上直接享受正式员工待遇，成为岗位成才的优秀学徒典型。

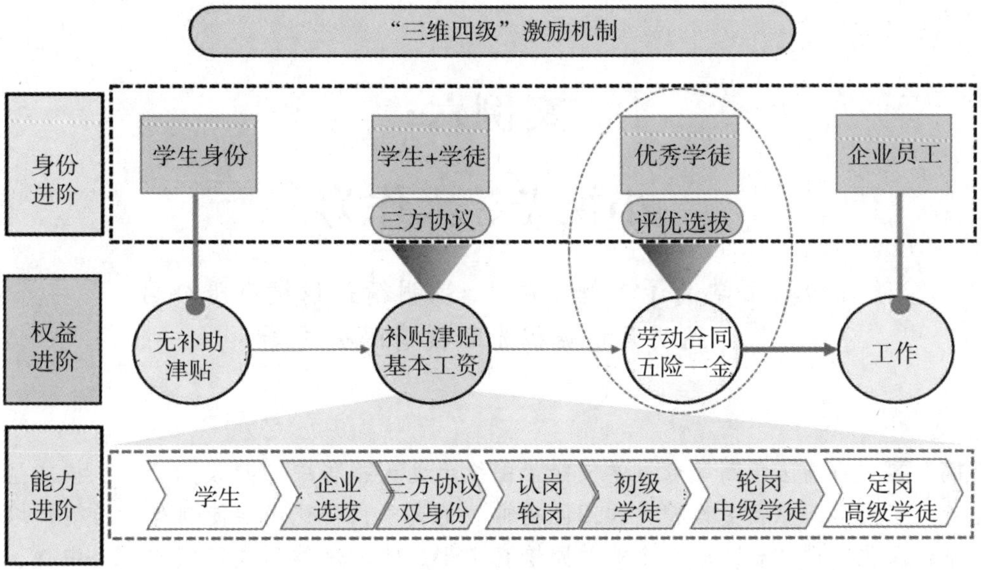

图 5　"三维四级"激励机制

针对高级学徒实施分层教学，对于普通型高级学徒，按照企业常规车辆维修标准，提升车辆维修实战技能；对于综合素质高、技能拔尖的精英型高级学徒，导入高端赛车维修标准，培养改装、维修高端赛车技能，为高端就业做好储备。

（撰写人：周明）

案例六：
小视光、大作为

曲靖医学高等专科学校[①]　昆明精益眼镜有限公司
昆明天视美视光眼镜有限公司等

摘　要：曲靖医学高等专科学校紧紧围绕十九大报告中“建设知识型、技能型、创新型劳动者大军，弘扬劳模精神和工匠精神”的要求，将现代学徒制与工匠精神培养结合起来，深化工学结合，联合企业共同培育学生成才，总结形成了以“一个中心、两主体、三融合”为主要内涵的工学交替人才培养模式，取得了一定成效，该模式将在今后的现代学徒制人才培养过程中继续应用和进一步完善。

关键词：校企合作；工学交替；资源共享；岗位成才

曲靖医学高等专科学校按照《国务院关于加快发展现代职业教育的决定》（国发〔2014〕19号）、《教育部关于开展现代学徒制试点工作的意见》（教职成〔2014〕9号）和《云南省教育厅等五部门关于印发云南省职业院校现代学徒制试点工作实施方案（试行）的通知》（云教职〔2015〕31号）等文件精神，为进一步深化产教融合，创新校企协同育人机制，培养满足区域经济发展和医疗卫生及健康产业转型升级需要的高素质技术技能型人才，学校认真学习现代学徒制相关文件精神并进行前期调研，并于2016年11月成功申报成为省级现代学徒制试点，2017年5月，学校申报教育部现代学徒制第二批试点单位，8月得到批准。

一、项目实施背景及意义

2015年，北京大学中国健康发展研究中心教授李玲在《国民健康视觉报告》中研究估计：2012年在我国5岁以上总人口中，近视和远视的患病人数大约5亿，其中近视的总患病人数在4.5亿左右。保守估计，2012年各类视力缺陷导致的社会经济成本将高达5600亿元左右，占GDP的比例高达1.1%左右。2018年7月21日中央电视台《新闻联播》报道：我国儿童青少年近视高发，近视率小学生为45.7%，初中生为74.4%，高中生为83.3%，大学生为87.7%。而眼视光专业人才严重缺乏，2018年5月31日《健康报》报道：眼视光技术专业急需补缺，合格视光师估计缺口达30万。2017年相关调查显示，我国有71所院校办有眼视光技术专业，年招生人数在100人以上的院校有16所，

---

① 曲靖医学高等专科学校是全国第二批现代学徒制试点单位，2019年通过教育部验收。

年招生人数在50～100人之间的院校有43所，余下的院校招生均少于50人，眼视光技术专业培养的学生人数远远不能满足行业需求。同时，企业、行业对眼视光技术型人才需求量不断增加，求职人员从业的多元化和新生代就业观念变化削弱了企业招用工的优势，使企业难以招到满意的员工。而学校培养的学生和企业的需求之间也存在差距，这使得学校眼视光技术专业人才培养模式亟须创新和改革。

为此，经多方讨论，学校认为一是眼视光技术专业作为省级特色专业，前期办学基础好，可以率先开展校企合作、双证培养模式改革；二是学校是眼视光技术专业省级产教融合示范区，且培养的属于行业紧缺人才，有较好的校企合作基础，因此遴选眼视光技术专业作为现代学徒制试点专业，作为人才培养模式改革创新先行先试的突破口。眼视光技术专业现代学徒制试点项目被列为学校教育教学发展的重点项目，为学校人才培养模式的建立提供示范，全面提升学校技术技能人才的培养能力和水平。按照学校现代学徒制试点合作企业遴选办法和程序，遴选昆明精益眼镜有限公司等六家企业作为眼视光技术专业进行现代学徒制试点合作单位，联合开展现代学徒制人才培养。合作培养学徒分别为2017级123人，2018级123人，2019级134人，2020级155人。学校通过试点工作的探索与实践，总结形成了以“一个中心、两主体、三融合”为主要内涵的工学交替人才培养模式，取得了一定成效，该模式也将在今后的现代学徒制人才培养过程中继续应用和进一步完善。

二、试点开展情况

（一）做好顶层设计，建章立制，明确责任，保障试点工作有章可循

学校成立现代学徒制专项工作领导小组，在学校教务处设现代学徒制试点工作办公室，并成立眼视光技术专业现代学徒制试点工作专家指导委员会。

（二）确定“两种身份”，探索联合招生

利用云南省高职院校单独招生相关政策，企业参与考试方案的制订和招生考试工作，探索“招生即招工”的招生就业一体化突破，同时采用先招生再招工等方式招收学徒。

（三）签署“三方协议”，实现职责明确

学校与企业签订联合培养合作协议书，学徒/学徒家长与学校、企业签订三方/四方协议书；通过协议的签署，明确了学校、企业、学徒、家长在现代学徒工作中的职责。

（四）制订两套方案，实施联合培养

校企共同制订“双主体”人才培养方案和学徒岗位实践方案，学校和企业签订合作协议，学校承担系统的专业基本知识和技能教学；企业通过师带徒形式，依据培养方案进行岗位技能训练，真正实现校企一体化育人，推行“准学徒→学徒→准员工→员工”工学交替人才培养模式。

（五）确定五个岗位，校企联合课程体系开发

通过对眼视光行业进行职业群与岗位群调研，确立适合本专业现代学徒试点的、以能力

培养为核心的课程体系，校企合作共建基于工作内容的专业课程和基于工作过程的专业课程体系，共同开发基于岗位工作内容、融入国家职业标准的专业教学内容和教材等。

（六）组建两支队伍，实现一体化育人

校企共同制定聘任标准，实现师资互聘，建立健全双导师选拔、培养、考核、激励制度，形成校企互聘共用的管理机制，选拔、培养德技双修的校内导师和企业导师两支队伍。

（七）建立健全适应现代学徒制特点的教学管理制度和标准

以提升教学质量为目标，制定出台系列教学管理制度，规范培养过程。按照“合作共赢、职责共担”原则，校企共同制定专业教学标准、课程标准、岗位实践标准、师傅标准、质量监控标准、技能考核标准及相应实施方案。

（八）共建共享校企合作实训基地，建立校企成本分担机制

制定《现代学徒制校企共建生产性实训基地管理办法》和《现代学徒制人才培养成本分担实施办法》，从制度上、经费上、措施上和实验实训场地上进一步完善双主体育人机制。

三、项目成效

（一）开展现代学徒制人才培养模式改革

为真正做好“双元育人、工学交替、产教融合”现代学徒制人才培养，学校按照“一中心、两主体、三融合、四转换”工学交替人才培养模式进行探索实践。即围绕提高人才培养质量这一个中心，通过学校和企业两个主体，实现招生与招工、课程与岗位、毕业与就业三融合，最终实现从准学徒—学徒—准员工—员工的转换。校企着力构建招生招工、联合培养、工学交替、双向选择就业岗位、质量责任共担等机制，确保学生学徒双身份、学生学徒工作岗位、教师师傅津贴待遇、校企成本分担、风险防控落实到位，真正形成校企一体化育人的人才培养模式（见图1）。

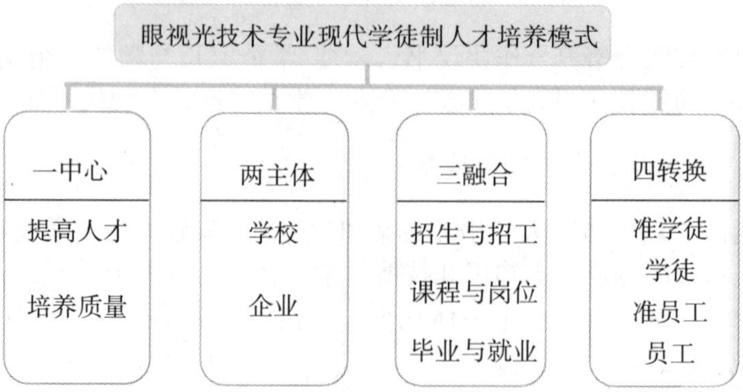

图1 眼视光技术现代学徒制人才培养模式

（二）制订“双主体”联合培养方案

现代学徒制注重技能的传承与培养，由校企共同主导人才培养，设立规范化的企业课程标准、考核方案等，体现了校企合作的深度融合。眼视光技术现代学徒制专业人才培养方案架构的总体思路是以国家高职专业教学标准为指导、以普通学制的人才培养方案为基础，体现职业性，产教融合、工学交替，从确定岗位基本能力、重新构建课程体系、增设学徒岗位实践培养方案和细化考核评价要求四个方面明确具体措施，通过学校和企业“双主体”、教室与岗位“两个课堂”共同开展“准学徒—学徒—准员工—员工”工学交替教学，形成《现代学徒制眼视光技术人才培养方案》（修订版）、《现代学徒制眼视光技术人才培养方案》（企业用）和《现代学徒制眼视光技术专业学徒岗位成才实践方案》三个方案（见图2）。现代学徒制人才培养方案制订的核心关注点是体现双主体性，实现校企之间的合理分工；学徒过程是一种个性化的教学过程，基本教学组织形式是产教融合、工学交替、轮岗学习。《现代学徒制眼视光技术人才培养方案》（修订版）总体指导眼视光技术专业学徒培养实施过程，《现代学徒制眼视光技术人才培养方案》（企业用）规定企业教学实施过程，《现代学徒制眼视光技术专业学徒岗位成才实践方案》指导学徒在企业进行岗位成才实践过程。

图2　“双主体”联合培养方案

（三）形成“校企合作、产教融合、工学交替、岗位成才”为主要内涵的教学模式

学校和合作企业共同探索形成“校企合作、产教融合、工学交替、岗位成才”为主要内涵的教学模式。校企深度合作，共建共享“双导师”团队、课程资源、实验实训设施、教学培训平台、技术研发成果，促成了校企共赢的良性机制；产教融合即课程设置对接岗位任务、教学内容对接岗位标准、教学过程对接生产过程、教学管理对接生产管理、学校育人对接企业员工队伍建设，重构了教学标准；教学过程按照“教师理论讲解—师傅现场示范—师生协同操作—学生动手模拟—巩固强化—工学交替”进行，优化了教学环节；企业课程的学习与实践助力学徒实现岗位成才。具体培养过程见图3。

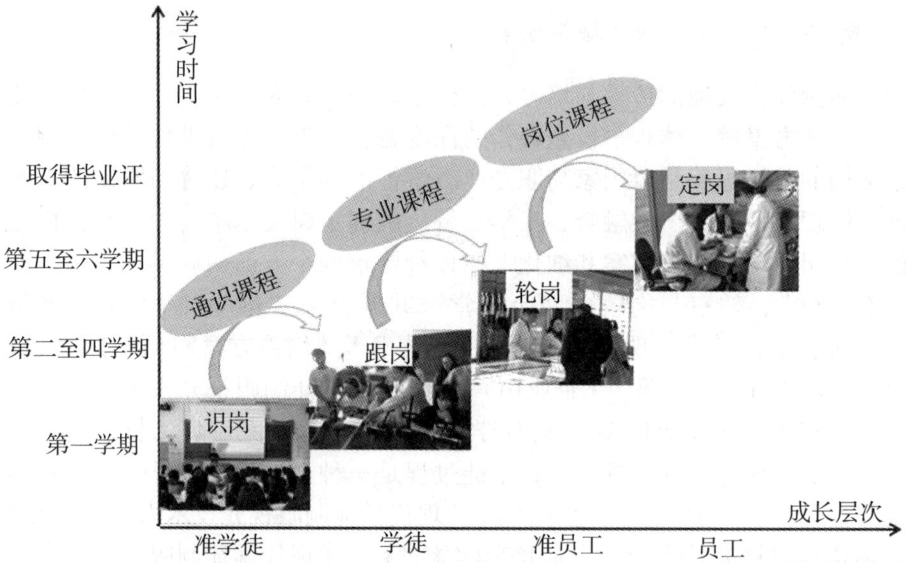

图 3　眼视光技术现代学徒制学徒培养过程

（四）锻炼了一支“多能型”双导师队伍

学校开展现代学徒制试点以来，充分利用校企联合育人平台，积极培养校内导师和企业导师两支队伍，努力打造多能型（即既能讲当专业理论课教师又能当实训指导课教师；站上讲台既能讲、下到企业又能做；既能当培训师又能当验光配镜师）“双师”团队。基于现代学徒制理论实践一体课程体系的设计，学校专业教师与企业师傅依据“共建”理念组成校企联合教学团队。在教学中通过课程开发、教材编写、标准制定、教学研讨等多种活动，提高学校教师的专业实践能力和企业师傅的教学能力，促进“多能型”教学团队建设。通过工学组合、产教结合的师资培养策略促进师徒互动、师徒相长、双师互动，提高师资整体水平。一批中青年教师得到快速成长并在各类比赛中脱颖而出。

眼视光技术专业开展现代学徒制试点以来，已建成 100 余人的现代学徒制师傅资源库，组建了校内外师傅组成的 12 个带教团队，申请和参与教育部教科研项目 5 项，取得国家实用新型专利 21 项、计算机软件著作权 3 项，编著教材 5 本，申报建设校级教改课题 7 项；有云南省尹华玲技能大师工作室 1 个，眼视光教师工作站 1 个、珠源技能大师工作室 1 个。其中，荣获国家级技能大赛“优秀指导教师”12 人次，荣获云南省信息化教学大赛二等奖 1 人；荣获“云岭技能工匠”1 名；荣获“珠源技能大师”1 人；等等（见图 4）。

图4　眼视光技术专业成果（部分）

（五）开发一批基于岗位需求的“通用＋专业＋技能”的课程资源

基于合作企业岗位真实需要，结合人才培养方案要求，学校与企业共同开发了验光、接触镜验配、定配、营销、管理五个模块的课程教学资源，共同制定和撰写《专业标准》《课程标准》《岗位标准》《技能考核标准》《现代学徒制眼视光技术专业实验实训教学指导》《实验指导与报告》；同时参加了全国验光配镜职业教育教学指导委员会高职高专眼视光技术专业建设标准制定和第二轮教育部眼视光教学资源库建设。校企所开发的课程教学资源除应用于日常教学外，还用于企业员工日常培训（见图5）。

图5　校企合作制定标准、开发课程教学资源

（六）取得一批实践成果

1. 人才培养质量明显提高

在学徒培养过程中坚持德技双修、知行合一、工学结合，通过“校长课堂”走入现代学徒制、拜师礼、成人礼，企业培训走进学校、企业文化融入课堂、读书节、职业教育活动月、专业活动日、求职模拟大赛、职业生涯规划大赛、“工匠杯”技能强化和技能竞赛、学徒翻转课堂、志愿者活动、创新创业大赛等现代学徒制系列活动的开展，专业文化得以传承，学生技能得以增强、综合素质得以提高、职业道德得以养成，加深学生对企业的认同感，进一步提高学生专业服务社会能力。眼视光技术学徒参加第三届、第四届全国验光与配镜职业技能大赛，3 人荣获一等奖、3 人荣获组二等奖、3 人荣获三等奖。学徒在一些创新创业技能大赛等比赛中亦摘金夺银、斩获佳绩，如在第九届云南省大中专学生课外学术科技节中获三等奖 1 项、优秀奖 2 项，在 2018 年第四届云南省“互联网 +”大学生创新创业大赛中喜获主赛道创意组银奖，在第十届云南省大学生课外学术科技节（自科组）中获一等奖 1 项。学徒作品《宁静致远》在 2017 年云南省第五届大学生艺术展演活动中荣获甲组三等奖，一名学徒被评为曲靖市优秀青年志愿者（见图 6）。校企联合开展“1 + X 证书”制度试点工作，学徒在获得学历证书的同时，可以取得国家高级验光员或高级定配工职业技能等级证书，拓展就业创业本领，学徒就业率高。

图6　学徒在各级比赛中屡获佳绩

此外，为进一步发挥好学历证书作用、夯实学生可持续发展基础，很多学徒进行了学历提升。在2019年专升本考试中，全省眼视光学专业共招本科30人，学校2019届眼视光技术毕业生就考取本科23人，占76.7%，这为学徒实现人生更大的梦想奠定了更加坚实的基础（见图7）。

图7　学徒本科录取通知书

2. 企业员工素质明显提升

自2016年11月至今，六家合作企业共派出带教师傅进修、学习1092人次，带教能力明显提升。3年来，企业带教师傅在国家级技能大赛中获“三等奖”1项、“优秀奖”1项；5人次在省级技能竞赛中获奖，其中1人获“云南省技术能手”称号，1人获“云南省巾帼标兵”称号；13人获行业各级各类资格认证；162人次在公司（校级）各类评比中获奖。

3. 校企合作深度和广度明显加深和拓展

校企共建共享双主体育人工作的开展，一是形成了校企业合作、产教融合的长效机制。学校教师、企业师傅共同参与教学和相互交叉融合，在一定程度上化解了学校、企业师资不足矛盾，促进了双方人才队伍建设。二是通过“共享实训场所教学”，提升了企业参与人才培养的内在动力，在一定程度上解决了校企合作“学校一头热企业一头冷”的现象。三是学校和企业融合利用双方人才、技术和设备等资源优势，共同开展应用技术培训等越来越多，并取得一定效益。

4. 社会服务能力明显提升

学校自开展现代学徒制试点以来，联合企业开展“双主体”育人，人才培养模式探索取得成功，学徒综合素质培养取得显著成效，“工匠精神”得以传承，实现校、企、生三方共赢。眼视光技术专业树立了主动为社会服务的意识，立足云南、面向西南，全方位开展社会服务，面向社区等每年开展眼保健、爱眼基本知识培训等社会服务，服务眼视光行业区域经济发展，社会服务能力显著增强；开展国家眼镜验光员、定配工职业资格培训与鉴定，为企业、行业、社会培养大批技术精湛、医德高尚的眼视光德技双馨人才。学校还联合企业开展近视防控知识宣讲，成效明显，入选“中国大学生近视防控宣讲团联盟”成员单位，为青少年的眼健康保驾护航，眼视光技术专业的社会声誉提高，影响力扩大，切实提升了眼视光专业学徒的核心竞争力，小视光取得了大作为。

（撰写人：尹华玲、严晶、舒艳琼）

案例七：

构建“23324”现代学徒培养模式，培养药管精英新生代

曲靖医学高等专科学校　云南健之佳健康连锁店股份有限公司
一心堂药业集团股份有限公司等

摘　要：曲靖医学高等专科学校是国家第二批、云南省第一批现代学徒制试点单位，眼视光技术专业已经通过国家及云南省的验收。在此前提下，药学系借鉴眼视光技术专业的成功经验，并根据《教育部关于开展现代学徒制试点工作的意见》（教职成〔2014〕28 号）的文件精神，再选 2017 级药品经营与管理专业继续推广现代学徒制的人才培养模式改革。经过三年探索，目前取得了几方面的成效：一是与企业共同构建了“23324”现代学徒制人才培养模式。即“二元管理机制”“三化课程体系”“三段育人过程”“二元对接评价机制”“四种身份转换”；二是加快了学生的职业发展速度；三是缓解了结构性就业矛盾，减少了企业员工流动，有效保障了企业用工稳定。

关键词：药品管理；二元管理；人才培养模式

一、实施背景

近年来，我国医药行业保持高速增长，被誉为国民经济中的朝阳产业。据统计，2017 年我国药品年销售额已经超过 7000 亿元，就云南省而言，目前有药品流通批发企业约 500 家，药品零售连锁企业 41 家，连锁店 6482 家，零售药店 11648 家，因此对药品经营与管理专业人才需求量非常大。但云南省仅有 3 所高职院校开设了药品经营与管理专业，每年招生人数不足 500 人，远不能满足市场的需求。曲靖医学高等专科学校从 2014 年开始招收第一届 68 名药品经营与管理专业的学生，通过几年的培养，以及对 2014 级、2015 级、2016 级共 191 名药品经营与管理专业的毕业生进行跟踪调查，发现一方面本专业学生工作稳定性不高，不能很好地适应企业的实际需要，同时企业重使用轻培养，使不少学生成为流水线上的一只“机械手”；另一方面企业员工流动性较大，校企双元育人的机制尚未真正建立。基于以上原因，学校把药品经营与管理专业作为现代学徒制试点专业，希望经过改革，能改善毕业生“用不上、留不住”“廉价劳动力使用”等情况，培养适应产业发展的高端技能型人才。

二、主要做法

（一）选定优质企业，共同构建“二元管理机制”

通过考察，学校确定云南健之佳健康连锁店股份有限公司、一心堂药业集团股份有限公司、云南同丰医药股份有限公司、深圳市康哲药业有限公司为药品经管与管理专业试点企业，成立现代学徒制领导小组，并与企业共同制定协议类、制度类、职责类、考核类、方案类5类文件以确保工作有序有效。药品经营与管理专业现代学徒制动员大会及企业文化宣讲见图1～2。

图1　药品经营与管理专业现代学徒制动员大会

图2　药品经营与管理专业企业文化宣讲

（二）课程对接岗位，共同构建“三化课程体系”

学校和上述四家企业组建专业建设指导委员会和课程开发小组，共同确定学校技能课程和企业岗位课程并同步推进（见图3），建立起了“课程模块化、内容项目化、项目岗位化”的课程体系架构模型（见图4），从职业岗位、工作任务、工作过程、岗位能力及职业素养出发，制定了1份课程体系、“药品经营企业管理学基础”“药品市场营销学”“药物分析”“现代推销技术”“中药商品学”“药事管理法规”6门实训课程标准，共同编写了现代学徒制校本教材2本。

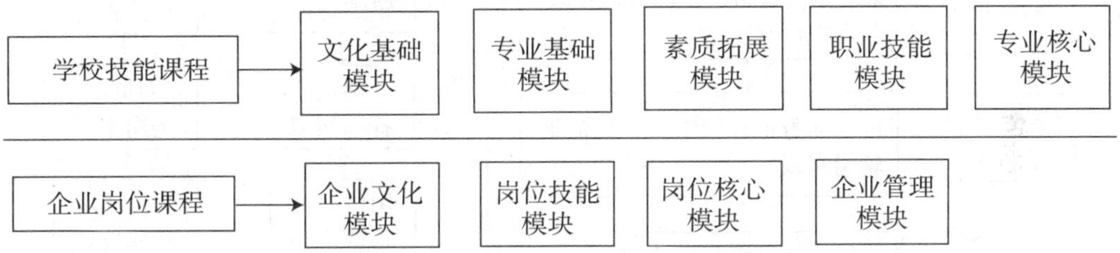

图3　现代学徒制课程模块结构图

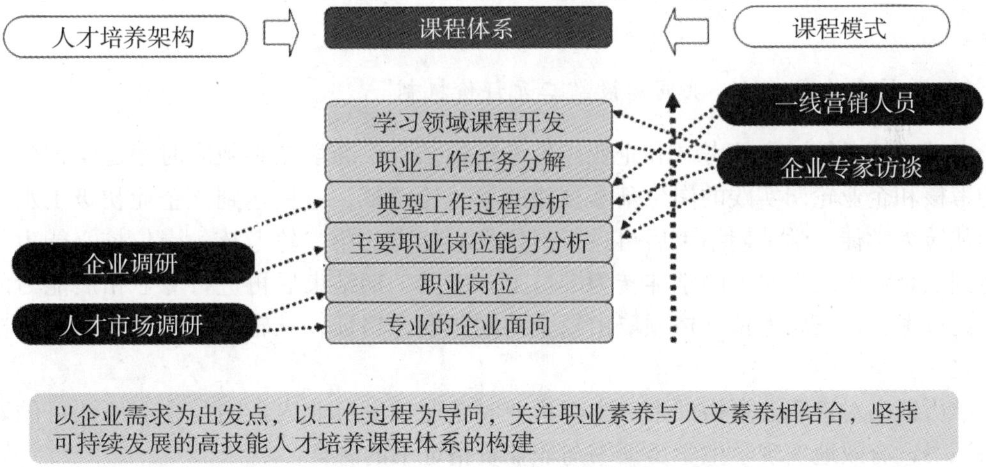

图4　基于工作过程构建课程体系

（三）实施“1+1+1”育人模式，共同搭建“三段育人过程”

“1”——第一、二学年，学生以准学徒身份在校学习文化基础模块、专业基础模块、素质拓展模块、职业技能模块和专业核心模块知识，同时又以准学徒身份去企业轮岗实践，在岗位带教师傅的带领下，进行药品采购、药品营销、药品储运、行政管理、电子商务等岗位的技能轮训和实践，实施企业化班组管理，1个师傅带5个左右学徒；这个阶段学校也相应安排专业教师到企业带队并进行理论和技能的指导。

“1”——第三学年（第三学年前40周），学生以学徒身份择岗实习。企业根据岗位轮训、实践的情况和技能特长安排40周的学徒择岗实习的培训，并开设岗位核心能力课程，以提升学生的技能专长。

"1"——第三学年（第三学年后8周），学生以准员工身份定岗实习。企业根据学徒择岗培养和考核的情况有选择性和针对性的强化岗位核心能力、企业管理和专业拓展课程的培训，以培养企业骨干，具体见图5。

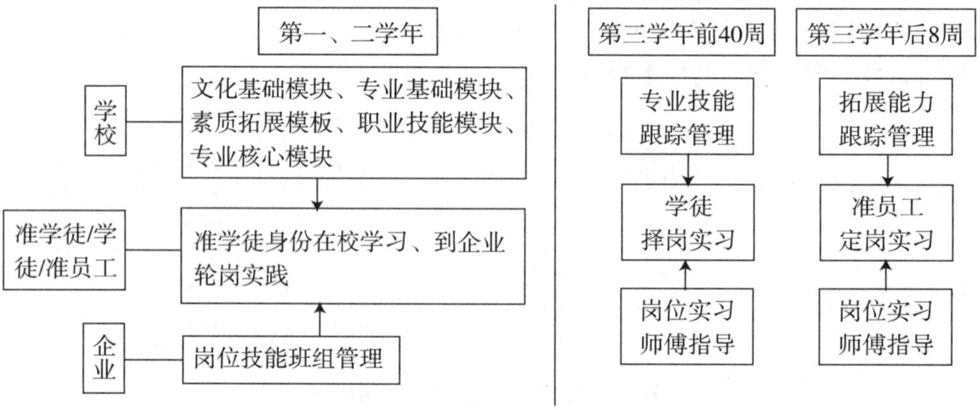

图5　药品经营与管理专业三段育人样本

（四）校企共同考核，共同建设"二元评价机制"

考试对接考核：学校考试和企业岗位考核相结合，准学徒必须同时通过学校各门课程的考核和企业轮岗实践的岗位基本技能的第一轮考核，考核达到该企业初级工水平的准学徒转为学徒；学徒期结束后再进行岗位核心能力的第二轮考核，岗位核心能力的考核达到该企业中级工水平的学徒转为准员工；准员工期结束后再进行专业拓展能力的第三轮岗位考核，三轮考核合格领取由校企共同颁发合格证，三轮考核合格成为学生毕业条件之一。

学历证书对接职业资格证书：学生毕业时企业颁发行业内各同类企业所认可的职业资格证书，有效地实现学生学历证书与职业资格证书的融合。

（五）通过阶段式培养，共同推进学生"四种身份转换"

第一、第二学年为准学徒阶段，准学徒需要在校学习、到企业轮岗实践，掌握文化基础模块、专业基础模块素质拓展模板、职业技能模块、专业核心模块等知识；第三学年前40周为学徒阶段，学徒需要到企业进行择岗实习，在岗位带教师傅的指导下，掌握岗位核心能力的知识；第三学年后8周为准员工阶段，准员工需要掌握岗位拓展能力等方面的知识，并通过二元考核，顺利拿到学位证书和职业资格证书，最终与企业签订劳动合同，成为企业的正式员工。通过这样分段式的培养，学生完成了从准学徒→学徒→准员工→员工的"四种身份转换"，极大地提高了学生的就业率和企业员工的稳定性。

（六）推行双导师制，共建教师培养机制

四家企业都选派具有中级及以上的技术人员作带教师傅，负责实训岗位技能传授，并建立带班师傅绩效考核制度，将学徒业绩与师傅工资奖金捆绑在一起考核。同时学校在每家企业设立教师流动工作站，选派中级及以上专业教师作导师，每年到企业指导学生不低于4次，以提高专业教师的实践能力和教学水平。

（七）合作共享共赢，校企共建保障机制

1. 制度保障

为保障现代学徒制的顺利实施，学校在实践中不断完善协议类、制度类、职责类、考核类、方案类5类文件，以确保工作有序有效地开展。比如学校与企业协议，学校、企业、家长三方协议，师傅与学徒协议等，再如《曲靖医学高等专科学校药品经营与管理专业现代学徒制试点专业实施方案》《曲靖医学高等专科学校药品经营与管理专业现代学徒制人才培养方案》《准学徒、学徒实训、实践、实习管理制度》《准学徒、学徒实训、实践、实习考核办法》《安全措施与学生违纪处理办法》《带教师傅选用办法》《带教师傅工作职责与奖惩制度》《带教教师工作职责与奖惩制度》等。

2. 共享共赢

学校按照学徒制成本分担机制，每年对四家合作单位给予不低于800元/生的带教津贴，四家企业也分别成立奖助学金、轮岗、择岗和定岗薪酬机制，对于学校而言，企业为学生提供实训岗位和薪酬，学生能获得相应的经济报酬，从而降低了学校的直接教育成本，也大大地提高了学校人才培养的质量；对于企业而言，与直接招聘熟练工人相比，培养准学徒、学徒既减少了劳务成本也增加了经济效益，提高了企业参与职业教育的积极性。因此在企业追求经济效益和学校追求教育效益之间的矛盾上，实现了质量、成本与收益的平衡，从而达到共享共赢。

三、成效与收获

1. 通过现代学徒制的实践，构建了“23324”现代学徒制人才培养模式

通过现代学徒制的实践，校企构建了“23324”现代学徒制人才培养模式，即学校、企业“二元管理机制”，课程模块化、内容项目化、项目岗位化的“三化课程体系”，准学徒在校学习和企业轮岗实践、学徒择岗实习、准员工定岗实习的“三段育人过程”，考试对接考核、学历证书对接职业资格证书的“二元对接评价机制”，准学徒→学徒→准员工→员工的“四种身份转换”。

2. 加快了学生职业发展速度

学生的学习以企业需求为导向，技能培训与企业需求对接，就能很快能适应岗位需要，其就业竞争力和持续发展能力不断提高，大部分学生在学徒阶段就可以拿到4000元以上的工资，一些优秀的学徒很快成了技术骨干甚至业务主管，就能拿到6000元及以上的工资。

3. 缓解了结构性的就业矛盾

校企双主体育人成效显著，不仅提升了学校育人质量，还减少了企业员工流动，有效地保障了企业用工稳定，使企业获得了一批忠诚度高、对本企业文化认同度高、熟悉企业生产流程和工艺、技能素质高的员工，学生毕业即能上岗，有些甚至成为企业的生产骨干和后备干部。目前四家企业已经完成了岗位留任调查，95%的学生愿意毕业后继续从事药品经营与管理等相关工作，85%的学生愿意毕业后继续留在原来的实习单位。

（撰写人：肖湘滇、杨应合、盛常富）

案例八：

基于企业岗位标准的现代学徒制人才培养方案开发与实践

云南能源职业技术学院[①]　云南省地矿测绘院

摘　要：校企双方（云南能源职业技术学院、云南省地矿测绘院）以企业生产为核心、企业岗位标准为基础，兼顾高等性与职业性制定培养目标，根据校企双主体性、学生职业针对性制定课程体系及课程内容，实现校企的有机融合与合理分工。校企合作制订了既体现现代学徒制内在理念与要求又符合行业特点的《基于企业岗位标准的现代学徒制人才培养方案》。按照“知识＋技能＋素质”一体化的人才培养要求，校企共同开发设计了基于“工作过程→行动领域→学习领域→学习情境”的课程教学内容，构建了“基于工作过程”系统化的课程体系。

关键词：岗位标准；人才培养；课程标准

一、项目背景

云南能源职业技术学院积极响应教育部和云南省教育厅的有关文件精神及要求，全面分析了学校开办专业的情况，确定申报办学历史较长、专业成熟度较高、师资设备优势突出和校企合作基础扎实的工程测量技术专业为省级和国家级现代学徒制试点专业，经过调研考察，选择与学院长期合作、工程测量技术类岗位需求旺盛，对毕业生有较大需求、举办现代学徒制试点积极性较高的云南省地矿测绘院作为合作单位，校企双方共同编制了《云南能源职业技术学院工程测量专业现代学徒制试点项目建设方案》。

在教育部、云南省教育厅及云南现代学徒制工作专家指导委员会等部门的大力指导帮助及校企双方共同努力下，试点工作有序推进，在校企协同育人、招生招工一体化、工学结合人才培养改革、校企互聘共用师资队伍、现代学徒制试点运行和管理方面进行创新实践，积累了较丰富经验，完成了预期试点任务，取得了显著成效。

---

① 云南能源职业技术学院是全国第二批现代学徒制试点单位，2019 年通过教育部验收。

二、具体做法

（一）系统谋划，做好顶层设计

学校党委先后数次对现代学徒制试点项目建设工作进行讨论，明确学校将在人、财、物等方面对试点项目进行支持，并结合学校办学实际，从建设目标、预期成果、实施步骤、进度安排、保障措施等方面系统规划了试点建设实施方案。学校成立了试点项目工作领导小组，明确试点推进工作的职责分工，对接合作企业云南省地矿测绘院，统筹协调校企双方资源优势，做到领导重视、目标清晰、方案明确、执行到位、保障充分，确保试点工作任务的完成和目标的实现。试点项目建设组织框架见图1。

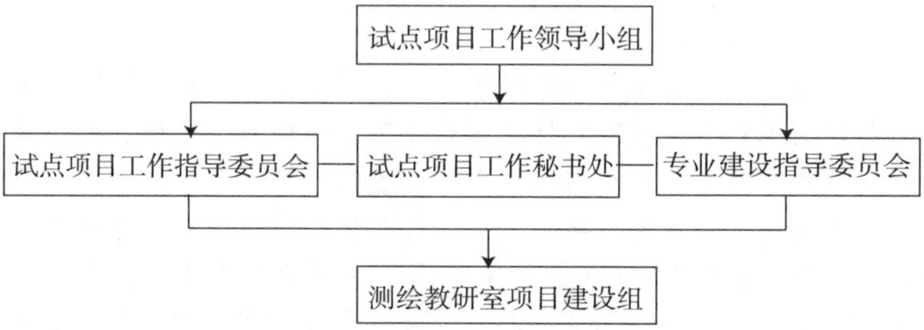

图1　试点项目建设组织框架图

项目指导委员会秘书处编制了工程测量技术专业现代学徒制试点项目建设方案、工程测量技术专业现代学徒制试点项目实施方案、工程测量技术专业现代学徒制试点项目实施细则等指导性文件，明确了项目建设流程，见图2。

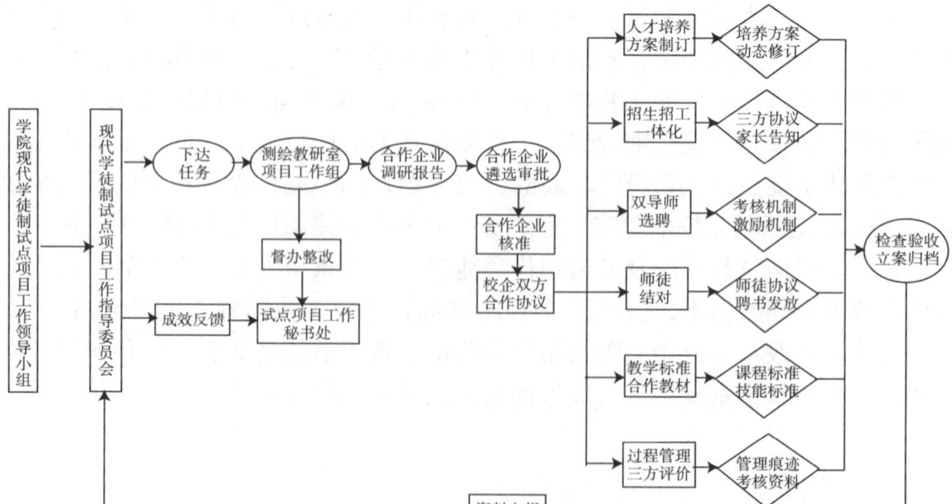

图2　试点项目建设流程图

（二）明确岗位标准、人才培养总体思路和培养目标

学校与云南省地矿测绘院共同组建了工程测量技术专业及专业群建设指导委员会，定期召开工作会议，深入分析云南省地矿测绘院测绘生产过程和工艺流程等生产实际，针对生产实际，校企双方确定了现代学徒制试点项目企业岗位标准。

以源于企业的真实工作岗位的岗位标准为导向，以项目工作为基础，校企双方建立了“学生→学徒→准员工→员工”四位一体的现代学徒制人才培养总体思路，明确了“满足云南省地矿测绘院测绘生产、管理需求，面向现代测绘领域，培养具有良好职业素养，具备测绘技术的基础知识、专业知识和较强的现代测绘工程实践能力，从事大比例尺地形测量、控制测量、规划测量、不动产调查、工程建设施工测量的生产与管理工作的测绘工程高素质技术技能型人才”的培养目标，体现毕业生“精测量、懂施工、会管理”的特色。结合企业典型岗位特征，选择了地形测绘、控制测量、工程测量、数据处理、不动产权籍调查五个核心岗位为学徒制人才培养的重点岗位，制定了相应的岗位标准，其中，工程测量岗位标准如表 1 所示。

学校现代学徒制试点项目以企业岗位标准为基础，兼顾高等性与职业性制定培养目标；以企业生产为核心，职业针对性与毕业生发展性相协同制定课程体系及课程内容；体现双主体性，实现校企之间的有机融合与合理分工；体现现代学徒制内在的理念与要求，符合行业特点。

表 1　工程测量岗位标准

<table>
<tr><td>单位：云南省地矿测绘院</td><td>部门：工程测量部</td><td colspan="2">岗位名称：工程测量技术员</td></tr>
<tr><td colspan="4">岗位价值：严格执行工程测量相关行业标准，优质高效地完成部门下达的生产任务。加强专业技能学习，提高自身技能，确保成果质量和工作效率，避免不合格测绘产品的发生，具备风险防控和持续改进的质量管理意识和安全意识</td></tr>
<tr><td colspan="4">工作关系：团队协作</td></tr>
<tr><th>关系性质</th><th>关系对象</th><th colspan="2">主要意图或结果</th></tr>
<tr><td>直接上级</td><td>作业组长</td><td colspan="2">接受生产任务，服从作业组长的安排，做好本职工作，在工作中遇到问题及时提出并及时解决</td></tr>
<tr><td rowspan="2">内部联系</td><td>外业组员</td><td colspan="2">互相协作和配合</td></tr>
<tr><td>内业组员</td><td colspan="2">提交外业成果，协助完成内业计算及制图工作</td></tr>
<tr><td rowspan="4">外部联系</td><td>工程相关技术人员</td><td colspan="2">了解工程设计及施工，确保工程建设各环节相应的测量问题及时解决</td></tr>
<tr><td>项目部质量专检员</td><td colspan="2">接受质量检查，协助并配合好工作，确保问题及时改进和消除</td></tr>
<tr><td>分院级质检人员</td><td colspan="2">接受质量检查，协助并配合好工作，确保问题及时改进和消除</td></tr>
<tr><td>院级质检人员</td><td colspan="2">接受质量检查，协助并配合好工作，确保问题及时改进和消除</td></tr>
</table>

续 表

工作职责：			
项　目	**比　重**	**权　限**	**绩效标准**
一、准备工作	15%	主要负责	
1. 根据生产任务的时间安排，准备好作业仪器、设备和相关软件	5%	主要负责	准备齐全
2. 收集项目区已有的控制点、地形图等资料，明确作业流程和时间安排	5%	主要负责	资料完整可利用
3. 学习技术设计书、作业指导书，明确技术标准和作业要求	5%	全权负责	明确要求和指标
二、标准作业，优质高效地完成生产任务	70%	全权负责	
1. 按照技术设计书和作业指导书的要求，进行控制测量、工程测量的外业工作	40%	全权负责	满足标准要求
2. 按照相关成果资料要求，根据采集的外业数据，编制相关图件、进行成果分析等	20%	全权负责	满足标准要求
3. 在自检、互检、专检、院级检查的过程中，根据发现的问题，对照标准及要求，进行修改完善，确保成果满足要求	10%	全力负责	满足标准要求
三、安全保密管理	5%		
1. 认真执行院安全生产管理规定的要求，确保仪器、设备、人员安全	2%	主要负责	安全问题为“0”
2. 认真执行涉密测绘成果安全保密管理的相关要求，确保数据、图件的安全	2%	全权负责	泄密问题为“0”
3. 图件、数据的存储场所三防管理	1%	全权负责	资料安全
四、其他	10%		
1. 个人行为规范，严格执行院规章制度	3%	全权负责	无违规行为
2. 宿舍管理：安全、财物、卫生等	3%	全权负责	合格率 100%
3. 执行能力：根据部门的要求，严格执行质量、进度要求，确保项目圆满完成	4%	主要负责	完成率 100%

任职资格：		
项　目	**必备要求**	**期望要求**
1. 学历要求	大专以上	大专或本科以上
2. 专业要求	测绘类专业	工程测量技术专业

续　表

3. 资格证书		工程测量工	英语应用能力考试
4. 工作经验	一般经验：	1 年以上专业学习及基本训练	2 年以上专业学习及基本训练
	专业经验：	半年以上生产实践	1 年以上生产实践
5. 知识要求（专业、相关、管理、政策法规知识等）		控制测量、数字测图、工程测量等专业知识 明确技术标准和要求	掌握工程测量相关知识、法律、法规；了解工程施工知识 了解相关质量管理和安全知识
6. 技能要求	计算机：	计算机一般性应用	熟练掌握 CAD 制图软件和平差软件
	外语：	具备外业基础	初级
	写作：	一般性材料写作	能看懂技术材料并初步具备写作能力
7. 能力要求		理解能力、执行能力	沟通能力、解决问题能力、应变能力
8. 个性特征		责任心、严谨、敬业、吃苦耐劳	进取心、毅力、团队协作
9. 体能要求		身体健康，能适应加班	精力充沛
10. 特殊技能			
工作环境和条件：			
1. 工作场所：户外及办公室			
2. 工作时间：8 ~ 10 小时			
3. 环境状况：一般			
4. 危险可能：外出乘车及户外安全			

（三）基于工作过程构建系统化课程体系

校企双方在人才培养目标的指导下，根据调研资料和毕业生反馈调查结果，组织职教专家（教师与师傅共同参与）调研讨论，将工程岗位等岗位性质划分为 2 个公共岗位和 3 个专业岗位；依据各岗位工作过程中所有环节的工作任务归纳出各岗位的典型工作任务，分析归纳出这些典型工作任务对应的能力要求和行动领域，再由行动领域整合形成学习领域，并根据其内在联系形成基于工作过程系统化课程体系。对学习领域的内容进行描述，设计学习情境，联系典型工作任务对应的能力要求确定课程目标。试点专业课程体系构建方法及基于工作过程系统化课程体系见图 3 ~ 4。

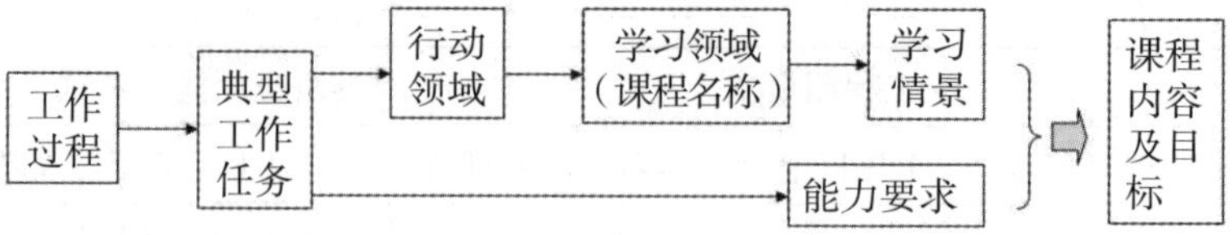

图3　课程体系构建方法

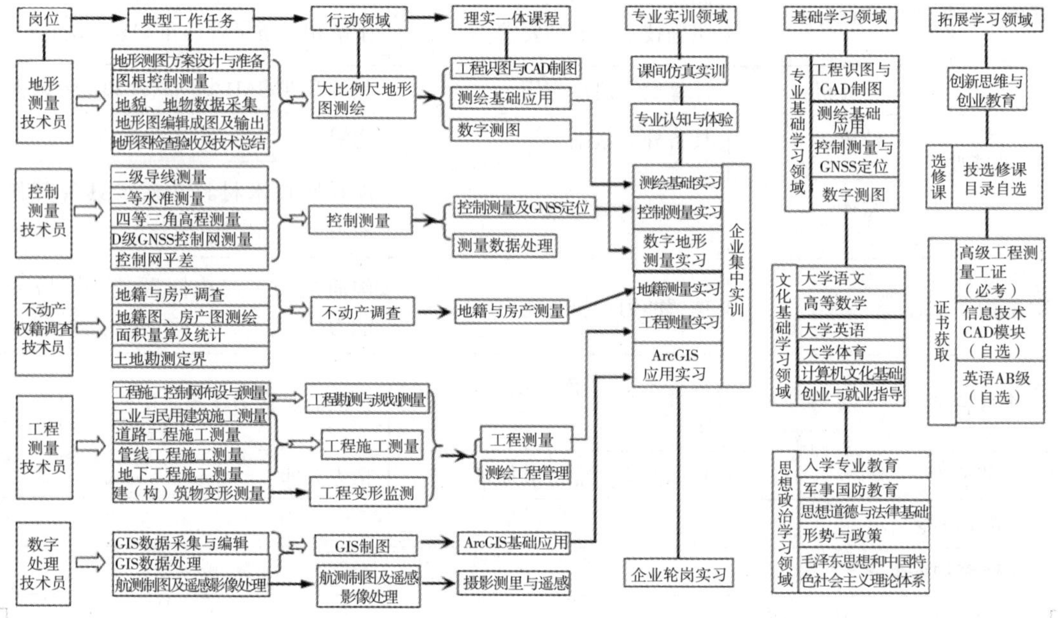

图4　现代学徒制工程测量技术专业基于工作过程系统化课程体系

（四）明确人才培养模式，规范完善教学文件，制订人才培养方案

构建了“校企合作、工学结合、四位一体、双师教学、项目驱动、分段实施、实岗育人”的工程测量技术专业现代学徒制人才培养模式，编制了《云南能源职业技术学院工程测量技术专业现代学徒制人才培养方案》，并召开了专家论证会，此外，还定期每年进行一次动态修订，形成了2017、2018、2019版3个版本的人才培养方案。

同时编制了《云南能源职业技术学院工程测量技术专业现代学徒制试点项目专业教学标准》《云南能源职业技术学院工程测量技术专业现代学徒制试点项目专业课程标准》（10门课程）、《云南能源职业技术学院工程测量技术专业现代学徒制试点项目专业实训指导书》（18门课程）、《云南能源职业技术学院工程测量技术专业现代学徒制试点项目技能达标考核标准》《云南能源职业技术学院现代学徒制试点项目质量监控标准及实施办法》等规范性教学文件。并开展了相关理论研究，承担了云南省高教学会高职高专教育分会高职教育科研课题“工程测量技术专业现代学徒制探索与实践研究”工作。

三、项目成效

（一）人才培养目标更加明确

通过三年来现代学徒制试点工作的探索与实践，工程测量技术专业现代学徒制试点班实现了校企联合招生、联合培养、双元育人、实岗培训、学徒双身份、工学交替、岗位成才等，进一步明确了工程测量技术专业现代学徒制学徒企业岗位标准，以源于企业的真实工作岗位的岗位标准为导向，以项目工作为基础，建立“学生→学徒→准员工→员工”四位一体的现代学徒制人才培养总体思路。

明确了“以满足云南省地矿测绘院测绘生产、管理需求，面向现代测绘领域，培养具有良好职业素养，具备测绘技术的基础知识、专业知识和较强的现代测绘工程实践能力，从事大比例尺地形测量、控制测量、规划测量、不动产调查、工程建设施工测量的生产与管理工作的测绘工程高素质技术技能型人才”的现代学徒制人才培养目标，最终实现能够体现毕业生“精测量、懂施工、会管理”现代学徒制特色。学院教学实践活动见图5～6。

图5　理论实践一体化教学活动

图6 测绘技能竞赛现场

（二）资源建设卓有成效

编写和制定了专业建设标准、课程标准、岗位标准、技能考核标准、各门课程实习实训指导书等教学资源文件，出版了《数字测图》教材，新建了无人机摄影测量校内实训基地、校企双方共建了矿山测量实训基地，充分利用计算机网络技术，建立教学信息平台，引入翻转课堂、微课等现代教学形式，利用信息化教育平台，实现师生互动。

（三）培养成效更加显著

通过试点项目建设，实行以校企共育、通过“双导师”联合传授知识和技能，达到以工学交替、实岗育人为基础，加强技术技能型人才培养模式的改革创新，推进工程测量技术专业产教结合、校企融合、双师建设、课程体系构建、教学管理和质量监控评价等改革，提升了工程测量技术专业人才培养质量。

项目组成员王正荣教授获得“云南省政府特殊津贴”奖励、成立了“云南省高职高专工程测量技术王正荣名师工作室”。

学徒专业岗位技能得到大力提升，学徒制试点班学生获云南省职业院校技能大赛高职组工程测量竞赛多项项目二、三等奖。

（四）校企联合开发特色教材

鉴于目前无人机摄影测量得到大量应用，而相关教材在高职测绘类专业尚未开发的客观情况，结合学校实际（已购买了有4架无人机和配套软件、建成了无人机摄影测量校内实训基地，具备较好的实训条件），以及云南省地矿测绘院开展无人机摄影测量的经验和具体案例，为使新技术、新方法和新手段尽快融入教学，校企双方联合上海华测导航技术股份有限公司按“共同开发、成本分担”的原则，签订三方合作开发教材协议书，联合开发、出版了反映职业教育特点、体现现代学徒制特色的《无人机摄影测量》教材。

（五）推进学校教育教学改革全面深化

工程测量现代学徒制试点项目并不是单打独斗，而是着眼大局，结合学校整体建设情况，有机融合学院建设项目，纳入学院综合改革和优质高职院建设等建设项目，并成为重要支撑，使学院教学改革工作有序进行，并取得实效。

工程测量技术专业现代学徒制试点项目是学校创新发展行动计划子项目之一，通过试点项目的建设，不断总结经验，积累资源，成功支撑了学校优质高职院校建设项目、技能大师工作室建设项目、高水平骨干专业建设项目等，经云南省教育厅专家组评审，学校上述三个建设项目均被遴选为立项建设项目，同时还支撑了学校“双高计划”建设项目。现代学徒制培养模式还成功应用在“百万扩招”人才培养工作等上。2020 年 6 月 9 日，中国高职高专教育网报道了学校“标准不降、模式多元、学制灵活、宽进严出”的典型经验和做法，为其他高职学校提供了借鉴和参考。

（撰写人：王祥邦、王正荣、桂林斌）

案例九：

百年锡业现代学徒制“2234”人才培养模式的探索与实践

云南锡业职业技术学院[①]　云南锡业集团（控股）有限责任公司
云南锡业机械有限公司

摘　要：云南锡业职业技术学院坚持以提高人才培养质量为核心，以校企融合、产教一体为导向，充分发挥大型国有企业办职业教育的先天优势，遵循学生（徒）“双身份”、培养“双主体”、育人“双导师”等要求，深入探索实施“招生—招工、学生—学徒、导师—师傅、产业—教学”等多维一体化的现代学徒制工作，构建了“2234”人才培养模式，畅通了校企双师队伍互聘互用途径，打造了“五位一体”生产性实训基地，搭建了“三联合”教学平台，推行了“四进阶”联合培养流程，构建了校企双元育人长效运行机制。

关键词：国企办学；现代学徒制；人才培养模式

一、项目实施背景

云南锡业职业技术学院的举办方——云南锡业集团（控股）有限责任公司（以下简称“云锡”）是世界著名的锡生产、加工基地，是世界锡生产企业中产业链最长、最完整的企业，在世界锡行业中排名第一，代表着中国锡工业的领先水平，具有较强的国际竞争力。经过100余年的发展，云锡已发展成为集地质勘探、采矿、选矿、冶炼、锡化工、砷化工、锡材深加工、有色金属新材料、贵金属材料、建筑建材、房地产开发、机械制造、仓储运输、国际物流、科研设计和产业化开发等为一体的国有特大型有色金属联合企业，成为世界最大的锡生产、加工基地和世界最大的锡化工中心、世界最大的锡材加工中心、世界最大的砷化工中心，以及世界级的稀贵金属研发中心。

作为国有大中型联合企业举办的云南锡业职业学院，长期以来，紧紧围绕有色金属行业、企业和地方经济社会发展对人才的需求，遵循职业教育普遍规律与学院办学实际相结合的原则，以聘用生产一线优秀工程人员承担专业课程教学，以集产学研一体的大型产业基地作为学生真枪实弹训练的场所，以企业兼职教师和专任教师进行岗位互换，

① 云南锡业职业技术学院是全国第二批现代学徒制试点单位，2019年通过教育部验收。

以生产项目引领学生毕业设计和教学项目并由生产一线工程人员指导，以企业为主体、学校为主导等校企共同育人的人才培养模式，受到了同行及社会各界的广泛认可和肯定，于2016年10月被省教育厅批准为云南省首批现代学徒制试点单位，2017年9月被教育部批准为第二批现代学徒制试点单位。试点工作开展以来，学院严格按照教育部、云南省教育厅现代学徒制试点工作实施方案的相关精神，深入探索实施“招生—招工、学生—学徒、导师—师傅、产业—教学”等多维一体化的现代学徒制工作，探索实践了“2234”人才培养模式，畅通了校企双师队伍互聘互用途径，打造了“五位一体”生产性实训基地，搭建了“三联合”教学平台，推行了“四进阶”联合培养流程，构建了校企双元育人长效运行机制。

二、现代学徒制“2234”人才培养模式的构建与实践

（一）构建校企“双主体”育人机制

1. 校企共同成立现代学徒制工作领导小组

学院与云锡共同组建现代学徒制工作领导小组，由举办单位暨合作企业的党委副书记任组长，学院院长、党委书记及云锡组织部部长任副组长，学院二级院系及职能部门与合作企业二级单位负责人任成员。搭建合作与保障平台，定期召开联席会议，确保现代学徒制工作顺利推进。领导小组下设办公室，由学院教务处处长担任主任，机电工程学院、招就处、学生处、党政办等职能部门及合作企业组织人力资源部主任为成员，具体负责现代学徒制工作的常规开展。领导小组组织架构如图1所示。

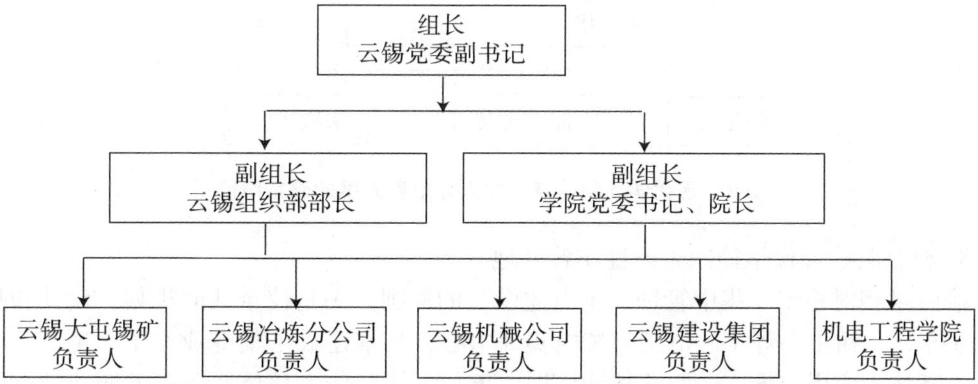

图1　现代学徒制试点工作领导小组组织框架图

2. 校企共同制订现代学徒制人才培养方案

为了学徒培养目标和规格达到企业的用工要求，校企共同组建现代学徒制试点专业教学指导委员会，成员由云锡机电专业技术委员会成员与学院机电工程学院负责人、专业带头人、骨干教师等人员组成，一道深入企业进行人才社会需求方面的职业岗位、企业一线和专业发展趋势调研，分析教育成功经验及学生需求，结合岗位实际和区域产业特色，确定典型工作任务，明确岗位技能标准，植入企业文化、管理流程、生产技术及

安全规程于课程体系，校企共同确定现代学徒制机电一体化技术专业的人才培养目标和培养规格，共同制订现代学徒制人才培养方案。现代学徒制人才培养方案的确定路径如图 2 所示。

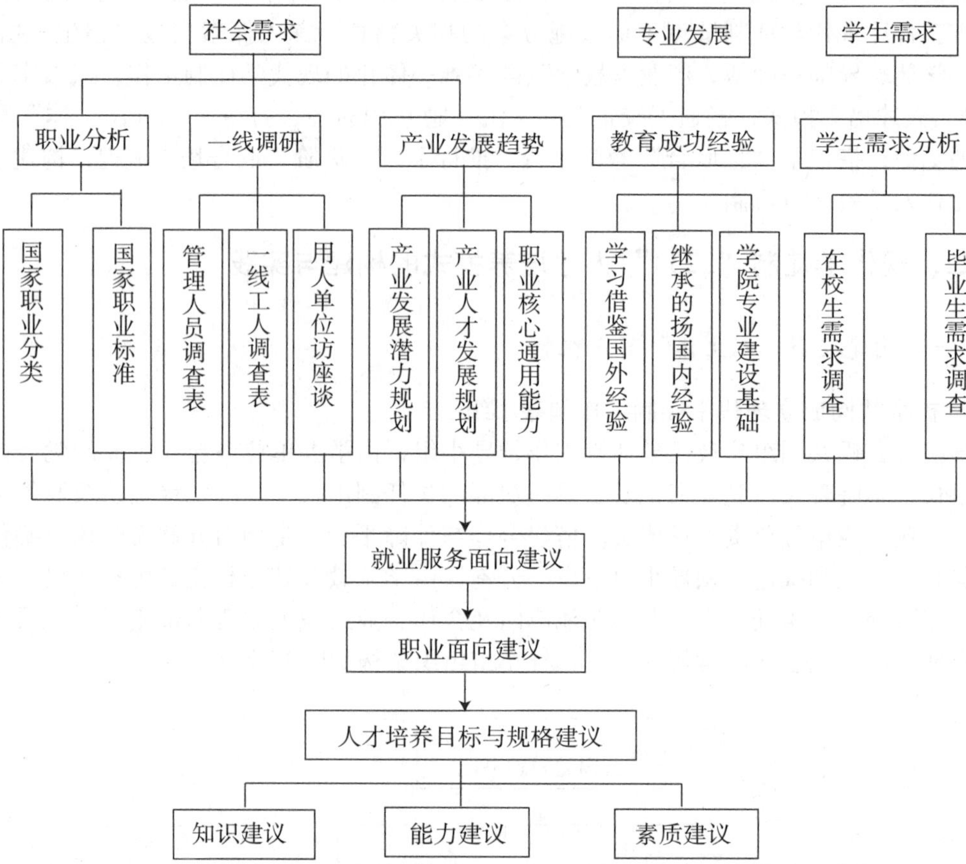

图 2　现代学徒制试点专业人才培养方案的确定路径

3. 校企共建现代学徒制生产性实践基地

按照“相对稳定、集中管理、重点建设”的原则，一是校企共同规划、设计和投资建设了车工、钳工、焊工、电工等校内实训中心，基本建成了集专业教学、生产、科学试验、新技术应用与推广、职业技能培训“五位一体”的考核体系完备的职业技能培训和创新人才培养基地；二是利用云锡在人才、技术、装备方面的优势和先进生产工艺条件，与云锡技术密集、门类齐全、特色鲜明、专业化优势突出的生产企业签订了生产性教学基地共建协议，为学生多岗位轮换、多技能培养提供了真枪实弹的训练场所。两年来，校企共建校内理实一体教学中心 2 个，共建校外实践基地 4 个，遴选现代学徒制标准岗位 40 余个，完成企业员工培训及技能比武 1700 人次，承担兄弟院校学生金工教学 400 余人次，实现了实践教学基地的共建共享。

4. 校企共同打造现代学徒制师资队伍

在现代学徒制工作推进期间，学院以云锡兼职教师管理办法为依据，以设在学院的云南省创新人才培养基地、云南省第72国家职业技能鉴定所、有色金属行业特有工种职业技能鉴定第20号站、云南省安全技术教育培训中心、云锡安全生产技术培训中心为平台，实施教学团队“双师”素质教育工程和“双师”结构建设工程。通过对专任教师实施“派（派出参观考察）、培（内外培训）、赛（组织竞赛）、研（参与项目研发）、带（以老带新）”培养工程，组建由特聘教授、企业学科带头人、企业生产一线优秀技术专家、技术骨干和技术能手组成的兼职教师资源库等结构工程，不断优化师资队伍结构，提升教师教育教学能力及技术水平，推进以工作过程为导向、工作任务为引领的课程教学改革。通过校企双方的互培互聘，校企双方建立了教师、员工的“身份互认、角色互通、人才共管”，实现了校企教师、员工互聘互用机制。

（二）校企联合开展招生招工一体化

充分发挥校企联合优势，依据校企双方的实际情况与需求，校企共同制订和实施了《云南锡业职业技术学院现代学徒制招生招工方案》，明确招工招生录取方式、人数、变更等信息，确定现代学徒选拔标准，签订了《校企联合培养框架协议》，建立了规范的院校招生录取和企业用工程序。

1. 校企共同开展招工招生宣传、招聘工作

学徒招生工作以学校为牵头单位，由学校制订招生计划，学校与企业共同编制招生工作方案，共同做好宣传工作，介绍专业优势、人才培养、师资力量、办学条件、企业情况、岗位设置、岗位标准和企业情况等。明确现代学徒制的生源主要来源于高中毕业生和三校生统招，按照云南省招生考试院划定的分数线录取。

2. 校企共同组建学徒班级

在现代学徒制领导小组的领导下，企业根据自身生产经营需求提供需要的用工种类和数量，学院根据合作企业提出的用工需求和岗位要求制订招生计划。校企共同编制招生—招工实施方案，按照“招生数量与用工需求对接，考生素质与岗位要求对接，考试内容与技能要求对接，录用方法与职工考核对接”的标准开展学徒选拔工作，校企共同组成招生宣讲、面试、考核团队，共同确定成员名单，组建学徒班级。

3. 企业与学生双向选择，签订协议确立学生学徒双身份

学校组织校、企、生签订学徒（监护人）、学校和企业三方协议。一是明确校企双方在学徒培养过程中的权责，共同承担学生（学徒）培养的主体责任，全程做好学徒培养工作；二是明确校企双方为学生（学徒）购买人身意外伤害保险、学生（学徒）实习责任保险、工伤保险，确保学生在培养期的安全；三是明确学生学徒的双重身份，解决学生职业归属问题，增加学生对企业文化和职业的认同感、归属感。现代学徒制班级组建程序及条件如图3。

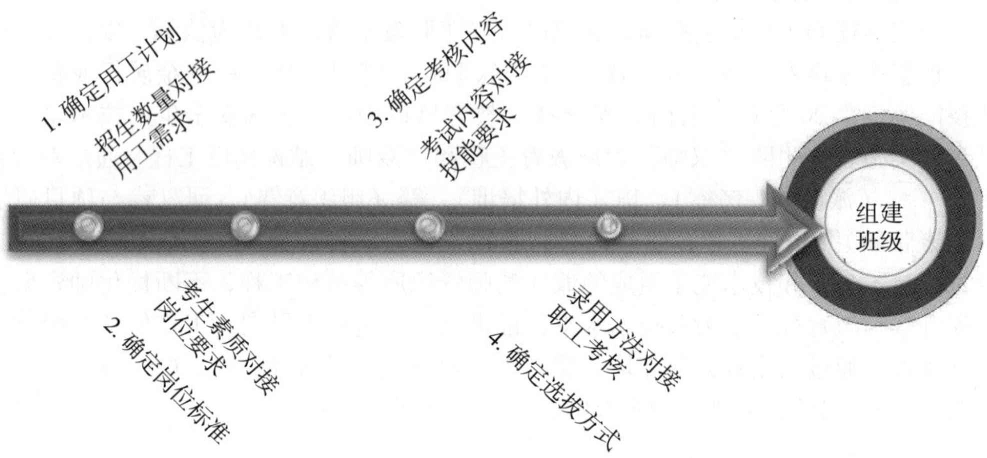

图 3　现代学徒制班级组建程序及条件

（三）校企共同搭建三联合教学平台

围绕现代学徒制人才培养目标和规格，依据行业人才需求和岗位要求，校企科学、合理确定岗位核心技能，对照核心技能解构教学模块，开发学徒制实训项目，编写项目指导书和技能标准。按照“课程模块化、内容项目化、项目岗位化”的课程体系要求，校企共同设计建设了“生产性实训基地、虚拟仿真实训基地、企业真实生产实训基地”三联合教学实训平台，通过校内校外交替互训、多岗轮训的“三平台”联合教学，有效提高学生的岗位适应能力。

（四）校企共同推行四阶段培养流程

校企遵循技能习得规律，在学生技能培养过程中推行“初体验、植文化、轮岗位、达标准”四阶段培养方式。即第一学期推行“2 + 2”学习，即 2 周在学校，2 周在企业理实一体，主要是进行企业岗位初步体验；第二学期通过邀请企业专家、工程技术人员、能工巧匠及劳动模范、杰出青年等方式交互开展教学和各类讲座等形式，不断推进企业文化进校园、车间文化进课堂，达到培育企业文化的目的；第三、四学期主要推行工学交替、岗位轮训，在不同的二级生产企业培养专业核心技能；第五、六学期推行技能达标培养，按照企业岗位标准任务培养学生的岗位能力，推行标准考核，达标的学徒即可留下。从而实现现代学徒制的四阶段培养。四阶段培养流程框架如图 4 所示。

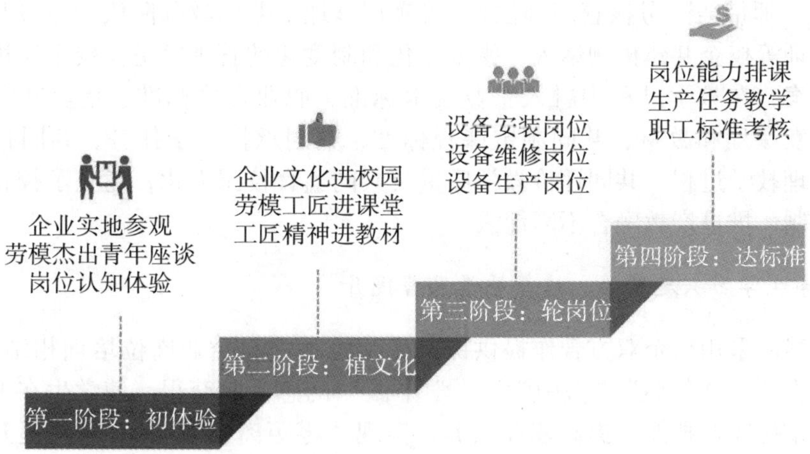

图4　四阶段培养流程框架图

三、试点成效

（一）建立健全制度，长效机制逐步形成

校企坚持“搭建平台，项目驱动，协同创新，共享共赢”的原则，创新实践了校企一体办学模式下的现代学徒制培养机制。校企共同制订了《现代学徒制一体化招生招工实施方案》《现代学徒制试点工作实施细则》《“双导师”校企互聘共用管理制度》《现代学徒制企业综合实训流程及双主体育人机制》《“双导师”校企互聘共用管理制度》《现代学徒制试点专业人才培养成本分担试行办法》等制度20余个。校企签订了《现代学徒制人才培养协议》、校企生签订《现代学徒制试点三方协议》等协议4类。学校制订了试点项目总体实施方案、校企定期会商制度、现代学徒实习管理制度、安全措施与违纪处理办法等规章制度，明确了指导教师、带教师傅的工作职责。成立了由学校管理人员、专业教师及企业管理人员、带徒师傅共同组成的现代学徒制试点工作组机电一体化技术专业试点实施团队，具体负责试点任务的推进和实施。校企共同制定了企业师傅聘任标准、双向挂职锻炼、横向联合技术研发的激励制度、考核奖惩制度等各种规章制度及校内实训基地教学实践计划、企业轮训岗位群实习计划等管理制度。管理规章制度的制定构建了完善的组织保障体系，促进了现代学徒制培养长效机制的形成。

（二）校企合作机制完善，产教融合持续深入

校企通过双方共同组建的专业建设指导委员会和学院二级校企合作管理组织以及利用云锡党委副书记定点联系学院和企业办学的资源优势，搭建了学院与云锡下属企业在人才培养、课程、实训基地、教学团队、学生实习校外实践教学质量保障体系与就业、员工培训和技术服务等核心建设方面的校企一体、产教融合平台。在《云锡实训基地、兼职教师建设管理办法和实训基地共建协议》的基础上，又相继出台了《关于印发《云南锡业集团（控股）有限责任公司导师制管理办法（试行）》的通知》和《云南锡业职

业技术学院“师带徒”考核管理办法》，将实训基地、兼职教师队伍的建设与管理，学生的实习实训等校企共建机制纳入云锡规范化和制度化的管理渠道。校企通过共同制订人才培养方案，在教学过程中融入企业技术标准、职业资格标准、企业制度和文化元素，共同开发课程和教材、共同制定课程标准、共同承担教学任务、共同打造实训基地、共同管理教学过程、共同评价教学质量及共同蕴育校园文化，建立了校企合作长效运行管理机制，推进产教融合不断深入。

（三）学生学习兴趣增强，培养质量显著提升

现代学徒制采用校企双方合作提供课程，学校学习与企业岗位培训相结合的方式，更加关注学生“工作体验”“做中学”“学中做”的感受和获得，使学生在上岗前得到锻炼，提前掌握职业技能，提高职业素养，实现“零距离上岗”，有效地提升了学习兴趣和主动性。企业可以在学徒学生实习期间对其进行较长时间较近距离的观察，对优秀学生进行挑选，真正达到优化用工的目的，学徒学生相对于普通班级学生而言，操作技能更扎实、专业知识更对口、职业素养更全面、企业认同更自然。两年来，学院试点机电一体化技术专业参加云南省职业院校技能大赛荣获一等奖 5 人次、二等奖 8 人次、三等奖 4 人次，选拔学徒人数 238 人，考核合格录用学徒 226 人。

（四）师资队伍互聘互用，双师素质有效提升

校企双方建立健全了双导师选拔、培养、考核制度，形成了校企互聘共用的管理机制。明确了校内导师经二级学院考核选拔，所承担工作计入教师考核，减免相应工作量，校内导师在培训、进修、企业锻炼方面享受优先待遇，在企业锻炼期间减免教学工作量。合作企业选拔优秀技术技能人才担任师傅，明确师傅的责任和待遇，师傅承担的教学任务纳入考核，并享受相应的带徒津贴。试点专业将指导教师的企业实践和技术服务纳入教师考核并作为晋升专业技术职务的重要依据。学院试点根据教学需要聘请企业工程技术人员为学院兼职教师，企业也根据生产需求聘请学院专业教师担任相关部门技术人员或管理人员，或根据学院要求安排专任教师下企业实践锻炼，以及通过企业高级管理人员或学科带头人与学校教师签订“一对一”的“导师制”“师带徒”协议等形式基本建立了校企双方员工的“身份互认、角色互通、人才共管”，实现了校企师资互补。

（五）依托企业面向行业，构建多维质量监控体系

构建实施的“3—4—5”校内教学质量监控体系（三大监控系统：教学目标监控、教学过程监控、教学信息监控；四大保障制度：思想保障、制度保障、组织保障、技术保障；五大监控机制：约束机制、监督机制、评估机制、反馈机制、激励机制）和“5落实 4 环节”（5 落实：计划落实、大纲落实、基地落实、师傅落实、考核落实，4 环节：准备工作环节、初期安排落实环节、中期开展检查环节、结束阶段的成绩评定及工作总结环节）校外实践教学质量监控体系，确保了培养过程的规范性和时效性。

（撰写人：张惠芬、李慧萍、刘树）

案例十：

培养现代学徒　传承非遗技艺

鹤庆县职业高级中学[①]　鹤庆县新华千锤佳艺民族首饰厂

摘　要：为更好地传承和创新“鹤庆银饰锻制技艺”，提高人才培养质量，鹤庆县职业高级中学与鹤庆县新华千锤佳艺民族首饰厂合作开展现代学徒制人才培养试点项目，在招生招工一体化、人才分段共育培养模式、实践教学体系构建、师资培养、实训基地建设和校企特色文化建设等方面开展全方位校企合作，初步形成了“双主体、全过程、一体化”的合作新格局。按照“学生—学徒—准员工—员工”四位一体的人才培养思路，校企不仅实现了“招生—培养—毕业”与“招工—培训—就业”同时进行，还实现了专业设置与产业需求对接、课程内容与职业标准对接、教学过程与生产过程对接，成效显著。

关键词：现代学徒制；校企合作；非遗技艺；人才培养

一、实施背景

早在唐代南诏国时期，鹤庆新华人就开始从事金银铜等手工艺品的加工制作。历史蕴育了誉满海内外的“鹤川匠人”，铸就了名闻遐迩的“新华石寨子银器”，鹤庆银饰锻制技艺已成为国家级非物质文化遗产项目。近年来，鹤庆县依托银器工艺品产业发展的独特优势，培育了驰名中外的“小锤敲过一千年”的文化品牌，呈现出“小产品大产业”的发展格局。

为传承与创新传统民间工艺，鹤庆县职业高级中学连续几年与鹤庆县新华千锤佳艺民族首饰厂通过顶岗实习、订单培养等形式进行校企合作，开办银铜器加工专业，虽然取得了一些成绩，但总体来说不尽人意。学校银铜器加工专业应如何发展？为破解这一难题，学校积极探索现代学徒制人才培养模式，有效整合校企资源，拓展校企合作内涵，扎实推进“双主体，全过程，工学交替”人才培养模式的改革创新。

通过努力，学校2016年被云南省教育厅确定为首批省级现代学徒制试点单位，2017年被教育部确定为第二批国家级现代学徒制试点单位，开设的民间传统工艺银铜器加工专业被确定为现代学徒制试点专业。

① 鹤庆县职业高级中学是全国第二批现代学徒制试点单位，2019年通过教育部验收。

二、实施过程

（一）强化校企双主体育人，探索校企协同育人机制

成立相应的组织机构：成立试点工作领导小组、试点工作小组，制订学校现代学徒制试点项目实施方案。经多方协商，认真遴选，2017 级银铜器加工专业现代学徒制试点班主要与鹤庆县新华千锤佳艺民族首饰厂联办。校企合作，根据校企双主体育人的要求，签订现代学徒制校企合作协议，明确校企双方责任与分工，形成学校和企业联合招生、联合培养、分段育人、多方参与评价的双主体育人机制。

实现校企双方实习场所和实习岗位共享共建：学校在校内新建银铜器加工实训室，企业对车间等进行改建、扩建，改善了工作环境，增加了设备和工位，让学生（学徒）直接到企业真实生产用的车间、工作室工位上训练，为学徒的培养提供了真实的环境和岗位，满足了学生（学徒）实作实训需要。

明确人才培养成本分担：学校银铜器加工专业主要传授手工加工技艺，学校自建校内银铜器加工实训室，满足学生校内实训需要，企业不再单独建实训场所，学生（学徒）直接到企业真实的车间、工作室工位上训练，为学徒的培养提供真实的环境和岗位，校企双方实现资源共享、优势互补，共享实训场所和岗位。聘请的企业师傅由学校按外聘教师工资标准发放带教工资（带徒津贴），学校教师到企业培训、实践、上课的工作量计为学校课时，按学校内部管理考核方案发放课时费。学生以准员工身份在企业轮岗学习、实训期间，由企业发放一定的补贴，提供相应的福利待遇。

（二）校企联合招生，实现招生招工一体化

自愿报名，明确身份，签订协议：制订现代学徒制招生招工一体化方案，广泛宣传。学生自愿报名，经校企共同面试通过后，录取为银铜器加工专业现代学徒制试点学生（学徒），即学生同时具有学校学生和企业学徒的身份，实现招生招工同步。全部签订了现代学徒制试点学校、企业、学生及家长（监护人）的四方协议，明确各方权益及学生（学徒）在岗培养的具体岗位、教学内容、权益保障措施等。

加强四方沟通，共同助力学生成长：根据县级职业高中的特点和学生年龄小的实际，学校充分发挥学校、企业、学生及家长都在鹤庆的优势，注重学校、企业、家长及学生的相互沟通，共同培养教育学生。在学校，试点专业学生单独建班；在企业，学生分成两个小组。试点班除学校常规的家长会外，每学年都召开以现代学徒制试点工作为主题的家长会，组织家长到企业参观，让学生及家长享有充分的知情权、发言权和决定权。

（三）围绕技能传承，突出实效性，创新人才培养制度和标准

“双主体、全过程、一体化”的合作，即学校、企业都是人才培养的主体，学校、企业的合作贯穿招生开始到毕业，整个过程所有环节双方都有职责，要共同参与从招生开始到学生（学徒）毕业就业整个过程的每一个环节，包括招生宣传、录取、教学、实

训、考核、学生管理、师资队伍建设、课程建设、岗位标准制定等。一个过程两个方面，学校与企业同步进行：按照“学生—学徒—准员工—员工”四位一体的人才培养思路，实现了“招生—培养—毕业”与“招工—培训—就业”同时进行，实现了专业设置与产业需求对接、课程内容与职业标准对接、教学过程与生产过程对接。

（四）校企互聘共用，加强师资队伍建设

制定现代学徒制试点双导师的选拔、培养、激励和考核制度，以及师傅标准，完善师傅的聘用、管理和考核机制，明确师傅的责任、权利和义务，规范师带徒工作，明晰现代学徒制试点指导教师工作职责、带教师傅工作职责。

以培养“双师型”教师为目标，初步形成校企互聘共用、双向挂职锻炼的师资管理机制。如鹤庆县新华千锤佳艺民族首饰厂厂长、工艺师王灿松作为兼职教师到校上课，学校专业课教师王增林多次到企业学习和交流。校企互聘共用的专兼职教师队伍能胜任现阶段的专业理论教学和实作训练工作。

（五）以提高实作技能为重点，建立健全具有现代学徒制特点的管理制度

进行有效的教学组织与管理。学生（学徒）在学校期间实行班级管理为主、小组管理为辅，在企业期间实行小组管理为主、班级管理为辅的合作管理模式。校企双方负责组织现代学徒制试点班的教学、岗位轮训和考核评价，并进行日常管理，具体见表1。

表1　教学组织和管理进度表

时　间	学习地点	学习形式	身　份	考核方式	管理形式	主要管理人
第一段（第一年）	学校	主要学习理论课，进行一定的校内实作	学生	以书面考核为主	班级	班主任、学校科任教师
第二段（第二年）	学校、企业（主要以在企业学习为主）	主要在企业进行实作训练	学徒	以实作考评为主	岗位技能小组	学校指导教师、企业带教师傅
第三段（第三年）	企业	跟岗学习、定岗培养	准员工	按岗位生产要求考核	车间班组	车间主任、企业带教师傅

制订方案和标准：校企共同设计制订了银铜器加工专业现代学徒制试点人才培养方案和标准，包括专业教学标准、课程标准、岗位标准、企业师傅标准、质量监控标准及相应实施方案。创新教学方式，分阶段实施教学，课程设置、专业技能的要求和实训内容均由校企双方共同确定，加强教学过程常规管理，通过学校与企业、教师与师傅共同评价学生学业成绩。

实行双导师（双师傅）制：学生在企业以学徒身份学习期间，由学校教师和企业师

傅共同管理，共同组织教学，确保学生遵守纪律，认真学习，切实掌握实训岗位所需的技能。

编写校本教材：对传统工艺流程进行分解、细化，开发专业教学内容，建设基于工作内容的专业课程。在企业领导、企业师傅协助下，结合专业实际，结合县情和校情，学校专业课教师王增林编写了校本教材《鹤庆银饰锻制技艺》，杨海涛编写了校本教材《图案设计》。

建立健全制度和规范：学校不断制订和完善现代学徒制试点工作各项制度、规范。如学徒实习管理制度、学徒实习安全措施与违纪处理办法、学徒实习评价考核制度、准员工实习考核制度等。

三、实施成效

（一）运行效果

两年来，学校认真按照现代学徒制基本要求开展试点工作，取得了良好的教育教学成绩。全班学生无流失，岗位技能考核全部合格。

试点班刘建东同学参加 2019 年云南省职业院校技能大赛，其作品“凤凰牡丹纹银碗”获得中职组民族技艺类作品展示赛项三等奖，见图 1。

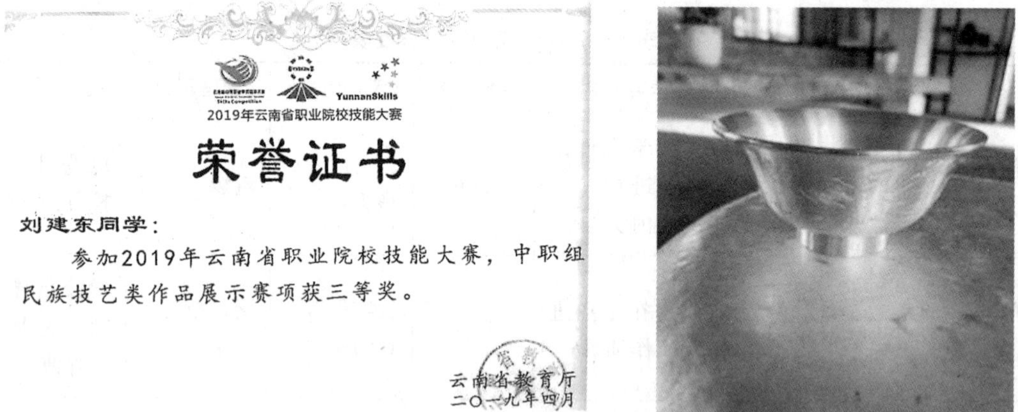

图 1　学生参加省级技能大赛获奖证书及获奖作品

总之，通过开展试点工作，现代学徒制人才培养模式的效应逐渐凸显出来：双主体育人，一个过程两个方面，学校与企业同步进行，整个过程中，学生就业去向、技能要求明确，技能训练内容具体可行、实用有效，教学内容与生产实际紧密结合，学生的综合素质、专业技能、职业精神不断提高和加强。这对开办非遗技艺传承专业具有一定的借鉴意义。

（二）经　验

1. 实施现代学徒制的关键——深化校企合作

实施现代学徒制首先要选准、选好企业。学校经过多次调研、反复协商，最后与鹤庆县新华千锤佳艺民族首饰厂（见图2）达成合作协议。“千锤佳艺承民族文化传统，百炼精工创旅游产品新业”，鹤庆县千锤佳艺民族首饰厂是新华村银器行业的龙头企业，李金铭董事长具有强烈的使命感和责任感，一直致力于鹤庆银饰锻制技艺的传承与创新，非常注重人才培养。校企双方努力实现校企双主体、全过程、一体化育人。学校认真学习领会现代学徒制的内涵，明确现代学徒制与传统学徒制的区别，明确现代学徒制与普通职业高中班和以往的订单班、冠名班的人才培养模式的区别。

图2　鹤庆县新华千锤佳艺民族首饰厂内观及千锤佳艺精品展室

2. 实施现代学徒制的重点——突出专业技能特色

（1）课程设置突出技能训练：千锤百炼

专业课程体系的设置充分考虑知识结构与能力素养的统一，形成整体连贯的知识结构，一是以银器加工制作课程为先导，二是加强以工艺为主线的实践技能课程。民间传统工艺银铜器加工专业比其他专业更加强调在真实的工作环境中以体验活动学习为主，更加强调亲手操作，更加突出在做中学、学中做的特点 。因此，银铜器加工工艺作为实作课，第一年每周在校内实训室训练1天，主要是熟悉工具，练习基本手法；第二年每周在企业训练3.5天，把银铜器加工工艺流程分成10个工序，按先后顺序，熟悉操作，经师傅考评合格后，转入下一个工序练习（见图3）。

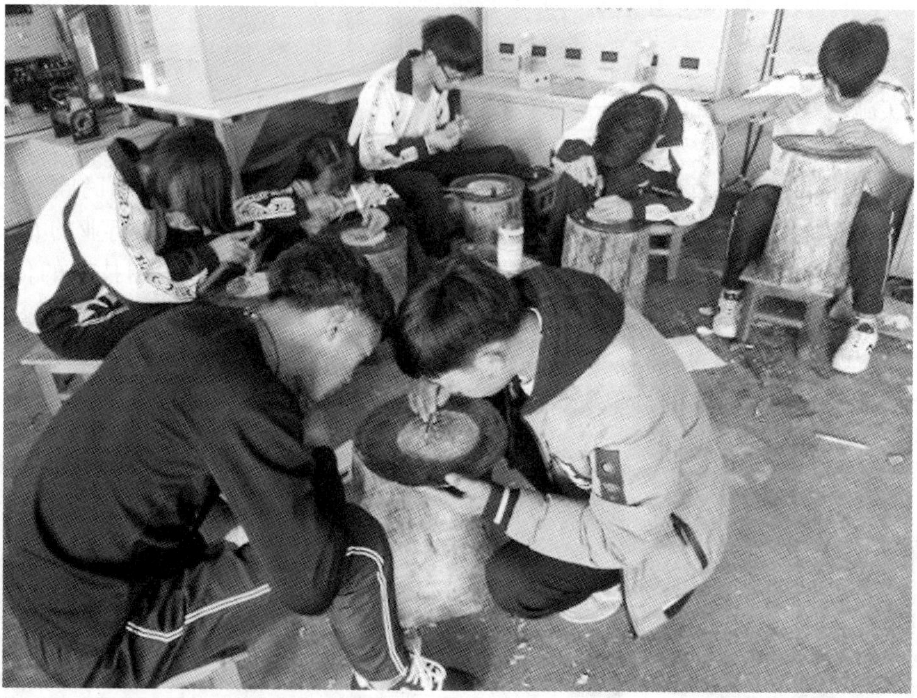

图3　银铜器加工工艺课程实作

（2）开发专业课程，制定岗位标准：传承非遗

学校先后组织教师编写了校本教材《鹤庆银饰锻制技艺》《图案设计》，实现了传统银铜器手工艺行业专业课教材、岗位标准从“无”到“有”的突破。这是对国家级非物质文化遗产“鹤庆银饰锻制技艺”最好的传承和创新。

（3）加强学生日常行为规范养成教育，培养工匠精神：匠心筑梦

由于中职学生年龄小，学校、企业非常注重学生的日常行为规范养成教育和学生管理。校企合作，通过加强企业文化宣传，注重银器文化体验，强化职业道德教育，培养学生爱岗敬业的职业精神，培养学生的匠心，使学生热爱专业，有理想、有追求。

四、努力方向

学校将进一步积极争取县委、县政府及各级各部门对实施现代学徒制试点工作的高度重视和大力支持，加强与企业的合作，建立健全与现代学徒制相适应的课程设置方案、教学管理制度，创新考核评价与督查制度。

（撰写人：杨金莲）

案例十一：
打造适应珠宝行业需求的“五合”育人模式

昆明冶金高等专科学校[①]　云南观媛文化传播有限公司

摘　要：在“中国制造2025”、“一带一路”建设的背景下，为满足企业、行业对珠宝玉石技术技能型人才的需要，昆明冶金高等专科学校与云南观媛文化传播有限公司以珠宝玉石鉴定与加工专业为立足点，合作共建“昆明冶专观媛国际珠宝学院”。在试点过程中，校企双方共同制订现代学徒制“双主体”人才育人方案，将岗位植入校园，将企业文化植入教学，共同制订学习计划、构建课程模块、设置岗位数量、确定带教师傅、制定考评制度等，按照“合作共赢、职责共担”，以及“合作办学、合作管理、合作育人、合作就业、合作发展”的“五合”原则，实现了校企“双主体”育人模式和“招生即招工、上课即上岗、毕业即就业”的招生就业方式。

关键词：校企双主体；育人模式；宝玉石

一、建设背景

随着我国经济社会的不断发展和综合实力的快速提高，人们的物质文化生活得到了显著的改善，珠宝首饰正成为继住房、汽车之后的又一消费热点。这导致国内外珠宝供应商不断增多，对珠宝首饰相关专业的技术技能高级应用型人才需求巨大。云南作为“一带一路”建设背景下面向南亚、东南亚的一个重要省份，靠近翡翠的主产地缅甸，在资源和区位上占较大的优势。2009 年云南省政府为大力发展石产业的规划——《云南省石产业发展规划（2010—2015）》，进一步释放了珠宝产业的潜能，为珠宝首饰工艺及鉴定专业群的人才就业提供了契机。

随着《教育部关于开展现代学徒制试点工作的意见》（教职成〔2014〕9 号）等一系列文件的颁布和实施，2014 年 6 月 16 日，昆明冶金高等专科学校与云南观媛文化传播有限公司（原云南乾兴翠商贸有限公司）达成了战略合作协议，合作共建昆明冶金观媛国际珠宝学院（以下简称“国际珠宝学院”）。通过一年的建设，国际珠宝学院于 2015 年 6 月 16 日在安宁校区揭牌，正式开始校企深度合作。经过校企深度合作，昆明冶金高等专科学校于 2017 年 7 月成为云南省第二批现代学徒制试点单位，于 2018 年 9

① 昆明冶金高等专科学校是全国第三批现代学徒试点单位。

月成为全国第三批现代学徒制试点单位，合作期间，建立了校企联合招生、联合培养、一体化育人的长效机制，校企双方通过“合作办学、合作育人、合作就业、合作发展”等方面的深度合作，共同制订了符合珠宝行业标准的高职人才培养方案。

二、具体做法

（一）确定优质企业，共同制订育人方案

学校在申请现代学徒制试点单位时，充分调研和论证，最终选定云南观媛文化传播有限公司进行深入合作。云南观媛文化传播有限公司作为云南玉石行业的龙头，业务范围包括翡翠原石收购、切石、设计、雕刻销售等，以翡翠博物馆、高端 VIP 翡翠会所和加盟连锁等为业态形式。企业总部营业面积达 2 万平方米，且在腾冲、北京等地拥有多家加盟、连锁店。企业以传播中国玉文化，陶冶国人鉴玉、赏玉、爱玉的情操为企业使命，致力于为客户提供“好料好工、与众不同”的翡翠精品和“热情、专业、完美、优雅”的服务，志在将中国的玉石产业和玉文化发扬光大。

校企双方共同制订现代学徒制实施方案，做好顶层设计。校企双方共同邀请珠宝行业专家、学者及企业家，组建专业教学指导委员会，共同制订符合珠宝行业标准的高职人才培养方案。

校企多次在双方共同召开的工作会议中，强调校企“双主体”合作育人模式，校企分工明确，明确校企之间的不同育人职责。学校为保证学徒岗位课程的顺利实施，与云南观媛文化传播有限公司签订了现代学徒合作协议，校企双方根据为行业、产业培养优秀技术技能人才的共同愿望，以行业产业链为基础，以岗位成才为目标，将岗位植入课堂，将企业文化植入教学，共同制订人才培养方案和学习计划、建设课程模块、设置岗位（工种）数量和岗位人数、确定带教师傅、制定考评制度等。现已让 2016、2017、2018、2019 级试点 70 余名学徒与师傅共同签订了师徒协议，600 多人参与了现代学徒制的课程学习。

（二）招生招工一体化，建设高技术技能人才培养基地

学校联合合作企业，依据校企双方实际情况与需求，发挥各自职能及优势，实行招生招工一体化，制订《现代学徒制招生与招工方案》。由学校主要负责生源招生招聘程序，企业参与招聘工作。学校负责教学方面的宣传（包含但不限于专业优势、师资力量、办学条件、学籍管理等），企业负责企业方面的宣传（包含但不限于企业文化、企业发展史、学徒制企业推进介绍、岗位介绍、企业工作环境及福利条件等）。在新生报到后一个学年展开现代学徒制报名工作，校企双方联合选人，招生即招工，学生自愿并征得家长同意在家长（监护人）签字确认后进行报名。国际珠宝学院每年新招的学生，经过乙方考核且符合乙方的用人标准后即按现代学徒制试点要求，与乙方等签订三方或四方协议。学生便具有在校学生和准员工双重身份。

学生报名入选学徒后，即与企业签订定向培养协议书，学生在学校期间便是企业的准员工，通过设立企业奖学金，定期到企业的岗位进行实践学习等途径，培养学生对公

司的归属感，同时提升职业素养和学生的专业岗位技能的认识，实现“招生即招聘、入学即就业”。

当学生毕业后，若进入乙方工作5年以上的学生，由乙方依据该生提供的入学时所交学费的收费凭据，自第5年后分3年逐年将学费进行返还。未到乙方就业的毕业生，乙方负责安排和推荐就业。校企双方共同努力，保证每届毕业生年终就业率不低于95%。

（三）共建生产性实训基地，保障学徒岗位成才

校企双方合作共建国际珠宝学院生产性实训基地，该基地既作为国际珠宝学院学生的专业教学实习实训基地，又作为乙方的生产车间，将企业引入学校，形成了“校中厂”模式。

学校提供约5000平方米场地作为珠宝学院的教学、生产、珠宝文化展示及办公场所，企业投资建设与办学规模相适应的数控雕刻实训室、电绘实训室、玉石雕刻实训室、珠宝鉴定实训室，并进行珠宝营销展示实训，以及出资购买实训教学所需的玉石原材料，双方共同确保把学院建成集教学、生产、产品研发为一体的高水平产教融合基地（部分实训室及翡翠毛材料仓库见图1~5）。

根据岗位成才的原则，“校中厂”目前建设情况如下：有一个集珠宝设计、展示、金工的研发中心，3台大型珠宝精调设备，50台中型珠宝精雕设备；有一间40套电脑的计算机设计室；有一间200个岗位的人工雕刻室；有一间200余平方米的手绘设计室；有一间200余平方米的各种切割设备的切割室和抛光室；有一间50余平方米的设计工作室；有一间珠宝仓库；有一定的安防设备；有1间会议室和3间办公室等。

图1　数控雕刻实训室

图2　电绘实训室

图3　玉石雕刻实训室

图4　珠宝鉴定实训室

图5　翡翠毛材料仓库

（四）课程对接岗位，共同构建课程体系

国际珠宝学院在专业教学指导委员会指导下，通过企业专家和学校教师共同探讨，最后总结出各专业方向面向的岗位及职业发展轨迹，以及各岗位需要的核心技能。国际珠宝学院已经形成基于珠宝专业群的“核心 + 岗位”课程体系，其中核心课程是珠宝专业公共课程体系，是面向珠宝专业群的课程集，主要培养学生珠宝职业素质和职业发展适应能力，面向珠宝类职业岗位群必需的基本知识和基本技能，强调珠宝职业岗位基本应用能力的培养和课程教学资源的共建共享。岗位课程是根据岗位工作要求而设置的系列课程，主要培养学生实际岗位工作能力。整个专业学习过程始终将“教、学、生产”贯穿全过程。

（五）校企互聘共用师资队伍，践行“双导师”制

加强专兼结合师资队伍建设，健全教学师资团队为目标，为现代学徒制学徒建设提供师资保障。教学任务由学校教师和企业师傅共同承担，形成双导师制，实现人员互聘共用、双向挂职锻炼、横向联合技术研发，建设校企互聘共用的师资队伍。

组建校企深度融合的教学团队，以导师指导学生的方式组织校内外教学，学徒制试点班每个班组配备学校导师、企业驻校导师，在 3 年学习过程中进行进阶式培养。学院聘请云南观媛文化传播有限公司 11 位实践经验丰富的雕刻师和 2 名玉雕名师为驻校导师，并搭建现代学徒制教学平台，成立玉雕大师工作室和当代重彩画研究中心。以校企共建二级学院国际珠宝学院为教学团队的交流平台，在人才培养模式、教学模式、教学资源开发、教学方法等方面紧密合作，根据行业和企业的发展需求，共同实施理论与实践教学。学生进入学徒制班后与导师签署《昆明冶金高等专科学校艺术设计学院宝玉石鉴定与加工专业现代学徒制师徒协议书》。

（六）制定人才培养方案和计划，推行岗位考核与职业资格考试

校企按照“合作共赢、职责共担”的原则，共同研讨，针对宝玉石鉴定与加工专业岗位群及工作任务进行了分析，按照“合作办学、合作管理、合作育人、合作就业、合作发展”的“五合”原则制订现代学徒制人才培养方案，结合企业运营情况及招工计划制订教学计划进程，做到专业培养方案与企业需求对接、技能训练与岗位要求对接、培养目标与用人标准对接、学生就业与产业发展对接，实现了“双主体”和“招生即招工、上课即上岗、毕业即就业”的育人模式。

学校充分认识到企业评价在教学质量评价中的重要作用，为推行校企共同评价工作，组建了校企共同参与的学院教学质量评价委员会，学院教学质量评价委员会由学院领导和教研室主任、企业领导（企业领导兼任国际珠宝学院院长）和专家共同组成。评价委员会成立以来，采取灵活多样的方式对专业教师的职业能力、专业人才培养方案、专业核心课程教学效果和对学生的管理和学习效果等影响教学质量的对象或环节进行共同评价。

考核常态化：学校与企业岗位考核相结合，学徒进入企业且上岗之后，需要满足岗

位的考勤要求，并需要达到一定的技能要求，校方教师也要进入企业，进行理论指导，并要求学徒掌握理论知识，双导师定期检查，最终由企业导师和校方教师共同进行成绩量化。

职业资格证书普及化：学生在校期间，需要根据专业特点、行业特点、岗位要求考取相关证书，校企双方鼓励学生进行职业资格证书考试，以达到岗位的技术技能要求。

（七）建设有现代学徒制特点的管理制度

在现代学徒制试点工作中，校企根据需要不断完善相关制度，制定了学生岗位学习管理与考核制度、宝玉石鉴定与加工现代学徒制试点专业现代学徒制“双导师”教师管理办法、宝玉石鉴定与加工现代学徒制试点专业校内实训基地管理与运行条例、宝玉石鉴定与加工现代学徒制试点专业校外实训基地管理与运行条例等制度。

以云南省示范校高水平专业建设、产教融合项目生产性实习基地建设、创新发展行动计划为契机，在云南省财政专项建设资金的支持下，改建完善了校内实训基地、大师工作室、大学生创新创业孵化格子的建设，为校内学徒的基础训练提供了较好的教学环境。

三、成效及亮点

通过不断摸索与总结，现代学徒制工作成效及亮点主要有以下几个方面：

一是学生规模扩大。校企合作前，国际珠宝学院共有在校生 500 余人，珠宝专业共有在校生 100 余人。经过校企合作，国际珠宝学院共有在校生 1300 余人，珠宝专业群有在校生 800 余人。校企合作专业的学生在学校倡导的创新创业活动中注册成立了 2 家经营实体店。

二是企业投入增加。企业投入 400 余万元建设生产性实训基地用于学生实践实习。企业投入学生实践实习耗材和维护维修设备，为珠宝专业群的岗位实践和理论教学提供了保障。

三是师资队伍加强。企业最多时在岗实践指导教师 70 余人，最少时也有在岗实践指导教师 10 余人。

四是校企合作深化。国际珠宝学院被云南省教育厅授予云南省产教融合示范基地称号。校企共建专业群被列为学校高职示范 8 个专业群之一，是云南省创新行动发展计划项目建设中的一部分，已逐步建设成为具有一定实力和特色，并在云南地区有代表的专业示范点。每年接待院校、行业参观人数 100 余人次。

五是教学成果显著。校企共建专业学生参加云南省信息化教学大赛，荣获云南省民族文化传承案例校教学成果奖二等奖 1 项；于 2014—2019 参加云南省大学生技能大赛玉石加工技能大赛，获得二等奖 4 项及三等奖 3 项；于 2018—2019 年参加云南省大学生技能大赛（宝玉石鉴定组别），获得二等奖 1 项，三等奖 2 项。同时，试点专业学生设计作品获得云南省美协彩云南设计大赛二等奖 1 项、三等奖 2 项，优秀奖 4 项；获得云南省省政府奖学金 12 人；获得省级优秀毕业生 8 人。国际珠宝学院在2015年云南创意IDD比赛、云南青年才俊玉雕设计大赛和2015年云南省技能大赛中均取得优异成绩。国际珠宝学院代表云南省参加2015年中国—东盟职业教育联展的3件作品获奖。近年来教师积极参与行业协会举办的各类设计大赛，分别获得一等奖2项、二等奖2项。

（撰写人：蹇龙、姚志奇、普欣尧）

案例十二：
“校—企—企”三元共赢，探索现代学徒制实践

昆明冶金高等专科学校　深圳市盐田区中兴新思职业技能培训中心
云南九份通信设备有限公司等

摘　要：云南省教育厅根据《国务院关于加快发展现代职业教育的决定》提出的“引导支持社会力量兴办职业教育”要求，批准同意昆明冶金高等专科学校从2015年起，联合中兴通讯教育合作中心的授权单位深圳市盐田区中兴新思职业技能培训中心，在学院试点开办通信技术校企合作专业，开展校企联合办学。早在通信技术专业成立之初，该专业就本着“双主体、全过程、工学一体”的原则，携手培养ICT行业人才。为了进一步深入推进校企合作，落实产学结合的人才培养模式，双方本着“面向市场、适应需求、平等协商、互惠共赢”的原则，与云南九份通信设备有限公司等几家企业构建“校—企—企”三元导师人才培养模式，共同进行现代学徒制的探索与实践。

关键词：校企合作；工学一体；人才培养模式；通信技术

一、实施背景

（一）学院办学基本情况

昆明冶金高等专科学校计算机信息学院成立于2000年，本着“云南省领先”的战略目标，坚持以人才培养为根本任务，致力于培养高素质、高技能、具有一定创新性的应用型人才。

（二）合作企业基本情况

中兴通讯成立于1985年，是全球领先的综合通信解决方案提供商，为全球160多个国家和地区的电信运营商和企业网客户提供创新技术与产品解决方案。

深圳市盐田区中兴新思职业技能培训中心（简称中兴新思教育），是中兴通讯教育合作中心的授权单位，作为中兴通讯学院业务在教育行业的延伸，将企业大学前移到高等教育体系开展校企联合办学、携手培养ICT行业人才。

云南九份通信设备有限公司位于云南省昆明市西山区，自2013年成立后主要经营通信设备、计算机软硬件开发及应用、计算机系统集成及综合布线、计算机图文设计、企

业管理咨询以及通信工程设计与施工等业务。该公司承诺每年会为参加现代学徒制学生提供移动通信基站选址、勘查和设计的工作岗位，企业师傅不定期安排周末到校为学徒授课，并下达生产任务。

二、实施目标

（一）健全和完善具有专业特色的现代学徒制人才培养模式

经过2年现代学徒制试点建设后，在学校通信技术专业与中兴新思教育已有的校企共同招生、共建师资队伍、共建人才培养方案、共建学徒评价体系的双轨制人才培养模式基础上，校企三方通过现代学徒制的探索与实践，逐步形成“冶专 + 中兴新思 + 九份”的三主体协同管理机制，探索实践“校—企—企”三元主体协同育人的长效机制。

（二）构建课程模块化、内容项目化、项目岗位化的课程培训体系

三方构建通信技术专业在工程设计与施工、网络优化与维护等基于工作过程的岗位专业课程体系及与之配套的教学标准；建设专兼结合的双导师教学团队；建立与现代学徒制相适应的教学组织形式和管理制度；通过打造企业专家、能工巧匠为主导的企业专家工作室，聘请中兴新思教育实践经验丰富的工程师为企业驻校导师，聘请九份通信设备股份有限公司的技术骨干为企业师傅，以工作室作为教学团队的交流平台，在人才培养模式、教学模式、教学资源开发、教学方法等方面紧密合作，根据行业和企业的发展需求，共同实施理论与实践教学，实现学校通信技术专业设置与通信产业需求对接，专业课程内容与中兴职业标准对接，教学过程与通信设备生产过程对接，毕业证书与中兴职业资格证书对接，形成通信类现代学徒制人才培养体系。

（三）建立多方面、多维度的综合化的考评机制

一是可以最大限度地调动三方老师“校内导师、企业驻校老师、企业师傅”的工作积极性，使三方老师充分参与现代学徒制整个过程，更具有责任感和使命感；二是通过综合化的考评机制，使得最终的综合考评维度更加全面，综合素质能力的评价更有说服力，三方老师可以分别通过不同的侧重点发现发掘学生的潜力和特长，有助于帮助学生树立自信心；三是每名学生通过三方老师的不同评价得分，可以迅速判断出自己在具体什么方面存在不足并加以改进，有利于学生提高个人能力。

三、实施过程

（一）“校—企—企”三元主体协同育人机制

在现代学徒制试点工作中，学校为保证学徒岗位课程的顺利实施，在与中兴新思教育合作的基础上，再与云南九份通信设备有限公司签订了现代学徒合作协议，明确各自育人职责，进而形成“校—企—企”三元主体协同育人机制。

（二）招生招工一体化

学校联合合作企业，依据校企双方实际情况与需求，制订《现代学徒制招生与招工方案》。由学校负责生源招聘工作，企业进行协助；学校负责教学方面的宣传（包含但不限于专业优势、师资力量、办学条件、学籍管理等），企业负责企业方面的宣传（包含但不限于企业文化、企业发展史、学徒制企业推进介绍、岗位介绍、企业工作环境及福利条件等）。在新生报到同时展开现代学徒制报名工作，校企三方联合选人，招生即招工，学生自愿进行报名。

（三）人才培养制度和标准

在把握现代学徒制“双主体”育人、“双身份”学习特征下，计算机信息学院与学徒接收单位共同研讨，针对通信技术专业岗位群及工作任务进行了分析，实施“工学交替、校企轮训”的人才培养模式，结合企业的工程周期及招工计划制订教学计划进程，做到专业培养方案与企业需求对接、技能训练与岗位要求对接、培养目标与用人标准对接、学生就业与产业发展对接，实现了“教、学、做”合一，“招生—培养—就业”相统筹的“三主体”育人模式，实现了“学生—学徒—准员工—员工”的顺利过渡。

（四）校企互聘共用的师资队伍

组建校企深度融合的教学团队，以导师指导学生的方式组织校内外教学，学徒制试点班每个班组配备学校导师、企业驻校导师和企业师傅三阶导师，在3年学习过程中进行进阶式培养。打造企业专家、能工巧匠为主导的企业专家工作室，学院聘请中兴新思教育实践经验丰富的工程师为企业驻校导师，聘请3位云南九份通信设备股份有限公司的技术骨干为企业师傅，以工作室作为教学团队的交流平台，在人才培养模式、教学模式、教学资源开发、教学方法等方面紧密合作，根据行业和企业的发展需求，共同实施理论与实践教学。现代学徒制混编师资简介见表1。

表1　现代学徒制混编师资简介

序号	姓名	性别	职称	最后学历毕业学校、专业、学位	教龄/工龄	承担课程	归属
1	韩迎春	女	副教授	武汉钢铁学院计算机软件学士	26年	数据通信技术、计算机操作系统、数据库技术、综合布线技术	学校
2	宋浩	男	助教	昆明理工大学电子与通信工程硕士	3年	数据通信技术、计算机操作系统、数据库技术、综合布线技术	学校

续 表

序 号	姓 名	性 别	职 称	最后学历毕业学校、专业、学位	教龄/工龄	承担课程	归 属
3	陈云川	男	助教	云南大学电子与通信工程硕士	2年	计算机网络技术、数据通信技术、通信工程配电技术、通信电子技术	学校
4	孟显富	男	讲师	云南农业大学计算机科学与技术学士	11年	LTE网络规划与优化移动通信技术、宽带接入技术	中兴新思教育
5	卢晶晶	男	讲师	宁夏大学通信工程学士	15年	LTE网络规划与优化、移动通信技术	中兴新思教育
6	姚远	男	讲师	陕西理工大学电子与信息工程学士	16年	电信项目管理与监理、3G第三代移动通信技术	中兴新思教育
7	陈杉杉	女	讲师	北京邮电大学测控技术与仪器学士	13年	通信工程制图与概预算、移动通信基站工程	中兴新思教育
8	陈鸿联	男	讲师	重庆邮电大学电子信息工程学士	11年	ICT项目招投标与技术标书编写实务、第三代移动通信技术	中兴新思教育
9	胡超	男	工程师	昆明理工大学通信工程学士	8年	云南移动勘查设计规范、学徒实际岗位锻炼指导	九份
10	吕少博	男	工程师	西南林业大学电子信息工程学士	9年	移动基站设计、学徒实际岗位锻炼指导	九份
11	李元富	男	工程师	昆明理工大学计算机科学与技术学士	7年	学徒实际岗位锻炼指导	九份

（五）现代学徒制特点的管理制度

校企在现代学徒制试点工作中根据需要不断完善相关制度，制定了学生实习实训管理与考核制度、通信技术现代学徒制试点专业现代学徒制“双导师”教师管理办法、通信技术现代学徒制试点专业校内实训基地管理与运行条例、通信技术现代学徒制试点专业校外实训基地管理与运行条例等制度。同时，以云南省示范校高水平专业建设为契机，在云南省财政专项建设资金的支持下，校企共同改建完善了校内实训基地，为校内学徒的基础训练提供了较好的教学环境。

四、存在问题

（一）企业岗位需求时间不固定

企业岗位空缺时间与企业承接项目的情况紧密相连，学徒岗位课程时间有时无法按教学计划进程表执行，使人才方案的制订难度增加。

（二）专业教师、专业设备紧缺，校内教学困难大

专业教师缺乏，无论是企业还是学校均存在这一情况；校内实训基地的设备与日常主流设备无法同步更新，对现代学徒制试点工作的实施，如在课程设置、考核评价、资源统筹等方面产生了不利影响。

（三）企业效益不明显、参与热情不高

理想化的现代学徒制需要企业投入直接成本（如课程培训、资料和耗材、人员工资、管理费用等）和发放学徒工资，学徒是否能为企业带来劳动生产价值，和企业投入直接成本之间的差额，是企业决定是否与学校共同开展现代学徒制的最直接因素。由于学徒制“工学交替”的模式，学徒技能刚成熟或未成熟前，就要返回学校继续进行“学”的阶段，学徒毕业后因择业诸多因素离开企业，企业在短期内无法收回、或不确定是否能收回对学徒投入的培训成本，直接影响了企业参与的热情。

五、下一阶段工作计划

（1）修订完善各级现代学徒制人才培养方案和课程体系，及时将新技术、新工艺、新规范纳入教学标准和教学内容，强化学生实习实训；

（2）加强企业专业带头人和校内骨干教师的培养；

（3）完善修订专任教师轮训办法，使93%的专任老师具备“双师”素质，通过教师到企业实践解决专业教师技能提升的问题；

（4）与企业联动，开展培训与认证服务，发挥高水平教师团队优势，开展科技服务；

（5）将“三全育人”融入现代学徒制试点班工作中，使各类课程与思想政治理论课同向同行，努力实现职业技能和职业精神培养高度融合。加强体系建设，加大监管力

度。继续完善教学质量标准、监控评价体系以及学生质量评价体系，提高现代学徒制的办学水平；完善现代学徒制教学质量评估和监管机构，保证学校、企业、学徒三方能够规范化的落实现代学徒制各项要求；按照岗位、技能和企业管理制度等方面设置科学合理的指标，重点评价现代学徒制的教学进程、学徒效果和制度管理的科学性；实施职业从业资格考试制度和技能等级认证制度，建立教学质量的第三方认证体系，采用相对科学有效的质量认证办法，为现代学徒制的开展保驾护航。

（撰写人：宋浩）

案例十三：
现代学徒制模式下产教深度融合的实践与探索

云南农业职业技术学院[①]　云南省测绘地理信息科技发展有限公司[②]

摘　要：产教融合是国家职业教育制度体系中的一项重要制度，现代学徒制是国家职业教育改革的一项重点工作。云南农业职业技术学院在开展工程测量技术专业现代学徒制试点项目的工作中，探索并构建了现代学徒制企业联盟，很好地解决了校企双主体合作育人过程中的一些难点和痛点问题，对产教深度融合进行了有益的尝试，取得了明显的效果。

关键词：职业教育；现代学徒制；产教融合；工程测量技术专业

一、引　言

"产教融合"是指教育与生产、服务等行业共同开展科研、生产、服务和教育培训的活动，并且形成教育单位与行业企业的活动有机联系在一起，共同育人、共担责任、共享成果的组织形式，明显区别于单纯的教育或独立的产业发展。以《国务院办公厅关于深化产教融合的若干意见》（国办发〔2017〕95号）为标志，我国产教融合制度框架已经基本明确，政策支持体系建设基础已经初见雏形，产教融合的推进将从教育主管部门负责的局限中突破出来，转变为由国家发改委会牵头，会同教育部、人社部、国资委、财政部等共同开展的模式，统筹力度将更大，更加有利于制度创新。国家正在大力开展的现代学徒制，是一项企业培训与学校教育相结合的职业教育制度，提供了学生技术技能学习所需要的学习情境和真正的工作岗位。从现代学徒制"招生招工一体化""双导师团队建设"等工作要点来看，它是产教融合政策制定和制度创新的一把钥匙，或许可以为我们推进产教深度融合打开一扇门，摸出一条路。本文将以云南农业职业技术学院为例，梳理总结学校在现代学徒制模式下推进校企合作、产教深度融合的实践经验。

① 云南农业职业技术学院是全国第三批现代学徒制试点单位。
② 云南省测绘地理信息科技发展有限公司是云南省首批培育产教融合型企业。

二、试点情况

云南农业职业技术学院自2015年开始探索现代学徒制，在工程造价专业开展了“种子计划”，每年将10名学生送入企业进行为期2个月的学习并支付相关费用，现已培养“种子”学生40名，以“学长带徒模式”指导工程造价专业学生近500人次，得到了学生的广泛好评和企业的一致认可。2017年12月，经学院院长办公会研究同意，学院与云南省测绘地理信息科技发展有限公司（以下简称“科发公司”）合作，以工程测量技术专业为试点专业，进一步探索“从打开校门办学到推倒围墙办学”的现代学徒制人才培养模式，于2018年8月立项为国家级现代学徒制试点单位。经过近两年的摸索，校企合作平台进一步拓宽，构建了以科发公司牵头，多家测绘企业参与的现代学徒制合作企业联盟；校企联合招收了39名学徒，组建了试点班，在2020年3月再遴选招收学徒50人；企业承担课程量占到已开课数量的42.53%；校企双主体育人机制基本完善；校企联合招生招工一体化工作分步推进；校企共同制定人才培养制度和标准的工作持续开展；校企互聘共用的教师队伍建设正在加强；校企共同制定了《云南农业职业技术学院现代学徒制教学管理办法》等9项制度，现代学徒制特点的管理制度体系基本构建。

三、校企双主体育人过程中存在的问题

（一）合作企业积极性不高

在我国，产教融合长期被放置在单一的教育话语体系中，导致制度设计的价值取向往往基于职业教育的考量及职业学校的需求，企业、学生的需求在产教融合政策中未得到有效体现。因此，长期以来校企合作、产教融合一直存在“学校热、企业冷”的情况。实践经验表明，科发公司与学校开展现代学徒制合作时，企业积极性明显不高，学校推一下，企业动一下，既没有主动去把握现代学徒制的内涵，也没有从企业的角度去思考人才培养的方式和手段。

（二）合作企业负担过重

现代学徒制将传统的师带徒模式与现代职业教育理念很好地结合在一起，有效地拉近了学校教育与企业用工的距离，其强调的是“双主体育人”“工学交替”“岗位培养”。因此，在整个现代学徒制人才培养过程中，企业需要承担大量的工作，例如企业师傅的遴选和管理、企业教学内容开发与实施、学徒在岗培养和考核评价、学徒的双重身份管理等。为此，在合作之初，科发公司就安排了专人负责与学校进行沟通、协调，配合学校开展调查、相关文案编制以及具体的培养工作，这些工作繁杂而琐碎，工作量之大是企业始料未及的，很多时候企业只能是应付交差。

（三）合作企业提供的学徒岗位数量不稳定

全国现代学徒制工作指导委员会主任赵鹏飞等在总结广东特色现代学徒制基本内涵

时指出，在成才方式上要突出“岗位培养、在岗成才”。具体来讲，就是教学内容的设计和开发要主动对接企业岗位要求，从岗位能力要求调研分析入手，强调和明确学徒在具体岗位上的工作任务，满足学徒学习和实践的诉求，最后用学徒在真实岗位上的工作绩效考核评价其学习的效果。由此可见，在现代学徒制人才培养模式下，企业培养人才的切入点是岗位，人才培养的载体也是岗位，最终检验培养效果的还是岗位。但是，工程测量技术专业对接的岗位与企业承接的项目有着密切的联系，而企业承接项目受经济社会发展和国家政策的影响很大，存在极大的不确定性，提供学徒的岗位数量也随之不稳定。

（四）中小微企业参与难度较大

根据《中国高等职业教育质量报告（2019）》，近年来，高职院校毕业生到中小微企业等基层服务的人数占毕业生总数的比例保持在60%以上。中小微企业已经成为高职院校毕业生就业的重要阵地。从上面三个问题，我们可以清晰地发现，现代学徒制模式对合作企业有着较高的要求，中小微企业由于其公司规模小，岗位分工不清，岗位数量少等原因，难以参与到现代学徒制人才培养当中。

四、成立现代学徒制合作企业联盟推进产教深度融合

为了切实解决以上四个问题，突破现代学徒制推进过程中的瓶颈，实现产教深度融合，云南农业职业技术学院和科发公司在广泛调研和征求多方意见的基础上，“学校搭平台、科发做引领”，双方联合成立了“现代学徒制合作企业联盟”，按照“入盟企业提需求、联盟平台做整合、三方投入共培养、教学资源同开发、学徒实践优布局”的工作模式（详见图1）推进产教深度融合。

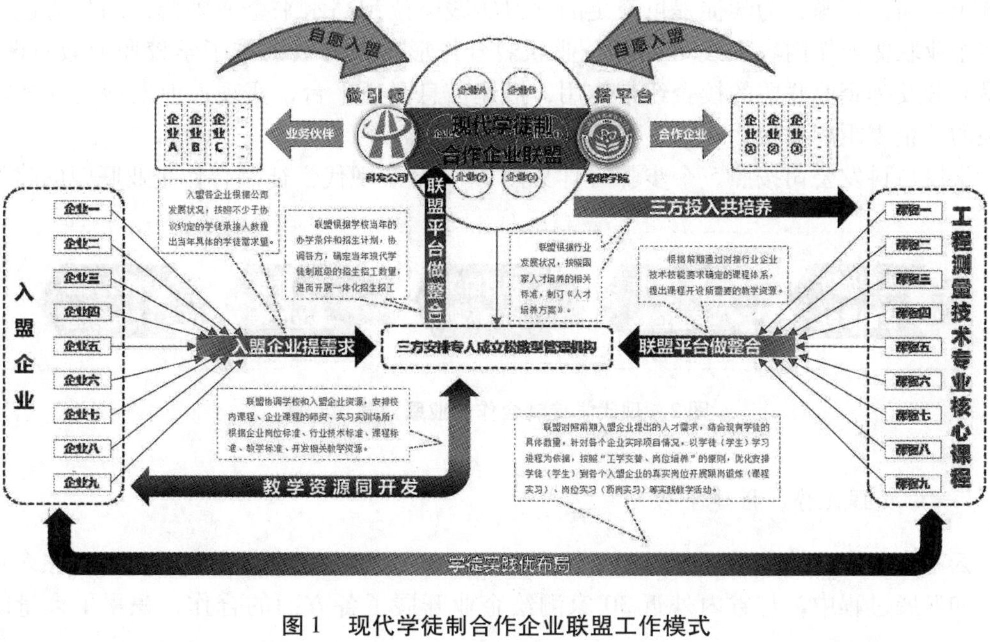

图1　现代学徒制合作企业联盟工作模式

首批入盟企业有9家（详见表1）。学校、科发公司已经与这9家企业签订了《现代学徒制合作企业联盟三方协议书》，明确了入盟企业的权利和义务，派出了试点班学生（以学徒的身份）到这些企业中学习和工作。

表1　工程测量技术专业现代学徒制合作企业联盟入盟企业一览表

序　号	企业名称	联系人
1	云南蓝图测绘有限公司	曹加强
2	昆明真北经济信息咨询有限公司	贾　翔
3	云南义弘首创工程勘测有限公司	王　义
4	云南拓土科技有限公司	王永恒
5	昆明民建房地产测绘有限公司	朱　猛
6	云南鹏源测绘技术咨询有限公司	李　潇
7	云南遥测地理信息科技有限公司	向　琼
8	昆明麦普测绘科技有限公司	孙静聪
9	浙江合信地理信息科技发展有限公司	法立波

随着联盟的成立，工程测量技术专业现代学徒制试点工作有了明显的变化：一是构建了更深层次的产教融合机制，开创了校企合作的新局面，切实降低了中小微企业参与现代学徒制人才培养的门槛；二是学校、科发、入盟企业三方派出专人组建松散型机构，利用公共社交网络平台合作开展工作，分工合作、各负其责，将原来每一个企业都必须开展的工作进行了分解，有效减轻企业的负担；三是依托现代学徒制合作企业联盟整合企业岗位资源，为学徒提供充足的学习实践岗位和高水平企业师傅；四是通过不断充实企业联盟合作内容、改革创新企业联盟合作形式，有效助推了学校职业教育改革；五是充分发挥企业联盟的校企纽带作用，搭建信息联通平台，实现产业发展对人才需求反馈的校企零距离对接。

学校与科发公司按照5个步骤（详见图2），开展现代学徒制合作企业联盟的建设。

图2　现代学徒制合作企业联盟建设步骤

（一）发挥优势、搭建平台

云南农业职业技术学院工程测量技术专业于2012年在教育部备案并招生，在多年的建设和发展过程中，与省内外近30家测绘企业开展了各方面的合作，积累了大量的企业资源，与省内测绘企业一直保持着紧密的联系。科发公司成立于1992年，长期致力于为云南经济和社会事业的发展提供优良的测绘服务，取得了优异的成绩，数百项工程均获得业界的广泛赞誉，建立了良好的信誉和长期的合作客户群。双方深入研究了现行产教融合政策和制度，准确把握了现代学徒制人才培养的内涵和要素，广泛征求了业内企业的意见和建议，充分发挥各自的优势，成立了组织机构，组建了现代学徒制合作企业联盟，为云南省测绘行业的中小微企业参与现代学徒制人才培养提供了平台。联盟秘书处设在科发公司，学校和公司派出专人负责秘书处的具体工作，包括联络企业、协调资源、对接实习实训等内容。

（二）制定标准、遴选企业

为了确保入盟企业能切实参与到现代学徒制人才培养中来，联盟在成立之初即制定了入盟企业的标准：一是与云南农业职业技术学院开展过校企合作或接收过实习学生或与科发公司是业务伙伴；二是有意愿参与现代学徒制人才培养模式，并承诺提供人员、资金的支持；三是企业至少有3个类型的岗位满足工程测量技术专业的学生岗位培养和岗位成才；四是在业内有着良好的声誉，信用记录优良。学校和科发公司按照以上标准联合向13家企业发出了邀请，最终遴选了9家企业入盟。

（三）签订协议、自愿入盟

学校和科发公司认真研究了企业对人才培养的诉求，结合现代学徒制人才培养的内涵和要素，制定了《现代学徒制合作企业联盟三方协议书》，该协议以“平等自愿、互惠互利、步调一致”为原则，以学校与科发公司签订的《现代学徒制人才培养合作协议》为基础，明确了入盟企业具有“参与招生招工、定期开展企业宣传、优先招聘使用学徒”等方面的权利，以及需要承担“安排岗位接纳学徒、派出人员参与教学和教学资源开发、配合开展校内外实训基地建设”等方面的义务。

（四）统一标准、岗位培养

为了确保学徒技术技能培养的一致性，使学徒出师时符合工程测量技术专业的人才培养规格，企业联盟按照“依托真实项目借鉴国家职业标准和参考国家或行业技术标准→明确岗位工作任务→分析岗位能力需求→构建能力培养课程体系→研制教学标准和课程标准→开展岗位培养实现岗位成才”的路径，开展相关标准的建设和教学内容的开发。目前，《工程测量技术专业对应岗位标准》《工程测量技术专业教学标准（现代学徒制）》《工程测量技术专业课程体系（现代学徒制）》已经基本制定完成，《工程测量技术专业课程标准（现代学徒制）》正在研究制定中，相关岗位课程的活页式教材的开发、线上教学视频的制作正在有序推进。

（五）逐步完善、形成示范

近期，学校和科发公司一方面正在组织力量研究制定《现代学徒制合作企业联盟章程》，进一步规范联盟的工作，促进联盟健康有序发展；另一方面，继续加强对产教融合政策的学习和把握，支持科发公司参与“产教融合型企业”试点工作（经双方共同努力，科发公司于2021年8月初认定为云南省首批培育产教融合型企业）。实践经验表明，企业联盟是一个能有效助力企业参与现代学徒制人才培养的平台，对全面推进现代学徒制有着很强的示范作用和参考价值。

综上所述，云南农业职业技术学院与科发公司联合，依托工程测量技术专业现代学徒制试点工作，搭建了一个为中小微企业服务的现代学徒制企业联盟，促进了测绘行业与学校人才培养的深层次融合，解决了企业，特别是中小微企业参与校企合作难度大、积极性不高、负担过重等问题，实现了校企双方“积极参与、共同育人、共享成果、共担责任”的深度融合办学。同时，下一步工程测量技术专业现代学徒制企业联盟将紧贴国家关于产教融合政策的建设思路，不断加强制度建设、规范合作流程、构建信息化交互平台，为云南农业职业技术学院全面推进现代学徒制工作提供示范和支撑，为云南省推进产教深度融合提供典型案例。

（撰写人：郑琳、董文红、周敏、罗建洪）

案例十四：
党建引领培养工匠精神卓越的现代学徒

云南城市建设职业学院[①]　昆明居立方装饰工程有限公司
中国建筑第四工程局第五建筑工程有限公司云南分公司等

摘　要：2018 年 8 月，云南城市建设职业学院被列为教育部第三批现代学徒制试点单位（建设工程技术、建筑室内设计、工程测量技术为试点专业）。2018 年 12 月，云南城市建设职业学院建筑工程学院第一党支部被列为首批全国党建工作样板支部培育创建单位。在两个项目建设过程中，学校积极探索将党建工作与业务工作有机结合的育人模式，形成了“双项目融通，以思政育人为抓手、积分成长为过程，工匠精神卓越的现代学徒”人才培养格局。

关键词：样板党支部；工匠精神；思政育人

一、以双项目融通为平台，夯实建设基础

云南城市建设职业学院建筑工程学院第一党支部（以下简称“第一党支部”）目前有党员教师 26 人，分布于建筑工程学院各个专业（亦包括 3 个现代学徒制试点专业）。针对现代学徒制试点工作和全国样板党支部培育创建两个国家级项目，学校搭建互融互通平台，第一党支部充分发挥战斗堡垒和示范引领作用，以党建工作服务和落地于专业建设，现代学徒制建设反过来支撑党建工作，选聘思政课教师担任现代学徒制的校内导师，党员教师担任第二班主任（生活导师），现代学徒制与全国样板党支部建设形成共融共通的局面。

第一党支部开展的“三联三创”工作，为现代学徒建设提供更好的基础。第一党支部与中国建筑第四工程局第五建筑工程有限公司云南分公司开展互联共建共享，企业成为现代学徒制校外实训基地，开展项目课题申报（见图 1 ~ 2）。第一党支部与云南交通职业技术学院开展共建共享，探索工匠精神如何在“特色思政”课程中落地，以及支部党员如何更好地开展育人、树人工作，更好地服务于现代学徒制试点建设。

---

① 云南城市建设职业学院是全国第三批现代学徒制试点单位。

图1　党支部与企业联合共建挂牌

图2　校内导师到企业授课

二、以思政育人为抓手，落实育人工作

构建体现专业特点的德育模式，把思想引领和价值观塑造融入到每门课的教学中，在培养学生（学徒）技能的同时注重思想政治教育，实现教书育人的统一。针对有的学生（学徒）思想认识不高、职业道德缺失、工匠精神匮乏的情况，在现代学徒制人才培养方案中加入“特色思政”课程。“特色思政”课程将思想政治建设、工匠精神培养和职业道德养成作为目标，以模块化教学为方式，以校内导师与企业师傅沟通后形成的具有现代学徒制特色的工匠精神、职业道德培养和教育为内容。党员教师在专业课教学中，融入“课程思政”内容，把育人工作落实到每门课程中去。党员教师担任现代学徒制试点班第二班主任、生活导师，通过主题活动、项目课题等，实施学生（学徒）思想政治教育工作，提升学生（学徒）的综合素质和技术技能，真正做到“做中学”。

校企不断创新育人手段和方法，在现代学徒制试点建设过程中，根据企业岗位工作流程，共同构建现代学徒制项目化教学体系，形成“三三一”教学模式，即三个项目化教学周期，三个教学项目驱动，每个项目化教学周期中一套独立且统一的专业技能教学体系。基于工作流程，将教学过程分为量房→手绘草图→CAD 图纸→材料、工艺与预算→表现效果图→PS 修图排版→打印、提交→教学评价。校内学生项目课题汇报见图 3。

图 3　校内学生项目课题汇报

三、以积分成长为过程，做实学徒培养

现代学徒制试点班级采用积分成长型班级管理模式，以学生（学徒）自主管理为原

则，以学生（学徒）素质、技能成长为过程，以项目课题、主题活动、日常表现等为途径，以精细化日常管理为手段，引领学生（学徒）通过事件、项目、活动，实现自我学习、自我管理、自我规范。班级管理制度由学生（学徒）制定、导师指导，将学生（学徒）的上课情况、岗位训练情况、项目课题和活动参与情况等以加减分值进行量化，学生（学徒）的表现通过成长档案每两周公示一次，每月汇总一次，学年末，学生（学徒）成长积分作为评优评奖的重要依据。学生（学徒）不仅正常享有学校的评优评先资格，合作企业单独拿出专项资金进行优秀学生（学徒）奖励。通过积分成长型班级管理，培养学生（学徒）专业专注的敬业精神，一丝不苟的职业态度，挑战自我的创新勇气，精诚合作的团队意识，千锤百炼的品质追求。学生成长档案的组成见图4。

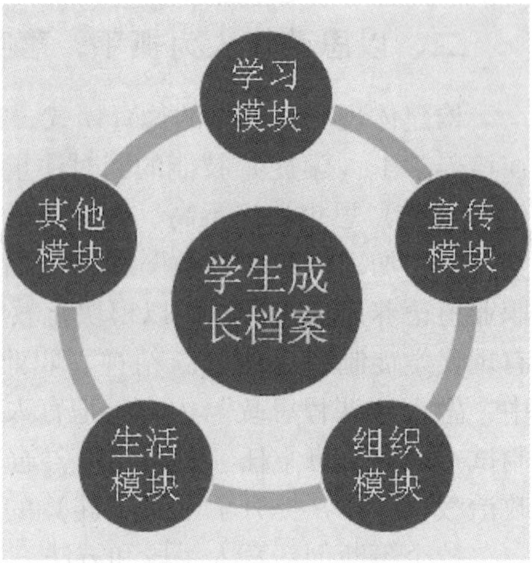

图4　学生成长档案的组成

四、以工匠精神为核心，压实工作成果

现代学徒制试点班在校内导师的带领下，利用各种技能比赛不断提升学生（学徒）技能（见图5）。2018年以来，现代学徒制试点专业学生分别获得云南省技能大赛、行业协会大赛奖项10余项。随着现代学徒制试点工作的推进，越来越多的企业主动加入到现代学徒制试点工作中来。为解决部分企业规模小，无法接收较多学徒在岗学习的问题，学校与昆明装饰协会合作，成立“装饰企业联盟”，根据装饰企业联盟成员公司性质、主营方向，找出企业共同岗位、共同技能和素质需求，校企共同进行人才培养（见图6～7）。在现代学徒制试点建设过程中，也产生了诸多优秀学徒，如“建英现代学徒制试点班”的朱蓝星、李婷、辉建斌、朱蓝星、李银燕，在岗学习半年，便被提升为主管；“布拉纳现代学徒制试点班”的王晓梅、李海华、陆建去，在岗学习半年被提拔为设计师，企业对他们进行了表彰（见图8）。

图5　学生参加2018年云南职业院校技能大赛

图6　现代学徒制合作企业挂牌

图 7　召开企业联盟会议

图 8　布拉纳对优秀学徒进行表彰

（撰写人：王维、马旭、丁婴等）

案例十五：

依托高原特色，创新高职人才培养模式

大理农林职业技术学院[①]　云南皇氏来思尔乳业有限公司等

摘　要：大理农林职业技术学院是云南省首批现代学徒制试点20所院校之一，2016年12月获批后，学校领导高度重视，成立了项目课题组，由食品工程系支部书记兼学科带头人负责组织实施。在充分研究国家职业教育改革精神基础上，制订了适合本校的现代学徒制人才培养方案，采用理论基础学分+技能模块学分的双学分制人才培养新模式，遴选了与专业技能契合较高的3家企业（云南皇氏来思尔乳业有限公司、大理州质量检测中心和1986手感烘焙）进行现代学徒制试点。通过深度校企合作，完善了校企合作模式、课程开发、评价体系及标准、技能实训手册等框架性构建，在师生技能水平的提高、办学实力的提升、产学研领域的成果和学术能力的提升等方面取得了长足进步。

关键词：模块学分；食品；校企合作；人才培养

一、实施背景

通过四十余年的改革开放，中国已逐渐成长为世界商品“制造大国”，而产业发展却到了瓶颈期，一方面是普通高校培养的人才面临找不到适合的工作；另一方面是企业招不到适用的高技能人才。国家于2014年提出了现代学徒制的高技能人才培养思路，进行职业技能人才培养的创新和探索，培养适合产业改革创新的高技能人才，满足产业转型升级的人才需求，以推进“中国制造”转型为“中国创造”。

大理农林职业技术学院自2013年2月经云南省人民政府批准成立以来，紧紧抓住高原特色农业发展契机，主动适应地方经济社会发展，以内涵建设为核心，不断加强基础设施建设，逐步改善办学条件。但是，学校升级成高职院校后，对高职人才的培养提出了更高的要求，急需进行高技能人才培养模式的创新及探索。学校自创了企业云南皇氏来思尔乳业有限公司，并与神农集团、正邦农牧公司等30多家省内外知名企业建立了长期良好合作关系。2016年学校积极响应教育部和云南省教育厅关于职业教育的改革，从全校30个专业中精心挑选食品生物技术、食品质量与安全和市场营销与策划三个专

① 大理农林职业技术学院是云南省第一批现代学徒制试点单位，2019年通过省教育厅验收。

业开展现代学徒制项目试点工作。

二、试点目标及开展情况

（一）探索校企协同育人机制

学校根据“立足大理、服务云南、面向全国、辐射南亚东南亚”的发展战略规划，依托校办企业的独特优势，开展校企合作和产教融合，探索高技能人才的培养机制。

1. 构建保障体系

学校批准为云南省首批现代学徒制试点院校后，学校非常重视现代学徒制工作。一是成立了试点项目课题组，制订《现代学徒制试点项目运行预案》，成立了以院长为组长，副院长、企业负责人和其他相关部门负责人为组员的课题组；二是学校成立了由学科带头人和骨干教师组成的项目实施组，制定了《现代学徒制试点项目实施管理办法》，构建了强有力的技术支撑，着力推进试点项目的各项工作；三是项目资金落实到位。学校为项目实施提供了经费保障，到目前学校为项目投入经费 209 万元，已超原计划 30 万元（学校、公司、政府各出资 10 万元）。

2. 构建人才培养新模式

在现代学徒制试点的实际操作中，学校逐渐探索出双元双主体多边（学校与企业、老师与学生、一校与多家企业）的培养模式。探索根据专业课程内容不同，每个专业分设多项技能模块，学生需要掌握多个技能模块技能，解决学生技能单一的不足，增加学生的职业技能岗位技能，拓宽学生就业选择面。

3. 探索人才培养成本分担机制

一是师傅带学徒薪酬由企业负责。学校在与云南皇氏来思尔乳业有限公司合作的过程中，学生适当参加用工紧张岗位工作，在一定程度上缓解企业用工压力，为企业间接节约劳动力成本；二是企业人员到校授课，课时费由学校按外聘教师处理；三是校内指导教师核算成课时，解决指导教师的待遇问题；四是企业在担负培育人才的社会责任的同时，也优先获得技能人才选择使用权。这为校企深入合作奠定了良好的基础。

（二）构建工学结合的课程体系

一是制订了 3 个专业（食品生物技术、食品质量与安全、市场营销与策划）的《现代学徒制人才培养技术方案》，对人才培养标准进行了规范，与企业共同编写《食品分析与检验技术》《果蔬贮藏与加工技术》和《畜产品加工技术》3 门实操性较强的校本教材和 13 门课程的技能实训手册，对教学内容及教学方法进行创新改革；二是制定专业教学标准和技能培训标准，规范了教师和师傅上课的严谨性和科学性，提高教学质量和技能水平；三是大胆采用工学交替、理论教学和实训教学交替、教室和车间交替的人才培养新模式，将理论知识传授与实践技能培训进行紧密结合。

（三）建立现代学徒制特点的管理制度

一是确定了“学校 + 企业”的双主体育人思路，完善学徒管理机制，签订校企双方开展校企合作协议书，明确校企双方职责与分工，推进校企合作紧密、协同育人的进程；二是落实学徒的考核评价体系，在学徒培养期，成绩分别由企业导师和校内指导教师进行考核评定；三是构建现代学徒制教学管理制度。推行学徒制学分制管理办法，设立理论知识考核学分和实践技能模块考核学分，学生达到两项学分要求，才能获得毕业证书和现代学徒制资格证书。

（四）构建校内外导师队伍

构建专业导师和师傅的专家信息库，保证人才培养的优化配置。构建多方联动人才培养基地，推行双主体（学校和企业）的教育新理念，实现项目即教材、现场即课堂、师傅即老师、操作即考试、学习即创新的人才培养目标，推动双主体联合培养高技能人才，提高职业教育水平。

1. 构建专业素质过硬的校内师资队伍

参与食品生物技术和食品质量与安全两个专业试点的专任教师有 9 人，其中副教授 4 人、工程师 1 人、讲师 3 人，具有硕士研究生学历 7 人，“双师型”教师 6 人，拥有两种以上资质证书 3 人，是一支理论水平高、实践技能强、专业素质好的优秀校内导师队伍；参与市场营销与策划试点专业的专业教师有 7 人，由于是新办专业，其中副教授 1 人、讲师 1 人，具有硕士研究生学历的 1 人，有职业资格证书的 3 人，是一支富有朝气、充满激情与活力的校内专任教师队伍。

2. 构建技能水平较高的校外导师专家信息库

按照学校制定的《现代学徒制企业师傅遴选标准》，规范校外导师（师傅）的聘用，选拔出企业中优秀的工程师、高水平技术人员及实践经验丰富的工人，聘用为带学徒的师傅，即校外导师，专门传授职业技能和岗位技能。目前，三个试点专业共聘用校外导师 28 人，其中，具有高级职称 5 人、中级职称 4 人，工作时间长、实践经验丰富的工人 19 人，组成了一支专业技能水平高、实践经验丰富的校外导师队伍。

3. 提升后备师资力量

先后派遣 7 名老师到实力较强的中国农业大学、上海交通大学、西南林业大学和云南农业大学进行学习培训，提升教师的教学水平和专业技能；派遣 2 人到企业进行生产实践的锻炼，提升职业技能水平。

三、建设成效

（一）完善相关制度和保障体系

通过现代学徒制试点项目的实施，学校初步理清了现代学徒制试点思路，建立了相关制度和保障体系，创建了校企联合办学的新模式，促进了校企深度融合，形成了校企协同育人的有效机制。校企签订了《现代学徒制校企互聘共用协议书》，打通了学校与企业人才资源的互用机制，实现了多途径的人才培养方式，整合社会优质资源，共同为国家人才教育培养服务。

（二）学生技能水平明显提升

通过推行现代学徒制的人才培养方式，增强了学生的专业技能和职业素养，强化了学生的实践操作能力，学生参赛成绩逐年提高，获奖人数逐年增加，详见表1。

表1　试点专业学生历年参加云南省高职院校职业技能大赛获奖情况

等次/年份	2016 年	2017 年	2018 年	2019 年	2020 年
参赛人数	6	4	7	8	6
参赛方式	个人	个人	个人 + 团体	个人	团体
一等奖（项）	1	0	0	3	0
二等奖（项）	0	1	1	1	3
三等奖（项）	1	0	4	4	3
获奖率	33%	25%	71%	100%	100%

特别值得一提的是，2019 年、2020 年学校现代学徒制试点专业学生参赛获奖率为100%，这充分证明学校推行现代学徒制对提升学生技能水平是卓有成效的。

（三）试点专业被认证为云南省高水平骨干专业

通过现代学徒制三年的探索，学校专业学科建设逐渐完善，发展步伐逐渐加快，办学规模和办学能力进一步加强，办学实力迅速提升。2018 年，试点专业食品生物技术通过了云南省高水平骨干专业的审批，为学校快速发展及学科专业建设奠定了坚实基础。

（四）增加教师对专业技能学习的热情

现代学徒制的实施，提高了广大教师对职业技能学习、培训的积极性和主动性，坚定了教师深入企业、深入基层进行学习的信心。先后有 2 名青年教师到云南皇氏来思尔乳业有限公司和大理州质量检测中心进行岗位技能的培训，提升了青年教师的专业技能，以更好地服务于教学。

（五）推进产学研有机结合

在项目试点期间，食品工程系教师也取得了喜人的成绩：多名专业教师参与了国家级重大课题的研究工作，7 名教师申报了省级或校级的科研项目并成功立项，3 名教师参加了“三区”人才的科技服务项目，5 名教师参加了脱贫攻坚的扶贫工作等，这些都有效地促进了产学研的有机融合。

（六）营造了深厚的学术氛围

学校采用“请进来走出去”的方式，加强了与外部的交流沟通。“请进来”：先后邀请了中国农业大学的工程院院士任发政教授、国家二级播音员、著名企业家及企业高水平人才到校开展专题讲座。“走出去”：6 名理论水平较高的专业教师到企业及农村开展技术培训工作，2 名教师参加了参加中国乳品学术年会和中国畜产品学术年会的研讨，前后派遣 7 名食品专业的学生到中国农业大学学习深造，营造了良好的学术交流氛围。

（撰写人：万长江）

案例十六：
行业引领、岗位对接，双元共育园林领军人才

玉溪农业职业技术学院[①]　云南锦萃园林景观工程公司

摘　要：按照“以服务为宗旨，以就业为导向，走产学研结合发展道路”的专业建设思路，玉溪农业职业技术学院于2016年确定园林技术专业为云南省现代学徒制试点建设专业，联合云南锦萃园林景观工程公司以行业产业链需求为导向，以岗位工作任务为载体，以职业能力培养为目标，构建“双主体三岗位四阶段三融合”的人才培养模式，探索出了一条“引领行业，校行企深度融合，共同培养双高人才”的专业建设与改革之路。

关键词：职业能力；岗位对接；园林技术；人才培养

一、校企共同制订以行业、企业标准为培养标准的现代学徒制人才培养方案

玉溪农业职业技术学院和云南锦萃园林景观工程公司在园林技术专业现代学徒制人才培养过程中，将培养过程划分为“公共基础、专业基础及职业拓展课程—岗位任务基础技能训练—岗位提升技能训练—职业能力养成”四个阶段。公共基础、专业基础、职业拓展、岗位基础的理论知识教学、基本实验、教学管理和日常管理以学校为主，企业为辅；职业技能训练、在岗生产实训、岗位锻炼和管理以企业为主，学校为辅。明确各阶段校企双方人才培养的职责，通过构建“课岗对接”的专业教学计划与课程体系，搭建现代学徒制人才培养模式。园林技术专业现代学徒制人才培养模式及课程体系见图1 ~2。园林技术1731班现代学徒制试点专业课程安排见表1。

---

① 玉溪农业职业技术学院是云南省第一批现代学徒制试点单位，2020年通过省教育厅验收。

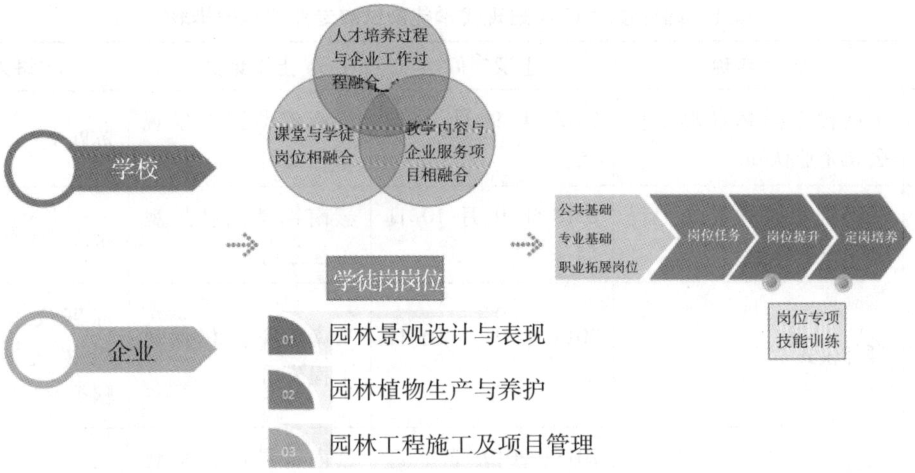

图1　园林技术专业现代学徒制人才培养模式图

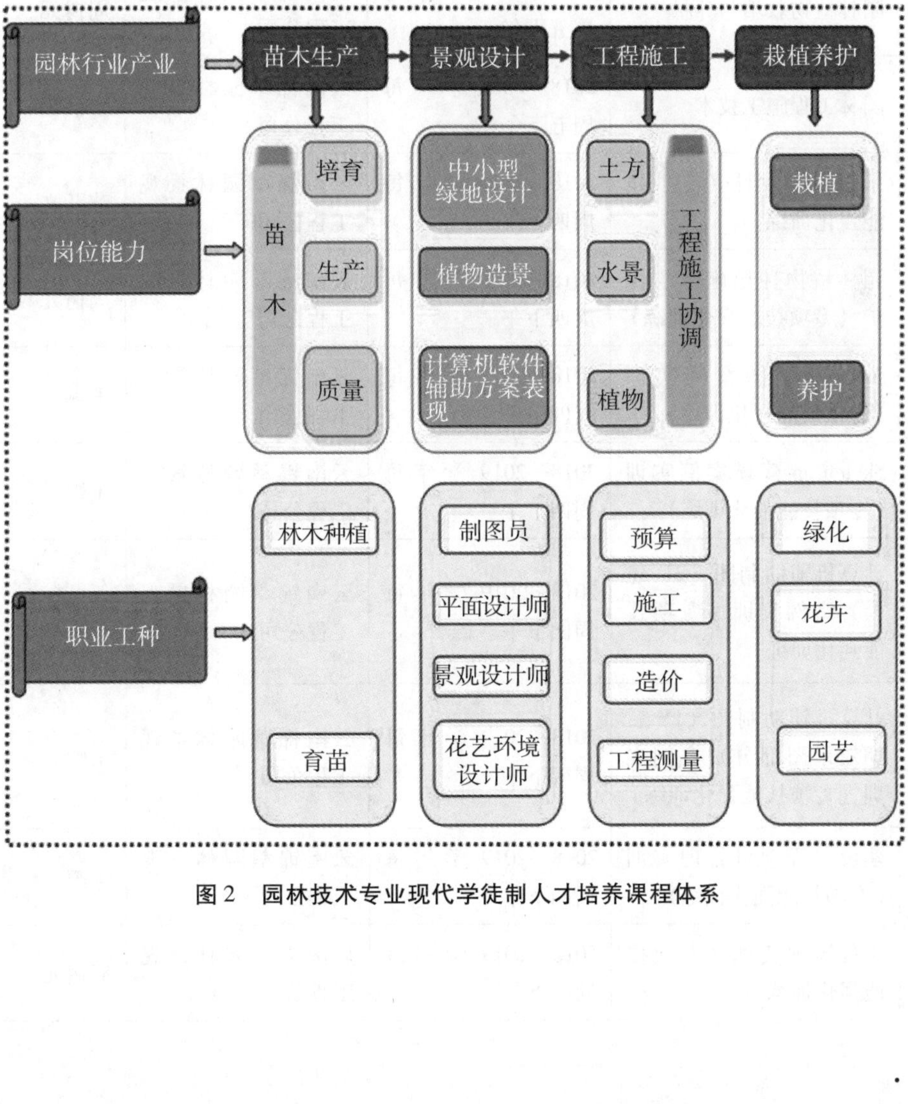

图2　园林技术专业现代学徒制人才培养课程体系

表1　园林技术1731班现代学徒制试点专业课程安排表

序　号	课程名称	上课时间	上课地点	主讲人
1	云南锦萃园林景观工程公司企业认知	2018年9月3日周一	云南锦萃园林景观工程公司	苏跃文
2	云南锦萃园林景观工程公司行业体验	2018年9月10日周一	云南锦萃园林景观工程公司	李杰
3	拜师仪式	2018年9月10日周一	云南锦萃园林景观工程公司	苏跃文、李杰、周树元、李云鹏等
4	园林种苗生产	2018—2019学年每周五下午	云南锦萃园林景观工程公司	李杰
5	园林植物栽培与养护	2018—2019学年每周五下午	云南锦萃园林景观工程公司	周树元
6	园林工程施工技术	2018—2019学年每周五下午	云南锦萃园林景观工程公司	李云鹏
7	景观方案设计（专项技能强化训练）	2018—2019学年每周四下午	云南锦萃园林景观工程公司	苏跃文
8	园林植物种植施工与养护（专项技能强化训练）	2018—2019学年每周四下午	云南锦萃园林景观工程公司	周树元
9	Autocad制图案例实训（专项技能强化训练）	2018—2019学年每周四下午	云南锦萃园林景观工程公司	王娜
10	Sketch up建模案例实训（专项技能强化训练）	2018—2019学年每周四下午	云南锦萃园林景观工程公司	王娜
11	计算机辅助制图（3D建模）案例实训（专项技能强化训练）	2018—2019学年每周四下午	云南锦萃园林景观工程公司	王娜
12	计算机辅助制图（PS后期效果图部分）案例实训（专项技能强化训练）	2018—2019学年每周四下午	云南锦萃园林景观工程公司	王娜
13	建设工程项目管理实训（专项技能强化训练）	2018—2019学年每周四下午	云南锦萃园林景观工程公司	李杰
14	工程监理实训（专项技能强化训练）	2018—2019学年每周四下午	云南锦萃园林景观工程公司	周树元

续　表

序　号	课程名称	上课时间	上课地点	主讲人
15	园林工程预决算实训（专项技能强化训练）	2018—2019 学年每周四下午	云南锦萃园林景观工程公司	周树元

二、改变传统毕业论文（设计）要求，全面推行专项技能训练

专项技能导师（师傅）制度是学校园林技术专业现代学徒制试点教育教学改革的一项重要举措，为更好地突出职业教育特色，一改变传统的毕业论文（设计）要求，采取专业技能特长生培养模式，全面推行并实施了毕业专项技能强化训练。这要求学生从第三学期开始根据自身职业规划发展选择一项专项技能进行强化训练，作为专业学习成果的毕业必要条件。根据园林行业企业岗位需求，校企共同设置了景观方案设计、园林植物种植施工与养护、Autocad 制图、Sketch up 建模、计算机辅助制图（3D 建模）、计算机辅助制图（PS 后期效果图部分）、建设工程项目管理、工程监理、园林工程预决算等九个专项技能，采用“双导师”指导，理论部分以校内教师强化教授为主，实践部分以校外师傅深度指导为主的“双导师”培养模式，大大提升了学生的动手操作规范能力，见图 3。

图 3　校企“双导师”专项技能强化训练

三、以赛促学，以赛促教，教学相长，成果显著

为了更好地检验现代学徒制人才培养质量，学校鼓励园林技术专业师生积极参加校级、省级以及国家级职业技能竞赛，见图 4。学校以鼓励师生参加各级技能大赛为契机，促进教师队伍建设，获奖情况见图 5。

图4　学生积极参加国家级、省级和校级技能比赛（部分）

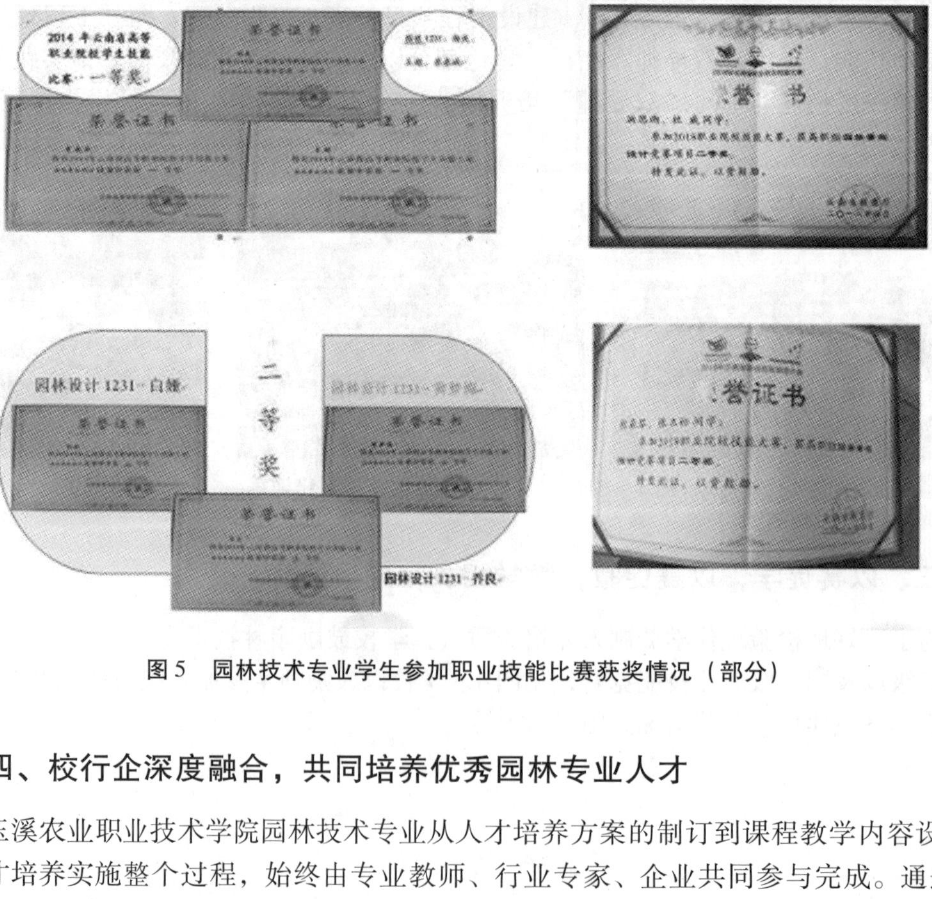

图5　园林技术专业学生参加职业技能比赛获奖情况（部分）

四、校行企深度融合，共同培养优秀园林专业人才

玉溪农业职业技术学院园林技术专业从人才培养方案的制订到课程教学内容设置再到人才培养实施整个过程，始终由专业教师、行业专家、企业共同参与完成。通过校、行、企深度融合，为园林行业企业培养了一批批一线优秀人才。

2017年12月，玉溪农业职业技术学院园林技术专业2014级学生王娜设计的作品“嶍峨古镇建设项目景观绿化石材铺装灯光亮化方案有奖征集活动样板展示”，代表现代学徒制试点合作企业——云南锦萃园林工程有限公司参加全国遴选获得一等奖，设计方案被最终采纳。嶍峨古镇建设项目景观绿化样板图见图6～7。王娜也成功由“徒弟”身份转换成新的“师傅”身份，现代学徒制试点成效可见一斑。

图6　嶍峨古镇建设项目景观绿化效果图（一）

图7　嶍峨古镇建设项目景观绿化样板图（二）

（撰写人：王国伟）

案例十七

校企合作谋发展，双元育人促就业

玉溪农业职业技术学院　一心堂药业集团股份有限公司

摘　要：为深化教学改革和创新人才培养方式，玉溪农业职业技术学院作为云南省现代学徒制试点单位，积极推动药品经营与管理专业与一心堂药业集团股份有限公司开展深度校企合作，建立药品经营与管理专业现代学徒制带教方案，校企双方共同探索“双主体、五同步”的育人模式。

关键词：双主体；校企合作；育人模式；药品经营与管理专业

一、实施背景

（一）职业教育发展的需求

《国务院关于加快发展现代职业教育的决定》（国发〔2014〕19号）明确要求：“校企共同参与招生，形成联合培养的育人机制，进行现代学徒制试点，校企在相关政策上给以鼓励与支持，真正实现校企一体化育人”。这为我国职业教育进一步深化教学改革和创新人才培养方式指明了方向。高职院校开展现代学徒制，其重要性表现在以下四个方面：第一，可以将优秀的学校文化和企业文化贯穿于整个高职技术技能型人才培养的全过程，有利于提高学生的职业素质；第二，可以提升高职院校服务地方产业的能力，有利于提高学校的社会知名度；第三，可以让校企共同对高职学生的实训项目进行专项指导，有利于提高学生的实践能力和就业竞争力；第四，可以推动校企深度合作，进行科研项目的研制与开发，有利于提高教师的教学水平和科研能力。

（二）符合地方经济转型和企业人才需求

医药产业是玉溪市最具发展潜力的战略性新兴产业，已列为玉溪市七大重点产业之一。加快生物医药发展，是玉溪转变工业发展方式、调整产业结构的重要抓手，为此，玉溪市委、市政府出台了《关于加快推进生物医药产业跨越发展的指导意见》，为全市生物医药产业快速发展奠定了良好基础。经过多年培育和发展，玉溪紧跟时代乘势而上，以实施健康玉溪战略为抓手，坚持以市场为导向、科技为先导、企业为主体，集合区位、生态、资源、人才和政策优势，沿着聚力打造从“现代中药、疫苗、干细胞应用”到“医学科研、诊疗”再到“康养、休闲”全产业链的大健康产业发展路径，建设世人向往的“健康生活目的地。”

调研显示玉溪市区域产业转型后，对医药健康产业方面的人才需求涵盖生产技术员、药品检测员、购销员，尤其在药品物流方面对人才的需要提出了更高的要求，需求情况也日渐增高（见图1）。

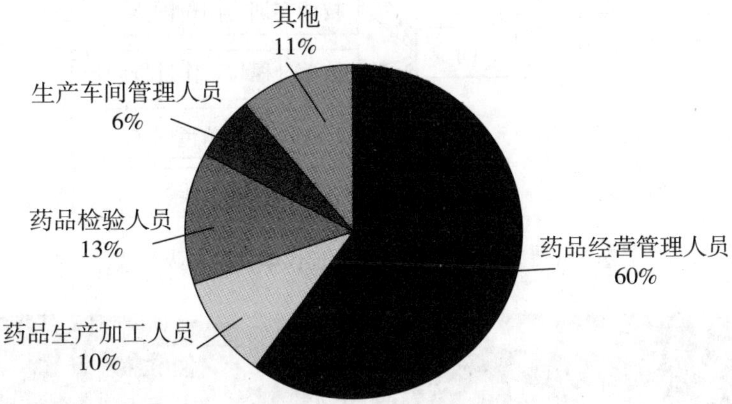

图1　玉溪医药行业人才需求情况

因此，为更好地贴近企业需求，满足地方产业转型对专业人才的需求，培养符合企业发展的技术技能型人才，玉溪农业职业技术学院就药品经营与管理专业与一心堂药业集团股份有限公司开展深度校企合作，建立药品经营与管理专业现代学徒制带教方案，共同探索“双主体、五同步”的育人模式，即校企双元育人，实行“实训场景与工作实际同步、技能实训与岗位同步、教学过程与工作过程同步、学生与员工角色同步、实习与就业同步”的产教结合、课岗融通的教学模式，采用师带徒的项目化教学方式进行学生→学徒→见习员工→准员工的培养，同时建立校企共育评价机制，促进校企共同发展，储备企业人才，满足企业需求，解决岗位能力与教学之间的脱离现象。

二、实施过程

（一）校企共同探索协同育人机制

校企双方围绕“立德树人，学生发展”为中心，按照企业人才需求特点，明确双方各自职责、人才培养方式及考核制度，达成现代学徒制试点协议，共同探索“双主体、五同步”现代学徒制育人模式（见图2～3）。

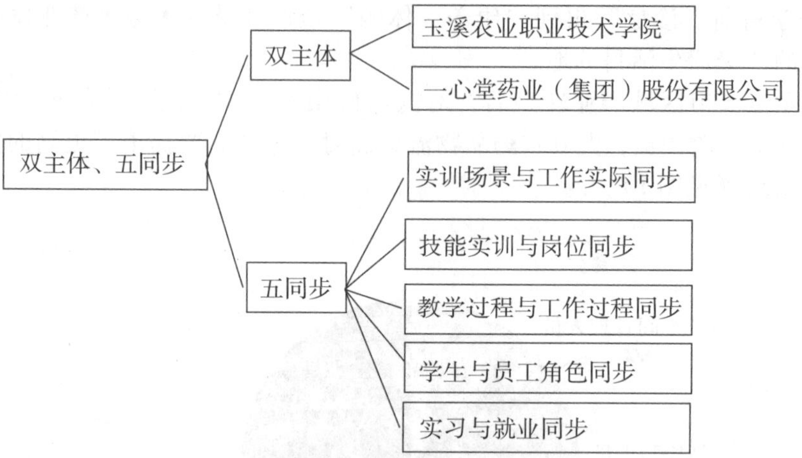

图2 “双主体、五同步”现代学徒制育人模式

图3 校企现代学徒制合作签约仪式

（二）立足岗位，共同制定培养标准

校企根据营业员、助理店长、店长等企业真实岗位的工作流程标准，共商专业规划，共同探讨开设的专业课程“医药市场营销与实务”“药店经营与管理技术”的课程标准及岗位技能，按照实际岗位进行教学情景的设计和推进，确定基于岗位的课程重点及考核标准，并开发适合现代学徒制培养模式的活页式教材，同时对门店各岗位的技能要求进行实地调研，围绕岗位技能，逐步修订完善人才培养方案。

（三）完善校企共享师资队伍

建立了“双师”选拔、考核流程，明确双师责任。学院推荐了4名职称结构合理的专业教师担任校内指导老师，企业推荐8～12名优秀高技能人才作为学生的师傅，每个学生由校企两位指导老师，明确了师徒关系，举行了拜师仪式（见图4），签订了师徒协议。同时聘请企业教师到校上课，为学生讲解企业文化及岗位基本技能要求。

图4　学生（学徒）拜师仪式

（四）共享共用实训资源

打破学校实训场景与真实工作环境的差距，与企业共享共用实训平台与资源，由企业师傅到校指导，学校不具备的实训资源，由学生不定期到企业，企业派遣师傅现场带教指导，巩固、细化实操及技能点，学生根据岗位需求返回在学习、再练习、再巩固。

（五）招生招工一体化

校企共同制订招生招工一体化方案，在当年入学的药品经营与管理专业的学生中，通过宣讲，自愿报名，笔试，面试等方式，选拔学徒组成现代学徒制试点班，并签订学生、学校、企业三方协议，明确学徒的企业员工和职业院校学生双重身份，保障学徒利益。

（六）学徒制学业培养过程

建立弹性学制管理办法，学生在校期间学完专业基础课程可以到企业就学习的基础课进行实践集训，企业制定学徒管理办法，保障学徒权益，科学安排实践项目，学生成绩考核由校内专业知识考试和企业实践考核两部分组成（实施过程见图5）。

图5　现代学徒制校企共育方案实施过程

三、初见效果

本次现代学徒制探索是校企双方从 2019 年 4 月起，基于 2016 级学生实习的基础上进一步深化的产教融合、校企合作。经过近 6 个月的实施，初步取得如下效果。

（一）就业稳定，渠道广，招生效果好，为专业发展提供了生源

学校食品药品工程系于 2016 年 5 月成立，2016 年 9 月开始药品经营与管理专业招生，截至 2019 年 10 月共四届，学生人数为 214 人，毕业一届，33 人，就业率 100%；学生在实习期间就就业的达到 85%，目前升为店长为 6 人，学生受到企业的好评。同时，带动其他药品类专业的发展。药品专业群近四年学生录取情况见图 6。

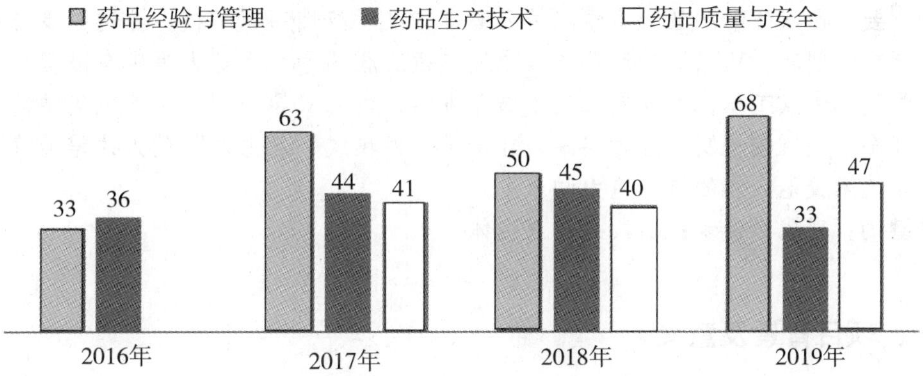

图 6　药品专业群近四年学生录取情况

（二）对接企业，强化岗位技能，深化“三教”改革

根据企业对人才的需求、岗位晋升途径，结合学生发展，深化“三教”改革，校企就“医药市场营销与实务”和“药店经营与管理技术”2 门岗位核心课程结合实际岗位流程，采取项目化的教学，联合编写实训指导书，借助模拟药房实训室进行真实环境的设置及教学、实训，形成“教学情境与企业实景同步、课程内容与岗位能力同步”为特色的课堂教学模式。

（三）实操熟，晋升快，就业稳定

学生在现代学徒的培养过程中能更快了解企业的需求及晋升要求，把自身职业晋升渠道提前备好，目前已有 6 人晋升为店长，其中有 1 人表现突出，3 个月就被破格提拔为店长。同时，学生在三年的学习过程中校企交替学习，具备一定的药店店面销售管理技能，相比同年级其他学生，师带徒学生能更快适应企业环境，工作上手更快，经营管理能力更强，职业晋升空间更大，就业稳定性更好。

（编写人：王远丽、李小丽）

案例十八：
深化校企双主体育人　推进现代学徒制试点

西双版纳职业技术学院[①]　西双版纳世纪金源大饭店有限责任公司

摘　要：西双版纳职业技术学院是云南省首批示范性高职院校。为进一步推进校企合作办学机制创新，西双版纳职业技术学院与西双版纳世纪金源大饭店有限责任公司开展现代学徒制试点工作，共同制订人才培养方案、建立双导师制，完善现代学徒制管理制度，健全质量监控机制。经过实践，开发了“四段式、双主体”的人才培养模式，全面提升了技术技能人才的培养能力和水平。

关键词：现代学徒制；四段式；双主体

一、项目背景及意义

2014 年 5 月，《国务院关于加快发展现代职业教育的决定》指出要“开展校企联合招生、联合培养的现代学徒制试点，完善支持政策，推进校企一体化育人”。教育部也出台了现代学徒制试点工作的意见，现代学徒制成为现代职业教育的重要探索方向。

西双版纳是闻名全国、全世界的旅游胜地，酒店业成为密集型服务行业，各类大型酒店急需大量高素质的一线服务人员和高级管理人才，几乎所有酒店都面临“员工难找，流失率高”的问题。2016 年西双版纳职业技术学院确定了酒店管理专业作为现代学徒制试点专业，并上报了现代学徒制试点任务书，从 2017 级学生开始实施现代学徒制试点工作。一方面，企业期待与学校建立合作关系，培养酒店需要的高素质技能人才；另一方面，学院也一直在探索与企业的深度合作，已与多家企业建立合作关系。学院与西双版纳世纪金源大饭店有限责任公司（以下简称“世纪金源大饭店”）有长期成功合作的经历，同时世纪金源大饭店于 2012 年入选省级高职高专院校示范实习实训教学基地，这为学院开展学徒制试点奠定了坚实的基础。

① 西双版纳职业技术学院是云南省第一批现代学徒制试点单位，2019 年通过省教育厅验收。

二、具体做法

（一）探索校企协同育人机制

经过校企双方协商，学校最终确定世纪金源大饭店为共同开展现代学徒制试点的合作企业。为了顺利完成试点工作，校企成立了现代学徒制试点领导小组，由学院分管教学李宇赤副院长和世纪金源大饭店郑国德总经理任组长，由学院教务处、旅游财经学院和世纪金源大饭店人事部门的相关负责人任副组长。校企双方签订《现代学徒制试点人才培养校企合作协议》，明确双方的工作职责和任务。之后，双方多次共同研究开展现代学徒制试点的具体做法和实施路径，共同探索校企协同育人机制。

（二）推进招生招工一体化

根据学院情况，学校和酒店经过商议决定建立先招生后招工的招生招工机制。经过宣传动员，最终确定 2017 级酒店管理班 24 名学生作为现代学徒制试点班的学生，明确 24 名学生既是职业院校的学生又是企业员工的双重身份，学徒、学校和企业签订三方协议，同时学校与学生签订现代学徒制试点的安全协议，确定各方权益及学徒在岗培养的具体岗位、教学内容、权益保障和安全保障等。

（三）完善人才培养制度和标准

按照专业设置与产业需求对接、课程内容与职业标准对接、教学过程与生产过程对接的要求，学校与世纪金源大饭店共同制订现代学徒制酒店管理专业人才培养方案。学院与世纪金源大饭店经过多次商讨，构建了“四段式、双主体”的人才培养模式，见图 1。

四段式：

第一阶段，职业认知。第一、第二学期，学生在学校学习酒店专业基础课程，注重理论知识的教学及学习，工学形式上以“企业体验”为主。

第二阶段，岗位实践。第三学期，学生在企业进行“项目实训”和“轮岗实训”，全体学生到酒店学习，吃、住及教学均在酒店，专业课中有一部分课程由学校老师承担，其余的实践性较强课程的教学由酒店的师傅及酒店相关专业人员承担，酒店的每个岗位均有师傅进行教学，同时酒店的部门负责人还不定期地对学生进行集中培训。

第三阶段，职业强化。第四学期，学生回到学校，继续学校的专业知识和技能学习，学生结合自身实际，补短板，强弱项，夯实基础知识和技能。

第四阶段，岗位成才。第五、第六学期，学生再到酒店学习，学生在酒店进行 1 ~ 2 个岗位的定岗学习，在企业师傅指导下，学生应能熟练掌握岗位的工作程序和操作方法，具备一定的分析问题和解决问题的能力，以及良好的人际沟通能力、协作能力、自我发展能力和团队精神，能独立胜任岗位工作。这为学生的就业和专业发展奠定基础。

双主体：

学校与企业双方均负有培养学生的主体责任，共同对学生进行教学和管理，校企共同设计并实施人才培养全过程。

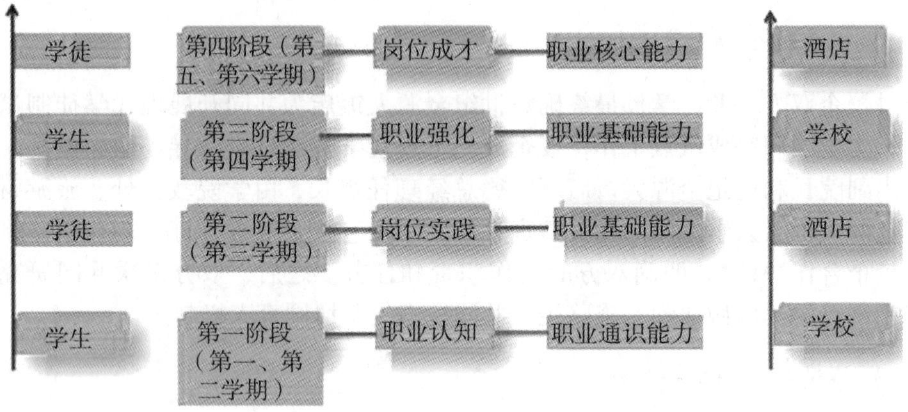

图1　“四段式、双主体”人才培养模式图

（四）建立校企双导师制

校企是同完善“双导师制”，制定《西双版纳职业技术学院现代学徒制双导师队伍建设指导意见》，建立健全双导师的选拔、培养、考核、激励制度，形成校企互聘共用的管理机制。学校与酒店双方根据人才培养方案，统筹制订双导师聘任计划，根据聘任条件确定双导师人选。双导师填写《西双版纳职业技术学院现代学徒制双导师聘任审批表》，由校企双方与通过审核的双导师签订《西双版纳职业技术学院现代学徒制双导师聘任协议书》，校企双方为新聘任导师颁发聘任证书，聘期三年，现代学徒制双导师聘任流程见图2。

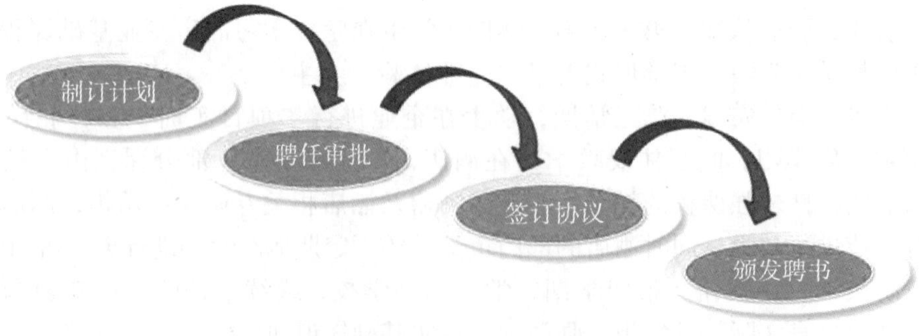

图2　现代学徒制双导师聘任流程

（五）建立现代学徒制管理制度

为了保证现代学徒制试点工作的顺利进行，学校制定了《西双版纳职业技术学院现代学徒制教学管理办法》《西双版纳职业技术学院现代学徒制质量监控实施方案》《西双版纳职业技术学院现代学徒制多方评价制度》《西双版纳职业技术学院现代学徒制学徒管理办法》等制度。校企根据教学需要和酒店实际，科学安排各级酒店管理班学生的学徒岗位、分配工作任务，酒店免费提供食宿，并给学生适当的奖励和补助。现代学徒制试点 2017 级酒店管理班学生岗位分配情况见表 1。

表 1 现代学徒制试点 2017 级酒店管理班学生岗位分配名单

序 号	部 门	分 部	工 号	姓 名	性 别
1	餐饮部	中餐班组—中餐厅	TR－1712	龚玉秀	女
2	餐饮部	中餐班组—中餐厅	TR－1725	赵庆蓉	女
3	餐饮部	西餐班组—西餐厅	TR－1717	李莲瑞	女
4	餐饮部	西餐班组—西餐厅	TR－1724	唐敬红	女
5	餐饮部	西餐班组—西餐厅	TR－1726	陈华琴	女
6	餐饮部	厨房班组—中厨房	TR－1708	赵学杰	男
7	餐饮部	厨房班组—中厨房	TR－1732	耿少聪	男
8	前厅部	前台接待班组	TR－1713	李艳华	女
9	前厅部	前台接待班组	TR－1714	杨丽仙	女
10	前厅部	前台接待班组	TR－1718	舒爱	女
11	前厅部	前台接待班组	TR－1711	飘灯	女
12	前厅部	前台接待班组	TR－1716	徐永吕	女
13	客房部	楼层班组	TR－1710	杨新宏	男
14	客房部	楼层班组	TR－1719	王金香	女
15	客房部	楼层班组	TR－1720	张思航	男
16	客房部	楼层班组	TR－1721	吴家钱	男
17	客房部	楼层班组	TR－1722	岩轰仑	男
18	客房部	楼层班组	TR－1723	高艳梅	女
19	客房部	楼层班组	TR－1727	马艳	女
20	客房部	楼层班组	TR－1728	茶俊玮	女
21	客房部	楼层班组	TR－1729	杨洁	女
22	客房部	楼层班组	TR－1730	杜小艳	女
23	客房部	楼层班组	TR－1709	张建	男
24	客房部	楼层班组	TR－1731	鲍军明	男

校企为保障现代学徒制试点工作顺利进行，一是落实学徒的保险，确保人身安全；二是学生到酒店前需参加景洪市指定医疗单位的健康体检；三是建立学校、企业和学生家长经常性的学生学习信息通报制度；四是建立定期检查、反馈等形式的教学质量监控机制。

三、实施成效

（一）校企共同研讨，构建了“四段式、双主体”的教学模式

校企以工学结合为切入点，以培养就业竞争能力和职业发展能力为目标，根据酒店管理专业现代学徒制人才培养的要求设置课程，充分利用酒店的资源，使学校理论课程与企业实践课程相互交替和衔接，构建了“四段式、双主体”的教学模式和专业课程体系。

（二）校企共同规划，提高了人才的培养质量

“双主体”明确学校和企业都是人才培养责任主体，双方共同的任务是培养酒店管理技能人才。学生在酒店学习期间，由学校教师承担的课程，学院的教师每次均到酒店为学生上课，有效地完成专业基础课的教学和学习。同时教学也向企业员工开放，为企业员工进行普通话、英语的培训，进而提高酒店员工的综合素养。酒店承担的课程由酒店专业人员对学生进行培训，酒店师傅对学生进行悉心教授和指导，开展实践课程的教学。在酒店全真的环境里进行学习和实践，学生了解了酒店各部门工作流程、领悟和学到了各岗位的工作要求和技能，锻炼了工作能力，再回到学校，教师适时加以相关理论的讲授，并通过校内实训室进一步巩固以内化为自己的技能。学生通过工学交替的方式提升了专业技能和就业能力。

通过校企双向联合培养，将知识学习、技能训练与工匠精神的养成有机结合，有效地提升学生的专业能力。2019 年舒爱同学在云南省职业院校学生技能竞赛中获“中餐主题宴会设计”三等奖，2019 年徐永吕同学在云南省职业院校学生技能竞赛中获“中餐主题宴会设计”三等奖，实现学院省级技能大赛中餐比赛中零的突破。实践证明，现代学徒制模式下培养的学生在技能方面远强于非现代学徒模式培养的学生。

通过校企双向联合培养，学生的思想观念转变很大，不仅树立了良好的专业思想，自信心和学习兴趣也得到了极大增强。学生了解了酒店行业未来的发展格局与空间，对自身未来职业发展的目标也有了更明确的方向和动力。

（三）校企共同培养，提升了教师的职业能力

现代学徒制项目开展以来，借助校企合作平台，学校专业教师经常到酒店参与学习实践，与酒店专业人员及师傅针对实践课程，共同制定课程实践大纲。在企业专家的指导下，教师了解酒店发展动态，学习和研究酒店管理和企业文化，掌握专业实践技能，提高职业能力，积累与企业联合管理学生的经验。专业教师通过企业实践，不仅掌握了行业企业先进技术，也了解了企业人才需求，按职业标准、岗位需求，更新教学内容，改革教学方法，提高了学院教师职业教学能力和水平，指导的学生在全省酒店管理技能大赛中喜获佳绩，实现了省级技能大赛客房、中餐获奖项目零的突破。

（四）校企共同管理，推动了试点工作的有效开展

学院领导与世纪金源大饭店总经理多次协商，共同制订试点课程教学计划和开展管

理工作。学院选派酒店管理专业负责人，全程参与试点项目的管理，及时解决试点中产生的问题。世纪金源大饭店副总经理唐仁学先生和人事部经理林文东先生全程负责现代学徒制试点学生在酒店期间的教学及管理，酒店选派技术人员担任兼职教师，指派师傅担任学生的导师，并安排专门的学生管理人员。根据教学需要，科学安排学徒岗位、分配学徒工作任务。在学徒管理方面，实现学生管理和部门管理相结合的管理模式，在企业期间实行班级与部门管理的双重管理模式。

（五）校企共同建设，改善了学生的实训条件

校内实训基地由校企共同建设，根据学校与企业各自的实力，学校提供场地、设备，企业提供技术支持，共同建设客房、餐饮等酒店管理专业的校内实训室，让实训内容符合岗位的需求和职业的标准。校外实训基地由酒店提供，有客房、餐饮、酒水、前厅等岗位的实训场所，极大改善了学生实训的条件。校企共同建设实训基地，充分发挥校企双方的特长，有效地利用资源，实现校企双方的利益最大化。

（撰写人：李宇赤、尹世香）

案例十九：
创新评价体系，构建新型评价模式

云南省临沧卫生学校[①]

摘　要： 云南省临沧卫生学校在现代学徒制试点专业建设中创新评价体系，构建“以就业为导向，以检验学生职业能力为核心，以培养学生综合素质为主线”的校、企、行业机构参与的评价模式。学校通过第三方认证和校内外评价体系对学生的职业素养、职业意识、思想意识、专业技能等进行全面科学的评价，构建了“学生—学徒—准员工—员工”的实用型人才培养路径。

关键词： 就业导向；创新评价；能力考核

一、实施背景

以往以学校为主导的学生评价往往难以满足企业、行业的用人实际需求，因此云南省临沧卫生学校在现代学徒制试点专业护理专业建设中创新评价体系，构建了“以就业为导向，以检验学生职业能力为核心，以培养学生综合素质为主线”的校、企、机构参与的评价模式（见图 1）。通过构建由“专业课教师 + 实训指导教师 + 企业兼职教师”构成的校内评价体系，检验学生的文化素养、专业知识、职业意识、企业文化及基本技能；通过构建由“实习指导教师 + 企业师傅”组成的双导师评价体系，评价学生的综合素养和职业核心技能；通过第三方职业资格鉴定机构对学生进行考核，让学生获得相关职业技能资格证书，打通学生更多的就业渠道，实现学校培养和企业需求零距离接轨。学校通过第三方认证和校内外评价体系，对学生的职业素养、职业意识、思想意识、专业技能等全面科学的评价，构建了“学生—学徒—准员工—员工”的实用型人才培养路径。

① 云南省临沧卫生学校是云南省第一批现代学徒制试点单位，2020 年通过省教育厅验收。

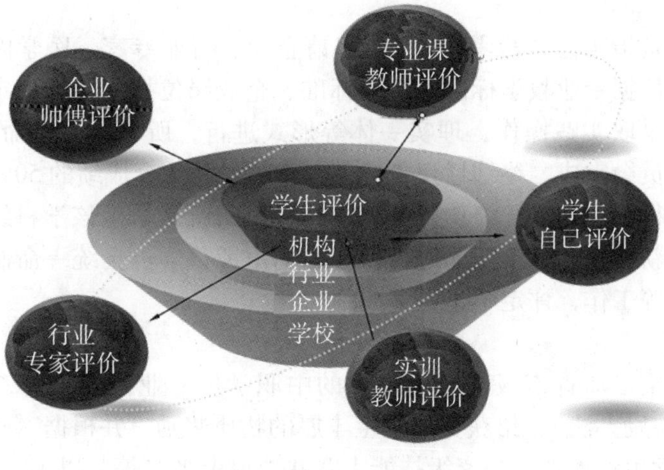

图 1 现代学徒制多方评价体系

二、工作过程

（一）校内评价体系

学生文化基础、专业理论和实操基础学习由校企双方共同参与培养。企业（行业）文化、岗位能力、工作流程等相关课程由企业派人主讲，如企业文化及素养课程由企业（行业）经理授课，岗位能力、工作流程课程由企业师傅传授。学生在校完成专业理论学习，掌握基本技能，企业派出技能骨干担任兼职教师并提供见习、实习。做到六个对接，即学校与企业对接、实训室与工作场所对接、专业与产业对接、教师与师傅对接、学生与员工对接、培养培训与终身教育对接，让学生体验、模仿、尝试、感悟企业文化。

学业水平的考核通过以下三个方面实现：

1. 过程性评价

过程性评价主要是对学生学习过程进行评价。目前我们在护理专业重点推行任务驱动、项目引领的“行动导向”培养模式，以护理任务为载体实施一体化教学，对学生的考核评价内容包括护理技能（40%）、步骤方法（20%）、护理态度（15%）、合作交流（10%）、护理沟通（10%）、出勤（5%），学生每完成一个学习任务，科任教师引导大家依据考核评价标准采取学生自评、互评，小组互评、老师点评的方式，以量化打分的形式完成，对于小组、个人的评价，最终评判出 A、B、C、D 四个等次，考核结果周小结周公布，月总结月公布，期末总评的方式，过程性考核成绩占学生学科综合成绩的 50%。

学生在学习过程中，通过查看每完成一个任务后过程性成绩的得分情况，周公布、月公布学科过程性成绩的得分情况，及时掌握自己的学习情况，及时矫正、补习，努力提高学习成绩。

2. 终结性评价

终结性评价是指实行“教考分离”，聘请企业、行业专家、医学院校骨干老师，成立考核委员会，依据专业教学标准、行业标准、企业岗位技能要求确定考核内容的一种评价方式。考核采取实践操作、理实一体等形式进行，所有科目的命题、监考、阅卷、统分均由考核委员会完成。终结性评价成绩占学生学科综合成绩的50％。

过程性评价得分和终结性评价得分相加，得出的就是学生该学科综合成绩。对于不及格的学生应于新学期开学第四周进行补考，仍由考核委员会统一命制补考试题完成监考、阅卷、统分等工作，评定学生补考成绩。

3. 技能大赛

学校鼓励学生参加省市级甚至国家级的中职学生专业技能大赛，并制定了相应的《师生技能大赛奖励办法》，给获奖的学生丰厚的物质奖励，并根据《学生学业成绩考核管理规定》，对学生参加省市国家级技能大赛并获得市级二等奖以上、省级三等奖以上、参加国家级技能大赛的学生，只要学科过程性评价成绩合格，相应学科学业成绩可直接认定为合格，可不参加该学科终结性考核。

（二）校外评价体系

企业综合素养和职业核心技能考核由“实习指导教师—企业师傅”组成的双导师来完成。学生进入企业后，师傅根据企业制定相应考核内容和考核标准，对学徒的职业素养、职业态度、职业核心能力进行考核；学校的实习指导教师负责对学生的思想观念、纪律观念、服从意识、大局观念等进行考核。学生考核通过后，由学生和企业进行双向选择，双方签订劳动就业协议，成为企业正式员工，学徒享有进入合作企业工作的优先权。

（三）第三方认证

学生定岗培养结束后，相关职业资格鉴定机构对学生进行考核，考核合格的学生获得由国家劳动部门颁发的职业资格等级证，这实现了学生能力考核与技能鉴定相融合，大大提高了学生的专业素质，促进了学生就业。

（四）保障机制

1. 制度保障

为使新的评价模式顺利开展，学校制定了《学生学业成绩考核管理规定》《师生技能大赛奖励办法》《毕业证发放管理办法》等，并严格实施，确保了项目顺利开展。

2. 组织保障

学校成立以校长为组长的学生评价体系领导小组，分若干工作小组，权责明确，责任到人，为项目开展提供了保障。

3. 校、企、院合作

学校、企业、院校合作参与，为学校教考分离、教育教学改革等方面提供了有力的支持。

三、成果成效及推广情况

这种评价模式全面、客观、公正，既激发了学生学习兴趣，提高了学生的专业技能，又让企业了解学生技能熟练程度，增进了校企的进一步融合，提高了教学质量，涌现出了一批批优秀的学生。

2017 年以来，试点专业师生参加省市举办的各种技能大赛，师生共获大赛三等奖以上奖项达 12 人次。2020 年 1 月，试点专业 2 名学生参加省级学生技能大赛，其中 1 人获得二等奖，1 人获三等奖，获奖率达 100%。

四、感　悟

一是新的评价体系的构建，对学校教学质量的提升起到了较大的促进作用，但也意味着校企双方必须深度合作、无缝对接，这将是一个艰难的过程。

二是过程性评价是一个漫长的过程，需要科任老师具有细心、认真、客观、公正的态度和持之以恒的工作作风，以及敬业爱岗的精神。

（撰写人：何希江）

案例二十：
校企合作助推学生职业技能提升

剑川县职业高级中学[①] 剑川县兴艺木雕发展有限公司

摘　要：剑川县职业高级中学与剑川县兴艺木雕文化发展有限公司共同培养工艺美术设计与工艺美术产品加工制作方面有较高技术和实践操作能力的应用型人才。以木雕、彩绘、陶艺三大课程体系为主，通过产教融合、校企合作、工学结合，建立了现代学徒制人才培养模式；实施了带班师傅与实习指导教师共同培养人才的双导师制，构建了具有现代学徒制特点的有效评价体系；实现了学生由学生→学徒→准员工→员工四种身份的转换。现代学徒制以企业需求为导向，技能培训与企业需求相对接，学生能很快能适应岗位需要，加快了其职业发展速度。

关键词：木雕；校企合作；资源共享

一、项目背景及意义

为响应云南省教育厅等五部门《关于印发云南省职业院校现代学徒制试点工作实施方案（试行）的通知》（2015 年 11 月），剑川县职业高级中学申请现代学徒制试点，2015 年 12 月被云南省教育厅批准为第一批现代学徒制试点单位，试点专业为工艺美术专业（民族工艺木雕方向）。学校根据现代学徒制人才培养模式，调整工艺美术专业（民族工艺木雕方向）人才培养方案，从学徒制管理、学徒制木雕工种、学徒制师傅、学徒制学段、学徒制考评五个方面确定现代学徒制工艺美术专业（民族工艺木雕方向）人才培养方案，进而推动学校职业教育走规模化、集约化、连锁化的办学道路，提高职业学校办学的社会效益。

二、具体做法

（一）校企合作推进

2013 年 9 月学校建立木器木雕生产实训基地，2015 年 3 月引进剑川县兴艺木雕发展有限公司以推进产学研为目标，开展校企合作，深入推进“五个对接”。2015 年 12 月学

① 剑川县职业高级中学是云南省第一批现代学徒制试点单位，2019 年通过省教育厅验收。

校被批准为现代学徒制试点单位后，学校和企业深入研究，确立战略合作伙伴关系，以招生即招工、学生即员工、教学即生产为主线开展“三衔接”工作。在人才培养模式改革、师资队伍建设、专业课程建设、校企优质资源共建共享、提升社会服务能力等方面进行了探索与实践，共同开创互利互赢共成长的新局面。

（二）加强组织领导

成立以学校校长为组长、副校长为副组长的领导组，以及学校中层和相关美术教师为成员的组织机构。领导组下设办公室，由生产实训办公室主任任主任，统筹现代学徒制工作；由政教处、班主任负责管理工作；教研组、企业车间负责木雕技能培训工作；办公室、企业负责对学生学段进行分段管理；车间、教研组对学生共同考评。

（三）校企资源共享，共同搭建平台

1. 校企人员互聘、互派交流

按照构建“工学结合、阶梯递进”人才培养模式的要求，学校教师和企业师傅一起上，教师就绘图基础、造型能力、设计基础课程进行教学，师傅就工具、材料、雕刻、技法、结构进行指导，“双导师”队伍每月固定开展“学徒会诊”，服务人才培养。

2. 校企优质资源共建共享

学校于 2013、2015 年分两期共投入 288. 9 万元建成木器木雕实训基地，其中简易厂房等基础设施 80 万元，机械设备 96 台套 208. 9 万元。学校建立剑川最大的木器木雕实训基地，为学生提供充足的实训岗位，企业提供技术、培训，让学生能走进生产一线、参与生产过程，真正实现“理论实践一体化、学生员工一体化”教学。

（四）专业设置与经济社会发展同步规划

以国家关于职业教育的政策、制度、规划为统领，剑川县职业高级中学发展规划纳入全县国民经济和社会发展规划体系，与经济社会同步规划，与产业建设同步实施，与技术进步同步升级“三同步”。剑川是传统手工艺之乡，木雕产业最近几年的发展非常迅速。县政府规划原就明确提出到 2020 年，全县木雕产业综合产值达 30 亿元，将木雕文化旅游产业培植成推动转型发展、带动脱贫攻坚、实现全面小康的支柱产业；开展剑川木雕艺术小镇、鲁班小镇建设；开展木雕旅游工艺品研发等。加之自 2013 年中央美术学院帮扶剑川县以来，县政府始终把经济社会发展、人民群众脱贫致富奔小康、艺术教育迈大步作为重大政治任务来精准落实，学校以此为契机，推动木雕产品设计、制作、推广及艺术项目开发。

（五）产教融合——产学研推进

产教融合是把产业与教学密切结合，相互支持，相互促进，把学校办成集人才培养、科学研究、科技服务为一体的产业性经营实体，形成学校与企业浑然一体的办学模式。现代学徒制是校企合作的纽带，是校企合作的黏合剂。

学校为进一步推动现代学徒制工作，改进课程，形成从图纸设计（从线描图案到木

雕图案的延伸，到产品图纸设计学习）→产品生产（参与企业生产，实现技能提升与生产需求匹配，提升技能同时还有适当收益）→手工雕刻（从实训练习到成品雕刻，工具应用、材料熟悉）→机械应用（从机械简单操作到产品加工应用）→产品研发（从被动学习木雕知识到主动参与产品设计研发）的人才培养新模式。

三、项目成效

（一）现代学徒制试点体系初步建立

学校制订了《剑川县职业高级中学现代学徒制试点工作实施方案》，调整了工艺美术专业课程标准和教学计划，确立了现代学徒制试点的重要地位，明确了相关各方的职责区分，构建了试点标准体系和实施程序，建立了区域人才供需衔接机制，打通了技术技能人才培养成本分担和补偿渠道，为今后全面推行现代学徒制教育模式常态化奠定了可靠基础和保障。

（二）招生招工一体化得到认可

按照现代学徒制试点要求，校企全面实施招生招工一体化，通过学徒（家长）、学校、企业三方签署协议的方式，使学生的学徒权利得到有效的保障、企业准员工地位得到确认，让学生和家长对学生未来工作岗位有一定的认识和规划，让学校人才培养方向更加明确、相关资源得到有效整合利用，让企业用工实现需求有保障、岗位有人员、培养有目标，促进校企“联合招生、联合培养、定向就业”的人才培养机制不断建立。

（三）人才培养质量明显提高

实施双元教学和双元评价，切实让企业师傅手把手教学徒，让学生走进车间贴近实际练技能，工学结合、知行合一的人才培养模式不断深化。人才培养质量提高，家长、企业及社会满意度提升。现代学徒制试点专业带动其他专业的人才培养模式深度发展。在云南省职业院校技能大赛中，试点专业学生木雕实作及雕刻作品连续获一等奖。学生学业完成进入企业，能马上适应相应工位，参与生产。

（四）教师队伍素质得到提升

试点工作推动学校专兼职教师队伍建设，教师队伍素质得到提升，学校工艺美术专业教师从试点前的 6 人，增加到 11 人，其中本科学历 5 人，3 人具有中学美术高级教师资格，2 人参加国家级中职骨干教师工艺美术培训获“国培优秀学员”。外聘木雕工艺师、工艺美术大师共 5 人。

（五）服务县域经济社会发展能力得到增强

职教服务县域经济社会发展能力得到有效的增强。通过实施现代学徒制试点，一是使职业教育与地方产业发展紧密对接，产教融合度不断深化，技术技能人才培养的针对性和实效性更强，人才供需矛盾得到有效的缓解；二是使中职学校对企业所需人才更加了解，专业调整、课程设置更加精准，专业深化节奏不断加快，为剑川县木雕产业发展提供技术保障和人才支撑。千百年来，剑川匠艺人才“走夷方，闯世界”，从北京故宫到西安古城，从上海世博园到昆明金马碧鸡坊，从官渡古镇到丽江古城，精心设计，辛勤劳作，为木雕技艺的传承与发展，作出了重大贡献。剑川县现有各级木雕非遗传承人80多人，其中：国家级1人，省级5人。目前，全县有116家木雕私营企业、1500多家木雕个体户，木器木雕从业人员达2.1万多人，木雕品牌商标34个，有国家、省州工艺美术大师980人，2017年全县实现木雕产值3.88亿元，占全县工业总产值的10.7%，木雕已成为全县农民增收的一大产业。

（撰写人：陈晓燕）

案例二十一：
突出技能特色，打造职教品牌

云南工业技师学院[①]　昆明云内动力股份有限公司

摘　要：随着区域经济发展和产业转型对技术技能人才的需求，云南工业技师学院通过现代学徒制试点，改变了以往更多考虑教育属性的做法，通过校企联合招生、联合培养，产生了深度合作、水乳交融的产教融合、校企合作新模式，通过学生（学徒）双重身份、工学交替、交互训导、岗位培养，实现岗位成才。

关键词：现代学徒制；技能特色；职教品牌

一、项目背景

根据中国数据中心对中国数控人才市场需求现状调研报告，蓝领层数控技术人才在企业数控技术岗位中占70.13%，是目前需求量最大的数控技术人才。现代学徒制是职业院校高效育人的理想选择，能够深刻反映职业教育校企合作、工学结合特征的育人模式；云南工业技师学院在国家示范校建设的基础上，进行现代学徒制试点专业建设，通过与昆明云内动力股份有限公司的深度合作，创新学生评价体系，构建了“以就业为导向，以检验学生职业能力为核心，以培养学生综合素质为主线”的由学校、企业（行业）、职业技能鉴定机构等多方参与的新型学生评价模式；通过第三方认证、校内学业评价体系、校外评价体系对学生的职业素养、职业意识、思想意识、专业技能等进行全面、全方位的科学的评价，实现“学生—学徒—准员工—员工”的顺利过渡。

二、试点工作开展情况

（一）工作思路

校企联合突出技能特色、打造职教品牌，深化校企合作办学机制、创新人才培养体制机制模式，形成“一个核心、三个主体、六个过程”的人才培养模式，见图1。

---

① 云南工业技师学院是云南省第一批现代学徒制试点单位，2020年通过省教育厅验收。

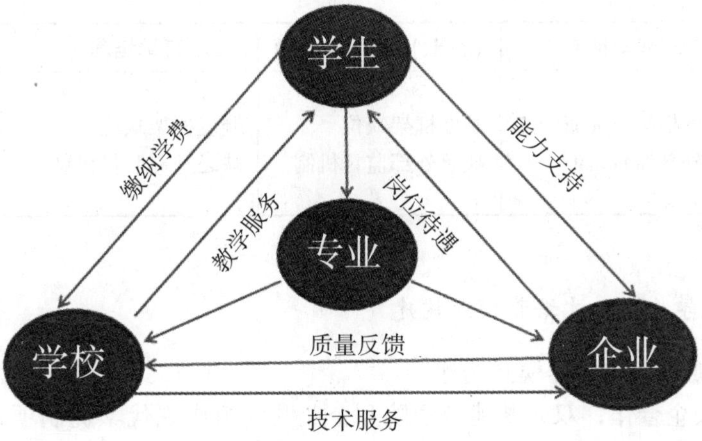

图 1　“一个核心、三个主体、六个过程”人才培养模式

（二）现代学徒制与订单培养、集团化办学的区别

现代学徒制与订单培养、集团化办学的区别见表 1。

表 1　现代学徒制与订单培养、集团化办学的区别

	现代学徒制	（行业）集团化办学	订单培养	校企合作
学员身份	学生＋学徒	学生＋学徒/实习生	学生＋学徒/实习生	学生＋实习生
合作方	行业、企业、政府、学院	行业、企业、政府、学院	企业、学院	学院、企业
主导	行业＋企业＋学院	政府、行业、核心企业、核心学院	学院＋企业	学院
培养标准	行业	核心企业＋行业	企业	学院
企业本位学习	时间≥60% 实践与培训兼顾 培训体系较完整 有培训学习计划和培训材料	时间≤50% 重实践，轻培训 安排虽有计划，但执行不到位	时间≤50% 重实践，轻培训 安排有计划，执行一般	时间≤40% 重实践，轻培训 安排较随意
工学结合	工学有机联系 以月或学期方式交替	工学联系有部分设计 以月、学期、年交替（主要在后半学期）	工学联系有部分设计 以月、学期、年交替（主要在后半学期）	工学联系缺乏设计 两段式，先学后工

续 表

	现代学徒制	（行业）集团化办学	订单培养	校企合作
外部制度	制度框架较完善 有外部监督机制	制度框架缺位 缺乏外部监督机制	制度框架缺位 缺乏外部监督机制	制度框架缺位 缺乏外部监督机制

（三）现代学徒制人才培养模式构建

1. 现代学徒制人才培养模式构建

为了深化校企合作，双元共建，学院和企业共同组成现代学徒制项目实施小组，双方结合企业的数控技术应用为典型代表类型的企业岗位标准，以提高数控技术应用能力为核心，解析其知识、技能、素养等全方位的要求，再结合数控技术应用（数控车工、数控铣工等）国家职业资格标准，将职业资格标准、企业岗位标准、课程标准进行融通，依据职业认知和成长规律，构建以岗位和现代学徒制项目相结合的“校企融通，工学交替”的人才培养模式。

项目实施小组根据现代学徒制的培养目标，遵循职业认知及职业成长规律，实现职业基础能力、职业专项能力、职业综合能力的三级递进培养模式，确定现代学徒制的课程体系，按照“学生→学徒→准员工”三位一体的人才培养总体思路，实行三段式育人机制。学习形式在学院以项目课程形式进行，在企业以师带徒形式进行，在培训过程中达到学院培养与企业培训对接、课程内容与职业标准对接、教学过程与生产过程对接、学徒考核与企业录用对接、专兼职与双导师制对接、学院管理和公司制度对接，使学生不仅能通过工学交替的学习方式在工作中学到自己真正需要的知识和技能，还能把学校学到的知识运用到实践中，把知识转化为技能和能力。

2. 现代学徒制课程开发

校企双方为了更好地实施现代学徒制人才培养方案，课程体系是基础。以培养学徒技术技能为核心，以校企双主体育人、教师师傅双导师教学为突破口，校企双方已共同制订数控技术应用专业现代学徒制人才培养方案，配套与之相符的课程体系，包括共同制定专业教学标准、课程标准，开发“数控车编程与实训”“数控铣编程与实训”等核心课程，编写配套的企业实训教材，实施“三段”式教学，制定和实施考核评价标准，深入专业教学研究等，深化“校企融通，工学交替”的人才培养模式改革。主要课程有：职业素质与工匠精神养成课程、技术技能基础课程、岗位（群）技术技能课程、学徒个人职业发展需求课程、创新创业课程等。

3. 校企考核评价

现代学徒制的考核分为过程考核和结业考核两部分，过程考核根据学生（学徒）身份交替进行的特点，在学院培养部分由学院按课程进行考核，在企业培养部分由企业按公司管理和工作绩效进行考核。对于学徒培训期满，由来自行业、企业的代表和职业学院教师的专设现代学徒制考核评价委员会按学徒结业考核标准进行考核，除了完成数控技术应用（数控车工、数控铣工等）操作工的鉴定外，并将合格的学生（学徒）评定为企业准员工并被安排到合适岗位实习，逐渐过渡为企业正式员工。

三、实现的成效

（一）校企“双主体”育人机制建设

学校从办学体制机制、人才培养载体、教师团队建设等方面进行顶层路径设计，通过全力构建以云南省人民政府、昆明市人民政府为主导，各行业企业深度参与，“政校行企”紧密合作的办学新体制；通过建设一批校内外“教学企业”，作为实施校企“双主体”人才培养模式的主要载体；通过建立校企“互聘共培、双岗双薪”新型人事制度，建设一支优秀的教学团队，解决最终实现校企“双主体”人才培养模式的关键问题等基本路径，依托校内外培养阵地以及教学组织形式、教学方法手段等专业人才培养方式方法的改革创新，创新专业人才培养新模式。

（二）招生招工一体化

通过试点，学校现代学徒制招生招工模式主要有以下几种：第一，先招工后招生。即基于校企合作，在签订联合培养协议的基础上，由企业负责招收符合自身需求的员工，并与员工签订培养协议、用工协议。而后，将企业所招聘的合格员工送到合作学校，由学校对其进行培养。但培养内容必须符合联合培养协议要求，继而当员工完成学习任务后，可从学生角色转换为企业员工。此种招生招工模式在应用过程中，企业具备一定的自主选择权利，所以，可激发企业培养人才的积极性。第二，招生招工同步进行。即基于企业与学院签署联合培养协议的基础，由双方共同完成招生和培养工作。此种招生招工模式是在学生入学和求职前便已经了解企业合作项目的情况下进行的。同时，企业单位将参与到学生考核、录取等各个环节中，对学生职业能力培养进行指导。第三，先招生后招工。即学院将参照招生制度，录取新生，而后，待学生入学后，由企业和学院共同负责对学生的培养工作，并向学生传达现代学徒制人才培养目的、过程、特点、学生权利义务等等。然后，由企业提供岗位，让学生主动参与到企业人才选拔工作中。过去，招生招工同步进行也试点过。目前，学校现代学徒制试点实施的主要模式是先招生后招工。

（三）人才培养制度和标准建设

学校和企业共同制定人才培养制度和建设标准，确定相应的内容和合作方式，改革教学质量评价标准和学生考核办法，将学生的工作业绩和师傅的评价纳入学生的评价标准。在人才培养目标的指导下，企业和学院、教师与师傅共同参与，按照企业用人的需求资格标准来设置课程，建成“公共课程 + 核心专业课程 + 教学项目”为主要特征的适合现代学徒制工作的专业课程体系。其中核心专业课程可根据企业需求适当增减，教学项目是完全按照企业需求在企业技术骨干和学院专业教师的共同努力下开发适合企业发展的课程，并由企业技术骨干和专业教师共同承担教学任务，尤其是专业实训环节教学任务。

学生在学徒身份期间，企业全程跟踪，和教师密切配合共同关注学生学习和生活，同时设立各类奖学金，在校内或在企业内举行技能大赛和技能大比武等，以物质和精神双重奖励来激励学生学习专业知识和技能。企业全程参与班级的教学，派遣技术骨干担任技术兼职教师，并派师傅担任学生导师，学校教师经常与企业师傅研讨，开设符合学生理论学习和企业实践的校本课程。学生在学习期间接受学院和企业的双重管理。

（四）双导师队伍建设

学校现代学徒制师资团队（包括培训师傅和教师）建设工作遵循校企互认和共同指派教师两原则。在现代学徒制的实施过程中，以教师培养、评聘和考核为核心，强化双导师制队伍建设。一是从企业请进在本专业工作多年，实践能力强的专业技术人员、管理人员及企业负责人，辅以教育理论的培训，请其承担现代学徒制教学任务。二是学校遴选现有的专业教师到企业培训，由企业职业培训师进行专业技能教学方法培训。三是安排优秀高技能人才作为学徒在企业培养期间的师傅，承担学徒在企业中主要教学任务。同时建立健全绩效考核制度，评选并奖励优秀实习指导教师和师傅，形成吸引人才、稳定队伍的激励机制。

（五）现代学徒制管理制度建设

学校与合作企业根据现代学徒制的特点，共同制定学徒管理办法，安排专业教师带队，共同建立教学运行与质量监控体系，深入企业共同加强过程管理，制定了《现代学徒制管理办法》《现代学徒制实习期工资实施标准》和《现代学徒制准员工工资实施标准》等一系列激励制度。学校根据学徒培养工学交替的特点，实行与之配套的弹性学分制，创新和完善与之配套的教学管理与运行机制。

在现代学徒制的实施过程中，学校定期向学生家长通报学生实习信息；完善实习巡视和跟踪管理制度，分人分片负责对专业带队教师的实习管理工作进行考核；规范学生实习档案管理，要求学徒实习期间能做好工作记录，加强监督检查，保证实习工作健康、安全和有序开展；按企业要求建立严格的实习前培训和准入制度。

（六）现代学徒制试点综合成果

拜师傅、带徒弟的学徒制在我国的发展历史悠久，对我国的经济发展、先进技术的传承、人类社会的进步做出过重大的贡献。

（1）对企业而言，最核心的问题是企业发展，而企业发展的瓶颈是高技能人才的紧缺，现代学徒制的实施正是补上了这个用人缺口，解决了任务完不成拖延工期、缺乏创新核心技术等诸多困难。

（2）对于学生而言，最关心的问题就是就业，将来毕业后从事什么职业，在什么样的环境下工作，是否能够胜任都是他们关心的问题。现代学徒制人才培养模式正是将这些困惑提前被学生预知和感受，使学生不再养尊处优，快速地成长为社会人。

（3）对于学院而言，最注重的是提升人才培养质量和社会服务能力，现代学徒制的试点和进行是顺应地区经济社会发展要求的；是推动职业教育体系和劳动就业体系互联的纽带，打通和拓宽了技术技能人才培养及成长通道；是推动现代职业教育体系建设的战略选择；是深化产教融合、校企合作，推进工学结合、知行合一的有效途径。

四、存在问题及下一步打算

学生技能水平达不到企业的要求，就业质量不高。常常面临企业长时间实习和试用，起薪低，充当廉价劳动力。学院在专业技能方面的教育外，其他方面教育相对较少，学生在选择价值目标能力、社会适应能力等方面有待加强。

根据前期试点的情况，学校将进一步加强与企业、政府的联系与沟通，加大宣传力度，实施相关考核和奖励制度，激励工作小组成员、企业做好各项工作。增强服务意识，主动出击，了解企业需求，服务企业，提升企业参与现代学徒制试点工作的积极性。

总之，在探索现代学徒制过程中，学校应根据数控技术应用的专业特点和发展方向，准确把握合作企业的利益核心点积极推进校企深度合作，加强内涵建设，把它植根于企业之中，有力推进现代学徒制的顺利实施，为同类院校实施现代学徒制提供了宝贵的经验，具有较强的推广价值。学校数控技术应用专业在相关领导的正确指导下，经过专业老师和企业师傅辛勤的工作，从建专业以来到专业的稳固发展，尤其是现代学徒制专业试点后，职业教育得到了加强，学生的专业水平有了很大的提高，成为学校优势专业，本地区的示范专业。

探索现代学徒制对我们来说是一项全新的工作，虽然我们借鉴了兄弟学院实施现代学徒制工作的经验，也得到了很多教育专家和企业专家的指导，在实施过程中取得了一些成绩，但实施过程中仍存在着不少问题，我们今后一定认真学习、借鉴其他院校现代学徒制的先进经验，精心研究、深入探索实践，结合学校的数控技术应用专业特点，努力工作、开拓创新、积极进取，力争把学校数控技术应用专业学徒制试点工作做得更好。

（撰写人：李培）

案例二十二：

校企深度融合，探索现代学徒制人才培养模式

临沧高级技工学校[①]

摘　要： 为探索现代职业教育人才培养新模式，提高职业教育质量，推进校企合作，更好地服务临沧经济社会发展，临沧高级技工学校根据自身办学特点和实际情况，与临沧市内十多家有一定规模、管理规范的汽车维修企业进行校企合作。根据教学计划，分阶段安排学生到企业进行认知实习和轮岗实习。企业选派优秀员工作为师傅对学生进行“传帮带”。每学年均有学生与企业在双向选择的基础上进入实习企业就业。通过现代学徒制人才培养模式的探索，学校整合校企资源，着力增强办学活力，切实提高教学质量，培养了大批服务供给侧结构性改革、产业发展、产业转型升级的技术技能型人才。

关键词： 技工学校；汽车维修；人才培养模式

一、加强现代学徒制基础能力建设

（一）加强基础设施建设

2016 年中央支持资金 2000 万元在临沧高级技工学校实施产教融合发展工程——汽车实训综合楼项目。学校在项目建设规划之初就认真贯彻中央、省、市产教融合发展的精神，规划了引企入驻的场地，为产教融合发展、现代学徒制办学提供了必要条件。2017 年 6 月建筑面积达 6068 平方米的汽车实训综合楼投入使用，在具备教学、培训、技能鉴定和生产等多种功能的基础上，并于 2017 年 11 月通过市场化运作的方式引进一家汽车 4S 店进驻，建成特色鲜明的市内一流、省内领先的现代学徒制办学基地。

（二）加强专业建设

学校坚持以服务为宗旨、以就业为导向，根据临沧市经济社会发展需要和产业结构调整要求，重点打造师资基础扎实、市场紧缺的汽车维修专业。学校通过加强招生宣传、师资队伍和就业网络建设，加大实训设施投入和课程改革力度，全面推进汽车维修

① 临沧高级技工学校是云南省第一批现代学徒制试点学校，2019 年通过省教育厅验收。

专业建设，推动品牌专业建设。

二、现代学徒制工作情况

学校大力支持企业参与到校企合作办学中来，采取在租金上给予优惠、学校基础设施共享等措施，激励企业与学校联合开展现代学徒制试点，积极推进校企合作、厂校合一、工学结合办学。学校引进某汽修4S店，成立了临沧博厚校企融合汽修厂，学校与企业签订协议约定，企业在正常运营的同时，承担现代学徒制人才培养任务。

（一）建立校企协同育人机制

一是实施招生与招工一体化。根据合作企业需求，与合作企业共同制订招生与招工工作方案。为切实推进校企合作“招生即招工，进教室即进车间，进校即进厂”的办学模式，校企双方围绕培养合作企业所需技术技能人才目标，签订合作协议，明确校企双方职责、分工，推进校企紧密合作、协同育人。按照“合作共赢、职责共担”原则，校企共同制订人才培养方案，实行两段式育人机制，前3年，按理论教学和企业实作训练相结合的目标组织教学，实行工学交替；第4学年安排到企业跟岗、轮岗实习，完成从学生→学徒→准员工→员工的转变。

二是深化工学结合人才培养模式改革。校企双方根据企业用人需求和岗位资格标准，共同完成课程体系的开发。以“工学结合”人才培养模式为思路，以项目为抓手，以解决专业问题为目标，突出课程的应用性、实践性和发展性，建立以“公共课程＋核心课程＋项目课程＋素质拓展课程”为主要特征的学徒制专业课程体系。校企双方共同研究制定了专业教学大纲、教学计划、教学内容、教材、考核方案等教学规范要求，培养学生通用能力、专业能力和岗位能力，同时培养学生良好的思想品德、职业道德和行为规范，让其在毕业时掌握必需的文化基础知识、专业知识和熟练的职业技能。

（二）推进招生招工一体化

根据临沧生源特点，学校与合作企业共同制订招生招工方案，充分利用寒暑假、新生入学时机，开展“招生即招工”“招工即招生”宣传。根据企业用工情况，学校组织有意愿的学生参加笔试和面试，合格后签订学生、家长、学校和企业四方协议，明确学徒的企业员工和学校学生双重身份，明确各方权益及学徒在岗培养的具体岗位、教学内容、权益保障措施等，组建现代学徒制试点汽车维修专业班1个。

（三）建立健全现代学徒制试点管理制度

建立学徒培养管理机制，制定《学徒管理办法》《双导师管理办法》《学徒学业评价管理办法》等制度，全面加强学徒管理工作，保障学徒制试点工作顺利推进和安全、有序开展。

（四）校企共建师资队伍

校企联合以教师培养、评聘和考核为核心，强化“双导师”制团队建设；采取汽修专业教师全员培训、集中专题培训、专业教师与企业技术人员互动交流锻炼等形式，提高汽修专业教师教学能力；从学校专业骨干教师和企业技术人员中选拔导师，建立导师人才库。学徒制学生在企业学习期间由企业技术人员担任导师、在学校学习期间由专业骨干教师担任导师，形成“双导师”培养机制。目前，已从合作企业选拔5名能工巧匠担任导师，从学校选拔5名骨干教师担任导师，共有20名学生享受“双导师”培养（企业师傅现场带教学徒见图1）。

图1　企业师傅现场带教学徒

三、成效与反响

（一）学生培养质量有较大提升

在2020年云南省中等职业学校技能大赛中，学校汽修专业现代学徒制试点班师生参加了汽修类所有项目的角逐，并取得了6项二等奖、3项三等奖的优异成绩，具体获奖情况见表1。

表1　现代学徒制试点班学生获奖情况

序　号	类　别	项目名称	获奖情况	参赛选手	指导教师
1	汽修类	汽车故障诊断及互联网教学（教师组）	二等奖	陈兴勇	
2		汽车营销	二等奖	李勇荣、刘开远	张　扬
3		整车定期、定位	二等奖	陈应龙	普忠正
4		汽车故障诊断	二等奖	耿志明	陈兴勇
5		汽车涂装	二等奖	鲁新强	段开华
6		新能源汽车维修	二等奖	段正和、李领骑	兰　天
7		车身修复互联网教学（教师组）	三等奖	段　超	
8		机械拆装	三等奖	角　陆	字孟华
9		车身钣金修复	三等奖	张华东	段　超

（二）毕业生就业质量提升

2019年4月，上海振华重工长兴分公司与扶贫对口地区开展劳务协作，参加了在云南临沧举办的“沪滇劳务协作，助力脱贫攻坚”的主题专场招聘会，并与学校签订了校企合作协议，帮助临沧学生就业。如学校汽修专业现代学徒制试点班毕业生俸春林与长兴分公司达成了就业意向。俸春林很幸运，他的导师是上海劳动模范、2017年带队完成了港珠澳大桥最终接头焊接的高级技师魏钧。来到长兴分公司后，俸春林拿到了第一笔工资，这无疑是一笔“巨款”，俸春林一家也顺利脱贫“摘帽”。

（三）基本构建“33324”现代学徒制人才培养模式

“33324”现代学徒制人才培养模式是指政府、学校、企业“三元管理机制”，课程模块化、内容项目化、项目岗位化的“三化课程体系”，学生在校学习、轮岗实训、定岗培养的“三段育人过程”，考试对接考核、学历证书对接职业资格证书的“二元对接评价机制”，学生→学徒→准员工→员工“四种身份转换”。

（四）加快了学徒职业发展速度

现代学徒制学生的学习以企业需求为导向，技能培训与企业需求对接，能很快能适应岗位需要，加快了学徒工的职业发展速度。学生的就业竞争力和持续发展能力不断提高。

（五）缓解了结构性就业矛盾

现代学徒制的实施，减少了企业员工流动，有效保障了企业用工稳定，使企业获得了一批忠诚度高、对本企业文化认同度高、熟悉企业生产流程和工艺、技能素质高的准员工，学生毕业即能上岗，成为企业的生产骨干和后备干部。

（撰写：兰天）

案例二十三：

昆钢公司新入职员工现代学徒制培养模式探索与实践

昆明钢铁控股有限公司职业技能培训中心①　昆明工业职业技术学院

摘　要：昆明钢铁控股有限公司职业技能培训中心努力吸纳行业、企业的产业优势，在人才培养标准制定、课程建设与实施、师资队伍建设、实训基地建设以及提升中心社会服务能力等方面不断推进“校企合作”，努力实现优势互补，资源共享，争创校企共赢新局面。

关键词：现代学徒制；招工招生；在岗培训

一、项目背景及意义

2016年10月，昆明钢铁控股有限公司职业技能培训中心（以下简称“昆钢职业技能培训中心”）被云南省教育厅批准为首批现代学徒制试点单位（昆明钢铁控股有限公司见图1），也是云南省唯一一家以企业为主体的现代学徒制试点单位，合作单位是昆明工业职业技术学院。

图1　昆明钢铁控股有限公司

① 昆明钢铁控股有限公司（原名为昆明钢铁集团有限公司）职业技能培训中心是云南省第一批现代学徒制试点单位，2019年通过省教育厅验收。

昆钢职业技能培训中心（见图2）按照《云南省教育厅关于公布首批现代学徒制试点单位的通知》（云教职〔2016〕19号）的要求，结合实际，与合作试点单位昆明工业职业技术学院在“昆钢新招大学毕业生在岗培训”“昆明工业职业技术学院新进教师在岗培训”两个项目进行招工与招生（成人在职培训学生）一体化培训改革试点、校企一体人才培训模式、双导师专兼职师资队伍建设、双主体实训条件建设、现代学徒制人才培训体系建设、现代学徒制教学管理机制建设、现代学徒制项目管理制度建设七个模块探索实践。

图2　昆钢职业技能培训中心

二、项目内容

（一）昆钢新招员工现代学徒制培训项目

1. 培训对象及目标

昆钢公司从国内、外全日制普通高等院校统招的大学本科及以上学历的应届毕业生（包含已毕业但毕业时间不超过三年的往届生），以及经教育部认证学历学位并具有派遣资格的境外留学毕业生中招聘员工（以下统称“大学生”）。

培训目标：为提高新招员工素质，让新员工快速融入公司，转换角色，确定新目标，掌握岗位所需相关知识和技能，尽快进入从业状态，与团队成员合作良性互动奠定坚实基础，实现从大学生到昆钢企业员工的转换角色、快速融入昆钢、及早树立抱负三大目标，让他们的职业生涯绽放光彩，在昆钢建功立业。

2. 培训期及方式

培训期：三年。

培训方式：采用入职培训、岗位历练、实践锻炼等方式进行全过程连续培养。

（1）入职培训——新进大学生（学员）入职培训主要采用“大学生职前训练营”集中培训方式组织，学习分为五个阶段，学习不同的内容（见图3～4）。

图 3　训练营开营仪式

图 4　训练营培训

（2）岗位历练——训练结束，安排学员到企业历练，由师傅指导，接触实际工作，参与生产经营实践，培养实际工作能力，积累工作经验。同时，考核评价学员的思维能力、适应能力和综合职业素养。每个新员工必须安排在与所学专业或个人发展计划相关的不同岗位上进行为期一年的岗位实践，期间进行轮岗，至少轮三个岗位（同部门、跨部门、跨单位），每个岗位实践不少于 3 个月（见图 5）。

图5　新员工到昆钢二级单位岗位历练

（3）实践锻炼——实行周期为两年的实践锻炼，组织人事部、相关部门及单位继续跟踪培养、服务。实践锻炼的目标任务是让毕业生通过岗位实践锻炼，进一步拓宽其专业知识面，提升其综合业务素质，提高其发现问题、分析问题和解决问题的能力，进而能够独立工作、独当一面，培养成为企业骨干（见图6）。

图6　实践锻炼

（4）“师带徒”——采用骨干教师和老教师“传、帮、带”方式。选用德才兼备、师德高尚、治学严谨，具有丰富的教学经验和良好的教学效果，有较为深厚的学术造诣；与新进人员专业相同或相近，属同一教学或科研团队，具有副高职及以上专业技术职务资格或5年以上教学或辅导员工作经历，有较强的沟通交流能力和指导能力的导师作为师傅。

（5）“教师跟岗实践锻炼”——根据教师所学专业、入职培训表现、职业发展意愿及学校发展的人才需要，安排其到昆钢各相关部门和单位进行跟岗实践锻炼。

（二）昆明工业职业技术学院新进教师培训项目

1. 培训对象及目标

培训对象：昆明工业职业技术学院新招聘入职的新教师和新调入的教师。

培训目标：提高新进教师的思想政治素质、业务素质、实践动手能力和教学水平，使新进教师树立良好的师德风范，爱岗敬业，为人师表，教书育人，逐步形成严谨治学的态度和扎实的工作作风，尽快适应企业办高职院校教师教育教学岗位要求，不断提高教育教学能力、实践动手能力和干事创业能力，进而成长为一名合格教师（见图7～8）。

图7　新进教师培训开班仪式

图 8　校领导为新进教师授课

2. 培训期及培养方式

培训期："师带徒"培养 1 年，跟岗实践 2 年。

培养方式：采用"师带徒"和教师跟岗实践锻炼方式。

（1）师徒双向选择——一个徒弟配 2 位导师，其中 1 位为专业理论课导师，1 位为实践课导师。原则上每一名导师所带徒弟人数不超过 2 人。

（2）达成协议——以签订师徒协议方式，确立形式确定师徒双方责任、师带徒预期目标等。

（3）跟岗实践锻炼——根据新教师所学专业、入职培训表现、职业发展意愿及学校发展的人才需要，安排到昆钢各相关部门和单位进行教师跟岗实践锻炼。

三、具体做法

（一）加强组织保障

1. 试点工作领导小组

昆钢职业技能培训中心成立了现代学徒制试点工作项目领导小组，由公司分管领导、公司人力资源部、昆明工业职业技术学院等相关单位负责人组成，对试点工作的组织领导，协调试点相关单位之间的关系。

成员单位由昆钢人力资源部、党委工作部、昆钢职业技能培训中心、昆明工业职业技术学院、公司团委、经营财务部、后勤保障部、土地房产管理部、武昆股份安宁公司、云南华云实业集团公司、云南华创文化旅游集团公司、宝象物流集团公司、物流产业集团公司等单位组成。

2. 试点工作项目组

昆明工业职业技术学院成立以学院法人为组长的现代学徒制试点工作项目组，确保各项责任落实到人，完成试点项目相关任务和目标。

项目组下设办公室，办公室设在学院实训处（校企合作办公室），办公室主任由实训处处长担任，具体负责试点项目的申报、实施方案制订、论证、协调及运行监督、考核及日常管理工作。实行子项目负责人责任制，根据试点项目内容的需要，由子项目负责人具体负责各子项目的开展，详细制定各子项目的目标和实施方案，并负责按时、按量、保质完成各子项目的目标计划。

（二）开展人才培养

试点以来，共分三批组建了昆钢新招大学毕业生（员工、学员双身份）培训项目，开展了4期培训班（训练营），分别于2016年7月5日、2017年7月5日、2018年7月11日、2019年7月12日开班，参加人数分别为100人、267人、284人和300人，合计951人。每期培养（训）时间为3年，培养（训）方式采用入职培训、岗位历练、实践锻炼等方式进行。

开展了3期昆明工业职业技术学院新进教师培养（训）项目班，分别于2016年9月5日、2017年9月5日和2018年9月11日开班，参加人数分别为36人、42人和53人，合计131人。采用“师带徒”和“教师跟岗实践锻炼”方式进行为期3年的招工与招生（学员）一体化培养改革试点。

（三）校企共建“三位一体”特色实训基地

按照昆钢公司规划和要求，围绕昆钢产业发展，结合学校八大专业群人才培养的需求，产教深度融合，发挥昆钢主办昆明工业职业技术学院校企一体的优势，构建校内实训基地、昆钢特色实训基地和传统校外实训基地三位一体的实训基地体系，建设满足职业教育教学学生实习实训、职工培训、职工实验新产品研发三大功能的实训基地。

建设冶金专业群实训基地、电气专业群实训基地、机械专业群实训基地等八大校内实训基地以及五大类十个昆钢特色实训基地和传统校外实训基地，改善学生实习实训条件，提升实习实训基地建设的质量和水平，实现了校企双方共建共享共赢。为提高学生的实践动手能力、培养具有专业技能和工匠精神的高素质技能型人才提供条件支撑，更好地服务公司改革发展和产业转型升级。

昆钢公司于2018年10月10日，在昆明工业职业技术学院举行了大健康产业、节能环保、信息化产业和钢铁冶金特色实训基地揭牌仪式，已正式运作。四家已揭牌基地基本实现“三个功能”即学生的实训基地、职工（新员工）的培训基地、企业的实验基地定位目标。

学校依托昆钢公司办学，校企深度融合，拥有得天独厚的实习实训条件，目前已建成中央财政支持的实训基地1个、教育部工业机器人领域职业教育合作项目应用人才培养中心1个，省级示范实习实训教学基地6个、省级昆钢公共实习实训教学基地1个、省级产教融合示范点1个、省级技能大师工作室2个，校内实训室91个、校外实训基地64个。校内实训室使用面积18956平方米，仪器设备金额7059.02万元，2016—2018学年新增建设资金969万元。

（四）共建双导师专兼职师资队伍

（1）中心依托昆钢公司的7000余名工程技术人员，3000余名技师、高级技师和昆明工业职业技术学院教师优势，建成了一支稳定的承担专业课程教学和实践教学的兼职教师队伍，中心聘请了名誉教授13人，兼职教授199人，兼职教师156人，形成“双师型”教师队伍培养的师资资源。加强兼职教师教学过程、教学效果的管理和年度履职考核，加强兼职教师的职业教育教学研究和教学方法的培训，不断提高兼职教师的教学能力。

（2）实施“师带徒”制度，新进学校的青年教师实行一年师带徒，两年跟岗实践。建立以老带新的青年教师培养机制，充分发挥老教师的传、帮、带作用，指导青年教师参与课程建设和教学改革；安排青年教师参加各类进修培训、学术交流和科研活动，提高青年教师的教学理论水平，课程开发能力、信息技术应用能力、实践和科研能力。

四、试点工作成效

（一）通过“大学生职前训练营”认知企业和学校

昆钢公司每年新招大学生，累计培训学员951人，结业学员100人，在训学员851人。

举办的“大学生职前训练营”，采取全脱产培训，以实施“转换角色、融入昆钢、树立抱负”三大目标为指引，分“专题讲座、军事训练、素质拓展、文体活动、参观与劳动、分享和总结”六大模块教学。内容围绕公共知识、职业素养、团队精神、责任荣誉、情感沟通、价值认同、提升自我等七个主题，分别请公司领导、各专业部门、二级单位相关领导、专业管理人员、优秀员工及外部培训团队进行讲授。

（二）新入职大学生学徒岗位历练讲实效

按照公司制定的《昆钢新招大学毕业生培养管理办法（试行）》等规定，参加大学生职前训练营合格的进入岗位历练培养阶段。

每位新入职大学生按两个阶段，每个阶段一个单位安排岗位历练。岗位历练采取“轮岗历练、导师教导”的方式组织。各历练单位指定部门、单位负责人为领岗人，指导大学生IDP（个人发展计划）修订完善和实施。

一年的岗位历练期满后，综合评价新入职大学生每个阶段的岗位历练情况和各方面的表现情况，考核为合格及以上的，安排到用人单位进行实践锻炼，考核不合格者不予安排实践锻炼。

新入职大学生岗位历练由人力资源部、岗位历练单位共同管理，分工负责。各历练单位须于每年8月31日前，签订《昆钢公司大学生岗位历练目标责任书》一式二份，与本单位大学生历练方案和一人一份历练计划和师带徒协议等材料，一并报人力资源部人才培训业务备案。岗位历练期间津贴按照大学本科毕业生3000元/月、研究生（双学位学生）3500元/月、博士生5000元/月的标准核发。

（三）新入职大学生学徒实践锻炼效果好

按照昆钢公司制定的《昆钢新招大学毕业生培养管理办法（试行）》（组人字〔2017〕16号）规定，根据“双向选择、按需分配、公司调剂”的原则，在尊重单位及个人意见的同时，结合公司产业发展需要及各单位岗位需求进行调剂分配岗位。

在2017年新入职的大学生中，除专职教师类分配到学校外，共有83个专业239人。其中，硕士18人、本科221人；男生115人，女生124人，都按规定分配到相应岗位实践锻炼。

用人单位与转入实践锻炼阶段的大学生重新签订劳动合同，原则上合同期限为两年。并为转入大学生办理转正定岗、工资调整、研究生一次性安家费核发等手续。如：博士研究生由原来的5000元/人调整为10000元/人。

大学生分配到岗后，用人单位根据大学生所在岗位、所学专业，结合实际及时进行专业技术职称考核定职工作。

合同期满对其工作表现进行综合评价，对综合素质高、工作表现好，有发展潜力的大学生推荐培养使用，成绩显著者可破格提拔使用，并续签劳动合同。经考核不能胜任工作者不再续签劳动合同。

新进大学生通过岗位实践锻炼，进一步拓宽了专业知识面，提升了综合业务素质，提高发现问题、分析问题和解决问题的能力，在实际工作中能够独立工作、独当一面。

（四）学校新入职大学生学徒岗位历练成长快

根据《昆钢新招大学毕业生培养管理办法（试行）》《昆钢公司新入职大学生岗位历练实施方案》，学校制定了《昆明工业职业技术学院关于新进教师“师带徒”实施办法（修订）的通知》（学院字〔2016〕120号）等相关文件，积极稳妥安排新入职教师“师带徒”岗位历练。

2016—2018年三年，学校共接收新教师131人，学校根据各部门教师需求，结合毕业生所学专业类别、个人发展规划、工作经验等情况，都统筹安排了为期一年的师带徒岗位历练。经过一年的历练，新进教师岗位适应迅速、工作成长快，在实际教学工作中能够较快上手，独立工作。

（撰写人：唐琳琳、刘伟、吕姝宜）

案例二十四：
以现代学徒制谱写新时代特色鲜明的高职本科教育新篇章

昆明理工大学城市学院①

摘　要：昆明理工大学城市学院是国内率先进行高职本科教育的院校之一，是云南省在国内率先进行高职本科层次的现代学徒制试点单位之一。昆明理工大学城市学院实施引厂入校，组建“双导师”教学团队，校企联合培养人才，依托校中厂，突出本科层次，基于普本模式，以“专业性社团 + 导师工作室 + 技能大师工作室 + 合作企业 + 就业企业”为教学主线，以创新发明创造、科技竞赛技能、车间现场零件加工生产、企业研究项目课题、科研基础能力训练等内容驱动学徒特色训练，既保证了本科教育的理论体系，又保证了高技能人才的培养质量，学徒同时具备扎实的理论知识和专业技能技术，极大地提高了毕业就业竞争力。近年来，学院在现代学徒制试点背景下，为社会培养了一批本科层次技术应用型和职业技能型高级专门人才，以现代学徒制谱写新时代特色鲜明的高职本科教育新篇章。

关键词：引厂入校；校企联合培养；应用型

一、实施背景

2010 年，昆明理工大学根据《国家中长期教育改革和发展规划纲要（2010—2020 年）》文件精神，按照云南省委、省政府的统一部署，审时度势，专门成立城市学院进行高等职业本科人才培养探索实践，前瞻性地在国内率先布局高等职业本科教育，大力发展高等职业本科教育。近年来，学院在现代学徒制试点背景下，深入贯彻落实党的十九大会议精神，积极响应落实国家及省委、省政府关于振兴装备制造业发展的各项政策，为社会培养了一批本科层次技术应用型和职业技能型高级专门人才，如今学院已成为特色鲜明的高等职业本科教育示范学院，在职业本科教育领域起到引领和示范作用。

2016 年 10 月，云南省教育厅遴选了 20 家单位作为首批省级现代学徒制试点单位和行业试点牵头单位。学院是云南省首批现代学徒制试点单位之一，也是其中 3 所本科院校试点单位之一，学院在国内率先进行高等职业本科层次的现代学徒制人才培养探索实

① 昆明理工大学城市学院是云南省第一批现代学徒制试点单位，2020 年通过省教育厅验收。

践。学院以机械工程、机械工艺技术、焊接技术与工程这三个专业为试点开展现代学徒制试点人才培养工作，共遴选 28 名学徒进行现代学徒制教学。学院紧紧围绕现代学徒制人才培养的 5 大要求，紧密依托合作企业，突出本科层次，基于普本模式，优化学徒培养方案，优中选优选拔学徒，结合企业技术人员、校方优秀教师资源，组建双导师团队，联合培养适应新时代的现代学徒。

二、培养过程

学院现代学徒制试点实行“双导师”（学校教师＋企业师傅）教学培养制度，整个学徒培养过程为四学年八学期，以“专业性社团＋导师工作室＋技能大师工作室＋合作企业＋就业企业”为教学主线，贯穿四年的高职本科学徒培养过程（学徒培养过程见图 1）。

（一）学徒培养过程

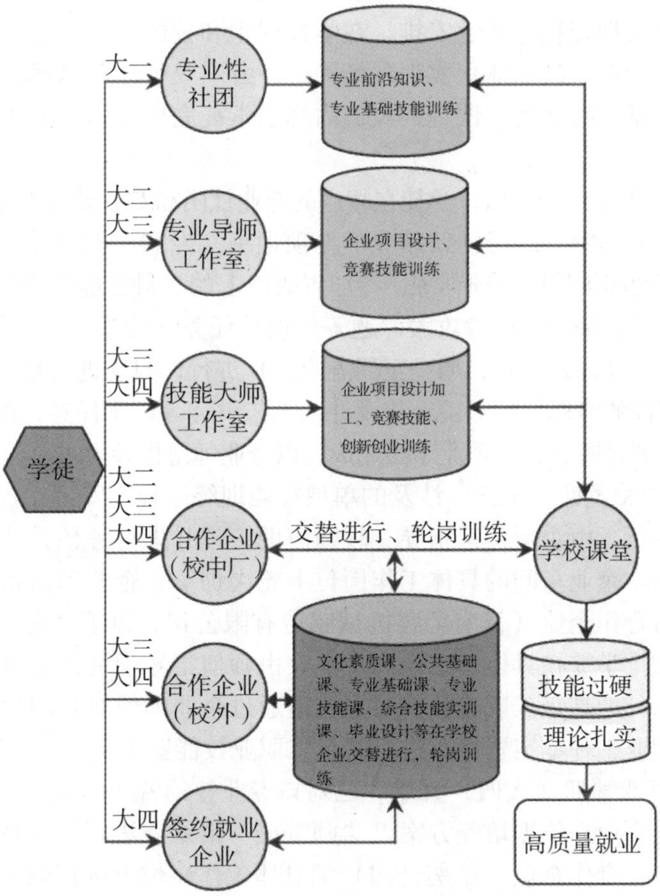

图 1　学徒培养过程框图

（1）第一学期，大一新生开学初安排职业岗位群导论课程，带领学生到企业的车间现场，由师傅负责授课；组织新生召开学徒招生招工宣传会，学徒考察遴选开始，确定学徒名单。

（2）第二学期，学徒进入相应专业的专业社团，由专业性社团指导教师、企业师傅实施双导师式教学，主要涉及专业领域的前沿知识和专业技能知识，在专业性社团里进行相关（机械、焊接、模具）学科技能竞赛的所需的基本技能专项训练等，教学安排主要利用业余时间（周六、日、周一至周五晚上）进行，假期进行集中训练，以参加校级、院级、系级组织的学科技能竞赛成绩作为考核标准。

（3）第三学期（大二）开始，学徒进入相应的专业导师工作室，在工作室进一步实践锻炼，工作室指导教师由学校教师和企业师傅组成，实施教学，指导训练，主要内容涉及工作室的企业横向课题的设计（建模、工程制图等）、科研协助、学科技能竞赛高级技能的专项训练，为学科技能竞赛做准备，能力突出的学徒选拔参加校级以上的学科技能竞赛，形成“传帮带”，此阶段以在教师和师傅指导下完成任务为主，教学安排主要利用业余时间（周六、日，周一至周五晚上）进行，假期进行集中训练。

（4）第一、第二学年（4 个学期）涉及的文化素质课程、公共基础课程、通用专业基础课、基础技能实训课程等教学安排，在学校课堂和校内实训中心、合作企业车间交替进行，一体化课程在学校一体化实训现场进行，由“双师型”教师主讲理论，企业师傅分组指导实践，基础技能实训课程的实训内容以学徒完成合作企业生产任务工单，现场评价为主。

（5）第五学期（大三）开始，学徒在相应的专业社团和专业导师工作室进行实训的同时，进入技能大师工作室，进行创新创业的专项训练（专利、创业计划、科技论文等），进行学科技能竞赛的高级技能专项训练，参加省级以上的学科技能竞赛；做技能大师工作室承接的企业横向设计课题、技术攻关课题等的设计任务（建模、工程制图等），学徒实训主要利用业余时间（周六、日，周一至周五晚上）进行，假期进行集中训练；本阶段同时加入企业生产零件的编程、加工、工装设计、工艺设计等训练任务，由易到难，逐步深入，在学期授课计划时间内，在企业车间完成，以企业师傅指导为主。

（6）第五、第六学期（大三）涉及的单项技能训练课程，安排在校内实训车间和合作企业车间交替进行，由企业师傅指导、教师协助管理并进行考核，涉及的综合技能训练课程，安排在合作企业车间的具体工作岗位上轮岗训练，企业师傅指导、教师协助管理；假期期间，由合作企业（云南昆奕机械制造有限公司，以下简称“昆奕公司”）根据生产的需要，安排学徒在具体的工作岗位上，由师傅指导学徒做生产加工，进行学徒训练；学徒相应工种的高级工职业技能鉴定，需通过企业师傅对其的生产岗位技能掌握情况认定，取得职业工种鉴定资格，进行高级工职业技能鉴定。

（7）第七、第八学期（大四）开始，已对口专业签约就业的学徒，由学徒申请提前上岗，学徒在就业企业，依据培养方案以“师带徒”形式，进行岗位技能轮岗训练；未签约就业的学徒，在合作企业（昆奕公司）的具体工作岗位上进行轮岗训练；毕业设计环节，学徒选题来自企业的生产实际，由企业师傅和学校导师共同指导完成。

学徒四年的培养过程，既有在学校进行系统的理论知识、基本技能教学培养，又有在企业的工作岗位上轮岗实训（见图 2～3），进行专业综合技能的教学培养，理论知识和技能实训在学校和企业交替进行，实现了校企联合培养、校企育人用人一体化，保证了本科教育的理论体系，又保证了职业技能的实践训练，学徒同时具备扎实的理论知识和专业技能技术，极大地提高了毕业生的就业竞争力。

图2　学徒企业工作岗位实训现场（一）

图3　学徒企业工作岗位实训现场（二）

（二）具体做法及亮点

1. 引企入校，建“双导师”教学团队，企业项目真题教学

为扎实做好现代学徒制试点工作，学院引企入校，引进了机械设计研发、加工生产

型企业——昆奕公司，以“校中厂合作企业（昆奕公司）为主线+校外合作企业为辅线”的校企合作模式共同开展现代学徒制人才培养工作。选拔合作企业的师傅和学徒试点专业的专业教师组成“双导师”教学团队，团队中企业师傅12人，学校教师15人，均为“双师型”教师，学徒所有专业课、实训课程，均采取“企业师傅+学校老师”双导师授课，推动专业教师与企业师傅共同开展技术研发，及时完善和更新相关理论知识，常态化开展专业教师与企业技术人员双向挂职锻炼，提高专业教师的实践能力和教学水平，提高企业师傅的教学能力。承担带徒任务的导师享受带徒津贴，津贴费用源于承接的企业项目收入。昆奕公司负责在行业中承接适合学徒实训的企业研究项目（课题），学徒开展企业研究项目化实训教学，先后承接了“军用包装箱”“鱼雷管道清洁机器人”“深水悬浮机器人”等设计与加工课题，为“双导师”教学团队的建设提供契机，每个项目在实施攻关期间，教师承担理论设计指导，师傅承担加工实作指导，学徒在“双导师”的指导下，在校中厂车间自主完成各项设计加工任务。

2. 紧扣现代学徒制主题，改革人才培养方案

学院根据国家对现代学徒制人才培养提出的几点要求，结合自身高等职业本科教学的实情，对现代学徒制的教学计划作了以下几点调整：

（1）根据云南地区对技能人才需求的实际情况，对人才培养方案进行调整，使教学内容适应地方企业需求。将通识教育、基础教育、专业教育、技能实训、工程实践教育五个方面的教学内容有机结合起来，实行学校与企业双导师制的联合教学，加强实践和创新能力的培养。技能实训、工程实践训练贯穿于大学四年教学过程中，概括为三个层次：一是培养学生基本技能与素质的基础实训；二是以职业岗位技能训练为主要内容的专业技能实训；三是培养学生创新精神与解决实际问题能力的综合实践训练。各项训练在学校和企业交替进行，以企业车间现场实训为主，重在企业岗位技能与职业综合素质培养。

（2）学徒在专业社团进行理论知识强化训练，扎实必要基础知识。专门设立发明与制造协会、制图技能拓展协会、机械创新协会、新梦想机械设计协会、焊接协会、机械工艺协会等专业社团，每个专业社团实行双导师指导，以参加比赛为锻炼手段，以赛促练，通过参加全国机械创新大赛、全国工程训练大赛和全国“互联网+”创新创业大赛等高级别赛事的训练，强化学徒所学专业的专业技术基础课的理论知识，将学徒的理论与实践进行融会贯通，全面提升学徒对知识技能的综合应用能力。

（3）学习场地与学习内容的合理置换，强化学生能力。设立昆明理工大学城市学院创新创业研发中心、现代学徒制工作室、创新设计与3D打印工作室、郑兴睿技能大师工作室、现代虚拟仿真VRAR产学研工作室、焊接技术创新工作室等专业导师工作室，将传统课堂教学调整到工作室进行，以实际项目为锻炼课题，体现出培养模式的实用性、训练的连续性与深度的可拓展性。从学徒开始培养之日起，以CAD相关软件为培养工具，贯穿学徒制培训全周期，旨在强化学徒的机械设计能力；以企业实作零部件为培训具体对象，采用真题真做的方式，多层次多维度的开展专业技能能力培训，旨在强化学徒的机械制造能力。

3. 设立专业社团，开创“师带徒、老带新”的“传帮带”学徒学习模式

以专业社团作为学徒培养的第二课堂，从大一新生入学开始，就将学徒招入专业社团，对其进行基础培训，锻炼学生团队意识和合作精神。开创“师带徒、老带新”的“传帮带”学徒学习模式，以师带徒、以高年级学徒培养低年级学徒的学习模式，促使低年级新生能在短时间进行学生到学徒的身份的转变。

（1）大一阶段以基础技能养成为主，“传帮带”高年级学生将对低年级学生进行必要制图软件的培训，力求在短时间内掌握基础绘图指令，看懂简单的基础机械图纸。期间为培养其创新思维和创造能力，穿插专利写作方面的培训，要求学徒在大一发表发明或实用新型专利。

（2）大二阶段以创新设计方向为学徒训练切入点，巩固和提高学徒的专业设计的基础能力，以“专业设计”方向的研究课题为主，开展学徒训练。

（3）大三阶段以锻炼学徒理实结合能力的学科技能竞赛课题研究为主，学徒在大一、大二阶段对制图基础能力和专业设计进行了训练，大三阶段学徒已经具备了相关方面的能力。现阶段以学科技能竞赛作为研究课题，进行学徒的综合技能实训，锻炼实际应用能力，为后期的项目化实训教学奠定基础。

（4）大四阶段承接企业在设计创新、技术攻关等方面实际项目，真题真做，老师和师傅与企业对接规划项目的实施，学徒在老师和师傅的指导下，分组协同完成企业的实际项目，保证项目进度与完成质量，以企业项目锻炼学徒对知识技能的综合应用能力，学徒在企业的真实设计环境下完成项目完成实训，完成学徒从“准员工”到“员工”的角色转变，确保学徒毕业即对工作具有很好的适应性。

学徒学习现场见图 4 ~ 5。

图 4　学徒和导师们在项目技术讨论交流现场

图5　导师指导学徒攻关项目技术难点现场

4. 因材施教侧重培养学徒科研能力，创建科研能力培养的摇篮

学院作为云南省首家高等职业本科院校，学徒培养较专科院校应更有深度，学徒培养应向更高层次看齐。学院现代学徒制试点专业学徒的培养，因材施教，侧重培养学徒科研能力，以现代学徒制为契机创建好科研能力培养的摇篮，在学徒高年级阶段，发现“苗子”，重点培养该学徒在科研实验、专利撰写技法、科技论文写作技法等方面的研究生基础能力，鼓励并促进学徒进入研究生阶段进行更深层次的深造。

三、主要成果

学院在现代学徒制试点项目立项以来，在项目背景下学徒训练效果明显，成果显著。

（一）制度标准成果

学院制定学徒实施办法、学徒制管理制度、学徒教学质量监控标准、学校课程标准（见图6）、企业课程标准等制度和标准文件，为现代学徒制教学实施提供了制度保障。重点开发了核心课程及其标准，三个试点专业均开发了现代学徒制试点学徒培养理论课程标准和实践课程标准。

昆明理工大学
KUNMING UNIVERSITY OF SCIENCE AND TECHNOLOGY
城市学院现代学徒制试点
焊接技术与工程专业
理论课课程标准
（修订）
2019 年 9 月

昆明理工大学
KUNMING UNIVERSITY OF SCIENCE AND TECHNOLOGY
城市学院现代学徒制试点
机械工程专业
实践课课程标准
（修订）
2019 年 9 月

图 6　学校课程标准与企业课程标准

（二）科技竞赛成果

（1）学徒和导师共发表实用新型专利授权 18 余篇；正在申请专利（发明、实用）8 篇。

（2）学徒在省级、国家级学科技能大赛中获奖，其中：获国家级奖 35 项、省部级奖 22 项（部分证书见图 7）。

（3）连续三年均有学徒作为特殊人才被保送研究生，其中，学徒唐洪保送至湖南大学进行硕博连读。

（4）2019 年“创新设计与 3D 打印工作室”教改项目获校级教学成果一等奖。

图7　学徒国家级学科竞赛获奖及专利授权成果（部分）

（三）科技研究成果

（1）申报的“一种电控搬运装置设计”项目正在进行中。

（2）学徒在核心期刊发表论文《基于证据理论的概率盒融合改进方法》。

（3）学徒和导师共同承接并完成企业技术设计攻关课题5项。

（4）技能鉴定成果：

学徒28人，其中7人通过“国际焊接工程师、无损检测（三级）”职业资格鉴定，10人通过车工高级工（三级）职业资格鉴定，11人通过铣工高级工（三级）职业资格鉴定，学徒的职业技能等级鉴定均采用企业生产现场真题考核。

（四）完善机制，提供保障

校企共同成立了现代学徒制工作室，负责校企共同育人机制的日常工作，建立了校企协同育人机制，完善了人才培养制度和标准，健全了适应现代学徒制特点的教学管理制度。

1. 组织保障

成立院级现代学徒制领导小组，大力支持现代学徒制培养模式建设工作、进行师资和教学资源的调配，及时解决试点教学过程中发现的问题，确保试点工作顺利进行。

2. 资源条件保障

学院将进一步加大经费投入，鼓励面向岗位的课程模块开发与课程资源建设，加大对双导师队伍的培养力度，及时协调校外合作企业校企共建产学研一体化的生产性教学基地，为现代学徒制培养模式教学改革提供更适宜的人才培养学习环境。

3. 政策扶持

（1）实施现代学徒制培养模式教学改革相关工作，均按课程建设项目同等对待，纳入绩效管理范围。

（2）师资队伍建设。有计划地选送教师到企业接受培训、实践体验或挂职锻炼；有计划地对企业导师进行高职教育理论培训或学历提升；适时安排国内进修及国外学习。

四、体会与思考

（1）高等职业本科教育目前在国内还处于转型起步阶段，国家在政策层面上给予了大力支持，可以预见不久的将来就会有许多符合条件的高校转型到高等职业本科教育高校队伍中，昆明理工大学城市学院作为国内高等职业本科教育先行先试的“试验田”，在本科层次的现代学徒制人才培养方面又先行一步，在探索和实践现代学徒制人才培养方面总结了一些经验，也有不少收获，但也遇到了不少诸如培养成本过高、合作企业遴选难、企业项目课题资源匮乏等困难和问题，亟须下一步花力气解决。

（2）应进一步完善适合学院和企业联合进行现代学徒制人才培养的学校课程标准、企业课程标准、全过程管理考核制度等。

（3）下一步将在企业研究设计项目的课题方面加大力度，确保真题真做的项目量，确保学徒在设计与技能方面，实现与产业（企业）需求无缝对接，实现员工入职零适应期。

（撰写人：罗胜阳）

案例二十五：

资源共建共享，与企业共同开发课程教材

——酒店与餐饮专业群现代学徒制典型案例

普洱学院① 云南省餐饮与美食行业协会 西双版纳洲际酒店等

摘　要：普洱学院作为云南省第一批现代学徒制项目试点单位，围绕工学结合的人才培养理念，采用行业和企业用人标准，制订了普洱学院酒店管理专业人才培养方案。基于职业标准进行专业核心课程标准研究与实施，使课程标准与职业岗位技能标准成功对接。在行业协会指导下，学校与酒店等资源共建共享，校企共建课程和编写教材。在课程和教材建设中充分发挥酒店主体作用，体现酒店岗位需求，将理论与实践有机融合，教材内容的选取遵循学生职业成长发展规律和认知规律，按职业能力培养的层次性、递进性要求模块化课程教材内容，取得一定成绩。

关键词：现代学徒制；校企合作；课程教材开发

《国务院关于加快发展现代职业教育的决定》（国发〔2014〕19号）、《国务院办公厅关于深化产教融合的若干意见》（国办发〔2017〕95号）、《教育部关于开展现代学徒制试点工作的意见》（教职成〔2014〕9号）和《教育部2018年工作要点》（教政法〔2018〕1号）等文件明确指出：现代学徒制是新时期深化产教融合、校企合作的重要实践模式，是推进现代职业教育体系建设的战略选择。

普洱学院作为云南省第一批现代学徒制项目试点单位，坚持教育教学改革，秉承深化产教融合、校企合作的思路，与云南省餐饮与美食行业协会、西双版纳洲际酒店、万豪集团联合针对酒店管理专业培养优秀的用型人才。经过三年探索实践，逐步建立了“学校、行业协会、企业”三元合一，联合培养、一体化育人的长效机制，创建了“学生→学徒→准员工→员工”四位一体的人才培养模式。

一、课程教材建设思路

行业协会、学校、酒店深度合作，共建专业教学指导委员会，设置了专业指导组织机构。采用行业和酒店用人标准，制订了普洱学院酒店管理专业人才培养方案。宏观上达到了顶层设计、专业规划的高度，微观上形成学校、酒店“你中有我、我中有你”的

① 普洱学院是云南省第一批现代学徒制试点单位，2019年通过省教育厅验收。

人才培养局面。校企联合围绕工学结合的人才培养理念，基于职业标准进行专业核心课程标准研究与实施，使课程标准与职业岗位技能标准成功对接。在行业协会指导下，学校与酒店资源共建共享，共同建设课程和编写教材。课程建设和教材编写充分发挥酒店主体作用，体现酒店岗位需求，将理论与实践有机融合，将学校学习内容和酒店工作内容相互贯通。教材内容的选取遵循学生职业成长发展规律和认知规律，按职业能力培养的层次性、递进性要求模块化课程教材内容。

（一）对接酒店岗位需求，体现课程教材内容的针对性

现代学徒制人才培养的定位是培养与酒店岗位直接对接的人才，在保障学生技术技能培养的基础上，同时要重视文化基础教育、职业素养和人文素养的培育，重视学生能力与职业岗位能力的对接。根据现代学徒制对培养人才的要求，校企在课程教材建设中突出体现对应职业岗位应具备的职业素养、知识素养与人文素养以及与职业岗位能力需求对接的实践能力。首先，在学徒（学生）进入岗位学习前，明确学徒（学生）学习的具体岗位及岗位工作内容，在课程教材中有相应的内容与之相融合。其次，在人才培养的过程中充分体现工作岗位的性质与特点，在课程教材建设中依据学徒（学生）的培养方案，全方位展现岗位技能训练的内容。

（二）理实融合、校企互通，加强课程教材内容的实用性

课程教材内容将理论内容与实践内容有机融合，且将学校学习内容与酒店工作内容相互贯通。根据现代学徒制中“四个对接”（教师与酒店师傅对接、学习与酒店工作对接、教室与酒店部门对接、课程与酒店岗位标准对接）教学组织形式，完善课程教材内容，加强实用性。课程教材内容的选取遵循学徒（学生）职业成长发展规律和认知规律，按职业能力培养的层次性、递进性要求模块化课程教材内容。同时通过对职业岗位任职需求的分析，依据工学交替课程的要求，按技术技能型人才成长规律和企业岗位能力结构要求，设计组织教材内容；从岗位工作任务入手，将所需理论知识与技能训练内容有序融合。

二、课程教材内容的确定

“酒店客房服务与管理”和“酒店餐饮服务与管理”作为此次现代学徒制试点课程，在教材建设中将实际的工作岗位任务进行教学任务转化，使教材成为以酒店典型工作任务为载体的工学结合的岗位任务化教材，既适用于课堂教学，又适用于岗位培训。根据酒店工作岗位的工作要求、工作流程、工作内容，与酒店的师傅、技术人员共同研讨确定“酒店客房服务与管理”和“酒店餐饮服务与管理”课程教材的内容，主要包含 10 个岗位的具体工作。教材中 10 个工作岗位的内容是按照理论知识的逐步深入，实践能力的逐步提高进行设计与规划的，每个岗位都体现理论基础知识与岗位实践操作，充分体现“工学交替”的现代学徒制人才培养特点，使学生在学习过程中体验工作岗位的真实性，增强其从学生向学徒身份转变的意识，并以开放式网络课程模式呈现。

（一）课程内容

“酒店客房服务与管理”和“酒店餐饮服务与管理”是普洱学院与国家开放大学开展教育旅游专业（酒店管理方向）合作建设的专业必修课程，内容以酒店客房服务、餐饮服务的主要工作流程为主线，采用模块化结构将课程内容分解为相互独立又联系为一个有机整体，其教材包括以下内容：

1. 文字教材

“酒店客房服务与管理”和“酒店餐饮服务与管理”文字教材由于干千教授领衔的教学团队编写，2 本教材均包括前言、目录、正文、附录和参考书目五部分，正文按照教学内容分为导入篇、对客服务篇、基础管理篇和能力提升篇四篇，四篇下设十一个模块，每个模块下分出多个学习项目，每个项目下又分为情景导入、学习目标、知识准备、知识链接、同步案例、实训项目等阐述课程主要内容。

2. 录像教材

“酒店客房服务与管理”录像教材由于干千、程小敏担任主讲，“酒店餐饮服务与管理”录像教材由邢颖、宫润华、杨遥担任主讲。录像教材是教学的必备媒体，录像教材主要围绕各模块的重点内容，开展专题讲解，并结合酒店客房服务与管理的相关案例进行讲授与分析，指导学生更好地学习和理解文字教材的主要内容，帮助学生更形象、更准确、更深入地理解和掌握教学内容。录像教材是对文字教材的提炼、深化、实践应用的有效的补充。

3. 微课程

“酒店客房服务与管理”和“酒店餐饮服务与管理”共有 20 个微课程。微课程主要针对每个项目学习进行导学，或对某个知识点、或对某一经典案例、或对热点问题进行演示或剖析，帮助学生更加形象化地理解某个重点知识点或典型案例。

4. 网络课程

“酒店客房服务与管理”“酒店餐饮服务与管理”网络课程集教、学、测、评于一体，基于网络完成全部教学环节，是对文字教材、录像教材、微课程等资源的集成、改造、动态更新和补充。通过将“微视频、实践案例、知识点、实训项目、在线学习活动、在线学习测评”整合应用，实现以问题为导向的教学。

（二）教学方式

“酒店客房服务与管理”和“酒店餐饮服务与管理”课程基于任务驱动型教学理念，突出案例教学，引导学生自主学习，采用校内面授、自学和小组学习、网上讨论、在线答疑等多种形式相结合，最终以校外酒店实景实战形式完成形成性考核。在学习过程中，理论紧密联系实际，由同步案例触类旁通，通过知识链接拓展思维，结合技能实训 SOP（标准操作程序）提高操作能力，以现代学徒制项目的方式加强校内教师与企业师傅的联系，通过课程教学层层递进和多种多样的互动形式，培养学生解决实际问题的能力，把课程的理论学习融入对实践的研究和认识之中，切实提高学生分析问题、解决问题的能力，更好地掌握为实践服务的技能。

1. 课堂面授

组织面授教学，对各模块的重难点知识，对案例解析、实训项目、小组讨论等学习活动的开展进行指导；对形成性作业的完成、课程实践的开展进行指导。面授教师联系学生容易理解的生活中事物或典型案例进行讲解，采用“讲授法、谈话法、讨论法”等方式进行，并注意多种教学方法的结合，使学生了解或理解客房服务与管理的基本规律和基本方法。

2. 网络视频教学（录像教材）

组织学生集中收看录像教材，学生也可根据自己的学习需要，自行点播观看相应模块的视频教材，以加深对某个模块知识点的理解和应用。

3. 在线自主学习

结合学生自学文字教材，责任教师、辅导教师引导学生在学习全程中充分利用学习网中的各种资源和辅导材料，开展在线自主学习。

4. 基于岗位实践与形成性作业

校内教师、校外师傅引导学生认真完成形成性作业，对形成性作业完成情况进行点评；指导学生完成基于岗位的实训项目，并对其结果进行及时反馈和点评。

（三）课程资源

本课程开发和利用了一系列课程资源。

（1）素材性资源，本课程授课教师团队教师包括专业理论名师、行业名师、“双师型”教师，如主讲于干千教授为云岭名师、宫润华为“大师工作室”主持人、程小敏为“双师型”教师，杨遥有国外学习背景。

（2）条件性资源，包括纸媒资源（文字教材、教学大纲、教学课件、教案）、数媒资源（教学录像、微课程、网络课程等）、酒店岗位实景培训。

三、课程教材内容创新点

课程解决传统课程教学问题：同类课程知识结构陈旧、课程教学手段单一，学用脱节，教学方式单一，课程资源不能共享，自主学习的空间和时间匮乏等突出问题。创新点体现在以下四个方面：

（1）课程开发校行企合作化。云南省餐饮与美食行业协会、国家开放大学、普洱学院、洲际集团、万豪集团合作联合开发课程。

（2）教学模式立体化。教学模式创新为课堂教学、网络教学、实践教学等多位体系，整合多种媒体资源（文字教材、录像教材、微课程、网络课程等），提供灵活多样的教学形式和活动。

（3）课程模块化、前沿化。本课程的学习内容按模块、项目组织，主要内容包括酒店管理基本理论学习和酒店服务技能实践两个层次。重点突出现代酒店的基本理论和实践成果。

（4）产学研用结合化。与洲际集团试点现代学徒制背景下共建课程体系并试点，在校内教学，校外跟岗学习中应用课程体系，为学生提供了实践平台，有效地将学用结合在一起，提升学生理论与实践能力。

四、推广应用情况

（一）实现教材推广

“酒店客房服务与管理”和“酒店餐饮服务与管理”多媒体一体化课程建设，为课程组建设“酒店前厅服务与管理”“酒店会展管理”“酒店康乐服务与管理”等系列课程建设提供宝贵经验。

（二）实现课程教学资源共享

该课程资源应用于国家开放大学网络平台、普洱学院酒店管理与餐饮专业群，每年为1000 人左右的学生提供网络支持服务和线上、线下两种形式的学习测评。课程教学团队辅助学生充分利用各种线上、线下资源开展自学，运用普洱学院酒店管理专业教学，应用于酒店岗位培训课程。

（三）经验推广

通过本课程教育培养的大批人才，已成为酒店业的中坚力量，特别是云南酒店餐饮业中高层次人才大多数接受过本课程教育，带动了云南酒店餐饮业的快速发展。普洱学院为提高酒店人才整体素质做出了实际贡献，成为云南省高校转型升级的示范。

（撰写人：尹爱军、段朋飞）

案例二十六：
植根于企业的学徒制实践探索

云南经济管理学院[①]　云南翰文会计服务有限公司

摘　要： 云南经济管理学院利用全省首批现代学徒制试点项目开展的契机，充分发挥机制优势，植根于校办企业云南翰文会计服务有限责任公司，与行业多家企业联动，整合打造学徒制工作平台，深入开展人才培养模式创新、课程体系重构、双师素质教师联合培养、校企深度融合与实习进阶机制等多方面教育教学改革，取得较为丰富的培养心得和工作实效。

关键词： 现代学徒制；培养模式；经验与成效

一、工作整体思路与实施路径

为进一步培养应用技术人才，弥补财会类专业学生无法进行规模化整体输送实习的客观限制，云南经济管理学院于2015年5月注册成立云南翰文会计服务有限责任公司（以下简称“翰文会计公司”），选派学校具有丰富从业背景的专职教师及企业技术专家组成团队，旨在解决学校财金类专业学生实战化专业训练、综合职业素质培养等问题，为现代学徒制项目实施提供平台。经过5年经营，翰文会计公司累计服务客户113家，服务客户行业覆盖多个领域。翰文会计公司80%员工具备教师、师傅双重身份，既承担校内教学任务，又带领学生（徒弟）开展社会服务，通过与行业内多家企业联动，深入开展人才培养模式创新、课程体系重构、双师素质教师联合培养、校企深度融合与实习进阶机制等多方面教育教学改革，成为学校财会类专业学徒制项目试点实施的主要窗口，翰文会计公司代表性合作性企业见表1。

表1　云南翰文会计服务有限责任公司校外合作企业名录

代表性合作企业	合作内容
云南平云会计师事务所	课程建设、学徒培养、社会服务与科研
云南卓尔会计师事务所	学徒培养、社会服务与科研
中天运成会计师事务所云南分所	学徒培养、社会服务

① 云南经济管理学院是云南省第一批现代学徒制试点单位，2019年通过省教育厅验收。

续 表

代表性合作企业	合作内容
瑞华会计师事务所云南分所	课程建设、学徒培养、社会服务与科研
上海企赞财税科技有限公司云南分公司	学徒培养、社会服务
云南省代理记账行业协会	学徒培养、社会服务与科研
北京大成律师事务所	学徒培养、社会服务与科研
云南能投集团财务共享服务中心	课程建设、学徒培养、社会服务与科研

二、试点工作主要内容

（一）扶植、培育、选定优质企业及导师，共同制订人才培养方案

学校教师进入公司，以教师和企业师傅双重身份，带领学生承接与专业直接关联的财会类业务，开展与行业内相关企业、机构的合作，并与校外企业专家共同组建专业指导委员会，大家共同制订人才培养方案。

（二）对接企业岗位需要构建课程体系

（1）校企合作的具体课程科目及学期安排与企业的实际岗位衔接。签订企业、学校、学生的三方协议，校企共同开发实践课程，引进企业师傅参与日常教学，企业学校共享教学场地及办公资源。

（2）由行业、企业、学校和专业机构以实践性、可操作性为原则，共同研究制订教学计划及课程大纲，并对课程内容进行设计重构，总计12门专业课程共472课时（见表2）。

表2 2017—2019年基于真实企业服务内容开展的会计专业课程建设项目表

序 号	课程改革项目名称	课程性质	总课时	团队负责人	企业负责人
1	财务管理综合实验	专业必修课	36	姚伯瑾	姚伯瑾
2	会计综合实验	专业必修课	36	张 帆	张 帆
3	财务管理	专业必修课	36	卢梁彦	张鹏飞
4	管理会计	专业必修课	36	陈升翠	王 雯
5	商品流通企业会计	专业必修课	36	杨党仆	杨若璐
6	VBSE综合实训	专业必修课	36	罗 喆	罗 喆
7	税法与纳税会计	专业必修课	72	周银燕	覃深枝
8	会计科目扑克	专业必修课	36	高 景	张 帆
9	财务报表分析	专业必修课	36	祝 华	姚伯瑾

续 表

序 号	课程改革项目名称	课程性质	总课时	团队负责人	企业负责人
10	会计信息化实训	专业必修课	40	资和周	杨若璐
11	基础会计实训	专业必修课	36	罗 娟	马 骁
12	EXCEL 在财务中应用	专业必修课	36	陈 燕	姚伯瑾

（三）构建“学生—学徒—准员工—员工”进阶培养计划

第一学年，学生以学生身份在校学习理论知识基础模块，依托校内实验实训中心训练掌握必要的职业技能，由翰文会计公司在校内开展行业性、专业性讲座，公司员工进入课堂开展课程实训教学，进行文化渗透，培养学生对行业、企业的认同感。

第二至三学年，翰文会计公司通过面试招聘，与合作单位共同选拔学徒。签订三方协议，进行班级化管理考核。学生在“双导师”带领下，在翰文会计公司内进行会计外联岗（主要对接工商、税务）、会计客服岗（主要对接服务企业）、会计助理岗（对接会计业务处理）轮岗，掌握不同情境下处理问题的能力。这一阶段学生可以在校内利用课余时间每月定期完成工作任务或统一进入企业开展一段时间的工作，工作期间享受与翰文会计普通职工同等工资待遇（含基本工资、项目奖金及福利费用等）。翰文会计公司师傅及指导教师共同对学生在公司的实践情况予以评价考核。

第三至四学年，学生以准员工身份进入企业实习，翰文会计公司根据岗位轮训情况和学徒技能特长在公司内安排实习岗位或推荐到翰文会计合作的各类企业会计岗位中去继续实践学习。

现代学徒制试点学徒拜师、实习情况见图 1。

图 1 现代学徒制试点学徒拜师、实习、情况

（四）推行“教师+师傅”双导师制

鼓励行业、企业专家，高技能专业人才担任学校实训课程以及学徒阶段课程的授课教师，并按照学校外聘教师相关政策给予课酬及补贴，经费从学校划拨。

选拔专业教师进入翰文会计公司挂职，教师在企业期间应承担具体项目，并以师傅的身份指导学徒，按照学徒辅导的数量、内容和强度获取相应补贴，经费从公司划拨。

（五）考试、岗位表现双重评价考核

建立学徒考评机制，将学生学校考试和会计学徒岗位表现绩效考核相结合，由指导教师、企业和行业专家多方对学生的学习工作过程进行考核。鼓励学徒多实践，用实践成果、实战表现来替代部分理论课程的考试成绩。

（六）学历证书对接职业资格证书、技能大赛

翰文会计公司积极配合学校完善助理会计师证考点建设；积极申报证券从业资格、中级会计师考试以及其他专业考试考点工作。

参与现代学徒制试点项目的师生，在全国各级、各类教师、学生专业技能大赛中获得优异成绩（见表3）。

表3　2017—2018年云南经济管理学院学徒参与获得财会类技能大赛获奖统计

序号	层次	赛项名称	级别	参赛选手	等级	导师	获奖时间
1	专科	第十三届全国大学生沙盘模拟经营大赛	国赛	游思静、李伟梦、高婕、雷婉莹、杨琼	二等奖	郭胜青	2017年9月
2	专科	“科云杯”全国大学生财会职业能力大赛	国赛	张杰诚、黄琼、王珩、李自林	二等奖	卢梁彦	2017年11月
3	本科	第十一届“新道杯”全国大学生会计信息化技能大赛	国赛	马春芳、和云璐、李安楠、马昌红	二等奖	陈明玉	2017年11月
4	专科	会计科目扑克大赛	省赛	王浩敏	一等奖	陈升翠	2018年4月
5	专科	会计科目扑克大赛	省赛	张如钰	二等奖	陈升翠	2018年4月

续　表

序　号	层　次	赛项名称	级　别	参赛选手	等　级	导　师	获奖时间
6	专科	第十四届 ERP 沙盘模拟企业经营赛	省赛	郭题尔、舒玉淞、雷碧祝、沈昱成、方仕义	二等奖	周银燕 姚伯瑾	2018 年 6 月
7	本科	第十四届“新道杯”沙盘模拟企业经营大赛方案——云南省区总决赛（本科）	省赛	岩罕扁、朱新、顾琳琳、何津、乔琦媛、余祖彪、刘坚峰、陈俊梅、杨琇茸、	特等奖	周银燕	2018 年 6 月
8	本科	第六届“正保网中网杯”大学生财务决策大赛	省级	王继立、朱朝宏、王琳、	三等奖	杨党仆、 张帆	2018 年 6 月
9	本科	2018 全国金融与证券投资模拟实训大赛	国家级	陆志鹏、田李婷、魏成兴、张鹏芮	三等奖	李锋、 王晶贞	2018 年 6 月

（七）合作共享共赢，校企共建保障机制

（1）制度保障。为保障现代学徒制的顺利实施，我们在实践中制定相关标准规范文件，确保工作有序有效。

（2）共享共赢。学校学徒制合作企业分担了部分人才培养成本，共享教学场地与资源，降低了学校直接教育成本，提高了学校人才培养的质量；企业在不损害学生利益、符合国家法律法规前提下，减少了劳务成本，增加了企业效益。

三、经验与成效

（1）通过现代学徒制试点，植根于翰文会计公司的模式基本实现了会计专业的双元育人目标，课程模块化、内容项目化、项目岗位化的“三化课程体系”，应用技能型人才培养水平有所提升。

（2）以现代学徒制构建的以企业对会计岗位实际需求为导向，学徒在校所学专业知识真正与其就业竞争力和持续发展力实现衔接，学徒在校期间就能借助现代学徒制平台，很快实现知识到技能的转化，实现学生到员工的转变，目前经过系统化培养的学徒有 84.3% 成为就业单位的业务骨干，转正后平均工资为 4000 元。

（3）校内教师的业务实战能力有所提升，有效地推动教师科研及课程开发能力，其中“会计综合实验”“财务管理综合实验”在校级课程改革建设中立项，并获国家级应用型课程建设一、二等奖。

（4）来自企业一线的专业技术人员很好地扩充到学校的日常教学活动中，校企合作、工学交替的人才培养模式在实践中得到验证。

（5）尝试探索新的教师评价机制，除完成校内规定教学工作量外，教师主动参与企业实践、社会服务活动，针对性和有效性得以提升，促进了民办高校用人机制的创新和社会人力资源的充分运用。

四、未来改革及提升方向

（1）校企共同开发课程的能力还待提升，现代学徒制的研究总结还要进一步加强。由于学校教师的理论知识和企业师傅的实践能力很难同步相容，因此需要进一步取长补短、各取所长，利用各方资源针对“财会类”学徒开展课程建设和教材开发、支持科研成果转化，加强标准研制。

（2）AI、大数据和5G时代的来临，使会计行业发生了重大的变革，未来这个职业不仅仅要依靠传统经验，更需要了解学科前沿和信息技术变革。因此，要拓展企业师傅的选择领域，在教会学生（学徒）基本技能、形成正确的职业素养后，还要启发对新技术的敏感和应用冲动。

（3）形成校内教师+企业师傅“混搭”训练的长效模式

一方面扩大校内教师根据学生（学徒）实际专门开展训练和个体辅导的“自由裁量权”，减少对教学内容的过多干预；另一方面将企业师傅逐步转化为“外聘教师”，从单一指导逐渐向小组辅导，继而向课堂授课的转化，真正将实战经验转化为理论方法，提升学院应用型人才培养水平。

（4）关心学生，主张“输血”与“造血”并举，关注对贫困生的培养，探索从精神文化、专业岗位技能培养上的帮扶以激发贫困学生形成勇于脱贫的内驱动力。

（撰写人：姚伯瑾、孙明山）

案例二十七：

现代学徒制——校企合作、产教融合的风向标

云南交通运输职业学院[①]　安宁安大汽车销售服务有限公司

摘　要：云南交通运输职业学院组建于2017年3月，早在全国中职示范校建设时期，学校就实施“双主体、全过程、工学一体”的人才培养模式，推行“进校就是进厂、实训就是上班”的校企合作机制，现代学徒制正是这一培养模式的实践和升级。学校和企业组建课程开发小组，共同确定了学校技能课程和企业岗位课程同步推进的课程体系。经过不断探索，现已与企业共同开发了新能源汽车技术专业“三段育人”样本；实施了带班导师与企业导师共同培养人才的双导师制；建立起了有效地执行现代学徒制的评价体系；建立了课程模块化、内容项目化、项目岗位化的“三化课程体系”，考试对接考核，学历证书对接职业资格证书的“双元对接评价机制”。现代学徒制以企业需求为导向，将技能培训与企业需求相对接，培养出的学生（学徒）能很快能适应岗位需要，加快了学生（学徒）的职业发展速度。

关键词：产教融合；校企合作；人才培养

一、现代学徒制介绍

（一）实施背景

（1）虽然云南交通运输职业学院每年都会安排学生实习实训，但是学校一直以来备受困扰且没能很好解决的问题之一，就是毕业生不能很好地适应企业生产岗位的实际需要。多年来企业重使用轻培养，使不少学生成为企业流水线上的工人，校企双元育人的机制尚未真正建立。职业教育的育人目标是培养高素质劳动者和技能型人才。现代学徒制通过专业与产业的对接、课程与岗位的对接、教师与师傅的对接、学生与员工的对接，有效地改变了走形式实习的现象。

（2）学校建有华晨宝马、比亚迪等多个校企合作培训中心和人才培养基地，与200多家企业建立了稳定的校企合作关系，被赞誉为“云南交通技工的摇篮”。这为学校推行现代学徒制提供了条件。学校实施“双主体、全过程、工学一体”的人才培养模式，

①　云南交通运输职业学院是云南省第二批现学徒制试点单位，2020年通过省教育厅验收。

秉承“交融天下，通汇四海”的精神和“博学远志、技精艺强”的校训，坚持“进校就是进厂，实训就是上班”的育人理念，形成了校企合作、产教结合的高技能人才“211”培养模式，现代学徒制正是这一培养模式的实践和升级。

（二）实施目标

（1）建立和完善具有学校特色的“现代学徒制”人才培养模式。通过现代学徒制的实践，形成政府、学校、企业“三元管理机制”，构建起课程模块化、内容项目化、项目岗位化的“三化课程体系”，实施在校学习、轮岗实训、定岗培养的“三段育人过程”，构建考试对接考核、学历证书对接职业资格证书的“双元对接评价机制”，最终建立起云南交通运输职业学院现代学徒制人才培养模式。

（2）在新能源汽车技术专业试点获得经验的基础上，云南交通运输职业学院借鉴先进的现代学徒制模式，修改完善新能源汽车技术专业的项目任务指导方案，制订《云南交通运输职业学院现代学徒制实施方案》，并将学徒实习推广到全校其他专业，把现代学徒制培养模式纳入学校教学管理系统之中。

（3）通过实践现代学徒制，将学校本位教育与工作本位培训紧密结合，强化学生多岗位学习与锻炼，实现核心技能达到高级工以上标准要求，引导学生融入企业文化，培养工匠精神。让教师了解企业生产实际，熟悉岗位要求，提高专业技能，促进教师向企业服务型、行业专家型方向发展。

二、现代学徒制做法与过程

（一）选定优质企业，共同制订人才培养方案

通过考察安宁安大汽车销售服务有限公司，学校确定其为新能源汽车技术专业试点企业，校企共同制订现代学徒制实施方案，初步完成顶层设计，并共同制订实习计划、确定课程模块、岗位（工种）数量、岗位人数、带教师傅、考评制度等。

（二）课程对接岗位，共同构建课程体系

学校和企业组建课程开发小组，确定学校技能课程和企业岗位课程同步推进，建立起了“课程模块化、内容项目化、项目岗位化”的课程体系架构模型。根据专业教学计划要求，结合行业人才需求和岗位要求，科学、合理提炼岗位核心技能，由行业、企业、学校共同研究制订实习计划与实习大纲，编写具有鲜明职业特色的高质量的实训教材，注重实践性和可操作性，并制定了课程体系、学校课程和企业实训课程标准。

现代学徒制新能源汽车技术专业学校课程共设置六个模块，分别是公共基础课、公共选修课、专业基础课、专业核心课、专业选修课、企业课程。课程设置见图1。

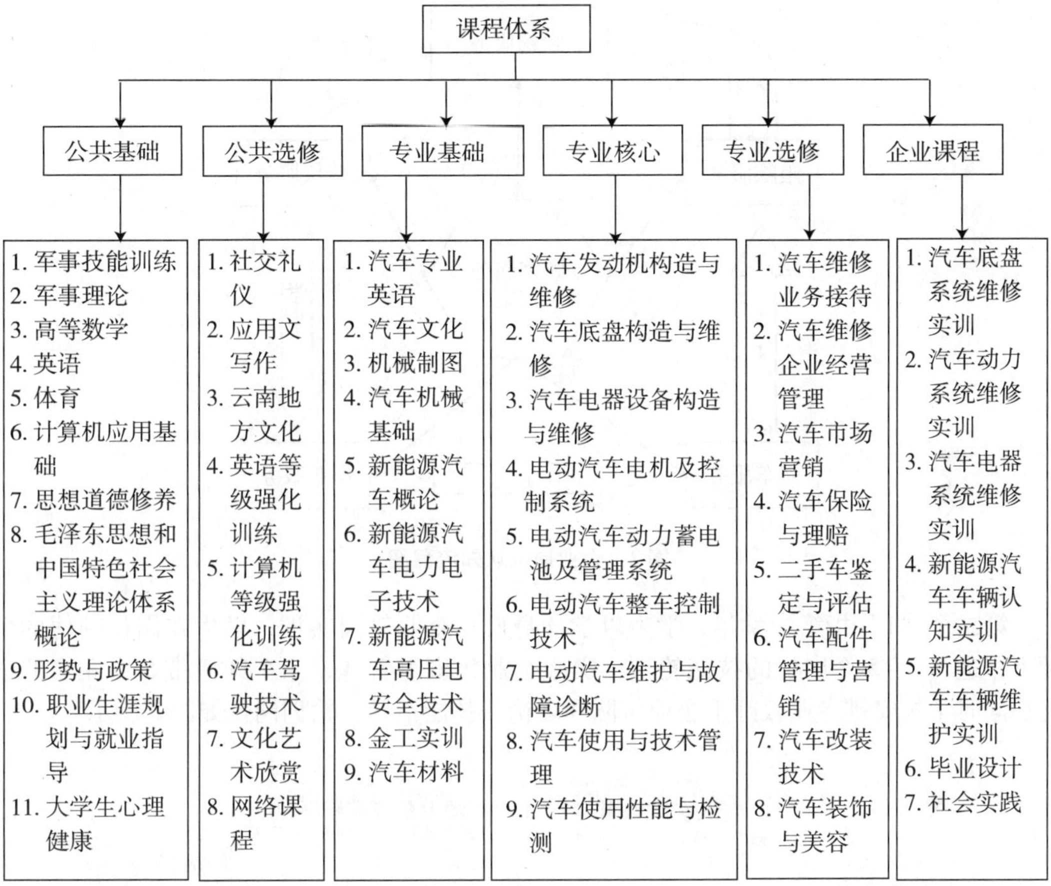

图 1　新能源汽车技术专业课程结构与设置

（三）实施"三段育人"，共同开发育人样本

校企共同开发新能源汽车技术专业"1 + 1 + 1"三段育人样本。第一个"1"指第一学年，学生以学生身份在校学习文化基础模块和学科基础模块，依托校内实训基地训练职业技能模块，学会岗位需要的基本技能，同时企业来校开设行业发展和企业文化讲座，进行文化渗透，让学生大体了解企业，到企业进行岗位认知。企业整个作业流程如图 2 所示。

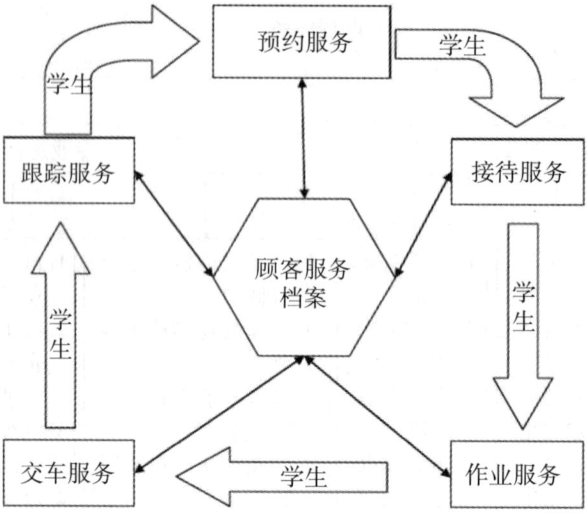

图 2　企业岗位认知流程图

第二个“1”指第二学年，学生以学徒身份在企业轮岗实训，学生在岗位师傅的带领下，进行 3 ~5 个岗位的技能轮训，实施企业化班组管理，一个师傅带 5 个左右的学徒；同时学校安排专业教师下企业带队和理论、技能指导。轮训岗位如图 3 所示。

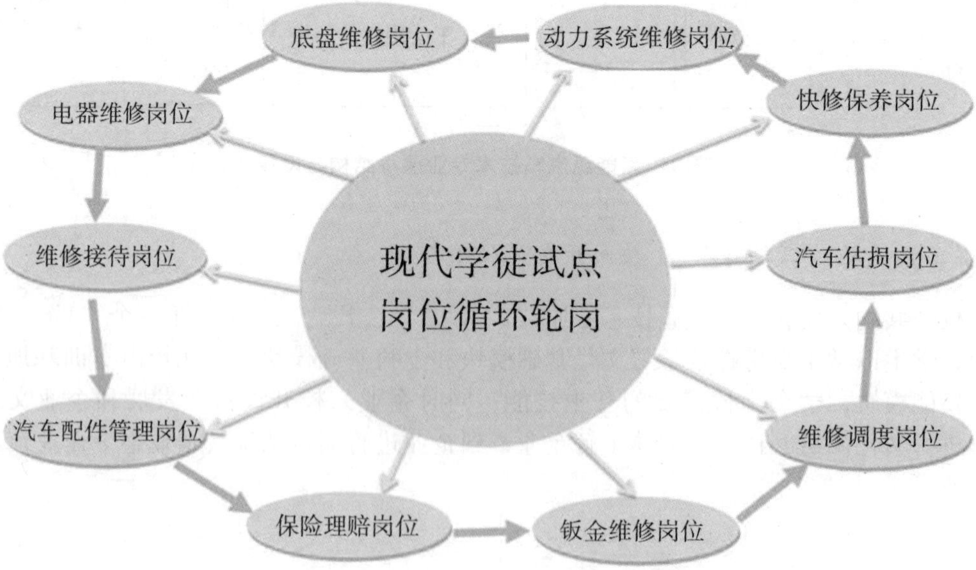

图 3　安宁安大汽车销售服务有限公司学徒轮训岗位

第三个“1”指第三学年，学生以准员工身份定岗培养。企业根据岗位轮训情况和技能特长安排实习岗位，培养学生的技能专长，学校和企业为学生进行专业拓展，增加开设企业管理课程，培养企业骨干。

学校新能源汽车技术专业依托大学生创业园，引进昆明松骋汽修设备有限公司入驻学校，实行校企合作。经过几年的探索实践，学校已建成融产学研与教学做于一体的，集专业教学、生产实习、对外维修于一体的新能源汽车技术专业实训基地。2018 年底，依托云南省科技厅“云南省新能源汽车维护技术推广示范平台”项目，学校投资 1.6 亿元兴建新能源汽车大楼。

（四）推行双导师制，共建教师培养机制

实习企业选派技术人员作师傅，负责实习生岗位技能传授。企业建立带班师傅绩效考核制度，将学徒业绩与师傅工资奖金捆绑在一起考核。学校在企业设立专业教师流动工作站，选派优秀专业教师作导师，下实习企业指导学生理论学习，同时自身挂职锻炼，提高专业教师的实践能力和教学水平，推动专业教师深入理解专业岗位需求，及时完善和更新相关理论知识。学校长期规划教师队伍培养目标，建设“双导师”教学团队。以培养具有专业技能与工匠精神的高素质人才为核心，以校企分工合作、双主体协同育人、职责共担、共同发展的长效机制为着力点，建立互聘共用、双向挂职锻炼、横向联合技术研发和专业建设的双导师机制，打造一支高素质现代学徒制双导师队伍。双导师团队的建设如图 4。

图 4　双导师团队的建设

（五）双元对接考核，共同建设评价机制

考试对接考核：学校考试和企业岗位考核相结合，由行业、企业和中介机构对实习生岗位技能进行达标考核。学徒自己申报考核的核心岗位，其他岗位由抽签决定，要求实习生所有实习岗位达到该企业初级工要求。达到初级工要求的学徒转为企业准员工，达到中级工要求的转为企业员工。两项考核合格领取由校企共同颁发的学徒合格证，并成为学生毕业条件之一。

（六）合作共享共赢，校企共建保障机制

1. 制度保障

为保障现代学徒制的顺利实施，学校在实践中不断完善协议类、制度类、职责类、考核类、方案类五类文件建设，确保工作有序有效。协议类包括学校与企业合作协议，学校、企业、家长三方协议，师傅与学徒协议等，其他类包括《云南交通运输职业学院现代学徒制试点专业实施方案》《学徒实习管理制度》《学徒实习考核办法》等。

2. 共享共赢

学校学徒制合作企业分担了部分人才培养成本，学徒还可以获得相应的经济报酬，从而降低了学校直接教育成本，提高了学校人才培养的质量；企业在不损害学生利益、符合国家法律法规前提下，减少了劳务成本，或是增加了企业收益，与直接招聘熟练工人相比，学徒制能给企业带来更多经济回报，提高了企业参与职业教育的积极性。总之，在企业追求经济效益和学校追求教育效益之间的矛盾上，实现了质量、成本与收益的平衡，从而达到共享共赢。

三、成效与反响

（1）通过现代学徒制的实践，校企基本构建了现代学徒制人才培养模式，即政府、学校、企业“三元管理机制”，课程模块化、内容项目化、项目岗位化的“三化课程体系”和学习的“三段育人过程”，考试对接考核，学历证书对接职业资格证书的“双元对接评价机制”，学生→学徒→准员工→员工“四种身份转换”。

（2）加快了学生（学徒）职业发展速度。现代学徒制学生的学习以企业需求为导向，技能培训与企业需求对接，能很快能适应岗位需要，加快了学生（学徒）的职业发展速度。

（3）现代学徒制缓解了结构性就业矛盾，减少了企业员工流动，有效地保障了企业用工稳定，使企业获得了一批忠诚度高，对本企业文化认同度高，熟悉企业生产流程和工艺，技能素质高的准员工。现代学徒制学生毕业即能上岗，成为企业的生产骨干和后备干部。

（撰写人：张小兴）

案例二十八：

中职珠宝加工专业现代学徒制人才培养模式实践

腾冲市第一职业高级中学[①]　盛世唐潮玉器有限公司
腾冲万福珠宝有限公司

摘　要： 腾冲市第一职业高级中学是首批国家中等职业教育改革示范学校，始建于1944年滇西抗战胜利之际，学校秉持“人人有书读、人人有事做”“兴我实业固我边防”的办学宗旨，为国家、社会和地方培养了大量掌握职业技术能力的人才。学校在不断教学改革中探索与企业共同推行现代学徒制试点，形成了特有的人才培养模式。

关键词： 现代学徒制；人才培养；改革

一、实施背景

职业学校一直以来备受困扰而没能很好解决的问题之一，就是毕业生不能适应企业生产岗位的实际需要，无法做到毕业就上岗。尽管腾冲市第一职业高级中学不仅有实习实训，也有顶岗实习，但多年来企业重使用轻培养，使不少学生成为企业流水线上的工人，而企业又因为没有足够的技术人才而陷入发展瓶颈，虽然职业院校同企业合作关系由来已久，但校企双元育人的机制尚未真正建立。

腾冲与缅甸北部盛产翡翠玉石的克钦邦山水相连，因此成为历史上有名的翡翠加工贸易集散地。相关调查显示，腾冲共有翡翠经营公司22个，全年进口翡翠毛料4.35万千克，进口额467万元；有翡翠专营市场14个，有珠宝店和加工作坊828户，翡翠产业从业人员2万多人；从业加工者大部分为广东、福建、河南籍，本地人员近年也不断增多。在发展过程中暴露出从业者受教育程度参差不齐、专业知识不足、企业用工成本高等问题。社会及企业期望职业学校解决这些问题，因此，腾冲市第一职业高级中学针对这些问题，与盛世唐潮玉器有限公司、腾冲万福珠宝有限公司开展现代学徒制试点工作，实施“引企入校、招生招工一体化、校企双主体教学、工学一体”的人才培养模式，以行业需求为导向，校企双方对接解决企业人才需求、学生就业需求、学校发展需求的三大难题。

① 腾冲市第一职业高级中学是云南省第二批现代学徒制试点单位，2020年通过省教育厅验收。

二、做法与过程

（一）共同加强组织建设，实现政校企“三元合一管理”

首先，强化校级制度建设。根据项目建设需求和学校实际，制定《校企合作办学协议》《校企合作委员会章程》《学生实习工作管理制度》《学生实习和管理实施细则》《学生实习安全管理制度》《实习指导教师管理实施细则》《学生实习手册》等规章制度，以制度形式保障校企合作的常态化；其次，联合政府和企业共同组建校企合作委员会和专业指导委员会，成立珠宝支部（校企合作党支部），加强了校企合作的凝聚力；然后，让行业标准与学校育人标准对接，以行业人才标准为依据，学校与翡翠加工基地共同设计人才培养方案，完成《腾冲市珠宝玉石加工与营销专业人才需求分析》《腾冲市第一职业高级中学珠宝玉石加工与营销专业人才培养方案》，建立学校与企业之间人才流动长效机制，实现人才资源共享；最后，通过引企入校，加强学校与企业的合作，建立由行业专家、学校专业带头人、核心骨干教师组成行业专家工作室，共同组建教学团队，学生到实训基地学习期间，由企业技术骨干和教师共同管理，共同开展教学，并定期安排教师到企业实践，提高教师的教学实践指导能力。其中，有方国荣、方志平 2 名国家级玉雕大师，有蔡金辉、郑金盛等 8 名省级玉雕名师。发挥工作室在专业建设、课程改革、实训基地建设、教师培养、技术攻关、产品研发等方面的引领作用，共同实施理论教学、专业实践、工学交替。

（二）共同构建企业化职场环境，建设职业化标准

学校从招生订制开始，与企业共同确定培养规格、制订与实施培养方案，将行业职业证书标准融入人才培养标准，构建校企“双场地”“双教师”“双重评价”的全过程合作育人场景，优化双赢的校企合作机制。

（三）校企双主体联合办学

招生招工一体化，学生入学即入职；在校学习与在岗生产实训不断交替进行，学校聘请企业一线员工参与学校教学内容；企业对学生进行生产实训考核，对合格学生提供薪资报酬，给予准员工待遇。

（四）共同打造“产销研学训一体化”合作基地，共创“四真”学习环境

通过“真实的生产任务，真实的实训环境、真实的过程经历、真实的工作结果”，让学生全程参与选料、设计、加工、销售四个环节的生产实践活动，实现对基本知识、专业技能的学习，提高了学生的综合职业能力和自主发展能力。在实训基地展开了集“生产、销售、教学、培训”一体化的模式探索，提高教师实践能力、科研能力、课程开发能力，并将之与社会培训和技术服务紧密结合起来，进而更好地为地方经济发展服务。学校与企业共同制订教学计划，共建实训实习场所，企业提供专业实践教师，共同推荐毕业学生就业。同时学校承担企业员工的培训，增强了师生的行业意识和市场意

识，提升了学生自主创业的能力。

（五）共同探索实践产教结合“五合一”教学模式

“教室与车间合一”，工厂就是学校，车间就是教室，教师与学生兼具企业管理人员和员工的双重身份。“教师与师傅合一”，专业教师既是理论的传授者，又是操作实习的师傅，克服了“理论教师灌一套，实训工场不对号”，甚至相互矛盾的问题。“学生与学徒合一”，学生也是员工，学生实践时，既是一个技能学习者，又通过训练成为一个合格产品的生产者，学校与工厂、学生与岗位的有机结合，让学生全方位感受到学业、就业零距离。“教程与工艺合一”，在实训中学理论，在学理论的同时去操作；让学生在做中学、学中做，半工半读、工学结合。“作品与产品合一”，学生实训的作品就是为企业加工的产品，直接接受市场的检验；学生技能训练的过程，既是提高专业技能的过程，也是生产产品、创造价值的过程，既解决了实训材料费紧缺的矛盾，又练就了学生过硬的本领。而企业对考核合格学生发放薪酬，也让学生在学习生产过程中就享受到自己劳动的价值，提高学生学习积极性。

（六）共同分类教学，四位一体，促进学生向员工角色转化

学校定期安排班级到基地上课，加工材料由企业提供，企业指派师傅教学，学校老师跟班管理，学生作品由企业统一销售，专门设有学生作品销售柜台。在教学中，因材施教与激励教学同步进行，根据学生表现，每个月在学生中遴选一次，被选中的学生在展品加工车间实作，没有被选到的学生在基地普通车间实作，这样能激发学生的学习兴趣。同时，在学生身份上，使学生向学徒，学徒向准员工，准员工向员工的角色转化，从而形成“四位一体”的培养模式（见图1）。

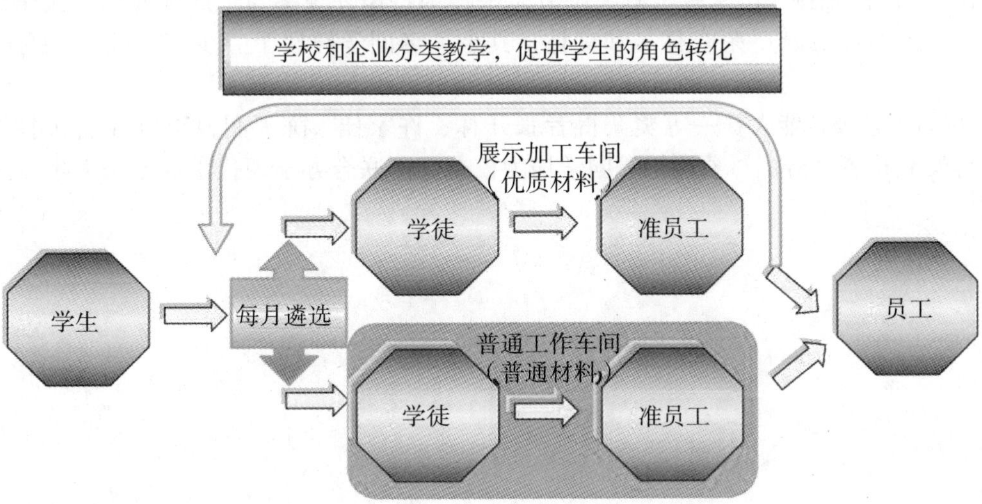

图1　“四位一体”培养模式

（七）共同开发校本教材，加强课程质量建设

针对课程设置与配套教材在使用过程中与企业岗位的生产实践连接性较差，学校对岗位技能的需求分析认识不到位，理论教学与实操教学脱节的问题，学校围绕制定课程标准和课程内容、开发校本特色教材等展开建设，分年度按计划完成。目前，珠宝玉石加工与营销专业教材《翡翠文化通论》《珠子与手镯加工技术》《翡翠设计与加工》《翡翠鉴定与分级》等课程教材均由云南教育出版社出版发行，并在省内同类院校中广泛使用。

（八）共同分享资源，互惠互利“引企入校”

2012 年 7 月，通过“引企入校”共建腾冲翡翠加工基地，学校提供了老校区土地 5153.73 平方米，房屋 6175.41 平方米，解决了企业发展的场地和永久建筑问题，企业提供近 10000 万元的建设和流动资金，解决了学校建设资金匮乏的问题；学生到企业上实训课由企业派出技术骨干作为师傅指导，学校教师跟班管理，项目专业建成一支结构合理的师资队伍，培养了一批骨干教师和“双师型”教师，并建成大师工作室，在专业建设上起到引领作用，多数教师既能胜任学校课程，又能完成社会培训，胜任中高职衔接课程，解决了专业师资不足的困难。

2018 年 3 月，学校与盛世唐潮玉器有限公司达成合作伙伴关系，双方共同建设新校区内的珠宝加工实训基地。截至 2020 年 2 月已投入资金 700 万元进行基地建设和设备采购，包括玉雕切割机、精加工设备、抛光设备等大量器材。合作企业也在学校教学过程中提供优质师资培养了大量优秀学员，2017 年 7 月 17 日，学校珠宝系李艳丽主任带领周先培、武子潇、杨宗彦、赵宗瑶四名同学赴北京参加中国教育电视台青春励志栏目《少年工匠》的拍摄。国家级玉雕大师方志平作为特邀评委参与了此次专访。武子潇被授予“优秀少年工匠”荣誉称号和奖杯，其余 3 名同学被授予“少年工匠”的称号及奖杯。

2019 年省级技能大赛一等奖获得者张开林、许家佳、陈天润，2020 年省级技能大赛二等奖获得者叶升磊、蔡双艳等同学均为校企合作联合办学现代学徒制班学生（见图 2）。

图2　学徒获得省级技能大赛二等奖

(九) 共同推进专业产业联动发展，打造全系列人才培养链

2016年，腾冲被确定为全国首批全域旅游示范区创建单位，未来腾冲将打造“全域旅游”产业，提升旅游业品质。学校结合地区产业发展，以“办专业就是建设产业”的目标，开办了“吃”（中餐烹饪专业）—“住”（酒店管理专业）—“行”（汽车运用与维修专业）—“游”（旅游服务与管理、导游服务专业）—“购”（珠宝玉石加工与营销专业）五个与旅游产业链相对应的全系列人才培养链，紧密服务区域经济发展，增加实习机会和就业岗位。

三、问题与不足

1. 生源问题

中职学校不同于高职院校，中职学校生源主要集中在初中有厌学、辍学倾向的学生。在现代学徒制试点过程中，企业与学校需要花费大量的额外成本用于学生的纪律维护、学习态度纠正。这导致前期的教学进度缓慢从而使试点实施变得更加困难。

2. 企业问题

企业作为追求经济利润的组织，总是更愿意短线投资，忽视对员工的长远培养。这使得企业在学生（学徒）培养过程中缺乏积极性，同时企业更希望员工在某个单一工序上精通并尽快成为熟练工人，实现经济价值，而不愿意进行全面的教学培训。

3. 学校问题

学校缺乏足够的珠宝加工专业教师，这在现代学徒制试点班级增多之后表现得尤为突出。“双师型”教师的培养也变得越来越有必要。

四、结　语

面对经济结构加快调整、供给侧结构性改革不断深化的新形势，企业的发展压力不断增大，学生的就业形势越发严峻，作为以服务社会经济发展的职业院校，必须加快教学改革与创新，为学生提供更符合市场要求的教学内容，为企业提供更符合要求的技能人才。

（撰写人：杨新路）

案例二十九：
以赛促教，赛教融合
——木材工业专业群现代学徒制探索实践

云南林业职业技术学院[①]　昆明福莱威尔家具制造有限公司
昆明韵智居木业有限公司

摘　要：技能大赛作为高等职业教育工作的一项重大制度设计与创新，是培养、选拔技能型人才并使之脱颖而出的重要途径，为了把“以赛促教、赛教融合”真正落到实处，云南林业职业技术学院木材工业专业群聘请实践经验丰富的企业能工巧匠到学校担任实际操作指导教师、担任参赛选手的师傅，将现代学徒制模式引入技能大赛中，实现了以赛促教，创新了现代学徒制，并取得实效。

关键词：技能大赛；现代学徒制；以赛促教

一、实施背景

为贯彻落实党的十九大“完善职业教育和培训体系，深化产教融合、校企合作”和《国务院办公厅关于深化产教融合的若干意见》的精神，加快培养高素质创新人才和技术技能人才，云南林业职业技术学院一直以来积极参加和承办各级各类职业技能大赛。“以赛促教、赛教融合”是学校长期秉承的办学理念和办学特色。学校木材工业专业群作为省级特色重点专业，以培养企业急需的高端技能型人才、推动地区和行业发展为己任，曾连续承办六届云南省职业院校技能大赛（高职组）家具设计竞赛，取得了优异成绩。

技能大赛参赛选手不仅应具备家具设计与制造方面的专业知识，还应具备团队协作能力、吃苦耐劳的品质和良好的职业道德和职业素养。以云南省职业院校技能大赛（高职组）家具设计竞赛项目为例，这项赛事旨在综合考查参赛选手的专业素养，着力培养学生的工匠精神，旨在为企业、社会培养高素质的木材加工和家具设计与制造领域的人才。

为了把“以赛促教、赛教融合”真正落到实处，学校木材工业专业群聘请实践经验丰富的企业能工巧匠到学校担任实际操作指导教师，担任参赛选手的师傅，以职业技能大赛为平台，创新了现代学徒制，并取得了实效。

---

① 云南林业职业技术学院是云南省第二批现代学徒制试点单位，2020年通过省教育厅验收。

二、实施过程

（一）聘请多家企业专业人员担任专职师傅

学校木材工业专业群在各级职业技能大赛的训练中，创新性地采用了现代学徒制训练模式，学校聘请昆明福莱威尔家具制造有限公司、昆明韵智居木业有限公司等多家企业的设计师和技术人员担任参赛选手的专职师傅，按企业和客户的实际要求，以技能竞赛训练平台作为创新现代学徒制的教学场地，实现“校企一体化、理实一体化、教师师傅一体化、学生员工一体化”。

（二）选拔“大赛特训学徒”

职业技能大赛是响应政府工作报告中提倡工匠精神的产物，是对参赛学校教育教学水平的一种检阅，也是对参赛选手专业近乎苛刻的考核，对选手的素质要求非常高，选手要耐得住寂寞，能够潜心研究，把专业做得精细。参赛选手选拔流程如下：首先，以木材工业专业群现代学徒制试点班为选拔对象，由专业指导教师对全班同学的进行专业知识测试和面试，挑选具备专业知识扎实，动手能力强，具有团队合作精神的学生作为培养对象，随后通过层层挑选，最终确定15名学生组成“大赛学徒班”。“大赛学徒班”引入优秀的企业专家进行校企合作辅导训练，每周进行一次模拟竞赛，按企业标准进行评判，并实行末位淘汰制，最后确定8名综合能力最优秀的选手组成技能大赛参赛队伍。

（三）组建“大赛学徒班”教学团队

“大赛学徒班”通过校企联合，配齐具有丰富实践经验的家具设计师1名、实木制品设计师1名、定制家具安装技师1名、木雕非遗传承人1名，并组成企业实践指导团队。同时学校配置了“双师型”主导教师1名，实训指导教师1名，各司其职，发挥各自特长，形成合力共同对学生（学徒）传授知识，培养实践技能。学校教师根据大赛考核要求，同企业一线指导专家研讨，结合学生（学徒）具体情况，制订训练计划。并在训练过程中不断修改，从而提高技能学徒班的教学效果。在赛教融合、创新现代学徒制的实践过程中，不仅学生（学徒）得到成长，教师的实践教学能力也获得了提升。

（四）大赛引领，构建现代学徒制训练场所

为了最大化实现学校企业一体化的真实环境，改变传统意义上的教学环境，实现学校环境企业化，并为技能大赛提供比赛和训练场所，保证大赛训练的日常化，木材工业专业群组建了校内生产型实训基地（见图1），包括木材综合利用实训基地、专业机房、木材雕刻实训室、模型制作实训室等17个校内试验实训室，占地3400余平方米，并专门向企业购买设备，共购置680余万元的设备，按生产环境布置教学场所，实现“入校即入厂”。

图1　木材工业专业群校内实训基地

（五）大赛助力，提升现代学徒制人才培养质量

校企双方认真研究大赛的要求，以云南省职业院校技能大赛（高职组）家具设计竞赛项目为例，将家具设计的比赛任务分解为空间的测量、方案设计、撰写设计说明、家具三视图的绘制、家具效果图制作、家具模型制作、家具的组装等几个相对独立的任务，练习过程中由企业专家和2名指导教师巡查，发现错误及时纠正，力求每个环节做到准确、规范、完美。

企业专家技师根据比赛规程和要求，采用“学习—实践—测试—讨论—反思”的实践程序，以大赛的各个分解任务为训练单元进行训练，一天一训，两天一测，三天一反思，四天一总结，不断在实践中反思提高，不断根据学生的情况及时进行调整，从而达到最好训练效果。云南省职业院校技能大赛（高职组）家具设计竞赛项目现场及参赛学生见图2。

图2　云南省职业院校技能大赛（高职组）家具设计竞赛项目现场及参赛学生

（六）大赛导向，制定奖励机制

学校鼓励学生参加省级甚至国家级的高职学生专业技能大赛，制定了相应的《师生技能大赛奖励办法》，对参赛学生的奖学金评选给予优先考虑，并根据《学生学业成绩考核管理规定》，对参加省市国家级技能大赛并获得省级三等奖以上、参加国家级技能大赛的学生，只要学科过程性评价成绩合格，相应学科学业成绩就可直接认定为合格，可不参加该学科终结性考核。

三、实施成效

（一）技能大赛创佳绩

在“以赛促教、赛教融合”的木材工业专业群创新现代学徒制人才培养的实践中，木材工业专业群学生参加各级各类技能大赛取得了丰硕成果，包括：在近3年的全省职业院校技能大赛（高职组）家具设计竞赛项目中均获得了2个一等奖；2017年参加国家林业局林业职业技能大赛，获手工木工赛项三等奖；在2016年和2018年云南省“挑战杯——彩虹人生”职业院校创新创效创业大赛中共获得创意设计两个银奖、四个铜奖、两个优秀奖；2018年代表云南省参加“挑战杯——彩虹人生”全国职业学校创新创效创业大赛，其中，《木质石英钟》《直过民族脱贫助力器——竹木制品车床加工技术革新说明书》荣获创意设计银奖、《迷你博古架》获创意设计铜奖。部分学获奖证书见图3。

（二）“多元育人”显成效

通过企业师傅带徒弟进行综合训练及比赛，有效地进行技术传授，充分体现学校现代学徒制培养模式下，“多元育人”培养形式所取得的丰硕成果，进而达到以赛促学、以赛促练、以赛促教的目的。师傅们用心传授技艺，徒弟们（学生）相互切磋技能，发现自身薄弱环节，弘扬工匠精神，在学校木材工业专业群中形成比学赶超的氛围，有效地提高了专业技能水平。

（三）企业用人见实效

在以职业技能大赛为平台，深化校企合作，创新推进现代学徒制的过程中，企业与行业人员全程参与选手的选拔、赛前特训和评价考核，通过长期的、高强度的训练，加深师徒之间彼此的了解，增进了相互之间的感情，使企业获得了一批忠诚度高、对本企业文化认同度高、熟悉企业生产流程和工艺、技能素质高的准员工，学生毕业即能上岗，成为企业的骨干力量。

图3　木材工业专业群学生技能大赛获奖证书（部分）

（撰写人：陈竹、黄荣文）

案例三十：

基于现代学徒制视野下的校企师资队伍建设与发展

云南林业职业技术学院　昆明福莱威尔家具制造有限公司

摘　要：现代学徒制人才培养目标为培养具备创新素质的技术技能人才，而人才培养的核心条件是具备“工匠素质”的“双师型”校企教师团队。云南林业职业技术学院在木材工业专业群现代学徒制试点过程中，注重校企“双师型”教师队伍的建设与发展，实施了三个层面、多个渠道的举措，建设了一支校企融合的“双师型”教学团队，建立了校企“双师型”教师融合与发展平台。通过师资队伍建设，2017—2019 年间教学团队成员多次获云南省及全国教师信息化教学能力大赛、云南省教师教学能力大赛奖项，指导学生参加技能大赛，在云南省职业院校技能大赛（高职组）中获家具设计和室内装饰设计两个赛项一等奖 2 次，在“挑战杯——彩虹人生”全国职业学校创新创效创业大赛中 2 个作品获创意设计银奖、1 个作品获创意设计铜奖。

关键词：现代学徒制；双师型；师资队伍

一、实施背景

木材工业专业群是以木材加工技术、家具设计与制造、工业设计等专业为主体的专业群，专业技能实用性强、与企业的融合度高，云南林业职业技术学院在多年人才培养的过程中依托校企“双师型”教师，培养出供职于各木材加工企业、家具设计与制造企业的优秀毕业生，深受企业的欢迎。

云南林业职业技术学院在现代学徒制“双主体育人”的实施过程中出现的问题主要体现在：一是校内“双师型”教师达到指标要求，但其双师素质的职业内涵、技术技能尚需不断提升和完善；二是企业“双师型”教师技强教弱，许多课程的教学过程中，需要学校的教师在旁边作说明，企业工匠教书育人能力还需提升；三是校企“双师型”教师在教学中的融合度不默契，学校“双师型”教师的实践动手能力应达到什么程度才能支撑对学生的培养，企业的“双师型”教师的教学水平、育人能力应达到什么程度才能完成实践性教学环节，校企“双师型”教师在教学过程中如何才能实现默契配合，共同实现“双主体育人”，这些都需要进一步探讨和解决。

二、促进校企“双师型”教师队伍融合和发展的举措

根据上述存在的问题，学校木材工业专业群教师认真学习现代学徒制教育教学理念，研究教学改革，积极参与以“产教融合”为载体的现代学徒制试点改革，进一步提升教师的双师素质，形成保障有力的校企“双师型”教师队伍，并将进一步建设成为创新型教学团队。近几年的现代学徒制教学实践中，校企“双师型”教师团队的培养建设通过三个层面、多个渠道来实施。

一是学校层面“双师型”教师的培养。建立定期的国外培训制度，选派教师到新加坡、加拿大、德国等职业教育发达的国家进行短期培训，重点学习国外现代学徒制的实施方略，提升专业群团队现代学徒制的教学与组织实施能力。规定教师用半脱产形式，以“访问工程师”的名义去现代学徒制实施企业实践与教学，与企业教师互帮互带，将新技术、新工艺融入课堂教学，提高了现代学徒制实施的效果。

二是企业层面“双师型”教师的培养。学校定期在现代学徒制合作企业中挑选兼课教师（能工巧匠）开展教育学、心理学的培训，使其能独立开展实践性教学，并提交各教学环节材料。帮助企业职工参加专业技能大赛，帮助企业教师提升专业理论水平，更好地实施现代学徒制教学。

三是建立校企“双师型”教师融合与发展平台。建立本专业群高层次的研究机构，与现代学徒制合作企业昆明福莱威尔家具制造有限公司共建“家具设计与制造技能大师工作室”，与云南省家具行业协会合作共建“智能化家具生产中心”，邀请现代学徒制企业骨干力量、学校骨干教师、现代学徒制学生加入，开展横向课题的研究，有力地支撑了木材工业专业群现代学徒制实施的实效，增强了校企“双师型”教师的融合度。鼓励校企教师联合参与各类技能比赛，促进学校老师与企业教师的合作，增强校企“双师型”教师融合度，真正实现“以赛促学，以赛促教”的目的。充分发挥木材综合利用生产性实训基地在现代学徒制实施过程中对校企“双师型”教学团队建设的积极作用，木材综合利用生产性实训基地既有专业生产平台，又具备现场教学设施设备，为专业技能交流与教学能力交流提供平台，实现校企“双师型”教师共同开发课程教学资源库，在共同教学与学习中实现双方的融合。现代学徒制教学见图 1。

图 1　现代学徒制教学

校企教师相互取长补短，在现代学徒制教学过程中各司其职，既相互融合又不可取代，在产教融合实施中，共同助力木材工业职业教育的发展，最终为实现“绿色经济强省”的目标而努力。

三、实施成效

在现代学徒制实施过程中，通过校企双师型教师的互融互通，教师教学能力得到显著提升，主要体现在下述两个方面。

教师教学能力比赛方面，2017 年徐跃铭、石芸、陈竹老师参加教师教学能力比赛，获云南省教师信息化教学能力大赛教学设计赛项二等奖、全国教师信息化教学能力大赛教学设计赛项三等奖；2018 年张继、黄荣文、陈竹参加云南省教师信息化教学能力大赛获课堂教学赛项一等奖；2019 年黄荣文、陈竹、李军伟、陈伟红、张继、陶钰等老师参加云南省教师教学能力大赛获两项二等奖。

指导学生参加技能大赛方面，2018、2019 连续两年获得云南省职业院校技能大赛（高职组）家具设计、室内装饰设计两个赛项一等奖；2018 年代表云南省参加“挑战杯——彩虹人生”全国职业学校创新创效创业大赛，作品《木质石英钟》《直过民族脱贫助力器——竹木制品车床加工技术革新说明书》荣获创意设计银奖、作品《迷你博古架》获创意设计铜奖。

部分教师、学生获奖证书见图 2。

荣誉证书

徐跃铭、石芸、陈竹：

在 2017 年全国职业院校信息化教学大赛高职组信息化教学设计比赛中，参赛作品《桌椅造型建模单元教学设计》荣获三等奖。

特此表彰，以资鼓励。

全国职业院校信息化教学大赛组委会

2017 年 11 月

荣誉证书

张 继、黄荣文、陈 竹：

在2018年云南省职业院校技能大赛教学能力比赛高职组课堂教学赛项比赛中，参赛作品《板式家具门与抽屉的安装技术》荣获一等奖。

特此表彰，以资鼓励。

云南省教育厅

2018年11月

2019年云南省职业院校技能大赛

荣誉证书

陆昌梦 刘少锋同学：

参加2019年云南省职业院校技能大赛，高职组家具设计竞赛项目获一等奖。

指导教师：黄荣文 李浩天

云南省教育厅

二〇一九年四月

2018年云南省职业院校技能大赛

荣誉证书

那智超、潘蕊、史瑞、张萌、梁崇铭同学：

参加2018职业院校技能大赛，获高职组室内装饰设计竞赛项目一等奖。

特发此证，以资鼓励。

云南省教育厅

二〇一八年四月

图2 获奖证书（部分）

职业教育校企“双师型”教学团队的建设，直接影响现代学徒制教学质量和人才培养质量。在木材工业专业群实施过程中，学校应利用专业群平台优势，融合校企“双师型”教师，以弘扬工匠精神为引领，不断提升师德师风，为中华民族的伟大复兴培养出新时代“工匠”。

（撰写人：黄荣文、陈竹）

案例三十一：

校企融合　共育汽车维修人才

玉溪第二职业高级中学[①]　中德诺浩（北京）教育投资有限公司

摘　要：玉溪第二职业高级中学与中德诺浩（北京）教育投资有限公司签订协议开展汽车运用与维修（汽车检测与维修技术）专业现代学徒制试点工作，共同制订教学计划，通过派出教师到企业培训师资、共建实训室、共享企业网络教学资源及网络教学平台，帮助学生获取国内国际职业资格证书，学生到企业培养等多种途径、多形式，让学校、企业、学生、家庭、社会等多方实现共赢，不仅解决学校了专业创新发展、实训室建设资金匮乏、师资培训教学资源匮乏、学生实习就业等的困难，也解决了中德诺浩（北京）教育投资有限公司汽车维修人才培养不足、招收的员工数量不足与员工质量不高的问题。

关键词：汽修；校企融合；员工质量

一、试点背景

《国务院关于加快发展现代职业教育的决定》（国发〔2014〕19 号）中对“开展校企联合招生、联合培养的现代学徒制试点，完善支持政策，推进校企一体化育人”做出具体要求，标志现代学徒制已经成为国家人力资源开发的重要战略。2014 年 8 月，教育部印发《关于开展现代学徒制试点工作的意见》（教职成〔2014〕9 号），制订了工作方案。之后，云南省结合自身实际，开展现代学徒制试点工作。玉溪第二职业高级中学根据学校实际，响应国家及云南省的号召，申报进行现代学徒制试点，在《云南省教育厅关于公布第二批现代学徒制试点单位名单的通知》（云教职〔2017〕27 号）文件中被公布为第二批现代学徒制试点学校。

玉溪第二职业高级中学汽车系的年招生数规模如图 1 所示，随着近些年招生人数的平稳，专业教学如何满足企业实际岗位对学生的能力要求、学生的职业能力如何提高、如何提高学生就业质量等成为学校亟须解决的问题，而要解决这些问题，实施现代学徒制是一个很好的选择。

① 玉溪第二职业高级中学是云南省第二批现代学徒制试点单位，2020 年通过省教育厅验收。

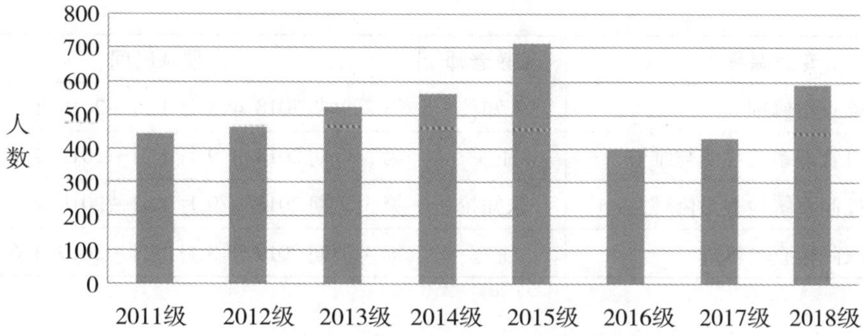

图 1　玉溪二职中汽车系年度招生人数统计

二、主要做法

（一）共建课程方案体系

汽车运用与维修专业坚持立德树人，面向汽车运用与维修等行业企业，培养从事客货汽车使用、维护、修理、检测、维修接待等工作，德智体美劳全面发展的高素质劳动者和技能型人才。其职业范围如表 1 所示。

表 1　汽车运用与维修专业职业范围统计表

序　号	对应职业（岗位）	职业资格证书举例	专业（技能）方向
1	汽车机械及电控系统维修	汽车维修工（四级）	汽车机修
2	汽车电器维修	汽车维修电工（四级）	汽车电器维修
3	汽车维修质量检验、车辆技术评估	机动车维修质量检（从业资格证）、车辆技术评估员（从业资格证）	汽车性能检测
4	汽车维修业务接待	机动车维修业务接待员（从业资格证）	汽车维修业务接待

校企共同制订汽车运用与维修专业现代学徒制教学标准及实施方案，具体教学实施方案见表 2（以 2017 级为例）。

表 2　2017 级汽车运用与维修专业现代学徒制试点班教学实施安排表

专业课程	任教老师	授课时间
汽车认识实训	王其平	第 1 学期 2017 年 9 月 1 日—2018 年 1 月 7 日
发动机机械系统检查与修理	朱知校	第 1 学期 2017 年 9 月 1 日—2018 年 1 月 7 日
转向行驶系统检查与修理	黄伟云	第 2 学期 2018 年 3 月 1 日—2018 年 7 月 1 日

续　表

专业课程	任教老师	授课时间
传动系统检查与修理	朱知校	第 2 学期 2018 年 3 月 1 日—2018 年 7 月 1 日
汽油发动机管理系统检测与维修	王军	第 3 学期 2018 年 9 月 1 日—2019 年 1 月 7 日
汽车底盘控制系统检查与修理	朱知校	第 3 学期 2018 年 9 月 1 日—2019 年 1 月 7 日
汽车综合故障检查与修理	王军	第 4 学期 2019 年 3 月 1 日—2019 年 6 月 30 日

（二）加强师资队伍建设

为了实现校企双主体育人，教师是关键，为此，经过校企双方的努力，学校自 2014 年 7 月 16 日起先后 8 次派出汽车专业 10 位教师共计 17 人次前往山东理工职业学院、江苏武进职业教育中心——中德诺浩汽车学院、北京经济管理职业学院中德诺浩汽车学院等地，进行德国“双元制”中职师资、中德诺浩（南方区）第三方评价体系、“中德诺浩高技能汽车人才培养智慧课堂”教学体系师资等培训学习，教师返校后则担任中德诺浩班的专业课教学任务，此举使教师在成为“双师型”教师的同时，也了解了企业的要求，为教师在教学中贯彻实施企业具体技术要求奠定了基础。参加培训的教师统计如表 3 所示：

表 3　参加企业培训的学校教师统计表

序　号	培训时间	培训天数	培训教师人数	培训地点
1	2014 年 7 月 16 日—8 月 20 日	35	3	山东理工职业学院
2	2015 年 7 月 22 日—8 月 19 日	28	3	山东理工职业学院
3	2016 年 4 月 18 日	1	2	北京中德诺浩公司
4	2016 年 7 月 18 日—8 月 9 日	22	2	北京经济管理职业学院中德诺浩汽车学院
5	2016 年 7 月 24 日—7 月 27 日	4	2	北京中德诺浩公司
6	2017 年 7 月 22 日—8 月 4 日	13	3	山东理工职业学院
7	2017 年 7 月 24—27 日	4	2	上海
8	2018 年 7 月 31 日—8 月 15 日	16	1	山东理工职业学院

中德诺浩（北京）教育投资有限公司先后派送 15 人次到学校开展招生、教学、就业、学术、企业培养和资格证书考试等方面事宜的交流、座谈、指导等工作。具体见表 4。

表 4　到学校实地指导的企业教师统计表

序　号	培训时间	培训教师人数	内　容
1	2014 年 3 月 18 日	2	到校实地考察教学实训场地及设备的准备情况

续　表

序　号	培训时间	培训教师人数	内　容
2	2014 年 12 月	1	到校进行学术指导，并对学校实操考试进行指导
3	2015 年 6 月	1	到校进行学术指导
4	2016 年 5 月 12 日	3	到校开展 2015 级学生拓展训练、主题演讲，2014 级学生见面会、现场答疑，以及招生、就业和学术工作
5	2016 年 6 月 5 日—6 月 8 日	7	到校开展 2014 级学生德国证书考证工作
6	2016 年 7 月 9 日—7 月 15 日	2	到校完成 2014 级学生的“企业实训教学”的学期培训和企业对接安置工作
7	2017 年 6 月 26 日—27 日	3	到校对 2016 级学生开展拓展训练，并对 2015 级学生的就业问题进行答疑解惑
8	2016 年 7 月 9 日—7 月 15 日	1	到校完成 2015 级学生的“企业实训教学”的学期培训和企业对接安置工作
9	2017 年 12 月 7 日	2	到校对 2016 级学生进行素质拓展活动和公开课

（三）校企共建实训室

2014 年 3 月，校企在学校内联合共同建设了 7 间实训室共 980 平方米，设置工位 37 个，共建的汽车维修实训室改善了汽车运用与维修专业的实训条件（见图 2 ~3）。

图 2　校企共建汽修实训室（一）

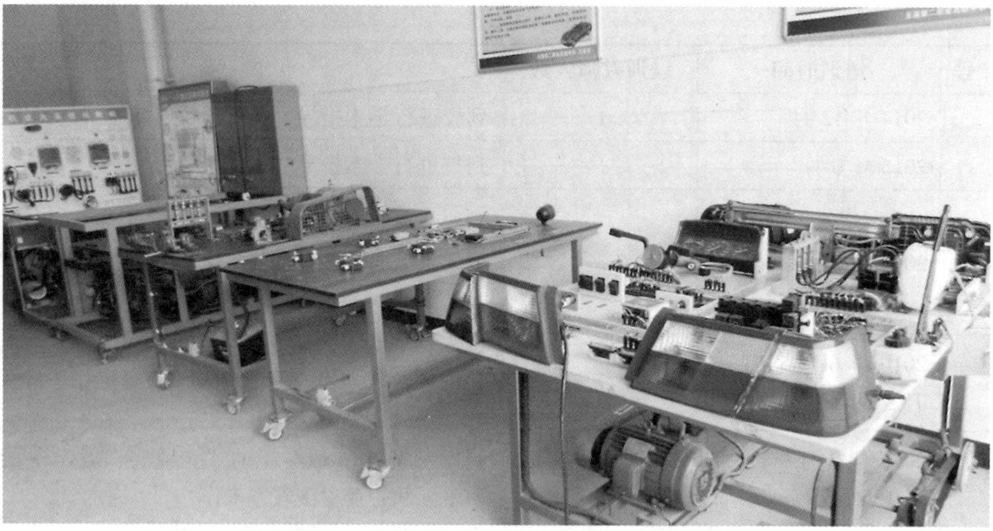

图3　校企共建汽修实训室（二）

（四）共享企业网络教学平台及教学资源

由于中德诺浩教育公司位于北京，为了使教学资源发挥最大化效果，中德诺浩教育公司通过“中德诺浩智慧课堂”平台，将企业16门汽车专业核心教育课程资源无偿分享给学校使用，实现了“互联网＋职业教育”教学新模式，进行了线上线下混合式教学。汽车专业教育课程分为专业课程、拓展课程和推荐课程三个模块，以教学微视频、课程解锁、活动提升为媒介，为专业课程学习提供强有力的后盾。

每个学生都有自己的专属中德诺浩智慧课堂账号，可以通过手机app随时随地进行汽车专业课程学习，能更有针对性地学习汽车应用与维修专业的各门课程。该平台界面如图4～5所示。

图4　中德诺浩智慧课堂网站

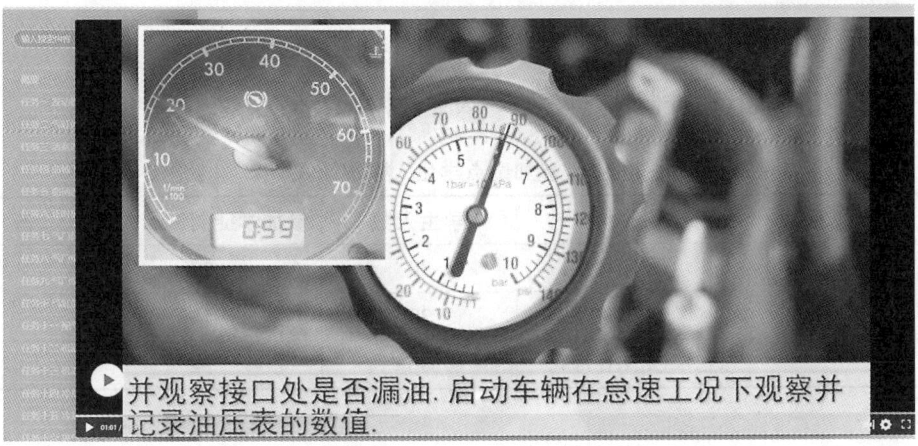

图 5　中德诺浩智慧课堂（线上汽车发动机学科教学页面）

该教学平台存储管理高效，为各种使用者提供方便快捷的存取功能，为教学管理者提供资源访问效果评价分析，从而提高教学资源的利用率，促进教学资源更好地为实际教学系统服务。

（五）职业资格证书获取

1. 获取职业资格证书

通过“理论＋实操”的考核方式，帮助学生获得国内汽车中级维修工（四级）证书。

2. 获取国际化专业技术证书

汽车运用与维修专业现代学徒制试点的学生除了能获得毕业证、国内的汽修中级维修工证外，还能获得德国的汽车机电保养维修技师证书（见图 6）。汽车系学生从 2014 年 12 月起至今，获得德国证书共计 88 人。中德诺浩（北京）教育投资有限公司派送师傅对中德诺浩班教学、实操考试进行指导，开展拓展训练、主题演讲、现场答疑、“企业实训教学”的学期培训，学生通过第三方评价体系实现“理实结合、教考分离”结课考试。

ZERTIFIKAT

Herr Shi Tailing
geboren am 24.08.1998 in Yuxi,Yunnan Provinz
hat erfolgreich am modularen Ausbildungskurs zum
Automobil-Servicetechniker
vom 09. 2014 - 07.2017
der Firma F+U Sachsen gGmbH
in Zusammenarbeit mit YuXi NO.2 Vocational High School
teilgenommen.

Es wird bestätigt, dass die Ausbildungsinhalte dem deutschen Berufsbild Automobil-Servicetechniker entsprechen.

05. Januar 2017

Direktor
F+U Sachsen gGmbH

Abteilungsleiter
F+U Sachsen gGmbH

Director
Know How

fuu-sachsen ggmbh · rathausstraße 7 · 09111 chemnitz
tel.: +49 371 66601-0 · fax: +49 371 66601-11 · e-mail: info@fuu-sachsen.de
www.fuu-sachsen.de

图 6　汽车机电保养维修技师证书

（六）试点学生人数

企业培养安排现代学徒制试点人数63 人，具体见表5：

表5　参加试点学生人数统计表

试点专业	班　级	学生人数	参加学徒制试点人数	备　注
汽车运用与维修（汽车检测与维修技术）	QCNH1711	30	27	
	QCNH1712	30	14	
	QCNH1713	30	22	

（七）校企双方投入

为了开展现代学徒制试点，学校和企业分别投入了较多的资金进行各种建设，企业累计投入114. 3 万元，学校累计投入153. 89 万元（具体见表6），另外，企业还以网络教学平台、网络教学资源的方式无偿投入试点工作。

表6　校企双方投入统计表

试点专业名称	年　度	企业投入（万元）	学校投入（万元）	备　注
汽车运用与维修（汽车检测与维修技术）	2015	54. 0	23. 0	
	2016	7. 8	12. 4	
	2017	52. 5	61. 6	
	2019		56. 89	
合计		114. 3	153. 89	

三、工作成效

（一）锻炼了教师队伍

从师训的角度，教师参与带领学生实习以及到企业参加培训，开拓了教师的视野，提升了技能，培养了一批“双师型”教师队伍，为理实一体化项目教学提供了师资保障。

（二）提升了学生职业素养

通过汽车运用与维修技术现代学徒制试点培养，学生普遍具有良好的职业意识，不仅在实习中初步具备了顶岗生产的能力，在生产、服务第一线接受企业管理，在实际生产岗位上接受师傅手把手地教学，和企业员工同劳动、同生活，切身体验严格的生产纪律、一丝不苟的技术要求，感受劳动的艰辛、合作的价值和成功的快乐，使毕业与就业接轨；还培养了良好的组织纪律观念、职业道德和认真负责的工作态度。

（三）企业文化进校园

通过现代学徒制试点，汽车运用与维修专业教师能通过企业提供的网络教学平台以及大量的数字化资源进行教学，让企业资源、企业标准进入课堂。同时，按照企业标准配置的实训设备支撑了相应的理实一体化的实训教学，校企融合培养了高技能学徒。

四、试点工作反思

（一）现代学徒制企业的选择

学校汽车运用与维修技术专业现代学徒制试点企业选择的是中德诺浩（北京）教育投资股份有限公司。该公司位于北京，距离学校较远，相应的交流协作成本比较高，离现代学徒制的规范要求有差距。今后可以考虑就近原则选择现代学徒制试点的企业。

（二）现代学徒制学生的学习

教师与师傅在联合教学的过程中，需重点关注学生的兴趣、创新学徒制教育模式、充分挖掘学生的潜能，以及及时发现学生的学习问题，主动帮助其解决问题，以此激发其学习兴趣。同时，教师与师傅需为学生设置教学情境，在实践操作中，建立多元化的教学机制。

（三）现代学徒制试点经费保障问题

中等职业学校是国家出学费（免除学生个人学费），由于公办学校财政管理严格，加之校企都有诸多安全的顾虑，对于学徒制试点中的费用支出也有诸多限制，以致试点的广度、深度都不够，有待获得国家政策等进一步的支持。

（撰写人：储传联、薛良玉）

案例三十二：
杂技与魔术表演专业现代学徒制试点典型案例

云南文化艺术职业学院[①] 杂技与体育艺术学院实验杂技团
云南省杂技团有限公司 南京市杂技团有限公司等

摘 要： 作为云南省第二批现代学徒制试点单位之一，云南文化艺术职业学院在充分发挥杂技与魔术表演专业教育教学资源优势的同时，依托校企深度合作与内涵建设，以立德树人为核心，围绕1个标准、签好2份合同、创新“校中团、团外校”的办学机制，做到专业与产业对接、专业课程与职业标准对接、教学过程与舞台实践对接。学校通过与企业共建人才培养基地、协同共建人才培养体系、共建人才培养目标、共建专业课程体系、共同开发校本教材、共建成长成才方案、共同编创舞台艺术作品、共建双师育人队伍、共同对接社会人才需求等现代职业教育新体系建设，形成和推动了以学校为引导，行业参与、社会支持的良好局面，稳步建立特色杂技表演艺术人才现代学徒制双主体育人的长效机制。

关键词： 杂技；产业；校企合作；双主体育人

一、实施背景

学徒制一直是技艺传承的主要手段，也曾经是我国高技能人才（工匠）培养的重要方式。云南文化艺术职业学院作为中国杂技表演艺术职业化教育的最高学府之一，随着国家对文化体制改革向纵深发展，原有杂技表演专业在后备人才培养方面，与新兴文化领域迅速发展和广泛应用的趋势已不相适应，传统技艺传承“团带班”“师带徒”教育已逐步转变为以学历教育“课程化”“标准化”“体系化”人才培养的育人模式，打破了长期束缚杂技表演艺术人才在传承、创新、变革的体系藩篱，进一步提升了人才培养的规模和质量，舞台艺术作品服务公共文化渠道和方式进一步拓展，相关校企合作项目在文化产业规模和效益逐年增加，服务区域文化和经济建设日益成为新的特色增长点，向世界展示我国改革开放崭新形象和精神风貌，国际影响力不断增强。

但是，学生因实际操作、表演有限，束缚了专业技能的发展与提升。尽管我们也有实习实训、顶岗实习，但多年来企业（院团）重技能使用、轻人文素质教育与综合艺术

---

① 云南文化艺术职业学院是云南省第二批现代学徒制试点单位，2020年通过省教育厅验收。

能力培养，而职业艺术教育的育人目标是培养高素质文艺工作者和技能型人才，艺术作品的生产与创作者不是劳动密集型企业的一线操作工和流水线上的一只“机械手”，怎样将学徒制和现代学校教育相结合，实现专业与文化产业的对接、课程与岗位的对接、教师与师傅的对接，形成校企共同育人的现代学徒制，是摆在我们面前的研究课题和实际工作任务。

二、具体做法

（1）云南文化艺术职业学院杂技与体育艺术学院早在现代学徒制建设初期，就根据行业特性及专业特点，积极推行实施“双主体、全过程、工学一体”的人才培养模式。通过校企双元育人的机制建设，逐步完善“三段育人过程”、学历证书对接职业资格证书的“二元对接评价机制”的校企深度合作机制，以校企需求和培养目标为导向，推进人文素质教育、技能培训与企业需求相融合，加快了学生适应岗位需要的职业发展速度。

（2）学校获批建设云南省高等职业教育创新发展行动计划示范推广项目2个，分别是：省级杂技表演生产性实训基地1个，云南省蒋波杂技表演技能大师工作室1个。另有建成或在建的省级实训基地3个、省级特色专业2个，在建的校级重点专业4个，具有长期稳定合作关系的企业8个，其中引企入校5个。这为学校推行现代学徒制提供了条件，特别是有在舞台艺术表演、国际体育标准舞、体育艺术表演、体育健身与康复等专业拥有行业技能水平高、吸纳从业人员多、管理水平高的优质企业，具备学徒制培养的优势。早在示范院校建设时期，建立和完善具有学校特色的现代学徒制人才培养模式，构建课程模块化、内容项目化、项目岗位化的“三化课程体系”，构建考试对接考核、学历证书对接职业资格证书的“二元对接评价机制”，在杂技表演专业试点获得经验的基础上，借鉴先进的现代学徒制模式，修改完善相关专业的项目任务指导方案，制订杂技与体育艺术学院现代学徒制实施方案，并将学徒实习推广到学校更多的专业，把现代学徒制培养模式纳入学院教学管理系统之中。

（3）聘请校外专家和学校教学管理人员组建教学指导委员会，组建教研室，共同研究专业技能课程和舞台表演岗位课程同步推进的课程体系。将学校本位教育与舞台工作本位培养紧密结合，强化学生多岗位、多艺术门类辅助学习与锻炼，实现核心岗位（技能）达到中级职称以上标准，其他岗位（工种）达到初级职称以上标准要求，引导学生融入企业文化，加强课堂思政和职业素质养成教育，加快学生职业发展速度，成为企业技术骨干。同时，让教师了解现代文化产业（企业）舞台艺术生产实际，熟悉岗位技能要求，提高专业技能，促进教师向企业服务型、行业专家型方向发展。

（4）经过四年的探索和实践，校企共同制订教学计划、确定课程模块，课程对接岗位，学校和企业组建课程开发小组，共同确定学院技能课程和企业岗位课程同步推进，建立起了“课程模块化、内容项目化、项目岗位化”的课程体系架构模型，将所学专业课程分解成若干个模块，再将每个课程模块分解成若干个岗位技能项目。根据专业教学计划要求，结合行业人才需求和岗位要求，科学、合理提炼岗位核心技能，由行业、企业、学校共同研究制定4项核心基本功教学、节目创作教学、舞台表演实践教学等科目和样本。实施了学校教师与剧团指导教练共同培养人才的双导师制，编写具有鲜明职业特色的高质量的实训教材，注重实践性和可操作性，逐步完善了课程模块化、内容项目化、项目岗位化的“三化课程教育教学体系”建设。从职业岗位、工作任务、工作过程、岗位能力及职业素养出发，制定了6份课程体系，2门实训课程标准，共同编写现代学徒制校本教材2本，建立起了有效执行现代学徒制的评价机制和考核体系。

（5）在课程结构建设上，杂技与体育艺术学院与戏曲学院建立了学术交流机制，实施双轨并行的课程结构，根据学生掌握技能与发展方向，聘请非遗传承人培养技能专长，个别优秀的学生进入大师工作室，在师傅指导下进行艺术品创作，改变了传统民间技艺口传身授的单一传承模式，实现了非物质文化遗产的系统、科学、有效传承。

三、工作成效

（1）目前学校已建成一座面积为3000多平方米的剧场，杂技与体育艺术学院还自建500多平方米的实验杂技团综合演绎舞台，在完善自有实训基地艺术实践等课程的教学授课功能的同时，还可承接举办中、小型艺术作品展示交流平台。建成具有岗位训练功能、职场氛围和企业文化交融的“校团一体化”实践教学基地与创新创业服务平台，切实提升专业服务产业的能力。

（2）合作共享共赢，校企共建保障机制。为保障现代学徒制的顺利实施，我们在实践中不断完善协议类、制度类、职责类、考核类、方案类5类文件确保工作有序有效。比如学校与企业协议，学校、企业、家长三方协议，师傅与学徒协议，以及《杂技与体育艺术学院现代学徒制试点专业实施方案》《学徒实习管理制度》《安全措施与学生违纪处理办法》《学徒实习考核办法》《带教师傅工作职责》等。学校学徒制合作企业分担了部分人才培养成本，学徒还可以获得相应的经济报酬，从而降低了学校直接教育成本，提高了学校人才培养的质量。企业在不损害学生利益、符合国家法律法规前提下，减少了后备人才培养成本，增加了企业收益，给企业带来更多经济回报，提高了企业参与职业教育的积极性。总之，在企业追求经济效益和学校追求教育效益之间的矛盾上，实现了质量、成本与收益的平衡，从而达到共享共赢。

（3）推行双导师制，共建教师培养机制。企业（院团）选派高水平人员做师傅，负责学生技能传授，企业（院团）建立带班师傅绩效考核制度，将学徒业绩（艺术作品与舞台演出）与师傅工资奖金捆绑在一起考核。同时，学校鼓励企业选派有实践经验的行业、企业专家、高技能人才和非遗传承人等担任学校的兼职教师。学校在企业设立专业教师流动工作站，选派优秀专业教师做导师，到企业（院团）指导学生理论学习，借助企业（院团）优质创作资源，积极参与舞台艺术作品创作，提高专业教师的实践能力和教学水平，推动专业教师深入理解专业岗位需求，及时完善和更新相关理论知识。学校长期规划教师队伍培养目标，不仅要培养一批具有双师能力的青年骨干教师和杂技表演行业具有影响力的专业带头人，更要推动教师向“创作型”行业专家型方向发展。

（4）二元对接考核，共同建设评价机制。考试对接考核，学校考试和企业（院团）岗位考核相结合，由学校、企业对学徒技能进行达标考核。两项考核合格领取由校企共同颁发的学徒合格证，并成为学生毕业条件之一。学历证书对接职业资格证书：学生毕业时企业职业资格证书的取得是学生毕业的又一条件，这里的企业职业资格证书不一定是政府有关部门颁发的，但一定是行业内同类企业（院团）所认可的，因而有效地实现学生学历证书与职业资格证书的融合。

（5）以“校团一体化”校企合作驱动和深化“现代学徒制”人才培养模式的教学改革彰显办学特色。2012 级学生徐慧媛、李天紫在参加 2018 年云南省青年演员比赛中，凭借节目《绸吊—鸥》分别获得表演二等奖、三等奖的好成绩。2018—2019 年蒋波、黄蕾撰写的《多艺术门类辅助教学的新型人才培养模式》获得校级三等奖；蒋波、李婷怡、马俊三位老师执教的杂技表演人才培养教学成果——杂技创新节目《舞花枪》获得校级二等奖和优秀奖，周书老师微课作品《杂技三顶帽子的平丢练习》获得首届中国艺术职业教育学会微课教学评比三等奖。2018 年学生任显龙等随南京杂技团参加“金狮奖”全国杂技比赛，获“金狮奖”；2019 年任显龙赴意大利参加拉蒂那国际杂技比赛凭借节目《跳板蹬人》再次参赛荣获金奖。选派教师参加国家艺术基金专业带头人创新创业能力培训项目获“最佳创意奖”。申报建设创新行动计划，“杂技表演生产性实训基地”“蒋波杂技表演大师工作室”获得云南省省级立项并成为示范推广项目。

（6）学校教师蒋波、李莉媛、黎明、罗碧莹等一批教师分别在国家、省级核心刊物公开发表论文 17 篇，在国家和省级专业科研及论文比赛中获奖 10 余项，获批 2 项省级研究课题，5 项校级重点课题、7 项青年研究课题。组织编写课件和校本教材，获批云南省“十二五”规划教材建设项目（杂技《柔韧训练教程》、杂技《跟斗训练教程》)。《云南省文化体制改革背景下表演艺术人才培养模式创新》《高等艺术学校人才管理创新改革》《高职院校学生工匠精神培育研究》《守好一段渠种好责任田——论高职院校思想政治教育与专业教育的融合》《云南省高职高专特色骨干院校建设》《艺术类院校八年一贯制学生管理工作创新性研究》《云南文化体制改革背景下表演艺术人才培养模式创新》等获第七届云南省高等教育教学成果二等奖等。《顶技——赶摆路上》等多项教学案例被收录入云南省民族文化传承创新教学案例数据库。多人多次代表学校在国际、国内职业教育论坛和会议中进行交流发言，研究课题和论文多次获得各级政府及教育主管部门立项和嘉奖。

（7）对外文化交流和社会服务结硕果。自 2013 年至今，学校师生先后 9 次受外交部、文化和旅游部、国务院侨办、云南省人民政府、云南省委宣传部、云南省委统战部、云南省海外文化交流中心等委派，共计 130 余师生参与国家“一带一路”对外艺术交流访问演出与培训工作。在南京市杂技团国家艺术基金资助项目“金箍棒”、大型原创杂技舞台剧《渡江侦察记》、万达“傣秀”、圆通大马戏、“梦幻森林”等国际国内艺术展演的大舞台上都活跃着学院师生们拼搏向上、不畏险阻的身影。

学校实验杂技团多次代表学校实施开展了中国梦·云南情“文化大篷车千乡万里行”、高雅艺术进校园、文化“三下乡”、双拥下部队慰问演出等活动。配合学校接待不同国家（地区）到学校进行交流、访问、培训，共计 11 项。2013—2019 年学校师生先后赴意大利、法国、加拿大、俄罗斯、德国、新加坡、马来西亚、泰国、缅甸、柬埔寨、老挝、印度尼西亚等国家和地区交流展演 700 余场次。圆满完成各级组织交给的任务，多人多次受到上级部门的表彰和嘉奖。通过对外文化交流和展演活动，很好地传播了中国优秀传统文化和云南少数民族文化，通过艺术的展示和交流，促进了“一带一路”建设，增进了出访国家人民对我国的了解和友谊传播。

（8）助力脱贫攻坚：为提升学徒制社会服务效能，推动党的教育扶贫工作，学校实验杂技团全体师生不畏艰难，分别赴省级重点贫困地区红河县、元阳县开展“助力扶贫送温暖”文化惠民送戏下乡演出活动，演出节目涵盖声乐、小品、杂技、舞蹈、音乐、快板等，集中反映了美好乡村、家庭美德、扶贫攻坚等现实故事，演出了万千农家新生活，演出了百年盛世新梦想。文化扶贫活动走进偏远农舍和乡村小学，为村民和孩子们送去了欢乐和祝福，演出的节目贴近生活，同时也传达了党和国家的惠民政策，真正做到了把文化和扶贫政策送到了老百姓的家门口，在给贫困村的群众带来了一场精彩“文化盛宴”的同时，对推动精准扶贫工作也起到了积极的宣传作用，更加坚定了贫困户脱贫致富的信心和决心。

（撰写人：蒋波、黄蕾）

案例三十三：
工艺美术品专业木雕课程现代学徒制试点典型案例

云南文化艺术职业学院

摘　要：云南少数民族众多，有丰富的民族文化和民族民间工艺。云南文化艺术职业学院工艺美术品专业针对传统民间工艺进行工艺教学，开展现代学徒制试点教学，在本专业开设的课程中，包括刺绣、木雕、皮雕、陶艺等工艺。在这些课程中，学校把民族民间传统工艺传承人引入教学，进行有针对性的教学和培养。随着时代的发展，民族民间传统工艺在发展中也产生了许多新的问题和变化。传统技艺不断发展创新，对于民族文化传承与创新发展显得尤其重要和可贵，把优秀的民族文化传统继承发展下去，是学校肩负的重要社会责任。学校工艺美术品专业结合这个契机，开展了现代学徒制试点工作并取得了一定成效。

关键词：木雕；工艺美术；传统技艺

一、工艺美术品行业发展现状（以剑川木雕为例）

剑川木雕是剑川当地具有民族特色和经济发展的产业，在国内外享有一定声誉。剑川木雕的发展模式主要有两种：一是以县城为中心的县城企业模式；二是以剑川甸南镇为代表的村社型生产模式。此两种模式不仅都在扩大剑川木雕的行业规模和社会影响，还都用自己独特的理念培育了木雕文化的传承者和木雕工艺师，对传统木雕工艺的发展有重要的作用，而且这两种模式对人才培养的方式基本相同——学徒制。这种传统的技艺传授模式紧紧地与传统木雕工艺结合在一起，即师傅招学徒、带徒弟，徒弟又带徒弟，再逐渐传开，同时，学徒为了维持生活，受师傅雇佣，需完成师傅安排的工作任务。在这样的模式下面，师傅既是老师，也是雇主；徒弟既是学员，也是工人。学徒在工作的过程中，既实现了自我价值，也传承了传统的木雕技艺。

随着市场化的发展、工业化的生产方式变化，此种教学模式的一些弊端也逐渐体现出来。

（一）学徒人数减少

在剑川学习传统工艺的学徒主要以当地青年为主，外来人员较少，更有一部分是以家族式传承为主，随着经济的发展、教育的普及，此类年轻人已较少有人愿意再从事木雕相关工作。另外，外来的学徒到剑川，不仅要适应当地语言，还要适应当地的生活习惯和方式，学习成本也较高，本来外来学徒数量就有限，再加上各种原因，外来学徒数量就更少了。

（二）学徒知识技能较差

在剑川木雕行业现有的大量学徒中，很大一部分人文化程度都比较低，许多学徒都没有受过较高层次的教育，在木雕学习的过程中，学习的方法不佳和自主学习的能力较弱，导致很多学徒对这些设备的使用上，不仅难以正确操作，并且容易产生材料损耗和生产安全隐患，这些学徒需要更长的学习时间才能掌握这些操作技能，师傅也需要更长的时间教会他们。

（三）传统技艺创新发展缓慢

随着经济的发展，人们的生活方式、审美情趣和知识储备等都发生了变化，传统的一些木雕已经很难满足人们的需求。以前的木雕更多地应用于建筑当中，和建筑浑然一体，相辅相成，但是现在土木结构的建筑已经极大地减少，混凝土的建筑普及，已经无法容纳那么多木结构的雕刻装饰，当代的市场需求发生了转变，对做工精湛、创意独特、有时代气息的作品需求很大，但是很多传统技师的制作理念、内容、形式都无法很好地融入现代社会，技能无法充分体现，创新不足。

（四）行业从业人员流动性大，稳定性差

经济的发展，让剑川有了便利的条件，但是也带来了传统木雕行业从业人员不稳定的问题，无论木雕从业者在哪个阶段，都存在人才流失的情况，初学的觉得收入不稳定，不愿意继续从事木雕行业，中等技能水平和高级雕刻水平的工艺师往往会受经济影响，不断在不同企业间流动，造成雕刻技艺难以更进一步提高。

（五）行业发展特色难以继续凸显

剑川木雕在云南独树一帜，但放眼全国，剑川木雕的产品数量和种类就显得比较单一，加上经济和观念等各种因素的影响，目前的剑川传统木雕行业特色已经不像以前明显，发展速度缓慢，这严重制约了云南少数民族传统木雕工艺的传承和发展。

二、课程实施过程

云南文化艺术职业学院设计与传媒学院于2014 年申报工艺美术品专业为现代学徒制试点专业，2015 年开始招生，实行“校企合作，项目推动，实践操作，成果展示”教学模式改革，在宏观上培养对口企业急需、市场所需、社会必需的专业人才；在微观上培养具备手工制作、设计与创作等方面的知识和能力，了解和熟悉民族和民间的传统文化和技艺，能在制作、设计、生产和管理单位从事民族民间工艺品的制作、设计、管理等方面工作的专门人才。结合校内外实训条件，将学习任务分解到每个学期，用产品检验学习成果。课程设置分为公共必选课、公共任选课、专业必选课和专业限选课和专业任选课5个模块，其中核心课程包括“云南民族民间工艺概论”“产品设计基础原理”“3DMAX”“陶艺造型设计与制作”“服装工艺”“金属（乌铜走银）工艺设计与制作”“陶艺装饰设计与制作”“木雕与木刻工艺设计与制作”“织绣工艺设计与制作”“展示设计”“现代陶艺设计”和“民族民间工艺品设计”。

其中，“木雕与木刻工艺设计与制作”是在继承优秀民族和民间工艺技艺传统的基础上，结合和运用现代学徒制的理论思想，在现代的造物观念指导下进行有特色的民族民间工艺技艺和工艺品的传承、设计与开发的课程，学生先在学校提升文化知识，具备一定的专业素养，然后交由木雕行业的技艺师傅进行传统技艺的教学，同时，对教授课程的老师进行一定的培训，提升他们的教学能力，丰富教学手段，让他们能把现代的设计观念融入课程当中。

三、教学特色

工艺美术品专业课程现代学徒制教学过程突出实用性和专业性。学生在第一学年首先完成基本文化理论课程，积累基本的文化知识，同时学习传统绘画、设计基础、艺术概论等课程，培养理论基础。第二学年专业课程开始时，专业教师带领学生赴传统技艺传承地实地考察，了解传统工艺的基本流程和行业现状，然后与学校联合办学的实习实训基地的师傅共同教学，以师傅为主，对学生进行传统工艺的专业教学，让学生通过对行业的调研与实践学习结合起来，在作品的制作中逐步去掌握传统工艺的基本技法及艺术手法，在此教学期间，学生不仅要掌握传统工艺的各环节知识，还要对传统工艺的整个系统进行梳理，师傅针对不同的学习问题进行不同的训练，让学生对传统工艺有一个全面的掌握。

按学习计划完成实习实训教学环节后，学生回到学校，继续进行工艺教学，由学校专业教师完成，期间，教师会布置带有一定设计感的命题作业让学生在传统工艺的基础之上进行完成，运用传统的工艺，但是却把一些观念性的东西融入作品，让学生在此阶段理解工艺的不同表现手法和技术工艺。通过不同的教学方法，学生既学会了工艺的基本技法，又能有创意地设计作品。

在这样的教学模式下，传统工艺技师的手艺得以继续发展，他们不必担心学徒的来源问题，同时，这些参加学习的学生因为具备相对全面的文化知识，各方面的知识素养也优于传统的学徒，在对技法的学习和运用中，学生还能把一些新的观念融入作品之中，再经由专业教师和传统工艺师共同指点和把关，可以令学生的作品具有一定的艺术特色。通过这些教学方式的改变，学生从中受益颇多。

四、教学成果

通过学校与传统工艺师傅的共同教学，目前工艺美术品专业学生不仅具备了良好的专业文化基础，还是有较强的专业造型能力，把这些专业能力和传统木雕工艺结合起来，将会产生很好的化学反应，能更好地把创新能力融入传统技艺的传承和学习中，优秀的传统工艺也将会有新的成果展示出来。教师与学生参加相关技能大赛也获得了一些奖项，部分获奖证书见图 1。

图 1　教师及学生获奖证书（部分）

五、创新民族文化，提升云南少数民族传统工艺影响力的重要意义

创新民族传统工艺、提升少数民族传统工艺的影响力是发展民族传统工艺传承战略的必然要求。

传统工艺技法与其他一切先进文化一样，只有与时俱进，才能体现民族文化的社会价值和时代价值；只有创新，传统工艺技法才可能形成适应市场经济需要的文化产业，才可能拥有自己的文化品牌，提升少数民族传统工艺的影响力，造福于各族人民。经济社会的快速发展，离不开文化的繁荣兴盛。文化是民族凝聚力和创造力的重要源泉，是综合国力竞争的重要因素，更是经济社会发展的重要支撑。在现代社会，文化不仅是满足人民精神需求的重要保证，而且与经济发展的关系日益密切，它不仅直接贡献于经济发展，更在提升经济发展质量方面发挥着至关重要的作用。在如今的时代，工艺美术品（如木雕工艺）技法既要保留优秀传统，又要不断推陈出新，努力发展自己的优势特色，扩大自己的影响，让更多人了解云南少数民族传统工艺。作为学校而言，任重而道远。

（撰写人：孔维杰）

案例三十四：

基于产业园区的前校后厂现代学徒制育人模式探索

云南省曲靖应用技术学校[①] 曲靖浩龙应用技术开发有限公司

摘　要：为提高汽车运用与维修专业人才培养质量，云南省曲靖应用技术学校和曲靖浩龙应用技术开发有限公司校企双主体开展现代学徒制人才培养模式改革，以曲靖珠江源汽车城入驻企业为试点主体，以企业工作场景为教学场所，以企业典型工作任务为教学内容，以“3+2”（3天在企业、2天在学校）的教学组织形式，开展“双师、双岗、双主体”现代学徒制人才培养模式改革，实现专业与产业、教学与岗位的零距离对接，让教学走进企业，使学生走上岗位，参与企业的生产过程，在工作过程中学习，实现“做中学、学中做”，知行合一，提高学生的职业能力与素养，提升专业办学水平。

关键词：汽修；双主体；校企合作；前校后厂

一、实施背景

根据《教育部关于开展现代学徒制试点工作的意见》和《云南省教育厅关于加快推进现代学徒制项目建设工作的通知》精神，云南省曲靖应用技术学院和曲靖浩龙应用技术开发有限公司本着合作共赢、职责共担的原则，充分发挥各自优势和潜能，创新合作机制，积极开展现代学徒制试点工作，形成校企分工合作、协同育人、共同发展的长效机制，不断提高人才培养的质量和针对性，促进职业教育主动服务当前经济社会进步，推动职业教育体系和劳动就业体系互动发展。为解决学校人才培养规格和企业岗位能力需求错位、学生就业后动手能力差、教学内容过时等一系列问题，学校汽车运用与维修专业（以下简称“汽修专业”）通过展开广泛深入的企业调研，在专业委员会和行业专家的指导下进行研讨论证，分析目前人才培养过程中存在的问题，探讨突破困局的瓶颈，本着“友好合作，共同培养人才”的原则，于2017年9月选拔了30名学生，组成汽车运用与维修专业试点班，开展汽车运用与维修专业现代学徒制试点，强化学生前2年的岗位技能培养，提升办学水平和培养质量。汽修专业现代学徒制人才培养框架见图1。

学校和曲靖浩龙应用技术开发有限公司利用区位优势，与当地企业深度融合，合作共建大型汽车服务市场——珠江源汽车城，建立“前校后厂”校企融合的长效合作机

① 云南省曲靖应用技术学校是云南省第二批现代学徒制试点单位，2020年通过省教育厅验收。

制，形成合作互利的共赢局面，实现专业与产业、教学与岗位的零距离对接，创新人才培养的模式和途径，促进教学模式改革，让教学走进企业，使学生走上岗位，参与企业的生产过程，在工作过程中学习，在工作过程中提高，实现“做中学、学中做”，知行合一，提高学生的职业能力与素养，提升专业办学水平。

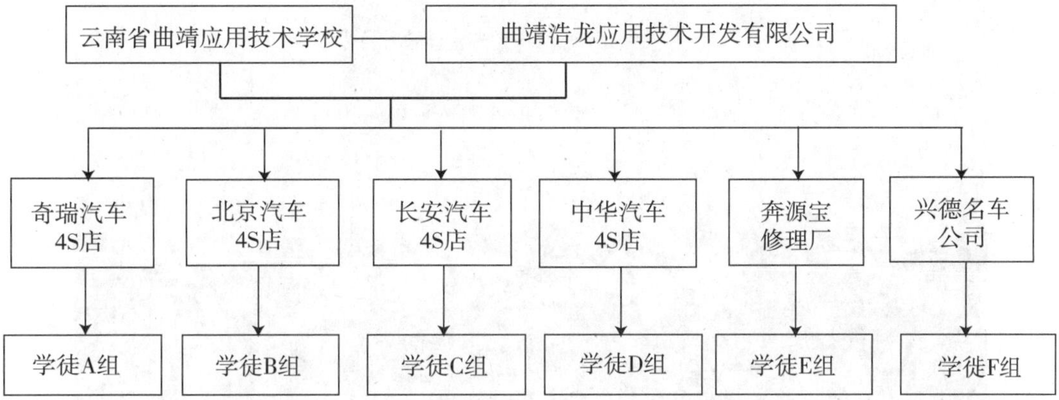

图1 汽修专业现代学徒制人才培养框架图

二、实施过程

（一）入学即上岗

学校和企业在2017年秋季学期，通过共同面试，从200余名学生中选拔了30名品学兼优的学生，按照北京汽车4S店、奇瑞汽车4S店、长安汽车4S店、中华汽车4S店和奔源宝修理厂等6家企业的需求，分布到各个企业，学生同时拥有学生和学徒的身份，学校、企业、学生、家长签订了四方协议，明确了各自职责、义务，为现代学徒制试点搭建了整体框架（现代学徒制启动仪式见图2）。

（二）建设“双师”人才队伍

每个学生确定了在企业的学徒身份后，在校内由班主任、任课教师和现代学徒制项目负责人共同管理，在企业由指导师傅、现代学徒制项目联络人（由4S店店长担任）负责管理和指导，形成了“双师”育人的局面。同时，为提高学生的学徒身份意识，学校组织了现代学徒制拜师仪式（见图3），明确了企业指导师傅和学生的师徒关系，增进了彼此之间的感情；学校给企业师傅颁发聘书，提高对师傅的认同感。

图2　现代学徒制启动仪式

图3　拜师仪式

（三）对接岗位安排教学

现代学徒制班的总体教学安排思路是：在学校学习系统的、规范的汽车基础知识和汽车原理结构，在企业结合生产实际中的典型工作任务提升岗位能力（见图4～5），并通过企业文化培养和提高学生的职业素养。具体安排是周一、周二在学校学习，周三到周五到企业跟着师傅学习，甚至有部分学生在寒暑假自愿到企业学习。

图 4　企业师傅零距离岗位教学（一）

图 5　企业师傅零距离岗位教学（二）

（四）构建现代学徒制工作制度

为顺利推进汽车专业现代学徒制试点工作，学校和企业共同制订了《云南省曲靖应用技术学校汽车运用与维修专业人才培养方案》《现代学徒制实施方案》《企业师傅选拔和考核方案》以及《现代学徒制企业联络人选拔标准和工作职责》《现代学徒制试点班学生守则》等制度，从制度上保障了试点班工作的开展。

（五）引入实践过程评价

现代学徒制试点班采用企业的考核评价标准，针对企业生产实践的生产实践和具体操作进行评价，构建了适应企业生产实践的评价体系。评价包括十个维度：①纪律、考勤占10分；②服从安排占10分；③工作态度占5分；④工作责任心占5分；⑤安全意识占10分；⑥专业水平占20分；⑦动手能力占25分；⑧职业素养占5分；⑨5S管理占5分；⑩创新能力占5分。同时学期技能考核由参与试点的企业师傅负责，按照企业生产实际的标准进行考核和评价（见图6）。

图6　企业师傅负责技能考核

三、特色亮点

（一）实现了教育与产业的有效对接

珠江源汽车城与学校实现了校企深度合作，在珠江源汽车城汽车企业集群中，建立学校汽车专业学生实习实训基地，通过现代学徒制试点的实施，实现了在企业真实环境及企业文化氛围下，实施以企业岗位的任务为引领、以项目为驱动的、按照企业标准开展汽车维修人才企业化、职业化教育培养，真正实现了职业教育与产业的对接，切实提升了专业办学水平和培养质量。

（二）创新了人才培养的模式和途径

依托前校后厂基地实施现代学徒制人才培养模式，可以实施并完成工学交替的人才培养全过程，突破了以往前 2 年只能在校内的关门办学模式，使得 3 年的教学过程可以与行业企业紧密结合，教学紧跟企业岗位，培养目标明确，教学内容与企业环环相扣，按照企业标准和要求进行企业模式的人才培养全过程。

（三）补充了教学资源，丰富了教学内容

由于生产实践是在学校全面管理的状态下开展，现代学徒制学生通过进企业学习，是一种工学交替过程，能够及时把企业一线岗位遇到的典型工作任务、典型故障案例，迅速引入到专业教学中，补充了教学案例，更新了教学内容，大大缩短了学校教学与企业实际之间的距离。

（四）推动职业教育体系和劳动就业体系互动发展

通过现代学徒制试点，对学校而言，既能够让企业找到自己中意的人才，或为企业解决人力资源储备，又可以让学生在师傅的带教下为企业付出劳动帮助，提高了生产效率；对学校而言，不仅可以通过推动工学交替教学实践打通校企合作的渠道，还拓宽了学生的就业渠道，深化了校企合作内涵，夯实了校企合作基础。

（五）提升了人才培养质量，促进了学生就业

职业教育以就业为导向，就业能力就是学生毕业后从事企业岗位工作、承担生产任务的能力、为企业创造价值的能力。这一能力的培养，过去限于学校教学条件，很难取得实质性成效。通过这现代学徒制试点，提升了学生工作岗位的真正技能，由于针对性强、实习教学条件好，学生的综合素养和就业能力提升显著，直接提升了学生的就业能力水平。

（撰写人：宋建华）

案例三十五：
产教融合、校企合作，创新电商人才培养新模式

云南省曲靖应用技术学校　曲靖益众科技有限公司

摘　要：云南省曲靖应用技术学校是第三批国家中等职业教育改革发展示范校。电子商务专业是学校示范校重点建设专业之一，早在示范校建设期间，就形成了特色鲜明的“教产一体、工学融合”人才培养模式和校企合作机制，现代学徒制正是这一培养模式的实践和升级。学校选定电子商务专业，与曲靖益众科技有限公司以现代学徒制的理念模式为指导，以企业用人需求与岗位职责标准为导向，以培养技能应用型复合人才为目标，在现有教学的基础上，引入企业师傅，以“工学交替”的培养模式，进行课程体系、教学内容和教学方法的改革。通过校企平行实施教学，共同主导人才培养，让学生真正做到技能应用能力和基本素质培养共同提高。

关键词：电子商务；产教融合；工学融合；工学交替

一、实施背景

为进一步深化职业教育，提高职业教育人才培养质量和水平，建立具有区域特色的人才培养模式，云南省曲靖应用技术学校于2017年成功申报电子商务专业为云南省现代学徒制试点专业，由学校与合作企业曲靖益众科技有限公司共同组织实施，探索实践“现代学徒制”人才培养模式。

学校电子商务专业开办于2002年，2006年评定为“市级骨干专业”，2013年为国家示范校重点建设专业，现有在校生500人。专业围绕单项、岗位、综合三级实训，以硬件建设为基础，软件建设为重点，教学改革为亮点，通过内建外联，引企入校，充分利用学校和企业两种不同的教育环境和教育资源，将课堂理论学习和相应的职业技能训练与企业的实际工作紧密结合。学生通过在虚拟仿真教学环境中，模拟性参与电子商务活动，再到企业全真实训环境下进行实习，整个学习过程与企业零距离接触，实现了“教、学、做”一体化。2015年，学校被认定为曲靖市“电子商务人才培训基地”，并深度参与曲靖市“互联网+农村电子商务三年行动计划”。

2016年曲靖益众科技有限公司与学校校企联合，共同打造2400平方米的电子商务人才培养基地（见图1）和700平方米的网仓中心，与阿里巴巴菜鸟网络合作成立云南省曲靖应用技术学校菜鸟驿站综合物流服务中心（见图2）。公司汇聚了本土最接地气的

运营专家，通过最前沿、真实的电商运营后台系统的实训操作，将实操课程融入到学习中，开启了校企合作、实战教学和实习实训相结合的现代学徒制电商教学新模式。科学的管理方式、超前的经营理念、专业的技术背景、丰富的实战经验，为学校电商专业开展现代学徒制试点提供了可能与保障。

图1　曲靖·电子商务人才培养基地

图2　网仓、综合物流服务中心

二、开展情况

2018 年 3 月，学校与曲靖益众科技有限公司以现代学徒制的理念模式为指导，以企业用人需求与岗位职责标准为导向，以培养技能应用型复合人才为目标，在校企联合招收的 70 名电商专业新生中开展现代学徒制教学改革试点。专业在现有教学的基础上，引入企业师傅，以“工学交替”的培养模式，进行课程体系、教学内容和教学方法的改革。学生于真实的职业环境中，在师傅指导下学习，培养岗位操作能力，熟练掌握具体专业方向的理论知识和实践技能。2018 年 9 月，校企双方就上半年试点工作实施情况进行阶段性总结，择优选拔了 26 名学生签订协议，通过举行拜师仪式（见图 3）、确认师徒关系，通过校企平行实施教学，共同主导人才培养，让学生真正做到技能应用能力和基本素质培养共同提高。

2019 年，学校在总结经验的基础上继续推进现代学徒制试点工作，从秋季招收的电子商务专业学生中选拔了 30 名学生组成第二个试点班，进一步深化现代学徒制教学改革试点。2020 年，专业计划组建第三个试点班。现代学徒制试点工作有效地将学校本位教育与学生工作本位培训紧密结合，为学校实战、创新人才培养起到推动和示范作用。

图 3　学校电子商务专业现代学徒拜师仪式

三、取得成效

（一）构建了“学生—学徒—准员工—员工”四位一体的人才培养模式

（1）专业实行“0.5 + 1.5 + 1”的人才培养模式——学生在前 0.5 年通过课堂教学、模拟实训等形式，掌握专业课程的理论知识和基本实践操作；在中间 1.5 年以学徒的身份进入试点班，由校企平行实施教学，学生在接受理论学习的同时接受企业真实岗位项目的实训；在最后的1年进入相应的电子商务企业实习。

（2）学生在经过前0.5年的课堂与实训教学后，需通过企业的测评（包括书面测评、技能测评、兴趣测评），才能进入试点班学习。

（3）试点班按照目前社会对于人才技能的需求制定新的教学标准，试点班学生以“准员工”的形式参与企业美工、客服、营销、运营、仓储物流管理，电商创业等真实岗位项目的实训。

（4）最后1年学生合作企业为试点班学生提供实习就业服务。

“四位一体”的人才培养模式见图4。

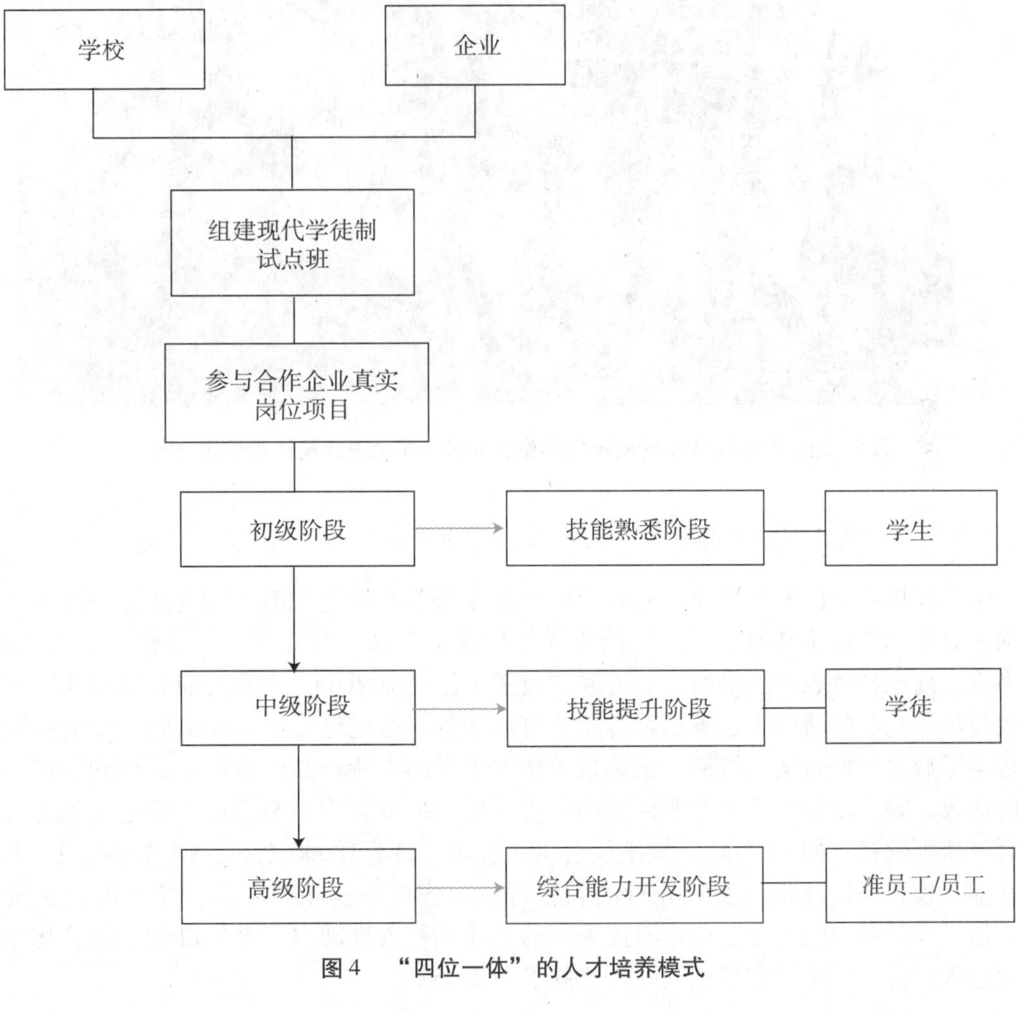

图4　“四位一体”的人才培养模式

（二）围绕创新创业开展项目化教学成果转化

按照“产教融合、工学结合”的现代学徒制人才培养模式，校企合作建成校园青创平台O2O体验店，带领学生在学中做、做中学，培养学生在校与行业接轨，学以致用。

同时还为部分贫困学生和建档立卡学生提供勤工助学岗位，减轻学生家庭负担。在2019年第一届全国新零售买手创业大赛中，学校两支代表队均获全国一等奖，充分展示了电商专业学生良好的专业技能和精益求精的职业风采（见图5）。

图5　电子商务现代学徒制班级学生参加第一届全国新零售买手创业大赛

（三）以“我为家乡产品代言”为主题，助力脱贫攻坚

学校积极响应国家脱贫攻坚号召，联合企业开展农村电商助力扶贫活动，通过“互联网+农业合作社+基地+农户”的模式，带领学生以“我为家乡产品代言”为主题，大力推广高原特色农产品出滇，助力脱贫攻坚工作（见图6）。现代学徒制试点班学生在学校教师和企业师傅的带领下学习客服、打单配货、打包等工作，并借助多个电商平台销售会泽盐水软籽石榴、核桃、土鸡蛋等扶贫地区的农特产品，从产品对接到销售，为农民增收、脱贫攻坚提供了专业保障和实质贡献。2019年中秋节前后学校电商基地共销售会泽盐水软籽石榴16余吨，核桃礼盒300余盒，鸡蛋18000余枚。扶贫勇担当，电商走在前，校企坚持理论与实践并行的教育理念，积极响应政策号召，结合电商扶贫道路，通过产教融合的教育方式培养优秀电商人才，积极推动农产品标准化、品牌化、网货化进程，努力探索“农村电商+精准扶贫”新路。

图6　“我为家乡产品代言”电子商务活动

（四）师生专业技能水平提高显著

2019年学校电子商务专业先后组织现代学徒制试点班师生参加云南省职业院校技能大赛、全国职业院校技能大赛、第一届全国新零售买手创业大赛、“致教杯”跨境电商创新实践大赛、2019年中国技能大赛—全国电子信息服务业职业技能竞赛电子商务师竞赛、第七届“博导前程杯”全国电子商务运营竞赛，共获得全国一等奖4个、二等奖2个、三等奖2个，云南省特等奖1个、一等奖5个、二等奖2个，共计参赛师生70人次、指导教师19人次。在2020年云南省职业院校技能大赛中，学校以第一名的成绩再次获得电商项目一等奖。

（撰写人：潘娥）

案例三十六：

创新能力培养模式，推进现代学徒制试点工作

云南商务信息工程学校[①]　昆明兰博面包工坊食品有限公司

摘　要：现代学徒制是落实产教融合、校企合作政策的一项重要举措。云南商务信息工程学校与昆明兰博面包工坊食品有限公司就烘焙专业推进现代学徒制试点，明确“校企共同培养、学习实践同步推进”的人才培养模式，努力构建校企双主体育人平台，落实双导师制度，定位学生学员双身份特征，改革专业能力结构体系，校企合作制订人才培养方案，并在试点过程中，加强对信息化手段的利用，提高学生培养效率。通过两年的试点推进，学生职业能力得到了培养和提升，并得到了企业的充分认可，校企双方正努力探索一种职业教育培养的新模式。

关键词：现代学徒制；双主体；双导师；双育人

云南商务信息工程学校是云南省唯一的全食品类职业教育院校，具有完整的专业门类和鲜明的学科特色。学校建校 40 多年来，以全食品类专业为主、相关专业为辅，探索出了一条结合学校实际和发展、适合社会人才需求、特色鲜明的技能人才培养之路。学校专业建设紧密结合云南八大产业和“三张牌”战略，以专业群建设为思路，定位全食品方向，积极探索校企合作模式，与昆明兰博面包工坊食品有限公司（以下简称“面包工坊”）等 20 多家企业合作 10 多年。学校烘焙课程自 1990 年开设后，即作为食品专业的重要培养方向。2010 年，学校开设西餐烹饪专业后，烘焙作为学校专业建设的一个重点项目，与面包工坊拟定合作战略，共同建设。学校食品专业群现有“云岭名师”1 名、省级教学名师 2 名，并有省内先进的全食品实验和实训场地超 2000 平方米。面包工坊是云南省内著名的烘焙企业，有烘焙大师 10 多名，在昆明市拥有 60 多家连锁店，在烘焙行业中属引领地位。双方高度认可现代学徒制的培养方式，努力构建校企共同培养人才的新模式。

一、现代学徒制执行情况

云南商务信息工程学校以西餐专业（西点方向）为试点申报现代学徒制项目，2017 年被认定为云南省第二批现代学徒制试点单位。为了高标准完成试点工作，顺利实现 2018 年

① 云南商务信息工程学校是云南省第二批现代学徒制试点单位，2020 年通过省教育厅验收。

秋季首届招生计划，学校认真学习教育部相关文件，深入考察面包工坊、昆明嘉华食品有限公司、好利来等多家云南知名烘焙企业，了解企业需求，找准教学标准与行业标准的契合点，最终确定面包工坊为西餐专业（西点方向）首家试点企业。校企共同对报名学生进行招生招工面试选拔，最终确定30名学生为现代学徒制学徒，以面包工坊中央工厂生产场所为企业教学主阵地，实行工学交替教学模式。企业为2018级现代学徒制班学徒选派了10名经验丰富的烘焙大师作为师傅，1名师傅带3名徒弟，于2018年9月28日举行了隆重的拜师仪式（见图1），并根据教学计划到企业进行实践（见图2）。

图1　校企现代学徒制拜师仪式

图2　现代学徒制工坊班学生到企业实践学习

校企双方经过两年合作，现代学徒制工作稳步推进，虽然在执行过程中遇到一定困难，如工学交替学生在企业定岗培养期间对岗位的不适应等情况，但经企业师傅、学校老师的正确引导，学生最终克服了种种困难，按照预定计划顺利完成了2018、2019年的工作目标，积累了一定经验。通过2018年现代学徒制面包工坊班试点工作，我们认为已经可以在学校其他专业推广试点工作。

二、具体做法与经验

（一）构建校企双主体育人平台

现代学徒制的核心是双主体育人，学校和企业都是办学的主体，二者共同构建双主体育人平台，共同参与对学生（学徒）培养的全过程。2018—2019学年，学校践行现代学徒制工学交替教育模式，30名学生用三个月时间深入面包工坊中央工厂参加定岗培养学习，将学校所学理论知识与企业实践相结合，通过在蛋糕车间、面包车间、点心车间等的岗位学习，熟练掌握了配料、面团调制、成型、烘烤、装饰等技能。通过校企共建双主体育人平台、工学交替的学习方式，学生职业素养和职业技能显著提高，初步实现企业、学校和学徒的三方共赢。这种双育人模式的具体做法如下：

1. 管理体系、制度体系的构建

首先，成立组织机构与工作小组，校企之间、校企生之间签订相关协议，明晰各方的职责权利，初步构建学校主导、校企互利、双层运行、协议约束、动态协调的运作机制，并建立主要的、迫切的规章制度，再在运行中不断补充、完善各种制度（管理运行机制见图3）。

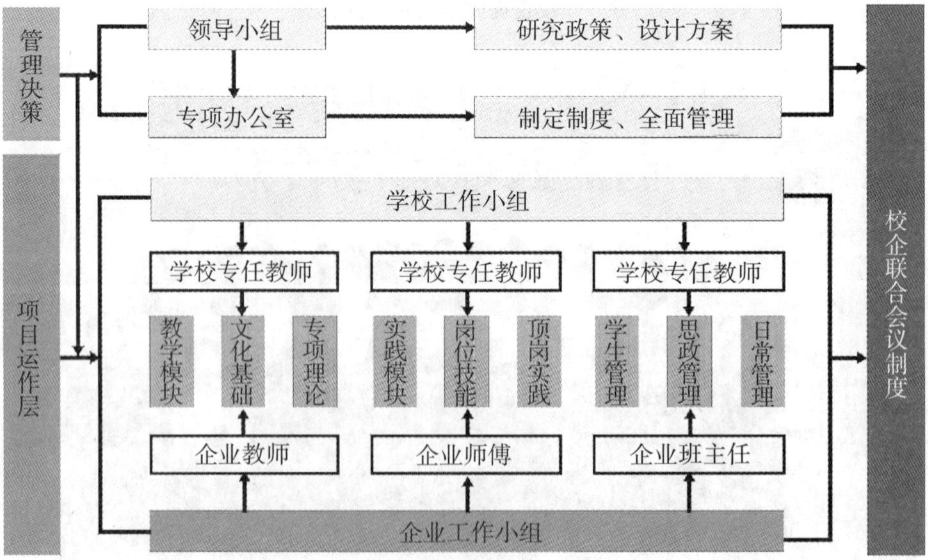

图3　校企双主体育人管理运行机制示意图

2. 学校、企业、学生签订相关协议

首先，学校与企业都是办学的主体，双方签订办学协议（如图4），共同参与人才培养的全过程，共同承担教学、管理、经费投入等，是责任的主体、教学的主体、管理的主体、评价的主体；其次，学生与校企三方签订培养协议，同时成为学校在校学生和企业员工，遵守学校和企业的管理制度，享受学校和企业的相关待遇。

图4　校企现代学徒制签字仪式

（二）建立育人双导师制度

学校和企业建立了合理的双师结构，学校抽调出10名富有经验的老教师（高级讲师）、年富力强的中青年教师（讲师）担任现代学徒制工坊班的教学工作，同时为现代学徒制工坊班配备优秀的班主任参与管理学生；企业遴选出10名经验丰富的烘焙大师作为师傅，1名师傅带3名徒弟，明确的团队分工，高水平的师资力量，形成坚强有力、结构合理的双师队伍。

（三）明确学生学员双身份特征

依据“招生和招工一体化”的指导思想，校企采取先招生再招工的方式，2018级西餐专业各班学生按照“学校组织、学生报名、企业面试”的程序，通过双向选择，实现双身份的联合招生招工，成立了“工坊班”，并签订了学徒合同，对校、企、学徒三方的权利和义务进行了明确约定。校企联合培养、共同考核，不仅解决了学校“学生”与企业“员工”的双重身份问题，实现了现代学徒制人才培养，还促进了企业参与人才培养的主动性和积极性，提高了学生学习的主动性，增强了学生适应岗位的能力，能够培养出更高质量的适应现代食品行业所需要的西餐烹饪专业技术技能人才（学徒在企业学习场景见图5）。

图5　学徒在企业学习场景

（四）校企构建课程能力结构体系

基于学校人才培养规律和企业人才岗位成长过程构建专业课程线和职业能力线“双线”架构，学校、企业将教学过程分为三个阶段六个学期，构建了“双线三阶递进的工学交替”教学组织模式，如图6所示。校企双方科学系统地开发课程，最终形成由公共基础课、专业基础课、专业核心课程以及拓展课程等组成的课程体系。另外，校企还紧跟西餐专业（西点方向）市场发展潮流，不时对课程体系及时调整，适应发展需要。

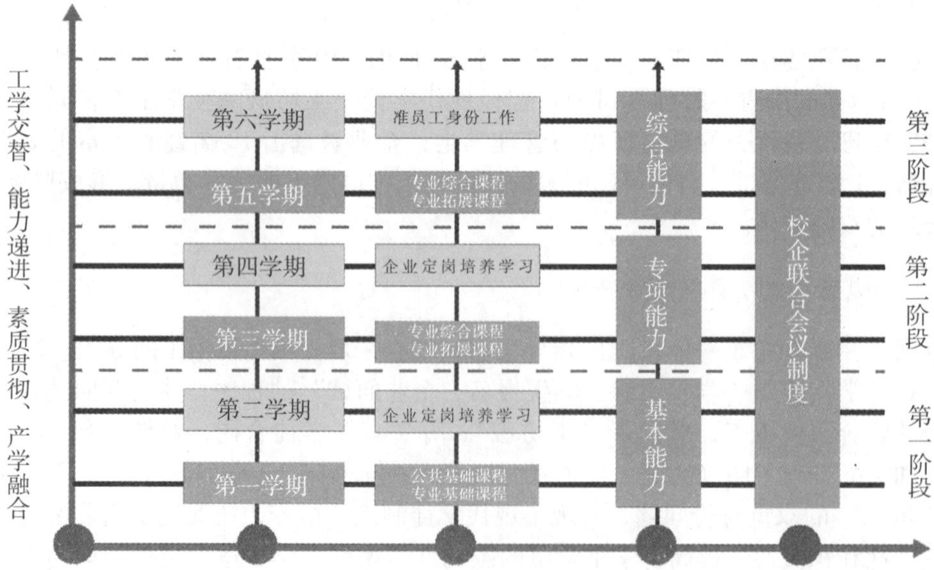

图6　工学交替课程体系框架图

（五）信息化教学提升学生培养效果

学校教师利用信息化手段建立“雨课堂”，完成学生工学交替期间的理论指导。学生在进企业定岗学习期间，主要以技能学习为主，但学校教师的理论指导也未曾落下，每天通过“雨课堂”对学生进行理论教学指导，学生在学习过程中有疑惑可随时与教师取得联系，相互沟通交流，完成理论学习。“雨课堂”主要以平板电脑或手机终端来实现线上学习，教师根据学生的电子作业情况以及之前所有学习环节的测评考核给予本节课最终的考核分数，并且作为期末测评考核的标准之一。经过几个学期实践，“雨课堂”值得保留和推广。2018 级现代学徒制工坊班学徒与师傅相互之间添加了微信，建立了微信群，学生回到学校以后，也可以继续向师傅请教，加强联系和互动。

（撰写人：何树称、高攀、陈锦亮等）

案例三十七：
以兴趣引导职业方向，以方向确定学徒
——婚庆专业现代学徒制人才培养的推进

云南旅游职业学院[①]　乌托影像集团（乌托摄会）

摘　要：云南旅游职业学院婚庆服务与管理专业在现代学徒制人才培养工作实施中，从侧重于培养学徒"数量"逐渐转向培养学徒"质量"，进而提高企业正式员工转化率。为此，学校在"申请—考核制"的基本制度下，探索出"以兴趣引导职业方向，以方向确定学徒"的新思路，并于第四期学徒班开始实施，经过半年多的实践，又在第五期学徒班进行了改进。

关键词：婚庆；兴趣；职业；学徒

一、产生背景

云南旅游职业学院婚庆服务与管理专业在现代学徒制人才培养工作中已实施四期（2017年9月—2020年2月），在"申请—考核制"的基本制度下，于2019年7月起，探索出"以兴趣引导职业方向，以方向确定学徒"的新思路，取得了不错的成效。乌托影像集团（乌托摄会）是一家以摄影摄像为主，能够提供一站式婚礼服务的大型综合婚礼服务企业，涉及影业、婚嫁宴会中心、婚尚婚礼中心等行业，能为婚庆服务与管理专业学生提供很多的就业岗位。2019年，学校通过考察以及和企业洽谈，以"摄影摄像"课程为合作突破口，与乌托影像集团（乌托摄会）开始合作。在授课过程中，学校和企业发现部分学生对摄影产生了浓厚的兴趣，并提出了强烈的从业意愿。因此，学校和企业共同产生了"确定职业方向，选拔学徒"的新思路。

二、实施路径

经过2年的学徒制实践，学校逐步厘清了婚庆服务与管理专业知识广、技术技能杂、就业岗位多的特性。在前期学徒制培养工作中形成的"申请—考核制"基础上，学校开始利用专业特性与学徒制的结合点，充分发挥专业兴趣选择广的优势，带动学徒制培养，通过"理念灌输→工作准备→学徒吸引→学徒甄选→学徒确定→学徒培养→质量

① 云南旅游职业学院是云南省第二批现代学徒制试点单位，2020年通过省教育厅验收。

控制”的培养路径开展了一系列的学徒制培养工作。具体实施路径如图 1。

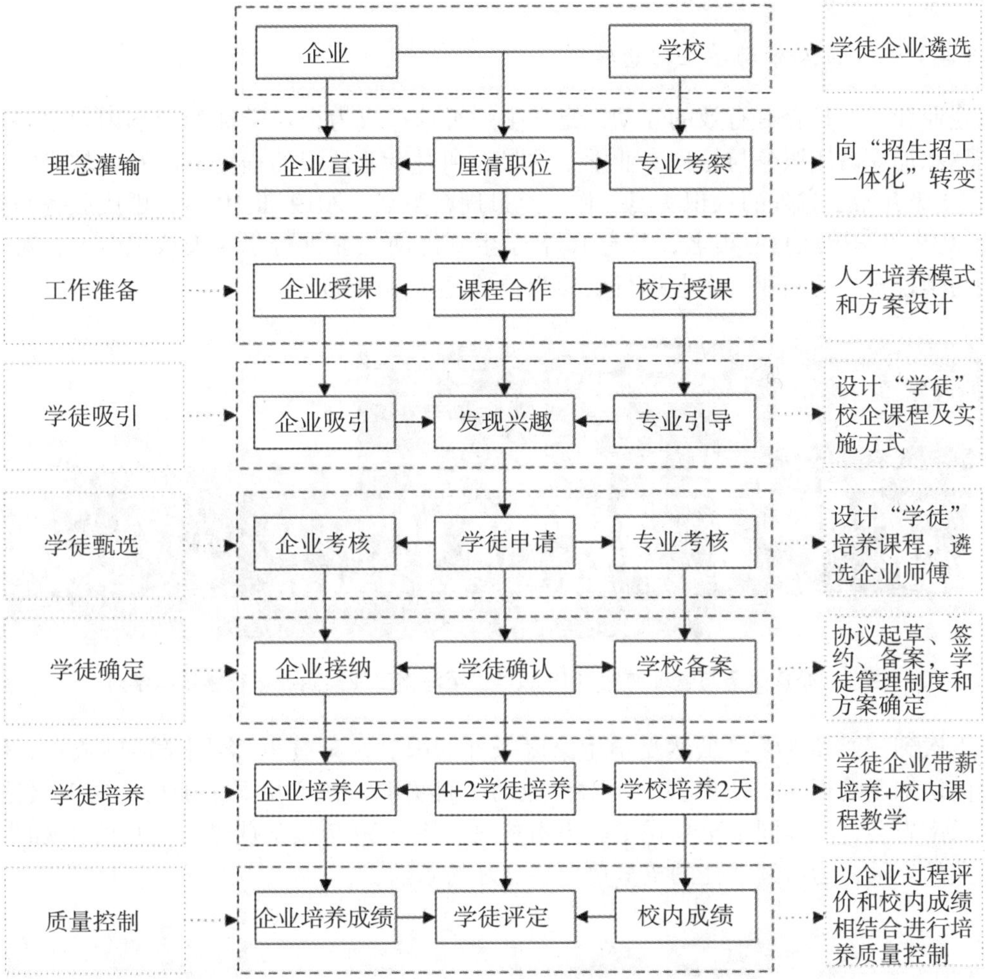

图 1　婚庆服务与管理专业“现代学徒制”培养实施路径图

三、重点实施工作

（一）通过课程引导学生发现自身兴趣

2019 年，相对于该专业以前的学徒制培养工作，学校将工作的重点由“输送学徒”转变为“挖掘学徒”。这一转变基于学校解决以往侧重于学徒“数量”的指标，但学徒“质量”不高，以及学徒向企业正式员工转化率不高等问题。“挖掘学徒”的出发点是甄别和吸纳真正想从事本行业，学习企业优势技术并能为企业服务的学生。从教育的角度来看，兴趣是学生最好的老师，“以兴趣引导职业方向，以方向确定学徒”更有利于学生坚定当学徒的信心和决心。

学校与企业为现代学徒制的培养工作重新制订了人才培养方案，将“流媒体制作”

"婚礼化妆""婚庆企业运营与管理"等更多课程交由企业在学徒培养过程中讲授，以确保第五学期学徒班的顺利开展。

（二）校企互动带动学生理念转变

企业和学生是否有有效的互动，是学生是否选择成为企业学徒的影响因素之一。为了拓宽和加深婚庆服务与管理专业学生的眼界和对专业认识的程度，该专业教研室率先在2019级开始了省外的认识实习工作。经过周密策划，2019年10月，婚庆服务与管理专业2019级学生经自愿报名，共有10名学生到海南三亚进行了3天认识实习，对未来可能与学校合作的三亚某企业进行了参观和学习（见图2）。

图2 婚庆服务与管理专业2019级学生至海南三亚某企业进行参观和学习

本次到三亚参观学习虽然受学生家庭条件的限制，只有10名同学能够成行，但对专业的认知影响很大，使更多学生对专业的了解更深、信心更足。随后，这10名同学返回云南省会合其他同学至乌托摄影集团参观，并与2017级学徒进行了互动（见图3）。与企业的互动，为后续学徒的招募奠定了良好的基础。

图3 婚庆服务与管理专业2019级学生至合作企业参观并与2017级学徒互动

（三）学徒理念的宣传——招生招工一体化的初步尝试

为提前做好学徒制培养的铺垫工作，婚庆服务与管理专业与合作企业自2019级学生入校起，便开始了学徒制宣传工作。相对于机械、电子等传统行业，婚庆行业对于大部分学生来说还属于较新的行业，但学校通过学生报到伊始的"招生招工一体化"工作（见图4），提前让学生对现代学徒制有了一定的了解和认识。

图4　婚庆服务与管理专业在新生报到时开展“招生招工一体化”工作

在新生报到时“招生招工一体化”工作的铺垫下，2019 年 11 月 22 日，专业正式开展了“婚庆服务与管理专业第五期学徒宣传及招工”工作（见图 5）。最终，学校、企业共录取学徒 13 人，其中 2018 级 7 人、2019 级 6 人，实现了大一新生学徒招募“零”的突破。

图5　婚庆服务与管理专业第五期学徒“学徒宣传及招工面试”现场

（四）第五期学徒的签约

随着婚庆服务与管理专业学徒制培养工作的推进及校企合作的日益加深，第五期学徒的签约仪式被乌托摄影集团安排在集团年会时举行，并专门设置了拜师环节（见图6）。

图6　婚庆服务与管理专业第五期学徒签约及拜师仪式

四、实施效果

（一）第四期学徒实施成效

2019 年 7 月开始实施的第四期学徒班以 2017 级学生为主，共招收 35 名学徒，占该专业年级学生总数的 74%。现代学徒制试点工作实施以来，学徒工资最低为 1700 元，最高为 8200 元。最低工资岗位为技术岗位，最高工资岗位为销售岗位。

至 2020 年 1 月，2017 级学徒有 10 人留在合作企业中，留任率为 29%，而离职学徒绝大部分想进一步提升学历，准备专升本考试。

（二）第五期学徒班实施成效预期

2020 年 1 月，校企共确定第五期学徒 13 人，其中 2018 级（大二，该专业 30 人）共 7 人、2019 级（大一，该专业 43 人）共 6 人。

与前四期学徒班不同的是，第五期学徒班在选拔初期设定了 3 个条件：

（1）需为非专升本、未来方向瞄准就业的学生；

（2）能接受学徒班的的培养方式；

（3）家长需了解上述 2 条内容，并签字同意。

为此，第五期学徒班虽然报名人数较多，但因受上述 3 个条件的限制，最终只录取了 13 人。而学徒班的录取率，2018 级录取率为 23%，2019 级录取率为 14%，虽然相较于 2017 级的录取率有很大的下降，但预计未来第五期学徒的留任率会有极大的提高，有利于学徒制校企联合培养工作的长期开展。

（撰写人：向前）

案例三十八：
"1234"人才培养模式的重构与实施

云南旅游职业学院　昆明天使原创企业管理有限公司
昆明怡美天香置业有限公司（即花之城珠宝）等

摘　要：试点中期，结合省专委会提出的整改意见，云南旅游职业学院对宝玉石鉴定与加工专业现代学徒制试点人才培养模式做出调整，优化教学模式改革团队，在原有校企合作的基础上，优选和补充另外两家合作企业，并重新签订学徒制试点合作协议。经过不断摸索和尝试，形成了"1234"人才培养模式，人才培养效果不断凸显，试点学徒在职业素养及专业能力方面更加突出，更能适应企业对学生（学徒）岗位的具体要求。

关键词：校企合作；人才培养；珠宝；学徒

一、背景介绍

云南旅游职业学院在现代学徒制试点的推进工作中，经项目组商榷，在与原有合作企业昆明天使原创企业管理有限公司维持合作的基础上（双方签订现代学徒制试点合作仪式见图1），于2019年10月与另外两家企业［昆明怡美天香置业有限公司（即花之城珠宝）与北京中测云联珠宝玉石质检技术研究院云南分院］达成现代学徒制合作意向。

学校通过与上述三家珠宝公司对接、商洽，以项目任务书为基准，陆续展开相关工作，主要工作为宝玉石鉴定与加工专业2018级与2019级共10位同学进入企业，并在企业师傅的带领下以学徒的身份开始学习。企业共提供三大岗位群供学生实践，分别为珠宝鉴定检测岗位群、珠宝销售岗位群、首饰设计与加工岗位群。此三大岗位群几乎涵盖了珠宝行业90%的岗位，学生通过在这三个岗位群轮流学习，能力得到较大提升。

图1　校企签订现代学徒制试点合作仪式

二、主要做法

（一）重组“双导师”教学保障团队

重组教学模式改革团队，项目组团队成员主要由企业方10人、学校方6人共同构成“双导师”教学保障团队。除了完成各自岗位工作外，要求在学徒企业轮岗期间，校方教师每周去企业随岗至少1天，并留下学徒痕迹检查材料，了解学徒及企业师傅在教学过程中遇到的困难与问题，并及时改进，总结经验。

（二）“1234”人才培养模式的重构与实施

校企根据宝玉石鉴定与加工专业特点及珠宝行业发展现状，制定和实施“1234”人才培养模式。该模式与传统“2+1”或者“2.5+0.5”模式有显著不同，体现在将第三年定岗培养分解为三年，在学校和合作企业中穿插进行。该模式概括为“1234”，即：一项人才培养方案标准，两大学习形式，三种实施手段，四个层级提升，具体见图2。

图2　“1234”人才培养模式

该模式的内涵如下：

“1”代表一套人才培养方案，即根据企业用工标准与高职学生的学习特点相结合，制订符合学徒制发展的人才培养方案。

“2”代表两大学习形式——学校和企业学习，有五重意义，具体见表1。

表1　“1234”人才培养模式内涵表

双主体育人	学校、企业都是育人主体
双导师指导	学校教师和企业师傅共同指导学生
双环境培养	校内教室与实训室和校外企业的加工车间、鉴定检测室或柜台两个环境下学习
双身份学习	学生具备学生和学徒（企业员工）双重身份
双证书毕业	学生毕业时具备学校毕业证书和企业岗位群所需职业资格证

“3”代表三种学习手段，分别为工学结合、多岗轮训、项目教学。根据学徒制的实施细则，学生进入学校后试行工学结合，即每周两天在学校，三天在企业。此外，由于每个学生的兴趣与长处各不相同，试行初始时期多岗轮训，即三家合作企业提供三大学徒岗位群，分别是鉴定岗、销售岗、设计与加工岗，参与学徒制的学生根据轮岗安排在上述三个岗位群进行实训。项目教学是指学徒在岗位群学习时，将岗位群所需的不同技能按照工作流程设置为

不同的项目进行学习，例如销售学徒需要学习的项目依次为熟悉货品项目、柜台陈列设计项目、接待顾客项目、销售推进项目、售后总结与服务项目等。

“4”代表学生从学徒到员工的四个层级的提升，即上岗、知岗、熟岗、转岗四个阶段。对于销售岗位群来说，四个层级分别为销售学徒、柜台销售助理、销售助理、正式销售员。对于鉴定岗位群来说，四个层级分别为鉴定学徒、鉴定证书制作流程员工、助理鉴定师、正式鉴定师。对于加工岗位群来说，四个层级分别为加工学徒、加工半熟手、加工熟手、正式加工师傅。

在2018级、2019级两个年级中遴选出的10位学生成为试点学徒组成员，按每周两天在学校、三天在企业学习的模式进行学习。学生在学校集中学习基础课，在企业提供的三大岗位群以学徒的身份轮岗学习并获得相应学分。1~2年后，企业会给轮岗学习结束且综合评价合格的学徒定岗（结合学徒自身兴趣），定岗后学徒在岗位上正式工作。

三、建设成果

试点项目与企业的合作形式为“P to M”，P指项目试点，M指多个企业，即点对多的形式，本试点对多个企业。这种形式的优点是，学校在选择企业时，均选择行业内竞争力较强的企业。

（一）认真落实“1234”人才培养方案，学徒轮岗获得跨岗位职业技能

从2019年10月开始，试点项目首先根据学生意愿分别在宝玉石1801班甄选出5位学生，与1901班5位同学共同组成学徒组，开始在企业提供的三大岗位群进行轮岗学习。

根据人才培养方案细则，具体采取每周周一、二在学校，周三至周五在企业的“双环境”学习方式。学生周一、周二在学校学习基础课，学校为试点学生开辟了绿色通道，即周一、周二期间试点学生可以选择任何基础课任教教师的其他班级并进入学习。该教学模式可以保证试点学生获得相应基础课的学分。周三至周五，学生在企业轮岗期间，不仅要保证师傅的教学内容必须涵盖所有专业课，而且教学内容按照岗位技能与专业课知识的逻辑关系进行安排，保障教学内容基本一致。所有岗位群轮流学习结束后，学生不仅可以获得跨岗位职业与技能，还可以通过自身兴趣、优势等综合定岗。通过轮岗学习，10位学徒在毕业前可获得岗位对应的技能证书，例如宝玉石检验员等职业资格证书。

结合试点项目组的整改意见，持续推进本次现代学徒制试点工作，半年多以来，10位学徒组成员职业技能得到一定程度的提升。其中，设计加工岗位群学徒的部分作品已经达到市场流通珠宝商品的规格和要求；2020年1月，鉴定岗位群的学徒在昆明国际珠宝展为消费者鉴定、检测珠宝玉石；销售岗位的学徒在客流高峰期可以独立完成销售环节。2019年10月在校内举办的职业能力作品展示周上，加工岗位群2名学徒展出加工作品12件，销售岗位群4名学徒成功售出加工学徒的作品10件；鉴定岗位群4名学徒免费为全院师生进行常规仪器鉴定44次。2020年1月举办的职业院校珠宝鉴定与加工技能大赛中，鉴定比赛中获得团体二等奖，加工比赛中1人获得个人二等奖、2人获得

个人三等奖，获奖学生均为学徒组成员。学徒参加职业技能比赛及相关作品见图3。学徒分别在鉴定、销售、加工三大岗位群学习见图4。

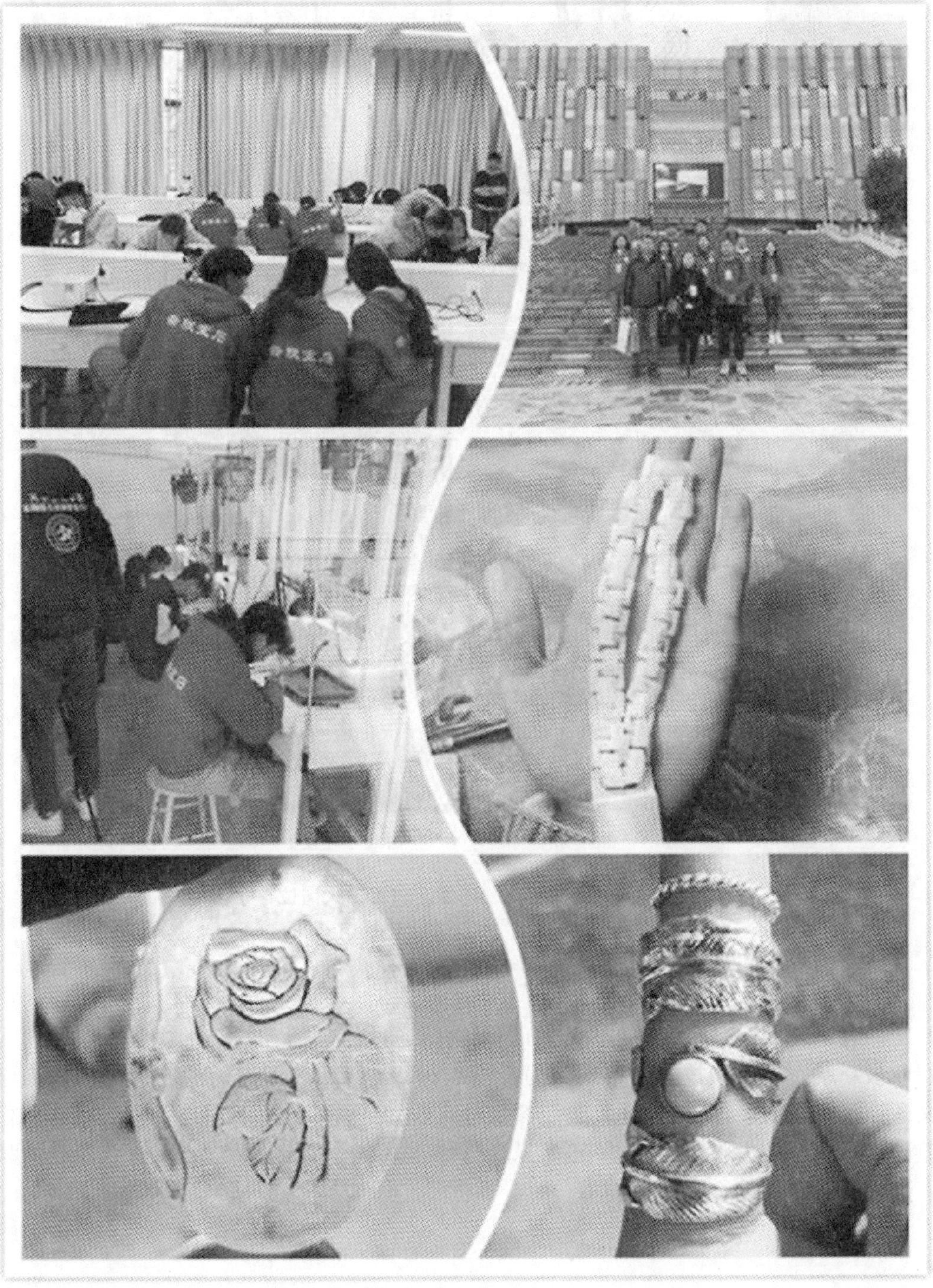

图3　学徒参加职业技能比赛及相关作品（部分）

图4 学徒分别在鉴定、销售、加工三大岗位群学习

（二）通过项目实施与学徒式管理，教师的业务能力得到提升

学徒轮岗期间，每个岗位群对应的随岗教师通过与师傅一对一的交流、学习，了解到行业最新动态，实践技能也得到大力提升。2019 年 10 月至今，专职教师共发表学术论文 8 篇（见图 5），出版教材 1 部，参与行业活动共计 4 次。教师能力提升后，他们的这些先进理念、能力将辐射到宝玉石鉴定与加工现代学徒制试点项目整个专业的教学中，进而提升专业的综合竞争实力。

图5 专职教师发表的学术论文（部分）

（三）企业获益

对于企业来说，经济成本与人力资源成本一直是影响企业利润的两大重要因素。企业通过学徒制项目合作，学徒毕业后直接成为具备高级职业技能的人才，人力资源成本有效降低，有效避免了刚毕业的学生无法快速进入工作状态这一常见问题。另外，企业师傅通过与随岗教师的沟通、学习，理论知识得到提升。

（四）现代学徒制教学模式的推广

宝玉石鉴定与加工专业所属二级学院资源工程学院通过总结经验，积极推广现代学徒制模式，将“1234”人才培养模式推广到建筑专业群中，以期提高建筑专业学生技能。

四、小　结

试点工作推进以来，虽然成效明显，但困难也不少。一是招生招工一体化实施难度高。如何在现有招生模式下实施招生招工一体化，对学校与企业均有难度。学校招生必须通过高考后填报志愿进行，企业招工则是双向选择后的结果，传统招生模式和招工模式运作方式完全不一样，项目组下一步的工作将寻求招生招工一体化的解决办法。二是校企责任风险划分有难度。学校一直注重学生的安全问题，但是学校和企业的管理方式完全不同，如何在保障学生安全的前提下开展学徒制学习，对学校和企业的要求均不同。学校将适当引入企业管理办法，结合学校的学生管理办法共同管理学生，并在管理过程中逐步明确学校和企业各自的权利、义务。

总之，学校将继续以现代学徒制项目为依托，夯实理论教学，灵活岗位群实训教学，通过轮岗再选岗的步骤往真正需要技能型人才的岗位群输送学徒，全面推动现代学徒试点项目的建设，增强专业综合竞争力，形成校企双赢。

（撰写人：王晓慧、张哲）

案例二十九：
校企联培，成就现代工匠

红河卫生职业学院[①]　星创视界集团广东宝岛眼镜有限公司

摘　要： 红河卫生职业学院一直以来都致力于开拓眼视光技术技能人才的输送渠道，不断研讨行业对专业人才的需求，充分发挥合作企业的优势，在人才培养方案、专业课程建设与开发、校企师资队伍的建设、学生实习实训基地不断推进校企合作，最大限度地发挥校企优势，资源共享，培养具有工匠精神的符合现代眼视光技术职业精准要求的高素质技术技能型人才，争取实现校、企、生三方共赢。

关键词： 眼视光；校企联合培养；工匠精神

一、实施背景

随着现代职业教育的发展，红河卫生职业学院眼视光技术专业与时俱进，为培养出符合现代职业要求的专技人才，努力探索教学实训新路子，成为云南省第二批现代学徒制试点专业，与星创视界集团广东宝岛眼镜有限公司达成深度校企合作意向，共同构建“以企业用人标准为导向，以检验学生职业能力为核心，以培养学生综合素质为主线”、由学校和企业共同培养人才的模式。在校企协同育人机制的推动下，校企培养实现零距离接轨，进而实现“学生—学徒—准员工—专技人才”四位一体的人才培养模式，并有校企共建的校内实训基地、校企共同制订的人才培养方案、校企共用的师资队伍、校企共建的考核评价标准等为现代学徒制的实施提供基础和保障。

二、具体做法

（一）探索校企协同育人机制

严谨筛选，确定合作企业。自专业试点项目立项以来，在学校院系领导的带领下，成立试点专业项目组，并积极对接企业，制订现代学徒制试点项目和企业调研计划，深入企业进行调研（见图1），详细了解企业情况，认真遴选现代学徒制合作企业。经过3轮省内外企业的深度调研，形成汇报调研报告，经院领导分析审核后，最终确立了星创

① 红河卫生职业学院是云南省第二批现代学徒制试点单位，2020年通过省教育厅验收。

视界集团广东宝岛眼镜有限公司作为学校眼视光技术专业现代学徒制合作对象，共同推进现代学徒制试点项目工作（见图2）。

图1　现代学徒制合作企业调研

图2　现代学徒制校企合作签字仪式

（二）推进招生—招工一体化

紧密结合校、企、生三方实际情况，实现先招生，再招工。在确立校企合作关系以后，双边积极开展工作，校企洽谈，形成正式合作文件，并签署校企学徒制合作协议。校企联合在校内开展对本专业新生及家长入学第一个月内进行学徒班组建动员工作，明确三方权责，秉承自愿原则，校、企、生（及家长）三方联动签署三方协议。

（三）完善人才培养制度和标准

区别于传统的职业教育，现代学徒制的人才培养由校企双方共同探讨。校企经过反复商讨和研究，共同搭建了基于企业岗位能力需求的课程体系，形成了现代学徒制人才培养方案初稿。同时，校企双方结合企业用人标准、社会专业技能需求，不断深入研究并进行科学性的调整，最终形成现代学徒制人才培养方案，这为培养企业需求型全方位高素质技术技能型人才提供了依据。并根据一线切实的专业需求，校企共同制定了学徒技能操作考核评分标准及细则，规范管理与考核，保证人才培养质量。

（四）建设校企“双师”队伍

实现资源共享最大化，建立校企互聘共用的专业师资队伍。学院聘请企业资历深厚、经验丰富、技能操作规范标准的师傅，进校承担部分课程模块的教学任务。这不仅提高了专业基础课程的教学质量，也加强了企业师傅技能经验的转换和教学能力的提升。企业校外实训基地承接学校教师技能的培养，学校老师在企业一线的锻炼学习中实操能力得到提升。针对学生一线核心专业技能的学习，校企联合培养，共同制定教学模块、教学标准、考核评价要求，旨在稳固提升专业人才的核心操作技能。现代学徒制一线核心专业技能教学见图3。

图3　现代学徒制一线核心专业技能教学

工匠精神一直贯穿现代学徒制项目推进的整个过程，校企双方一直致力于培养学徒的匠人精神，鞭策其不断精进自己的专业水平。同时，为传承中华民族尊师重礼的优秀文化，学校举行了2018级学徒拜师仪式（见图4），学徒行敬茶礼，企业师傅回赠企业工装，正式形成师徒结对关系，这不仅明确了企业师傅定向的学徒带教责任，也明确了师徒一对一的监督机制，保证了学徒在企业岗位成才培养过程中专业技能的学习质量。

图4　现代学徒制拜师仪式

（五）建立现代学徒制的管理制度

校企共同商榷制定符合现代学徒制特点的一系列管理制度（见图5）。目前学校已基本搭建了现代学徒制管理制度体系的框架，现已有《红河卫生职业学院现代学徒制学籍管理规定（试行）》《红河卫生职业学院现代学徒制教学管理实施办法（试行）》《红河卫生职业学院现代学徒制专业人才培养方案指导性意见（试行）》等规章制度。在试点工作实施过程中，校方积极联系合作企业，结合校企双方管理特点进一步协商洽谈，对现代学徒制管理制度体系充分完善，为稳步推进现代学徒制工作提供有力的制度措施保障。下一步，校方将把重心放在与企业共同推进校企双师互聘共用、考核与奖惩实施办法，校企成本分担机制的制定上，同时学校致力于学徒班级管理实施办法、学徒保险购买及意外伤害管控实施办法、学徒学业预警实施办法、学徒岗位成才及报酬给付管理办法、专业实训管理办法等相关制度措施的制定，力争为现代学徒制试点项目工作的稳步推进保驾护航。

图 5　校企共同商榷制定符合现代学徒制特点的一系列管理制度

（六）校企联培，工学交替

借助企业优质的线上线下专业学习资源，实现企业实训—岗位教学一体化“搬迁”，成立校企联培眼视光专业人才基地。依托企业在蒙自市建立的宝岛眼镜旗舰店，校企协商达成一致意见，将标准配置的企业门店作为眼视光技术专业人才校企联合培养基地，基地已完成挂牌，校企共担学徒人才培养任务：学徒在校由专业老师进行理论及实验室实训教学，企业师傅同样可以带着一线丰富的经验，进校园课堂进行相关项目教学；需要岗位教学或门店见习的专业内容，将学生分组派送到基地，由企业师傅在岗带教，保障岗位实体教学的质量；企业师傅无法完成的带教，可由学院专业教师在实体门店借助企业实操条件的优势，实现补充带教，如此进行工学交替，大幅提升学徒专业培养的综合素质。工学交替基地规划旨在为现代学徒提供更优的实训平台，打通企业实体店带教进校园课堂的通道，同时实现实体门店岗位学习，减少企业带教成本，最大限度地开发校企联培基地的价值，全方位培养行业高标准、高要求下合格的眼视光专业人才。校方直接在合作企业实体门店进行岗位成才培养，根据企业对眼视光专业人才培养目标来进行“准员工”带教，能够在最大化地降低校企对专业人才培养的成本下，缩短企业对学徒成长的培养周期，大大提高企业专业人才实用性，实现三方共赢。

（撰写人：杜思燕）

案例四十：
一校双企　校企共赢　开创人才培养新篇章

红河卫生职业学院　云南健之佳健康连锁店股份有限公司
一心堂药业集团股份有限公司

摘　要：红河卫生职业学院自实施现代学徒制试点工作以来，一直秉承国家和省级现代学徒制精神，努力吸纳行业、企业的产业优势，在探索校企协同育人机制、推进招生招工一体化、完善人才培养制度和标准、建设校企互聘共用的师资队伍、建立体现现代学徒制特点的管理制度等方面不断推进“校企—校校合作”，努力实现优势互补，资源共享，争创一校双企、校企共赢，开创人才培养新篇章。

关键词：一校双企；校企合作；优势互补；资源共享

一、背景及意义

为贯彻落实《国务院关于大力发展职业教育的决定》（教职成司函〔2019〕60 号）、《关于做好 2019 年度现代学徒制试点年度检查和验收工作的通知》（云学专字〔2019〕12 号）等文件精神，红河卫生职业学院药学专业作为云南省第二批现代学徒制试点单位，深化产教融合、校企合作，积极与云南省两家企业——云南健之佳健康连锁店股份有限公司（以下简称“健之佳”）及一心堂药业集团股份有限公司（以下简称“一心堂”）合作，以“校—企—生”共赢为原则，探索在药学专业群与药品零售企业联合招生、联合培养、一体化育人机制；以企业用人需求与岗位资格标准为导向，以技能培养为核心，深化教育模式改革，推进教育机制创新，坚持技能培养为主体，创新招生招工一体化模式，培养具有良好职业道德、扎实职业技能、较强岗位胜任能力、毕业即能胜任店长职位的创新型高技术技能型人才，为云南省药学专业群现代学徒制的开展发挥积极示范引领作用。

二、具体做法及措施

（一）探索校企协同育人机制

实施试点以来，学校与企业签订药学专业现代学徒制试点项目协议（见图 1），形成《红河卫生职业学院药学系现代学徒制试点工作方案》，并高度重视现代学徒制建设工作，将该项工作作为重点工作，组织教研室、教师、辅导员深入学习、研讨，派出教师培训，积极推动各项建设任务的落实，制定并完善《红河卫生职业学院药学系现代学徒制管理制度》《药学系学徒校外实习管理制度》《校企育人管理制度》。校企育人管理制度见图 2。

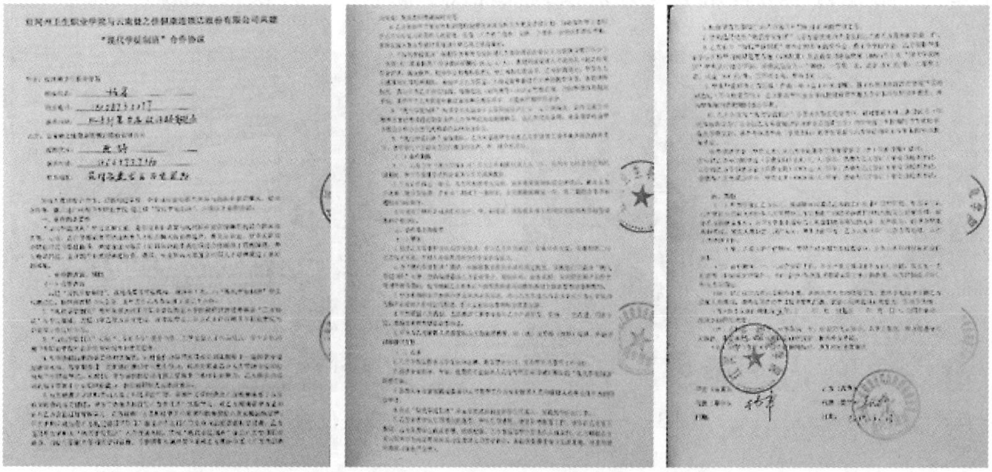

图 1　红河卫生职业学院与健之佳共建“现代学徒制班”合作协议

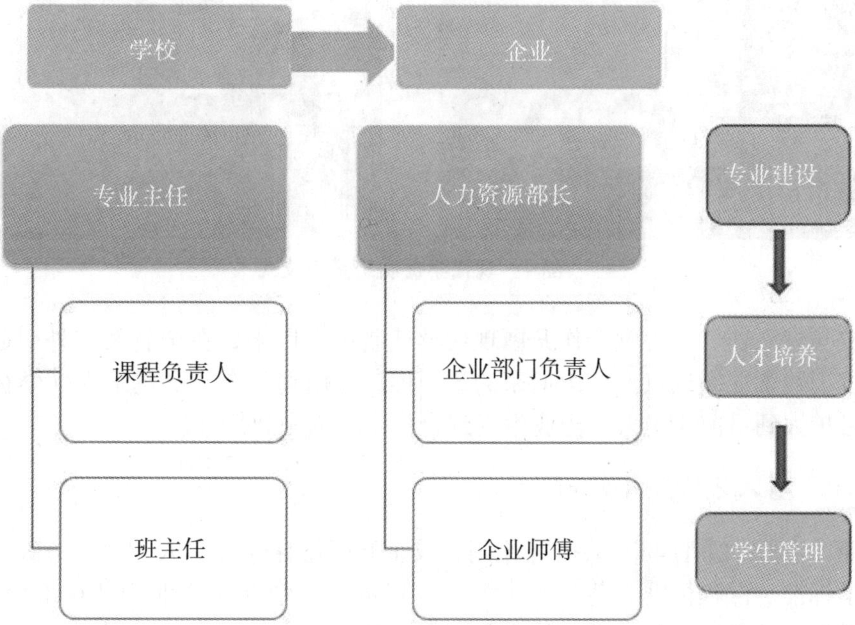

图 2　校企育人管理制度

（二）推进招生招工一体化

校企合作，完善学校招生录取与企业用工一体化的招生招工制度，成立红河卫生职业学院现代学徒制试点项目领导小组，共同推进招生招工方案的制订和实施。规范职业院校招生录取和企业用工程序，学徒、学校和企业三方签订协议，明确学徒的企业员工和职业院校学生双重身份，明确各方权益及学徒在岗培养的具体岗位、教学内容、权益保障等。一心堂订单班宣讲会暨开班仪式及现代学徒制班拜师仪式见图3～4。

图3　一心堂订单班宣讲会暨开班仪式

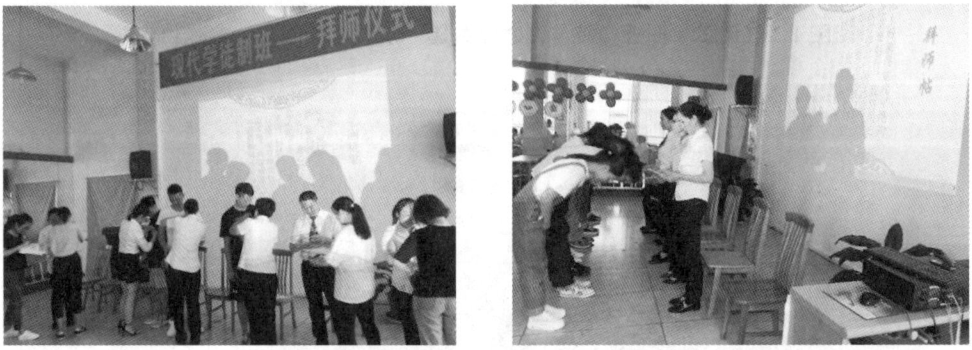

图4　现代学徒制班拜师仪式

学校与健之佳、一心堂合作开展现代学徒制试点以来，在全省及省外引起了强烈反响，学校现代学徒制试点专业由原来的3个推广应用到5个，受益学生（学徒）由原来的115名扩大到目前335人，毕业生受到合作企业的一致好评。

（三）完善人才培养制度和标准

按照"合作共赢、职责共担"原则，校企共同设计药学专人才培养方案，共同制定专业教学标准、课程标准、药学专业各岗位标准、药学专业企业师傅标准及工作职责、质量监控标准及相应实施方案。校企共同建设基于工作内容的专业课程和基于典型工作过程的专业课程体系。

（四）建设校企互聘共用的师资队伍

完善双导师制，制定现代学徒制师傅聘用及管理暂行办法、药学系校企互聘共用的师资队伍建设方案和药学系现代学徒制双导师培养方案，建立健全双导师的选拔、培养、考核、激励制度，形成校企互聘共用的管理机制。合作企业要选拔优秀高技能人才担任师傅，明确师傅的责任和待遇。学校要将指导教师的企业实践和技术服务纳入教师考核，并作为晋升专业技术职务的重要依据。建立灵活的人才流动机制，校企双方共同制定双向挂职锻炼、联合技术研发、专业建设的激励制度和考核奖惩政策。目前药学系专业课教师共计 33 人，其中具有副教授及以上职称的教师 10 人，占教师总数的 30.3%；具有讲师职称的教师 13 人，占教师总数的 39.3%。药学系专业课教师大部分在教学一线工作多年，教学经验丰富，同时有部分教师来自行业一线，具有丰富的工作经验，可承担现代学徒制建设的相关工作任务。

同时，药学系在企业聘请"技师型"兼职教师（具体见表 1），打造了一支企业师傅队伍，指导学生实践。企业师傅来自企业各个部门的重要岗位，均为技术娴熟、专业技能扎实的优秀人才。企业师傅与校内教师共同完成人才培养方案的制订，共同讨论确定课程标准及教学目标。

表 1　药学系现代学徒制企业师傅队伍名单

姓　名	性　别	出生年月	民　族	学　历	职　务	单　位	现代学徒制建设承担任务
李娜	女	197611	汉族	大专	总经理	健之佳红河分部	企业教学 管理
蒋宗贵	男	197612	汉族	大专	医药专业培训专员	健之佳红河分部	企业教学
王园园	女	197902	汉族	大专	人事行政部经理	健之佳红河分部	企业教学
曹钟慧	女	199512	彝族	大专	人事主管	健之佳红河分部	企业教学
李娜	女	197611	汉族	大专	总经理	健之佳红河分部	企业教学 管理
刘丽江	女	198412	白族	大专	红河分部地区经理	健之佳红河分部	企业教学
逄明芬	女	197210	汉族	大专	全国医药专业培训部经理	健之佳全国培训中心	企业教学
杨岚	女	197911	汉族	本科	总监助理	健之佳全国人力资源中心	企业教学
吴丽敏	女	197910	汉族	大专	全国零售技术部经理	健之佳全国人力资源中心	企业教学
王丽雅	女	198908	壮族	本科	全国零售技术培训部培训专员	健之佳全国人力资源中心	企业教学
张剑波	男	198308	汉族	本科	全国零售技术培训部培训主管	健之佳全国人力资源中心	企业教学

续 表

姓 名	性 别	出生年月	民 族	学 历	职 务	单 位	现代学徒制建设承担任务
王苹	女	197906	汉族	大学	门店部经理	云南健之佳重庆药房有限公司	企业教学管理
况云俊	女	198303	汉族	专科	人事部副经理	云南健之佳重庆药房有限公司	企业教学
黄西敏	女	197409	汉族	专科	培训主管	云南健之佳重庆药房有限公司	企业教学
涂贵洪	女	198203	汉族	大学	质管部经理	云南健之佳重庆药房有限公司	企业教学
许贺涛	女	198501	汉族	专科	门店部副经理	健之佳滇东南分部	企业教学
阮国伟	男	197708	汉族	大学	总经理	一心堂	企业教学管理
廖恒力	男	198212	汉族	专科	红河分部总经理	一心堂	企业教学
邹云华	女	197804	汉族	专科	部门经理	一心堂	企业教学
张玉松	男	198102	汉族	专科以下	部门经理	一心堂	企业教学
段琳	女	197707	汉族	专科以下	人事主管	一心堂	企业教学
夏健芳	女	198812	苗族	专科	人事专管员	一心堂	企业教学

（五）建立体现现代学徒制特点的管理制度

现代学徒制试点班是药学专业人才培养模式的一次积极探索和尝试，让学生的学习与岗位对接，教师的课堂教学与企业深度融合，提高了学生的专业实践能力，为学生的就业奠定基础；有利于人才培养与企业岗位需要的“零距离”对接。经过多年的合作育人，学校药学专业与健之佳、一心堂不断探索“双主体育人”的校企合作机制，在现代学徒制试点的机遇下，努力尝试创新招生招工一体化模式、创新人才培养模式。校企互聘共用的教师队伍，体现现代学徒制特点的管理制度，制订药学专业群面向药品零售企业的人才培养方案、课程标准、教学质量评价体系、校企合作开发课程及教材，推进教育机制创新，坚持技能培养为主体，培养具有良好职业道德、扎实职业技能、较强岗位胜任能力、毕业即能胜任店长职位的创新型、技术技能型人才。

目前药学专业计划采取对在校生进行二次招生的方法进行招生，和录取的学生（学徒）签订学校、企业、学生（学徒）三方协议，明确三方的责任和义务，约定学生（学徒）的薪酬和保险，逐步建立“行业、学校、企业”三方人才质量标准化体系和质量监督评价体系，保证人才培养质量、学生自身发展符合行业实际需求。

三、取得成效

（一）校企协同育人机制不断完善

学校与健之佳合作，共同组建健之佳储备店长班，并到昆明总部进行研讨交流暨现代学徒制班校外教学基地挂牌仪式（见图5）；与一心堂合作，组建一心堂店长班，共同致力于人才的培养。

图5　现代学徒制班校外教学基地挂牌仪式

（二）校企互聘的师资队伍建设得到加强

校企共同制定《红河卫生职业学院关于印发现代学徒制师傅聘用及管理暂行办法》《红河卫生职业学院药学系校企互聘共用的师资队伍建设方案》，聘用企业导师数人，师资队伍水平不断提高。

（三）初步形成与现代学徒制相适应的教学管理与运行机制

校企联合制定了现代学徒制校企协同育人、教学管理、双导师队伍建设、考核管理、学籍管理等一系列管理制度，保障项目建设顺利进行。

（四）逐渐完善学徒保障机制

健之佳为现代学徒制班学生设置奖学金。根据学生本学年在校学习成绩和思想品德

(60%权重）及企业实习评估意见（40%权重），健之佳对学生进行综合评估，分为三个等级：一等奖1名，奖金1500元/生；二等奖2名，奖金1000元/生；三等奖3名，奖金500元/生。学生毕业后在该公司连续工作满2年（含1年实习期），且工作表现良好、没有出现严重违规违纪（不含质量简报），将送学生至合作高校进行药学相关专业本科学历提升教育，并为学生报销在校期间部分学费。健之佳还为现代学徒制班学员提供勤工俭学岗位，针对家庭困难且表现优秀（学校推荐品学兼优及参加公司专业知识学习评估后成绩优异）的学生给予在校期间的专项助学金及学费支持，获得专项助学金（学费支助）的学生需要与公司签订相应工作年限的专项服务协议。

（撰写人：张郴、陈建雯、段琳）

案例四十一：
发掘专业潜力，共育汽修人才

昆明市官渡区职业高级中学①　云南宝升汽车服务有限公司

摘　要：官渡区职业高级中学和云南宝升汽车服务有限公司以汽修专业职业教育资源共享为前提，努力吸纳行业、企业的产业优势，在人才培养标准制定、课程建设与实施、师资队伍建设、学生实习实训以及提升集团社会服务能力等方面不断推进校企合作和校校合作，努力实现优势互补、资源共享，争创校企共赢新局面，发掘专业潜力，共育汽修人才。

关键词：合作办学；共育人才；资源共享

一、实施背景及目的

为贯彻落实《国家中长期教育改革和发展规划纲要（2010—2020 年）》中大力发展职业教育的战略规划，响应教育部、交通部等关于实施职业院校制造业和现代服务业技能型紧缺人才培养培训工程的指示精神，加强校企合作与产教融合，深化人才培养模式改革的号召，弘扬工匠精神，厚植工匠文化，彰显职教风采，满足中国汽车产业迅猛发展对紧缺技能型人才的需求，官渡区职业高级中学实施现代学徒制试点，并选定云南宝升汽车服务有限公司（以下简称“宝升公司”）为合作企业，旨在充分利用双方的资源优势，在专业发展的顶层设计、教师专业能力强化与提升、实训基地总体规划设计、“双师型”教师培养、学生职业资格培训及技能鉴定、社会岗位的短期培训、职业资格培训及技能鉴定、创新人才培养模式、专业课程体系改革、专业评价模式等环节形成深度合作，为云南省及昆明周边地区经济建设培养素质好、技能强的汽车钣喷技术和管理人才。校企双方共同开展“国家紧缺型技能汽车钣喷快修人才培养项目”，推动昆明市职业教育走规模化集约化连锁化的办学道路，提高职业学校办学的社会效益，加快汽修人才专业化发展速度，于2017 年申报了云南省第二批现代学徒制试点单位，共同探究汽修专业的专业潜力和发展方向。

① 官渡区职业高级中学是云南省第二批现代学徒制试点单位。

二、具体措施和内容

（一）共同制订工学结合的钣喷快修人才培养方案

为体现职业性、实践性和开放性的要求，校企双方合作开展行业调研，根据企业岗位的需求，实施典型工作任务分析和行动领域归纳、学习领域转换和学习情境设计，重构工作过程导向的课程体系，重视学生在校学习与实际岗位的一致性，有针对性地采取工学交替、任务驱动、项目导向、课堂与实习岗位一体化等行动导向的教学模式，形成工学结合的现代学徒制人才培养方案，企业深层次渗透到“认识见习—岗位实习—岗位实践”的社会、企业环境下的人才培养过程。

（二）共同制订专业校内外实践教学基地的建设方案

学校：本着职业性、技术性、共享性、开放性的原则，遵循学生职业能力培养的基本规律，以真实工作任务及其工作过程为依据，制订满足课程实践教学、生产性实训或仿真实训的需要的校内实践基地初步方案。

宝升公司：根据自身对专业高技能人才和行业的了解，对实践教学基地初步方案提出合理化建议，并指导官职中完善方案，同时根据自身条件为汽车钣喷类课程的实践教学提供真实的工程环境，满足学生了解企业工作岗位情景、体验企业文化的需要。

（三）共同实施工学结合导向课程

官职中：①负责公共基础课的教学。②根据企业要求编写工学结合特色教材或讲义，与宝升公司一起开发专业技术类课程。③根据企业提供的专业技能课程标准和实施标准等相关资源，结合教学要求，开发和完善课件、案例、习题、实训实习项目、学习指南等教学相关资料，建立教学资源库，满足网络课程教学需要。

宝升公司：①参与专业校本教材或讲义的编写工作。②从企业评价角度提供课程教学考核评价标准。③提供专业技能课程的课程标准及课程教学相关资源包。④主要承担或指导校内实践基地专业技能化方向企业课程的教学。⑤主要开发“职业素养”“企业文化”等人文类课程。

（四）共建紧缺型人才现代学徒制培养基地

官职中：①根据基地人才培养的情况，学校提供设备（具体以宝升公司接受的为准），共建符合教、学、训、考一体化要求的汽车钣喷专业产学合作实践基地。②基地内设备的所有权归属于官职中。

宝升公司：①宝升公司委派人员担任基地项目经理，全面管理实训场地、基础性实训设备、教室等硬件设施，共建产业训练中心。②宝升公司可以利用官职中的设备进行培训或其他生产性活动；有责任接受学校的固定资产管理；定期向学校反映设备的使用情况及运行状况；负责设备的日常维护和损坏维修，并及时与学校联系。③宝升公司代为管理基地设备，需按照说明书进行日常维护；质保期内若设备出现故障，宝升公司通知官职中，官职中联系原厂至宝升公司进行维修至正常使用；质保期外的一般损坏由宝升公司负责维修；对损坏严重且宝升公司没有能力维修的，宝升公司应及时提交官职中负责处理并说明情况。④本合同有效期满后，宝升公司不再负责管理、维护基地设备，按照清单清理交回官职中。

（五）共同指导学生基地实习和负责学生管理

校企按照专业技能化方向课程不低于1/3的课时在基地组织的要求，共同制订专业技能课程教学计划和授课计划。学校根据教学管理要求，在基地组织教学的实作技能课，由上课教师按照基地学生实作管理要求开展教学和学生管理。

（六）共同打造高素质的“双师素质”师资队伍

官职中：①官职中根据专业建设需要，制订专业师资队伍建设方案，根据教学需要聘请宝升公司的师傅为兼职教师。②通过多种途径提高教师专业实际操作技能水平，努力形成高素质的“双师型”教学团队，以满足工学结合需求。③根据宝升公司对员工培训要求，协助宝升公司完成学生基础课程的教学。

宝升公司：①根据教学需要，为官职中提供企业兼职教师。②宝升公司根据自身情况，不定期派遣技术骨干为官职中的师生做专题讲座、报告或培训，将行业最新发展动态等有关信息传递给官职中。③为官职中教师赴企业提供挂职锻炼的机会并在技术上给予帮助，提高官职中“双师素质”。④官职中教师在基地岗位能够为企业带来技术改进或为企业创收时，企业应根据官职中教师的能力给予适当的报酬。

（七）合作开展企业应用研究和技术服务

宝升公司利用公司的技术队伍和社会资源，在官职中的要求下，为甲方学生举办职业技能资格证书培训。宝升公司进行技术革新或改造时，官职中利用学校的教学科研优势，根据宝升公司要求选派优秀教师承担力所能及的相应工作，从技术上给予宝升公司支持。双方可共同开展劳动力转移培训、中小企业的技术服务等工作。培训、技术革新或改造所需资金或涉及知识产权等问题由双方根据具体合作内容协商解决。按照宝升公司经营管理的实际需要和要求，官职中可组织师生为宝升公司开展大规模市场调研、营销企划等市场拓展活动。

（八）合作开发学生定岗培养基地并推荐学生就业

宝升公司根据自身在行业所处地位优势，为官职中开发更多的学生实习和就业基地。

三、共育人才的成果

（一）共办技能大赛，搭建技能展示舞台

全国各级各类技能大赛的裁判均为来自全国各大知名的汽修企业、行业的专家，校

企充分抓住技能大赛的契机，积极组织学生参与技能大赛，搭建学生、教师与企业专家进行面对面的交流平台，有效地提高了学生和教师的专业技能。2018 年 12 月，官职中承办昆明市技能大赛，囊括了全部项目的一等奖；在 2019 年 4 月举办的云南省技能大赛中，官职中取得了 5 个汽修类一等奖、4 个汽修类二等奖的优异成绩。

（二）校企合作，共建公共实训基地

宝升公司长期对学生进行顶岗轮训，让学生能走进生产一线，参与生产过程，真正实现“理论实践一体化、学生员工一体化”教学，于 2019 年 3 月共同完成官职中新汽修实训基地的建设。

（三）聘请客座教授，企业文化进校园

学校建立了客座教授资源库，聘请来自国内知名汽修企业的专家和行业协会专家担任兼职教师。行业、企业专家们走进校园，以专题讲座的形式，定期面向师生开展汽修专题知识、汽修行业职业生涯规划等讲座，与师生面对面、近距离交流，为学校汽修教育奠定了良好的基础，为培养适应企业需要的高素质技能人才提供了有力保障。

（四）打造“双师型”教师

在校企合作、工学结合的中职人才培养背景下，校企共同打造既会教学又懂实践的“双师型”教师是专业教师的基本目标，这就要求中职院校教师必须深入一线熟悉岗位技能，围绕实际生活需要开展教学改革。因此，中职院校要重视教师的行业企业锻炼和培训，使教师不仅能够理论联系实际，还能了解生产现状和职业工作过程。在校企合作的基础上，学校李波、何平华、赵阳赞等一批优秀的年轻教师迅速成长起来，成为专业基本功扎实，实践能力强的“双师型”教师。

四、总结经验

（一）通过横向科研项目实现校企之间合作

目前中职学校面临的一个重要问题就是理论与实际脱节，学生学习的专业理论知识和社会实践之间存在脱节现象，学生毕业之后不能适应企事业单位的需求。为了解决这个问题，学校从 2016 年起主动与宝升公司、九龙、比亚迪等大型企业联系，完成了大量校企合作的横向科研项目。

（二）组织教师、学生为企事业单位直接提供服务

除了高层次的横向研究合作之外，教师和学生利用各种途径接触企业，为企业提供基础性服务，这也是锻炼教师和学生实践能力、提高社会适应性的一个重要方面。我们持续性地开展这方面的活动，取得了良好效果，比如九龙、比亚迪汽车是学校校外实习基地，我们便让学生利用市场调查这一集中实践环节来做企业的调查工作。现在每年大约有 100 名学生参与到调查工作中，通过调研，我们的学生接触了企业的实际，将所学

理论应用于实践，从中学到了很多东西，调研效果很好。

（三）校企合作通过各种形式对学生进行实践技能训练

从学校的培养定位来讲，要更注重学生实践能力的培养。从这个角度出发，我们积极组织学生参与企业牵头的各种赛事，各种技能培训，通过大赛提升学生的实践创新能力。

（四）与多家中小汽车企业协会长期沟通机制

与企业保持联系是我们培养应用型人才的重要环节，为此，我们与陕西省中小企业协会建立了良好的合作关系。中小企业协会定期邀请省内的企业家来校与学生座谈交流，通过交流和了解，为校企之间开展广泛的合作奠定了基础。目前已经有数位企业家成为我们的兼职教授，也有部分优秀学生被企业家看重获得了工作机会。

（五）建立校企互动新机制的思路

学校本着资源共享、互惠互利、优势互补、共同发展的原则，以校企双赢为切入点构建校企互动的新型机制，深入加强与企业的联系与沟通，努力与合作企业建立高层次、稳定性联系。同时，借鉴国内外最新的校企合作研究成果，切实将借鉴与创新有机结合，从理论与实践结合的高度研究合作新思路，努力创建校企合作新模式。

（撰写人：杨秋）

案例四十二：
开拓省外就业市场——一种多方培养新思路

云南工程职业学院[①]　东莞市邦辰实业投资有限公司等

摘　要：云南工程职业学院现代学徒制试点专业工业机器人技术，培养的第一届现代学徒制学徒已在2020年进入岗位培养阶段。受云南智能制造业实际条件限制，学校与东莞市邦辰实业投资有限公司等合作企业经过近两年的磨合后达成共识，工业机器人技术专业第一届学生（学徒）的定岗培养及就业区域锁定江苏、浙江等制造业相对集中的发达省份。为了加强学徒与未来所从事岗位的匹配度，让更多的企业参与学生的岗前培养及实习就业，是一种新的思路。

关键词：智能制造；工业机器人；岗前培养

一、实施背景及意义

2017年12月，根据《云南省教育厅关于公布第二批现代学徒制试点单位的通知》（云教职〔2017〕27号），云南工程职业学院被批准为云南省第二批19家现代学徒制试点单位之一。学校按照教育部关于开展现代学徒制试点工作若干文件的指导，结合学校实际，以机电工程学院（原汽车机电学院）为龙头推进试点工作，探索校企"双主体"育人机制，推进招生招工一体化，逐步完善人才培养制度和标准，建设校企互聘互用的教师队伍，加大理实一体化教师的培养力度，与合作企业优势互补、资源共享。

学校于2018年8月与东莞市邦辰实业投资有限公司（以下简称"东莞邦辰"）签订合作办学协议，确定工业机器人技术为试点专业。东莞邦辰是一家实业投资和教育投资公司，它积累了较多的就业资源。工业机器人技术作为新兴专业，在云南省内几乎没有对口的企业可以安置就业。就行业来说，单个企业同一时间可接纳的工业机器人技术人员数量有限，所以学校选择与东莞邦辰合作，亦可借助它的企业资源优势实现学徒的实习就业安置。

① 云南工程职业学院是云南省第二批现代学徒制试点单位，2020年通过省教育厅验收。

二、具体做法

（一）企业积极参与，项目组驻校，校企合力建设一流实训室

东莞邦辰注册于2018年8月，注册资本800万元。截至2020年2月，它已累计投入648.55万元在学校建成工业机器人技术实训中心，包括工业机器人工作站10台套、自动化生产线1条、PLC实训系统10套、机器人本体拆装1台，这些设备能够支撑200人的实训。

同时，合作企业派出项目组（2名工程师和1名管理人员）长期驻校，参与招生、教学和就业的每个环节，与学校实现双主体育人，高度融合。共同制订招生计划，一起完成招生宣传；共同拟订人才培养方案、专业建设方案、专业标准和课程标准。2018级工业机器人技术专业学生入学即与东莞邦辰签订《现代学徒制试点专业——工业机器人技术实习就业保障协议》，东莞邦辰负责实习就业资源拓展，学校对合作生产企业把关，共同安置学生就业。在试点工作中，学校以行业引领实现技术牵引，让行业和企业成为重要设备资源的投入方和教学资源的参与者，同时也是人才培养过程的主动参与方和培养成果的分享者，用行业需求催生并推进双主体育人的办学模式。

结合试点需求，学校主要提供场地支持，并将省级教育专项资金和学校自筹资金购置的设备放在现代学徒制试点中使用，以此充实学徒的实训内容，这一部分投入达到了89万元。在整个试点工作中，总投入已达到743.64万元（具体见表1）。

表1　项目资金投入表

序　号	经费来源	建设内容	金额（万元）
1	教育专项资金	传感器与检测技术综合实训室（2019年建设）	29.50
2	教育专项资金	数控车床（2017年建设）	15
3	学校自筹	工业机器人技术实训中心场地改造	0.50
4	学校自筹	加工中心设备（2016年建设）	36
5	学校自筹	实训耗材及桌椅、窗帘等配套	8
6	学校自筹	专业教师实训技能培训	0.47
7	学校自筹	参加相关技能大赛（含培训、差旅等费用）	3.48
8	企业投入	工业机器人技术实训中心核心设备	648.55
9	企业投入	派出校方专业教师前往企业培训	1.96
10	企业投入	支付校方教师课时补助	0.15
11	企业投入	年度奖励优秀学生	0.03
合计			743.64

（二）核心师资校企互聘，互补所长，合力共组教学团队

在教学管理上，试点专业打破了高校师资队伍的传统组织管理模式和学科专业界限，对企业师傅和学校教师进行统一管理，互补所长，以跨专业、跨地区、跨单位的方式组建教学团队并各有分工。在校培养期间，学校的工业机器人技术专业和数控技术专业的优秀教师重点教授基础课、专业基础课程，驻校师傅重点完成专业核心课和实训课。针对首届现代学徒制试点 2018 级工业机器人技术学生（学徒）所执行的人才培养方案由校企双方共同制订，在核心专业技能上重点教授其岗位对接、产线编程、现场操作、组装等。同时，在学生（学徒）的整个培养过程中，企业团队指导、培养学校的专业教师，深入掌握本专业的实践操作技能，提升教师的技术创新、教学和服务能力。

（三）校企共同开拓省外就业资源，多方培养

东莞邦辰作为一家实业投资和教育投资公司，旗下并没有直属的生产企业，但它积累了较多的就业资源，因此针对 2018 级工业机器人技术专业学生（学徒）的培养，在增强学生（学徒）与未来所从事岗位匹配度这一方面，计划将在第四个学期让更多的用工企业加入对学徒的岗前培养。

结合中国智能制造业的布局，2019 年 8—12 月，学校和东莞邦辰在长三角和珠三角考察了 10 余家制造企业，其中部分企业有意向加入到对学生（学徒）的岗前培养中，根据用工需求也并不局限于工业机器人技术专业，而是扩大到了机电一体化技术、电气自动化技术、数控技术等专业。在经过用工企业与学生（学徒）的双向选择后，用工企业将在第四个学期对学生（学徒）进行岗前培养，在第五个学期进入企业定岗培养。

经过初步沟通，与以下企业有望达成校企合作，见表 2。

表 2　已考察企业

序　号	企　业	岗　位	专　业
1	上海赛科利汽车模具技术应用有限公司	模具加工、数控等设备维护与维修	数控技术、机电一体化技术、工业机器人技术
2	江苏杰士德精密工业有限公司	售后服务技术员、机构/电气组装技术员	工业机器人技术
3	浙江爱旭太阳能科技有限公司	设备助理工程师、操作员	工业机器人技术
4	江苏创源电子有限公司	非标自动化设备组装、调试、售后维护等岗位	机电一体化技术、电气自动化技术、数控技术

这种多方共同培养的模式是学校作为民办院校在现代学徒制试点实施过程中不断调整摸索的结果：针对一个核心专业，由云南工程职业学院、东莞邦辰和多家用工企业共同承担学生（学徒）的培养。已建成的工业机器人技术实训中心，由东莞邦辰投资设

备，学校提供场地，学生前期在学校完成基础实训，中后期由用工企业强化实训，最后进入用工企业定岗培养。学校教师主要承担理论教学和部分实践教学，东莞邦辰的师傅长期驻校完成实践教学，用工企业的师傅强化实训，通过教学、实训和就业紧密结合的模式，共同打造本土的工业机器人技术专业创新服务平台。这种具有民办院校特色的合作方式较为灵活，也可以将各块的优势发挥到最大。其培养过程见图1。

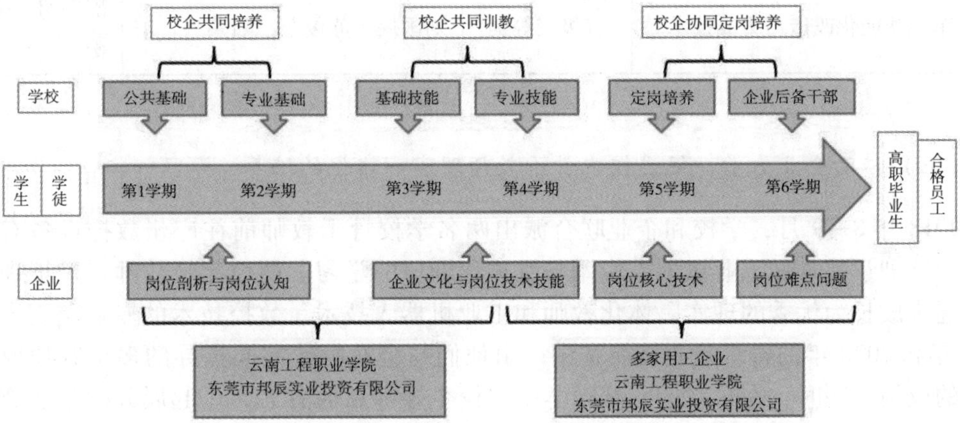

图1　学徒培养流程

（四）校企双导师共同指导学徒积极参加省级技能大赛并取得好成绩

在2019年和2020年的云南省职业院校技能大赛高职组的比赛中，学校坚持选取学校骨干教师和企业师傅与现代学徒制试点中的优秀学生组队，共同做好比赛准备工作，在与工业机器人和智能制造相关的赛项中取得多个二等奖和三等奖，在参赛的民办学校中均排名第一，详见表3～4。

表3　2019年省级职业技能赛获奖情况

赛项名称	获奖情况	参赛学生	指导教师
工业机器人应用技术	省级三等奖	黄国贤、刘剑、李超捷	杨航、陈学松
制造单元智能化改造与集成技术	省级二等奖	杨宝林、李美华、柏正豪	周晟、杨航
制造单元智能化改造与集成技术	省级三等奖	罗连华、王雪波、王志辉	杨航、姜春华
工业产品数字化设计与制造	省级二等奖	刘国侠、苏俊彪	姜春华、俞小友
智能供配电系统安装与调试	省级三等奖	阮路雄、山中宇、孙义青	邵宗超、林培力

表 4　2020 年省级职业技能赛获奖情况

赛项名称	获奖情况	参赛学生	指导教师
工业机器人应用技术	省级二等奖	耿成祥、山中宇、唐姚飞	杨航、陈学松
工业机器人应用技术	省级三等奖	孙义青、刘恩伟、崔瑞斌	杨航、陈学松
制造单元智能化改造与集成技术	省级三等奖	黄国贤、王朝庭、赵勇进	杨航、陈学松
制造单元智能化改造与集成技术	省级三等奖	刘国侠、苏俊彪、陆荣兴	邵宗超、陈学松

（五）借助企业力量，促进校内骨干教师理实一体化的培养

2018 年 8—9 月，学校和企业联合派出两名学校骨干教师前往广州数控设备有限公司职业培训学院参加工业机器人应用与维护培训班的学习。两位年轻教师通过培训和自学，逐步成长为优秀的理实一体化教师和工业机器人技术、数控技术的专业负责人，在 2019 年和 2020 年的省级职业技能赛中，由他们与企业师傅共同指导的多个赛项取得了较好的成绩。同时，在日常的实践教学中，校企导师互通有无，一起展开教学研究，共同提高教学水平，形成了良性的发展趋势。

（六）校企联合研制专业教学标准，科学规划学徒成长道路

从人才培养方案到专业建设方案、课程标准的制定，都是学校骨干教师和企业工程师共同研制的，在广泛进行企业供需调研的基础上，结合企业的岗位标准，分析职业岗位能力和基本素质要求，对学徒的岗位职业能力进行分析，构建了由职业基本素质、专业技术技能、学徒岗位能力、专业拓展等课程组成的模块化课程体系（见图 2）。

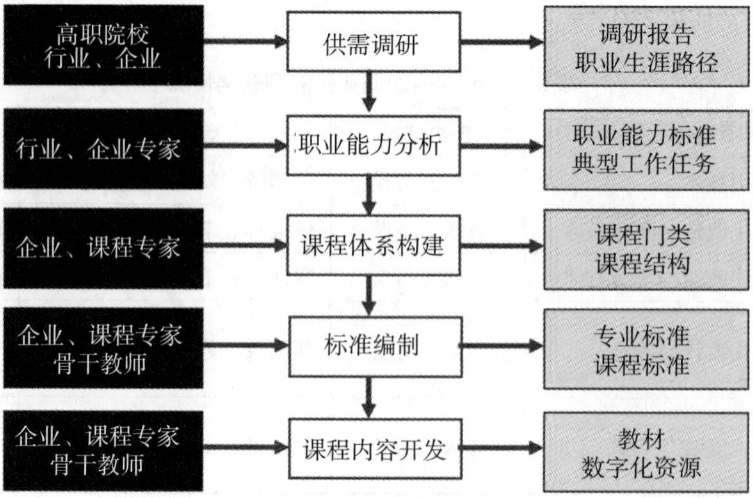

图 2　模块化课程体系

同时，机电工程学院从学徒入学之际即开始对其进行职业生涯规划指导，结合未来的岗位晋升路径，融入职业标准，帮助学生明确职业目标和学习目标。

（七）高职扩招的实施，给现代学徒制注入新的活力

2019 年，国家实行弹性学制高职扩招，学校有 74 名学生是来自保山隆基硅材料有限公司的正式员工，分别就读于机电一体化技术、数控技术和电子商务专业。在前期招生阶段，学校和企业共同制订和实施招生方案，企业对于已被录取的员工提供一次性学费补助，员工在入学后同时具有员工和学生的双重身份，这种方式符合现代学徒制中先招工后招生的要点。在对此类学生（员工）的培养上，学校充分考虑企业的岗位需求，先后几次前往企业调研，修订了人才培养方案。可以说，高职扩招的实施，在一定程度上给现代学徒制的试点工作提供了助力，注入了新的活力。校企双方已签订校企合作协议，且在学校成立了“隆基光伏学院”，真正实现招生招工一体化。

（撰写人：刘芳）

案例四十三：

实施现代学徒制，走校企一体培养之路，共育专业化中餐烹饪人才

蒙自市职业高级中学[①] 上海彦佳餐饮管理有限公司

摘 要： 蒙自市职业高级中学是国家中等职业教育改革发展示范校。早在示范校建设时期，学校就实施“双主体，引企入校、校企一体、工学结合”的人才培养模式，推行“教、学、做”一体化教学模式。2017年12月，学校成功申报云南省第二批现代学徒制试点单位。学校结合现代学徒制特点，按照“学生→学徒→准员工→员工”四位一体的人才培养总体思路，以教学计划为统领，以企业用人需求与岗位资格标准为导向，以学生（学徒）技能培养为核心，以学校、企业的深度参与和教师、师傅的深入教授为支撑，深化教育模式改革，推进教育机制创新，增强中职教育对我市经济社会发展的人才支撑力，提升中职教育的核心竞争力。

关键词： 中餐烹饪；引企入校；校企一体；岗位标准

一、实施背景

蒙自市作为国家实施西部大开发战略的重要地区，经济得到了快速发展，与此同时，快餐（肯德基、麦当劳、必胜客等）行业也迅速发展，并对传统饮食行业开始了侵占，这使当地传统烹饪行业受到了挑战。为了适应人们的需求，传统的烹饪方式向特色化、产业化发展是大势所趋，这使得整个行业由单一化饮食服务变成多元化的饮食服务，开创了特色服务、快餐服务、农家乐等形式。传统理念与现代经济的融合，为餐饮行业带来了翻天覆地的变化。厨师以其独特的职业优势，成为国家解决就业问题的重要突破口。吃，并不仅仅是为了填饱肚子，而是升华到享受层面。这一需要预测着厨师职业作为永远的朝阳产业，成为21世纪的热门职业。

作为国家改革示范校的重点建设专业，蒙自市职业高级中学中餐烹饪专业自开办以来，办学规模逐步扩大，学生数量逐年增加，正在迈向专业发展的“黄金时期”。但学校在发展中也遇到了一系列的难题，如教师实践教学能力的提升赶不上行业技术发展，校内实训教学设备及实训教学条件不能满足现实一体化教学需要，不能满足专业办学规

① 蒙自市职业高级中学是云南省第二批现代学徒制试点单位，2020年通过省教育厅验收。

模扩大的需要；现有教材不能满足技能实践教学的需要，学校培养的学生与企业的人才需求错位等等。2014 年，《国务院关于加快发展现代职业教育的决定》（国发〔2014〕19 号）、《教育部关于开展现代学徒制度试点工作的意见》（教职成〔2016〕28 号）的颁布使现代学徒制在全国落地，推动了职业教育内涵发展，提高了职业教育人才培养质量和水平，形成了校企共同育人的机制。学校于 2017 年 12 月成功申报为现代学徒制试点单位，着力进行相关改革，力促职业教育发展。

二、实施目标

（一）建立和完善具有特色的现代学徒制人才培养模式

通过现代学徒制的实践，形成学校、企业共同构建起课程模块化、内容项目化、项目岗位化的课程体系，实施在校学习、轮岗实训、定岗培养的育人体系，构建考试对接考核、学历证书对接职业资格证书的评价体系，实现“学生—学徒—准员工—员工”四种身份的转换。

（二）引企入校，建立校企深度融合关系

校企联合培养学生职业精神，加快学生职业发展。同时，校企共建一支技术过硬、教学能力强的“双师型”教师队伍，为企业培养更优秀的技能人才；促进教师向着企业服务型、行业专家型方向发展，由点及面地带动学校其他专业的发展。

三、实施过程

（一）选定优质企业，共同制订育人方案

中餐烹饪专业创建之初，学校领导就确定了“专业必须走校企合作之路，与企业共同培养烹饪人才”的专业建设思想。经过走访同类学校，在学习其他学校的校企合作成功经验基础上，学校对相关企业进行了广泛的调研，同时也向企业传递了有意进行校企合作，共建实习基地，达到校企共赢的想法。此举得到了企业的认可与支持。结合学徒制精神，校企双方多次洽谈，学校中餐烹饪专业与上海彦佳餐饮管理有限公司（以下简称“上海彦佳”）达成长期合作协议，引企入校，在学校成立校企合作实习基地，形成“校企一体”格局（见图 1）。

图 1　学校与上海彦佳合作共育中餐烹饪人才

（二）建立并实施“校企一体，工学结合”人才培养模式

2017 年，学校作为云南省第二批现代学徒制试点学校，中餐烹饪专业就是现代学徒制试点专业之一。中餐烹饪专业迎来了新的发展机遇，在红河州旅游烹饪与美食协会专家的指导下，专业调研小组对蒙自市及周边地区多家相关企业进行了全面的调研，对行业企业人才需求、企业施工现场及相关职业岗位进行深入分析，结合学校专业建设实际，与企业专家一起初步制订人才培养方案，确定了“以职业岗位核心能力为主线、校企一体、工学结合”的人才培养模式；以中餐烹饪实习基地作为实施现代学徒制人才培养模式的主要场所，双方共同制订了共育人才方案，创新了人才培养机制，开创了“校企一体”培养专业技能人才新局面，形成了学校与企业共同培养专业化烹饪人才的培养模式。企业师傅走进学校现场教学见图 2。

图 2　企业师傅走进学校现场教学

中餐烹饪专业依托“校企一体，工学结合”人才培养模式，确定了“学生—学徒—员工”交替滚动成长模式，推进“教、学、做”一体化教学模式。

（三）构建专业课程体系，开展项目教学

随着“校企一体”模式的逐渐成熟，在红河州旅游烹饪与美食协会指导下，学校构建了“以职业需求为基础、以培养能力为导向、以课堂实践为核心、以双元交替为特征”的课程体系，全面开展项目教学。

教学课程分为文化公共课程、专业基础课程与专业技能课程、技能实践四部分。理论、基本技能集中授课；专业技能课程采用模块化教学、理论与实践一体化教学；技能实践采用工学结合模式。

（1）理论、专业基础课程：由教师组织面授。

（2）专业技能课程：按照国家职业技能鉴定规范烹饪方面相关工种中级工的要求进行培训。培训过程按照课程教学要求，组织学员实习，写出实习报告。

（3）技能实践：按教学安排到企业进行定岗培养（见图3），熟悉烹调各环节的操作原则及要求。

过程主要体现为以下模式：教师、学生以大厨为师，学生以大厨、教师为师，厨师以教师、大厨为师，学生之间以技能尖子学生为师，相互之间互为师徒而学，真正体现现代学徒制精神，最终提升校企师徒技能，培养出具有“真才实学”的学生。

图3　学生在企业定岗培养

（四）建设“双师型”结构教师队伍，共建教师培养机制

企业选派技术人员作师傅，负责学生岗位技能传授。学校鼓励企业选调有实践经验的行业、企业专家，高技能人才和能工巧匠等担任学校的兼职教师。而学校也挑选优秀专业老师作为导师，下企业指导学生理论学习，同时自身挂职锻炼，提高专业教师的实践能力和教学水平，推动专业教师深入理解专业岗位需求，及时完善和更新相关理论知识。学校规划教师队伍培养目标，不仅要培养一批具有双师能力的教学能手、技术骨干，更要推动教师向着企业服务型、行业专家型方向发展。

（五）二元对接考核，共同建设评价机制

第一，考试对接考核。学校考试和企业岗位考核相结合，由行业、企业对实习生岗位技能进行达标考核，学生每人必须有一个核心技能达到企业初级水平，达到初级要求的学徒转为企业准员工，达到中级工水平时，则转为企业员工。同时，结合学校考试，两项合格才能成为合格的学徒工，并成为学生毕业条件之一。第二，学历证书对接职业资格证书。学生毕业时，企业职业资格证书的取得是学生毕业的又一条件，让学生的技能真正达到行业标准要求，得到行业内各同类企业认可，从而有效地实现学生学历证书与职业资格证书的融合。

（六）以赛促进学生技能提升

学生参加各类竞赛，不仅能提升学生全方位的素养，还能提升学生技能。2017 年，普勇福、陈建功（指导老师：黄强）参加云南省红河州职业院校烹饪类技能大赛，获热菜竞赛项目三等奖。2018 年，杨然发（指导教师：何艳）参加云南省红河州职业院校烹饪类技能大赛，获烹饪竞赛项目二等奖；白福保、高婷婷获烹饪竞赛项目三等奖；毕克建（指导老师：席武杰）获烹饪竞赛项目三等奖。部分获奖作品见图 4。

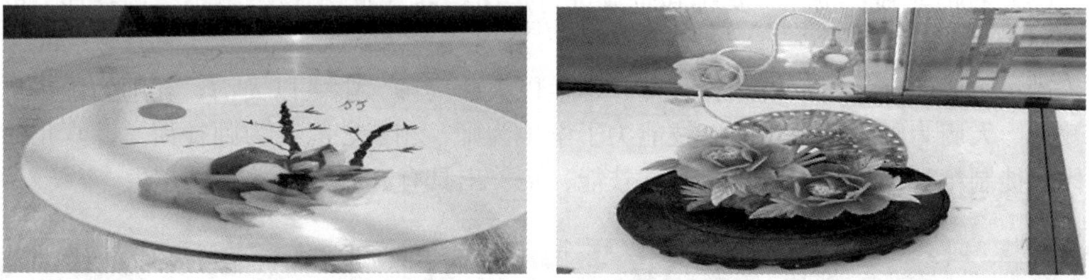

图 4　学徒技能竞赛获奖作品

（七）完善条件保障

1. 领导重视与支持，制定专业建设与发展规划

为了发展中餐烹饪专业，学校领导高度重视，制定了专业发展规划，制定了一系列制度，保证专业建设持续发展。学校把中餐烹饪专业作为专业教育特色的一个重要内容来建设，不仅从人力上支持、从资金上支持，还从校企合作的政策上支持等等。

2. 校企通力合作，共建长效合作机制

为保证项目得以顺利实施，上海彦佳餐饮管理有限公司投资，一是对现有的实训基地进行改造与扩建；二是对教学设施设备进行了补充。为保证项目获得较好的实施效果，企业一方面积极做好内部管理的调整，设立专人进行学生的管理与工作分配；另一方面做好员工的动员与激励机制，将员工分成若干小组，每个小组设立负责人，确保学生在企业的教学工作得以顺利实施。负责人积极工作，勇于创新，让整个项目得以实施。

学校领导高度重视中餐烹饪专业的建设工作，鼓励改革创新，全力提供人、财、物支持，不仅为企业提供了专门的合作场地、办公场地，还采购了项目实施所需设备、工具，为企业提供了丰厚的条件，保证了现代学徒制的顺利实施。

四、成果与成效

通过不断地探索与实践，校企在现代学徒制人才培养工作上取得了如下成果：

（1）通过市场调研及专家论证，构建了“以职业岗位核心能力为主线、校企合作、工学结合”的人才培养模式，新的人才培养方案符合当地社会经济发展要求、符合少数民族地区特点及现代服务业对人才要求，已经在服务地区行业企业中初显成效。

（2）实现“学生—学徒—员工”交替滚动成长，在专业技能人才培养上取得了较好的成效。学徒识岗学习见图5。

图5　学徒识岗学习

（3）改造并新建科学合理、先进实用、设施配套、企业化教学环境的实训室、仿真实训基地。

（4）学生综合素质进一步提高，毕业生双证书率达100%，就业率达98%以上。毕业生就业对口率达100%，受到了家长、企业和社会的一致好评。

（5）与上海彦佳餐饮管理有限公司进行深度合作，在学校形成以技能培训、职业鉴定、中餐烹饪培训为主的餐饮行业一条龙服务模式，实现了校企双赢。

（6）率先在学校走出一条成熟的校企合作之路，成为本地区公认的校企合作典范，带动本校其他专业发展的同时，也为其他中职学校提供了较好的借鉴意义。

五、体会与思考

（一）体　会

（1）要提高人才培养的质量，改革人才培养模式是关键。只有通过深度的校企融合，实施产教结合，才能真正提升人才培养质量。

（2）通过现代学徒制的实践，基本形成了学校、企业共同管理机制，岗位培养、岗位成长过程，考试对接考核、学历证书对接职业资格证书的“二元对接评价机制”，以及让学生完成了“学生—学徒—准员工—员工”四种身份转换。

（3）现代学徒制缓解了结构性就业矛盾。对企业而言，减少了企业员工流动，有效地保障了企业用工稳定，同时员工对企业的文化认同度高，熟悉企业生产流程和工艺，技能素质高；对学校而言，学生毕业就能上岗，成为企业的生产骨干和后备干部。

（二）问题和不足

（1）企业积极性不足。企业追求利益最大化，不大情愿为学生提供更多的岗位，更喜欢学生在某一个岗位上长期训练，成为熟练工，产生经济价值，但这不利于学生技能的全面发展。

（2）共同开发课程能力不足。学校教师的理论能力和企业师傅的实践能力很难在一起协调。比如开发校本教材，企业师傅能做不会写，学校教师会写不会做，要想成功开发一本优秀教材，编写者必须同时具备理论与实践双重素养。

（撰写人：肖雪丽、张萍、李翠、陈征兵）

案例四十四：
实施现代学徒制，校企共育技能人才；学徒勇夺世赛铜牌，技能报国圆初心

昆明高级技工学校[①]　昆明饭店

摘　要：“产教融合、校企合作”是职业教育的基本办学模式，更是办好职业教育的关键所在，现代学徒制是通过学校、企业深度合作，教师、师傅联合传授，对学生施以技能培养为主的人才培养模式。昆明高级技工学校烹饪专业通过校企联合招生、联合设计人才培养模式、共建师资队伍、联合办赛和培养学徒参赛等途径，在实践中探索互渗交替的现代学徒制人才培养模式，创新了现代技能人才培养模式，完善了校企合作育人机制，深化了“产教融合、校企合作”的内涵。

关键词：产教融合；校企合作；烹饪；世界技能大赛

一、实施背景

改革开放至今，云南省餐饮业发生了翻天覆地的变化，从20世纪70年代产值只有几千万元到现在接近1500亿元，占全省GDP增加值的3%左右，从业人员从几十万发展到现在300多万人，为全省经济发展和解决就业做出了巨大贡献。

为了促进昆明市餐饮产业尽快转型升级，发展城市“新经济”和“新动能”，云南省政府于2015年12月颁发了《“舌尖上的云南”行动计划》，昆明市也制定了《昆明市现代服务业“十三五”发展规划》，助力昆明市美食与旅游业的发展，美食旅游已经逐渐成为昆明市旅游业发展的新方向。在此背景下，昆明市提出了建立国际美食之都的战略目标。

可见，培养大批餐饮行业技能人才是促进云南省、昆明市旅游业和经济发展的要求。学校烹饪专业结合云南省教育厅第二批现代学徒制人才培养试点项目建设，积极发挥国家级高技能人才培训基地的作用，依托知名国企昆明饭店及鄢赪技能大师工作室的行业优势，校企共同组建了烹饪专业现代学徒制试点班级，探索校企双主体育人模式，共同打造品牌专业，多方面、多方式地培养从事餐饮行业的技能人才。

① 昆明高级技工学校是云南省第二批现代学徒制试点单位，2020年通过省教育厅验收。

二、扎实推进现代学徒制试点工作

（一）校企联合招生，组建现代学徒制试点班级

学校与企业签订《校企合作协议书》《招生招工一体化方案》，开展校企联合招生、联合培养的现代学徒制试点，完善支持政策，推进校企一体化育人。学校按照企业的需求、专业特点招生，调动企业的积极性。

结合学校招收应届初、高中毕业生的招生方式，2017 级中式烹饪专业招收 180 余名学生。通过校企宣讲，学生自愿参与，校企共同面试，录取达到条件的学生，学生、企业、学校签订三方协议，最终组建现代学徒制试点班，共 40 名学生。

（二）校企联合设计，制定互渗交替的人才培养方式

校企双方根据企业岗位标准制订人才培养方案，前三年采用交替培养的方式，共同实施岗位培养。学校教师负责培养学生的系统理论知识，如开展公共基础课、文化课，与企业共同落实学生专业课、专业实习实训教育、安全教育管理等教学。企业依托校企共建的实训基地，主要完成学生到岗前的安全培训、企业文化教育、岗位能力解读、企业标准的技术技能等教学任务。企业根据人才培养方案负责落实学徒的工作岗位，委派技术骨干作为学徒的岗位导师，采取以师带徒的方式实施在岗培养，并按照企业岗位考核的标准与方式对学生进行考核。在岗培养期间，学徒享受一定的学徒津贴。第四学年学徒与企业签订协议书，按照双向选择的原则确定就业岗位。

（三）校企对接岗位，共同构建课程体系

根据技术技能人才成长规律和企业工作岗位标准需要，校企共同研制专业教学标准、开发课程和教材、设计实施教学、组织考核评价、开展教学研究等，实现教学过程与生产过程对接，培养适合企业需求的技术技能人才。校企组织 10 余名校企导师历时半年，反复研讨、论证、审核、修改，共同开发了学徒初阶企业学习任务单的课程资源，以及烹饪专业教材《中式烹饪热菜》。该书包括中餐热菜的地位作用，厨房中的注意事项与岗位职责，烹饪技法炒、爆、烧等六个模块，三十一个任务的基本素质培养及操作技能的学习任务单等内容。

（四）校企互聘教师，共建双师培养机制

学校与企业之间人员互聘共用、横向联合技术研发和建设专业。校企通过“专业双带头人”模式，共同负责专业建设。“专业双带头人”模式即烹饪专业同时选聘两名带头人：一名为校内专业带头人，由昆明市烹饪专业学科带头人陈雪玲老师担任，她熟悉职业院校教学规律，掌握专业前沿知识，紧密联系企业，带领专业教学团队开展人才培养模式改革、教育教学改革、课程开发研究等工作，全面提升业务水平与工作能力；另一名为企业专业带头人，由世界厨师联合会国际评委、国家级技能大师工作室、国务院特殊津贴获得者、昆明饭店餐饮分公司总经理鄢赪大师担任，共同参与人才培养方案、

课程标准等教学文件的制订，实训室建设，以及技能大赛办赛和参赛等工作。

（五）校企联合管理，形成与现代学徒制相适应的教学管理及运行机制

学校成立由企业负责人、专业技术人员组成的项目组，指导现代学徒制试点工作，及时协调解决工作中遇到的困难，保障校企合作顺利实施。

校企联合制定了校企合作管理制度和方法，如《现代学徒制试点工作实施方案》《招生招工一体化方案》《现代学徒制专业人才培养方案》《学徒、学校和企业三方协议》《现代学徒制安全承诺书》等，对学生实习进行严密安排与管理。制定了《现代学徒制双导师管理与考核办法》《现代学徒制岗位技术标准》《学生实习企业管理考核办法》等，记录实习学生考勤、任务、表现、评价等，由企业对学徒进行全方位的管理。

（六）校企联合简章立制，形成现代学徒制特点的评价体系

校企联合创新了学生身份的校内评价方式："五重六结合"评价模式，"五重"即重成效、重诊断、重主体、重引导、重发展，"六结合"即过程与结果结合、定量与定性结合、自评与他评结合、监督与引导结合、理论与实践结合、研究与创新结合，以多元化的评价来体现学生的能力多元化。在企业的学徒，根据工作现场进行定岗培养，学徒期间根据企业标准及岗位要求进行综合考核评价，多方面掌握学生情况，进一步因材施教，提升技能人才培养质量。

三、现代学徒制取得的实际成果、成效

（一）校企合作不断深化、校企共同负责专业建设，实施一体化育人

企业通过直接参与现代学徒制人才共育，通过个性化定向培养，能优先得到对企业忠诚度高、熟练掌握特定岗位技能的人才，解决了企业人才选、用、留的问题，建立了校企合作的长效机制。

学校积极借助知名企业昆明饭店的高端平台、先进理念和大师资源，共同制订教学及参赛方案和人才培育计划，合作开发教材，共享实训实习资源和企业大师等资源。同时，学校的名师名匠也能全程参加企业技术攻关和职工技能提升培训工作，对提升学校师资力量大有裨益。

近年来，学校烹饪专业稳步发展，先后涌现了一大批省市级名师名匠和高技能领军人才。2019 年 6 月，中国烹饪协会认定学校为中国烹饪国家代表队青年厨师队训练基地（见图 1）；学校陈雪玲老师荣获"云南餐饮优秀人物"称号，被评为"昆明市第十届普通中学和职业学校学科带头人"；董晨曦老师被评为"昆明市第五届有突出贡献高技能人才"；蔺永康同学被评为"云南省技术能手"，2 名学生被评为"云岭技能大师"，4 名学生被评为"云岭技能工匠"。

图1 学校被中国烹饪协会认定为“中国国家烹饪队青年厨师队训练基地”

（二）“双导师”多方评价、提升师资队伍素质、人才培育再上台阶

在学校的整体安排下，由学校和企业组成“双导师”专兼职教学团队，按照《现代学徒制双导师管理办法》，明确“双导师”的条件和职责、待遇和标准、选拔和培养、考核和激励等内容；将指导教师的下企业锻炼、技术服务和师带徒工作纳入考核，作为评优评先的重要依据。

学校教师到鄢赪技能大师工作室进行技能培训与交流，昆明饭店的导师到校与专业教师交流学习，进行专题讲座及教研教改研讨。在校企合作的基础上，学校对接企业，共同建立专兼职教师资源库，聘请企业的技术专家为学生授课，使学生的技能更好地与企业接轨。同时，企业师傅参加有关专业技能、教学技巧等方面的培训，为企业培养理论型、研究型人才创建平台。学校聘请昆明饭店鄢赪为特聘专家的聘书见图2。

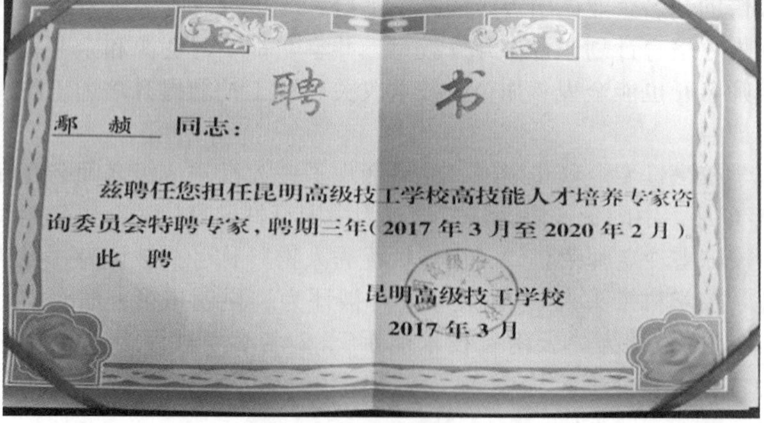

图2 聘请昆明饭店鄢赪大师为专家

学校根据专业建设及师资队伍建设的需要，组织教师下企业锻炼，让教师带着任务参加实践，了解自己所从事专业的现状及最新发展动态、岗位能力及技能需求，与企业合作开展课题研究及技能培训，有效地提高教师的专业建设水平、实际操作技能水平。

（三）以赛促教，以赛促学，提升人才培养质量

在现代学徒制试点的建设中，校企共同构建教学运行质量管理机制、推进一体化过程教学、专业教师实践与企业师傅理论培训、学生与学徒角色互换等四个方面的一体化管理，双方共同将技能操作和技能大赛等技术性与实践性强的行业标准和操作规范作为探索和实践现代学徒制的重点，进一步优化课程内容、改进教学方法与手段，建立校企一体的课程评价体系。

通过现代学徒制试点工作，积极推行面向企业真实生产环境的任务培养模式，例如烹饪专业的学生从厅面服务、后厨到参加技能大赛等形式，拓展延伸烹饪专业的建设内涵，为学生创造了大量实习、实训和就业的条件，不仅增强了学生的专业技能，还增强了学生的企业文化认同，帮助学生了实现从学生到员工的角色转变，促进了学生实现职业选择与人生价值的统一。

学校还联合企业以“以赛促教、以赛促学”等方式培养人才，取得了一定成绩，详见表1。以学徒蔺永康为例，他先后获得学校一等奖学金和云南省政府奖学金，获得国家人社部“技能雏鹰”奖学金，在省级以上赛事中获得冠军。他所获成绩开启了云南省选手参加世赛征程的崭新篇章。同时，他被省人社厅破格授予第一届“云南省优秀技术能手”荣誉称号，其优秀事迹入选庆祝建国70周年云南省技工教育发展成就展。他的经历和积累不仅为他自己不断超越、再创佳绩起到了巨大促进和强力推动作用，也激发了其他广大同学的内在学习动力和创造创新活力（见图3）。

表1　烹饪专业师生所获得的荣誉

<table>
<tr><th>授奖单位</th><th>赛事名称</th><th colspan="2">获奖情况</th><th>获奖师生</th></tr>
<tr><td>世界技能组织</td><td>第45届世界技能大赛</td><td>西餐项目</td><td>铜　牌</td><td>2015级蔺永康</td></tr>
<tr><td rowspan="6">云南省教育体育局</td><td rowspan="6">2019年云南省职业院校技能大赛</td><td rowspan="6">烹饪类</td><td>一等奖</td><td>485班赵秋卫</td></tr>
<tr><td rowspan="5">二等奖</td><td>商贸技术中心肖啸（老师）</td></tr>
<tr><td>商贸技术中心李本成（老师）</td></tr>
<tr><td>493班张卫山</td></tr>
<tr><td>458班杨春奎</td></tr>
<tr><td>459班黄丽萍</td></tr>
</table>

续 表

<table>
<tr><th>授奖单位</th><th>赛事名称</th><th colspan="2">获奖情况</th><th colspan="2">获奖师生</th></tr>
<tr><td rowspan="4">云南省教育体育局</td><td rowspan="4">2019 年云南省职业院校技能大赛</td><td rowspan="4">烹饪类</td><td rowspan="4">三等奖</td><td colspan="2">458 班吴玉东</td></tr>
<tr><td colspan="2">485 班李超</td></tr>
<tr><td colspan="2">487 班姜兴龙</td></tr>
<tr><td colspan="2">434 班范云辉</td></tr>
<tr><td rowspan="9">昆明市教育体育局</td><td rowspan="9">2019 年昆明市中职学校技能大赛</td><td rowspan="9">烹饪类</td><td>第一名</td><td>485 班李文兵</td><td rowspan="9">团体二等奖</td></tr>
<tr><td rowspan="4">二等奖</td><td>商贸技术中心肖啸（老师）</td></tr>
<tr><td>517 班刘江龙</td></tr>
<tr><td>516 班吴杰</td></tr>
<tr><td>493 班李德锐</td></tr>
<tr><td rowspan="4">三等奖</td><td>493 班王有证</td></tr>
<tr><td>547 班陈娥</td></tr>
<tr><td>519 班管颜芳</td></tr>
<tr><td>485 班李超</td></tr>
<tr><td rowspan="3">云南省烹饪协会</td><td colspan="3">2019 年 3 月云南餐饮改革开放 40 周年暨第二届云南厨师节突出贡献个人</td><td colspan="2">陈雪玲（老师）</td></tr>
<tr><td colspan="3">2019 年 3 月云南餐饮改革开放 42 周年暨第二届云南厨师节云南星厨</td><td colspan="2">肖　啸（老师）</td></tr>
<tr><td colspan="3">2019 年 3 月云南餐饮改革开放 42 周年暨第二届云南厨师节云南星厨</td><td colspan="2">李本成（老师）</td></tr>
<tr><td>世界厨师联合会</td><td colspan="3">2019 年 5 月中国国际顶级厨师邀请赛冠军</td><td colspan="2">2015 级蔺永康</td></tr>
<tr><td rowspan="2">云南省餐饮与美食协会</td><td colspan="3">云南绿色餐饮首届“威美豪杯”创意融合菜厨艺大赛获银牌</td><td colspan="2">肖　啸（老师）</td></tr>
<tr><td colspan="3">云南绿色餐饮首届“威美豪杯”创意融合菜厨艺大赛获银牌</td><td colspan="2">李本成（老师）</td></tr>
</table>

图 3　蔺永康在第 45 届世界技能大赛上获得烹饪（西餐项目）铜牌

（撰写人：陈雪玲、鄢赪、陈丽娇）

案例四十五：充分发挥技能大师工作室在人才培养中的作用

云南经贸外事职业学院①

摘　要：云南经贸外事职业学院现代学徒制试点专业之一的烹调工艺与营养专业在学徒制建设过程中，充分发挥“冯建林烹饪技能大师工作室”的作用，通过开展选拔优秀师生进入大师工作室培养、挖掘研发滇菜新品、培训学生（学徒）参加各级各类烹饪技能大赛并获得优异成绩、从专业技能上指导学生（学徒）的创业项目孵化——半糖主义饼屋等一系列工作，取得了显著成效。

关键词：烹饪；技能大师工作室；创业

一、实施背景

云南经贸外事职业学院烹调工艺与营养专业是云南省第二批现代学徒制试点专业，于2018年开始现代学徒制试点工作。大师工作室是现代学徒制试点的重要建设内容之一，也是现代学徒制建设的依托之一。学校深刻理解这一内容，根据要求，精心挑选原昆明饭店国家级烹饪大师冯建林担任学校烹饪大师工作室主持人，并于2018年8月成功申报“冯建林烹饪技能大师工作室”项目。同年，学校开始工作室建设。技能大师工作室的主要功能是发挥高技能领军人才在带徒传技、技能攻关、技艺传承、技能推广等方面的重要作用，面向学院教师及相关专业学生开展培训、研修、攻关、交流等活动，将技术技能革新成果和绝技绝活加以推广。

冯建林是国家级烹饪大师，从事餐饮工作40余年，曾荣获“优秀厨师”“最具影响力十大主厨”“白金总厨”“中国滇菜大师”“2019年度金厨奖”“中国滇菜金匠”“云南餐饮杰出人物”“最佳行政总厨”等荣誉称号。此外，大师工作室还聘请国家级烹饪大师徐伟、高级烹饪师李炳志、高级烹饪师张正德担任工作室指导教师，承担烹饪实践教学、菜品研发、项目指导和技能竞赛指导等工作。

① 云南经贸外事职业学院是云南省第二批现代学徒制试点单位，2020年通过省教育厅验收。

二、具体做法

（一）选拔优秀师生进入大师工作室培养

学校依据《现代学徒制学徒管理办法》，选拔优秀学徒参加试点班。冯建林大师工作室的第一项重要任务就是培养青年教师和优秀学生，依据《现代服务系大师工作室管理办法》规定的选拔条件，经过系部党政联席会议的讨论研究，决定青年教师邓玲玲成为首批入室培养的教师。同样，依据《现代服务系大师工作室管理办法》的规定，符合以下条件的学生方可进入大师工作室培养：

（1）烹饪专业的学生，品学兼优，态度端正，积极学习；

（2）在班级的专业学习中成绩突出，得到大师们的一致认可；

（3）心理素质良好，能参加各级技能大赛；

（4）服从系部和大师工作室工作、学习安排。

经过精心挑选，2017级马建波等6名学生进入工作室（现已到滇铺子开展企业学徒培养），2018级高吉聪等17名学生进入工作室。为增强大师工作室指导教师的责任心，强化学徒进入大师工作室的荣誉感和责任感，扩大现代学徒制培养影响面，带动其他学生，入室师生于2019年10月12日举行了2018级拜师仪式（见图1）。

图1　入室师生向大师行拜师礼

大师工作室从典型滇菜传统菜肴到中式面点的制作等都对学生进行严苛的培训，如过桥米线，通过大师演练，学徒单独制作，从熬汤到配菜装盘等，冯建林都从旁一一指导（见图2）；如大师带领学徒制作全校师生中秋节福利月饼，亲自把关每个制作流程，对学徒疑惑一一解答，亲自示范每个流程的制作标准。大师从热菜制作到中式面点、雕刻、摆盘等都对学徒进行耐心点评、指导，学徒的动手机会增多，成长就更快。

图2　冯建林在指导学徒作品

入室培养的青年教师邓玲玲也在大师工作室里得到锻炼培养，快速成长，成为青年教师中的优秀代表。冯建林带着邓玲玲制作滇菜精品，手把手教她制作汽锅鸡、过桥米线等滇菜代表菜肴；徐伟和李炳志更是亲自参与月饼制作，和邓玲玲一起指导、培养学生制作中式面点的专业技能；张正德比较擅长摆台和厅面服务与管理，邓玲玲和入室学生一起跟他学习、演练摆台。在期末“滇菜制作”课程的考核中，大师工作室的 17 名学生制作摆台的菜肴获得参评教师们的一致好评。邓玲玲跟随冯建林指导学生技能竞赛作品的制作，一方面学到专业技能，学会热菜制作、冷盘立体摆放等技术；另一方面学到大师身上严谨、负责的职业素养，提升了个人素质。

（二）挖掘和研发滇菜菜品，并指导学生收集整理菜谱

大师工作室的大师指导学徒挖掘、制作传统的、有代表性的滇菜菜品，将滇菜中传统具有代表性的菜品烹饪技法手把手地传授给学徒，引起学徒对滇菜及滇菜文化的学习兴趣，并及时指引学徒收集整理滇菜作品材料，学徒主动反复向每位大师请教，通过入室学习的菜品与相关典故资料整理，汇编菜谱，为传承和发扬滇菜打下基础。2019 年 12 月 4 日，冯建林指导入室学生制作了滇菜典型代表——过桥米线（见图 3），并邀请学校领导和部分教师代表到场品鉴，得到了品鉴老师的肯定，以实际操作结果完成对入室学生学习情况的考核汇报。

图 3　冯建林指导学生制作的过桥米线

（三）培养打造学生专业技能，在各级各类烹饪技能竞赛中屡获奖励

2019 年 11 月 19 日，现代学徒制试点企业滇铺子餐饮企业和学校现代服务系共同承办 2019 年“滇铺子杯”烹饪技能竞赛。参赛选手 2018 级烹饪专业 93 名学生在大师工作室指导教师与企业师傅的指导下，每 2 ~ 3 人为一个参赛小组，大师工作室与企业师傅组成指导教师团队，每组配有指导教师，从菜品的制作流程到注意事项，每位指导教师都手把手教，耐心教导，学生精心烹饪参赛作品，指导教师再根据学生成品提出建议，提高学生研发菜品的能力。大师工作室组织的初赛，共选拔出 10 组 29 人进入校级决赛。校级烹饪技能竞赛不仅锻炼了学生，提高了学生专业技能，检验了大师工作室的工作情况，还从获奖学生中挑选了参加各类竞赛的种子选手，由大师工作室重点培养。

（四）指导创业孵化项目——“半糖主义”饼屋的落地、运行

在平时授课内容中，企业开设关于餐饮行业与职业规划的专题讲座，大师联系实际分析餐饮行业发展与就业前景，给予学徒就业指导。搭建学生创业平台，2019 年 11 月 5 日，现代服务系创业孵化项目——半糖主义饼屋正式运营。大师工作室高度重视项目的落地运行，专门委派徐伟负责指导项目。从饼屋的生产、食品安全、卫生要求到饼屋的日常管理，徐伟都逐一过问，并到饼屋实地指导，进入大师工作室的青年教师邓玲玲为负责人，每天与学徒制作蛋糕、饼干、面包等成品售卖，提升面点技能。每半年选取一

批家境贫寒、专业技能过硬、责任心强的学徒参与该项目，包括装修、设备采买、宣传、成品制作、售卖、成本核算等过程都全程参与，为后期学徒自主创业做准备。

三、成果与反思

大师工作室作为现代学徒制建设的重要内容，在人才培养、滇菜传承、技能竞赛、就业创业指导方面发挥了重要作用，并取得了突出成绩。2017 级、2018 级进入大师工作室培养的学生，专业技能明显增强，其中高吉聪在 2019 年度国家一类技能比赛“三区三州”烹饪技能竞赛中荣获银奖（见图 4）；马健波、普光辉在 2019 年度云南省烹饪技能竞赛中荣获二等奖；在 2020 年度云南省烹饪技能竞赛中，总分王必熊排名第一、尹辛巳排名第四、胡文斌排名第五（只公布了成绩名次，还未颁发证书）；入室培养的 2018 级烹饪专业 17 名学生还收集整理了 37 份滇菜菜谱，为滇菜传承打下坚实基础，下一步系部将把菜谱编印成书，收集保存好大师工作室的成果；2017 级入室培养学生在企业工学交替期间，3 个月就有 5 名学徒被破格晋升为前厅、后厨的小主管，合作企业给予了学徒高度肯定；2018 级 17 名入室培养学徒与青年教师在大师指导与带领下完成 30000 多个全校师生中秋节福利月饼制作，在真实的生产环境中提升了面点技能。

图 4　高吉聪（左七）荣获银牌颁奖仪式

进入大师工作室培养的青年教师邓玲玲，在 2019 年秋季学期的全校教师大会上作为学校推荐的优秀教师代表上台交流发言，在 2019 年评优评先活动中被评为“优秀教师”，在 2019 年年终履职考核中被评为“优秀”等级。这些成绩的取得，不仅是邓玲玲老师个人努力的结果，也是大师工作室大师们言传身教的结果，体现了大师工作室在培养教师、促进教师成长上发挥的重要作用。

现代学徒制试点工作推进以来，大师工作室成绩显著，功效良好，促进了企业参与人才培养过程，实现了教学过程与生产过程对接，提高了人才培养质量和针对性，同时也促进了师资队伍的培养。大师工作室作为现代学徒制搭建的重要平台和机制，还可以发挥更多作用。比如在系部领导下，为工会组织开展师生烹饪比赛提供技术指导、担任评委等工作；也可选择合适时间，推出大师工作室滇菜菜品传承、研发成果展示等一系列活动，让大师工作室有更大的空间发挥自己的作用，让大师们有更多的热情培养出更多优秀的师生。

（撰写人：邓玲玲）

案例四十六：
校企共建“长期主义与价值共生”合作机制

云南经贸外事职业学院　云南小矮人汽车服务连锁有限公司

摘　要：现代学徒制试点工作在实施过程中，要坚持校企合作共赢，职责共担，形成以校企分工合作、协同育人、共同发展的长效机制。但是，其往往呈现“校热企冷”“企热校冷”的“两张皮”的状况。云南经贸外事职业学院与云南小矮人汽车服务连锁有限公司在双方交流与沟通的基础上，以降低企业成本、提高企业工作效率、减轻企业负担为目标，从校企成本分摊、沟通交流机制两方面达到校企互相扶持、共同进步、互相成就的效果。

关键词：校企合作；共赢；成本分摊

一、背　景

2017年9月，云南经贸外事职业学院机电系汽车检测与维修技术专业通过调研重新定位专业发展方向，实施专业错位发展。云南小矮人汽车服务连锁有限公司基于企业人才和发展需求，把学校作为员工输入、学习和培训的基地。基于上述需要，双方达成校企合作协议。校企根据《关于开展现代学徒制试点工作的意见》文件精神，以校企分工合作、协同育人、共同发展的长效机制为着力点，坚持合作共赢，职责共担，形成学校和企业联合招生、联合培养、一体化育人的长效机制。但是，现代学徒制试点在推进过程中，还是出现了有些师傅忙于生产、不认真指导学徒，有些学徒不愿意学、私自离开等问题，这阻碍了现代学徒制的推进与开展。出现这些问题的原因主要是相关管理机制的缺乏。因此，学校与企业共同就校企成本分摊和沟通交流机制方面做了一些尝试与探索，取得了良好的效果。

二、具体做法

（一）成本分摊

1. 学徒在岗学习成本分摊

（1）校企教学成本分摊。根据企业对人才的需求，校企共同制订专业人才培养方案，分4个岗位方向进行培养，共同构建了基于岗位工作过程的课程体系。校企根据企业提出的保证正常生产的要求，工学结合、理论联系实际，采取单月双组轮转工学交替学习形式。即将学徒等分成相等的两个组，第一个月，第一组去企业实体店面由师傅指导学习，第二组留在校内生产性实训基地由教师指导学习；第二个月，进行交换，即第一组回到学校，第二组去企业。寒暑假采取双向选择的形式，先学徒报名，再企业筛选，以保证企业用工。

学徒到企业实体门店跟随师傅学习，每个师傅带 1 ~ 2 个徒弟，校企共同制定《师选徒管理办法》，举行拜师仪式，签订师徒协议。师傅教授学徒操作技能、技巧，对学徒进行综合性考核。学校按人才培养方案中企业课程课时数量，根据师傅资历等级足额拨付课时费，基于学徒学习产生的耗材费用，根据测算标准和征求企业意见，按 150 元/人/学期拨付。同时，在不影响师傅完成正常生产之余，按双方共同制定的《师傅教学管理办法》等制度和考核机制，根据考核结果发放课时补贴。

上述方法解决了学徒一起到企业，企业岗位数量少、劳动力资源浪费，学徒一起回学校，企业岗位空缺多、业务量堆积的问题，解决了学徒寒、暑假放假与行业业务量高峰期时间不匹配的问题，得到了企业的高度肯定。这不仅解决了企业用工难，为企业提供了人才储备，节省了人力成本，并且防止了企业一直把学徒当廉价劳动力和学徒在外学习的安全隐患，提高了人才培养质量和学徒社会适应性，同时解决了一些师傅忙于生产，不安心教学，对学徒不负责任的问题，规范了师傅教学过程，提高了师傅的教学能力，提高了教学质量。

（2）学徒在岗津贴发放。根据《关于开展现代学徒制试点工作的意见》，学徒在岗学习，企业需发放学徒津贴。校企根据上述要求，共同制定了《学徒课程综合成绩评定办法》《学徒奖惩规定》等制度，从考勤、职业态度、技能考核和绩效考核四方面进行考察，根据考核结果发放学徒补贴，从而提高了学徒在岗的稳定性。

（3）耗材成本分摊。在师傅教学过程中，由于学徒操作技能的不熟练和经验不足等原因，会造成对材料的浪费，或者是返工的情况，无形中让企业承担了风险。校企共同基于此种情况，通过沟通交流和成本预算等情况，由学校支付给企业 150 元/人/学期的耗材费，以弥补企业损失。

2. 学徒校内生产性实训基地学习成本分摊

根据企业发展和人才需要，校企双方共建汽车快修及美容生产性实训基地（见图 1）。校企共同制定了《实训基地合作协议》，明确了双方在生产经营和人才培养等方面的责、权、利关系，制订了课程计划和基地共建方案。校企共建了由企业董事长、学校系主任等 6 人组成的董事会，制定了《生产管理办法》等制度机制。基地由企业运营，自负盈亏，现有场地和设备免费提供给企业使用，企业根据生产标准和学徒能力需求，补充缺少设备。至今，企业共投入约 15 万元的设备。同时，企业派出师傅长期在基地进行专业核心课程教学，师傅工资由企业发放，考核由校企双方共同考核。企业也可聘用已达企业要求的专任教师进行教学，课时费由企业按照学校标准课时费发放。教学和生产产生的耗材费均由企业自行承担。基地真实业务为最好的教学资源案例，企业需根据业务类型、大小合理调整教学，从而更好地实施教、学、做一体化，实施产教融合。

上述方法与路径，一是解决了“产”与“教”有机融合的教学问题；二是师傅均反映学徒实践操作技能有基础，教起来轻松多了，满意度相对以前提高了 8 个百分点；三是学徒有基础、上手快、会干活，为企业增加了部分利润，大大提高了工作效率；四是基地承接学校内部及周边车辆维修业务，在实现人才培养效益的同时，创造了部分经济效益。

图 1　现代学徒制校企共建汽修实训基地

（二）校企思想统一、互帮互助的沟通交流机制

根据企业人才和发展需求，校企共同签订合作协议，明确双方责、权、利，成立了校企合作管理委员会和专业建设指导委员会。校企合作管理委员会由院级领导、系主任、企业董事长、技术经理等组成，主要负责现代学徒制实施过程中校企学徒管理、教学、考核等问题的讨论和解决。专业建设指导委员会由院领导、系主任、校外专家、企业董事长、技术总监等组成，专门针对人才培养方案、课程标准、教材的开发进行指导。校企形成了纵横交错的沟通交流平台，共同以维护学徒稳定和提高人才培养质量为目标。学校院长、专家多次与企业董事长对接，双方针对出现的问题，及时进行沟通，帮助企业树立职业教育教学理念，多次组织企业高层管理人员进行职业教育理论培训。企业董事长多次对学校教师就企业运营方面知识进行培训和指导，针对问题出谋划策，不断优化培养方式、方法，确保学徒稳定。学校系主任、书记多次与企业高层管理人员对接，针对出现的问题进行探讨，直至双方意见一致。学校专业教师、辅导员多次到企业与师傅对接，针对学徒出现的一些问题进行交流，教授师傅开始做学徒思想工作，根据学徒心理开展教学，共同维护学徒思想、行为的规范与稳定。

三、效　果

从学徒入学开始，学校便开展学徒职业生涯规划、就业指导等课程，在学徒到企业进行工学交替前，多次开展政策宣传、模式解说、注意事项、岗前安全文明生产、企业规定和工种介绍等多种形式的主题班会，提前预设进入企业后面对的各种情况，减少学徒心理落差，提前做好思想准备。企业从学徒入学开始，会开展如感恩、成功之路、学会尊重等方面的讲座。学徒到企业后，每周由企业董事长或高层管理人员进行思想总结、行为规范等培训总结大会和月会。校企双方不断的职业思想培养教育，使学徒更懂得社会的实际，更快地适应企业员工身份的转变。

通过上述做法，学徒私自离开的人数较之前减少50%，出事率较之前减少65%，请霸王假、无故旷工等现象明显减少80%，客户投诉率等较开始阶段降低12%，旷课率降低5%。学生“上手快、做得好”，优良率达85%，较之前提高了10个百分点；企业对学生满意度达95%，较之前提高了8个百分点。学生、教师得奖12项，打破了原来零奖项的局面。校企共同基于岗位工作流程和标准，共同开发了“洗车技术”等4门理实一体化课程，实现了课程内容与职业标准对接、教学过程与生产过程对接，在满足企业用人需求的同时，提高了学生动手能力。校企共同开发了“教学做训创研”专业教学资源平台，申报了省级科研项目6项、专利2个。

（撰写人：陈双双）

下编 文件制度汇编

教育部关于开展现代学徒制试点工作的意见

教职成〔2014〕9号

各省、自治区、直辖市教育厅（教委），各计划单列市教育局，新疆生产建设兵团教育局，有关单位：

为贯彻党的十八届三中全会和全国职业教育工作会议精神，深化产教融合、校企合作，进一步完善校企合作育人机制，创新技术技能人才培养模式，根据《国务院关于加快发展现代职业教育的决定》（国发〔2014〕19号）要求，现就开展现代学徒制试点工作提出如下意见。

一、充分认识试点工作的重要意义

现代学徒制有利于促进行业、企业参与职业教育人才培养全过程，实现专业设置与产业需求对接，课程内容与职业标准对接，教学过程与生产过程对接，毕业证书与职业资格证书对接，职业教育与终身学习对接，提高人才培养质量和针对性。建立现代学徒制是职业教育主动服务当前经济社会发展要求，推动职业教育体系和劳动就业体系互动发展，打通和拓宽技术技能人才培养和成长通道，推进现代职业教育体系建设的战略选择；是深化产教融合、校企合作，推进工学结合、知行合一的有效途径；是全面实施素质教育，把提高职业技能和培养职业精神高度融合，培养学生社会责任感、创新精神、实践能力的重要举措。各地要高度重视现代学徒制试点工作，加大支持力度，大胆探索实践，着力构建现代学徒制培养体系，全面提升技术技能人才的培养能力和水平。

二、明确试点工作的总要求

1. 指导思想

以邓小平理论、“三个代表”重要思想、科学发展观为指导，坚持服务发展、就业导向，以推进产教融合、适应需求、提高质量为目标，以创新招生制度、管理制度和人才培养模式为突破口，以形成校企分工合作、协同育人、共同发展的长效机制为着力点，以注重整体谋划、增强政策协调、鼓励基层首创为手段，通过试点、总结、完善、推广，形成具有中国特色的现代学徒制度。

2. 工作原则

——坚持政府统筹，协调推进。要充分发挥政府统筹协调作用，根据地方经济社会发展需求系统规划现代学徒制试点工作。把立德树人、促进人的全面发展作为试点工作的根本任务，统筹利用好政府、行业、企业、学校、科研机构等方面的资源，协调好教育、人社、财政、发改等相关部门的关系，形成合力，共同研究解决试点工作中遇到的困难和问题。

——坚持合作共赢，职责共担。要坚持校企双主体育人、学校教师和企业师傅双导师教学，明确学徒的企业员工和职业院校学生双重身份，签好学生与企业、学校与企业两个合同，形成学校和企业联合招生、联合培养、一体化育人的长效机制，切实提高生产、服务一线劳动者的综合素质和人才培养的针对性，解决好合作企业招工难问题。

——坚持因地制宜，分类指导。要根据不同地区行业、企业特点和人才培养要求，在招生与招工、学习与工作、教学与实践、学历证书与职业资格证书获取、资源建设与共享等方面因地制宜，积极探索切合实际的实现形式，形成特色。

——坚持系统设计，重点突破。要明确试点工作的目标和重点，系统设计人才培养方案、教学管理、考试评价、学生教育管理、招生与招工，以及师资配备、保障措施等工作。以服务发展为宗旨，以促进就业为导向，深化体制机制改革，统筹发挥好政府和市场的作用，力争在关键环节和重点领域取得突破。

三、把握试点工作内涵

1. 积极推进招生与招工一体化

招生与招工一体化是开展现代学徒制试点工作的基础。各地要积极开展“招生即招工、入校即入厂、校企联合培养”的现代学徒制试点，加强对中等和高等职业教育招生工作的统筹协调，扩大试点院校的招生自主权，推动试点院校根据合作企业需求，与合作企业共同研制招生与招工方案，扩大招生范围，改革考核方式、内容和录取办法，并将试点院校的相关招生计划纳入学校年度招生计划进行统一管理。

2. 深化工学结合人才培养模式改革

工学结合人才培养模式改革是现代学徒制试点的核心内容。各地要选择适合开展现代学徒制培养的专业，引导职业院校与合作企业根据技术技能人才成长规律和工作岗位的实际需要，共同研制人才培养方案、开发课程和教材、设计实施教学、组织考核评价、开展教学研究等。校企应签订合作协议，职业院校承担系统的专业知识学习和技能训练；企业通过师傅带徒形式，依据培养方案进行岗位技能训练，真正实现校企一体化育人。

3. 加强专兼结合师资队伍建设

校企共建师资队伍是现代学徒制试点工作的重要任务。现代学徒制的教学任务必须由学校教师和企业师傅共同承担，形成双导师制。各地要促进校企双方密切合作，打破现有教师编制和用工制度的束缚，探索建立教师流动编制或设立兼职教师岗位，加大学校与企业之间人员互聘共用、双向挂职锻炼、横向联合技术研发和专业建设的力度。合作企业要选拔优秀高技能人才担任师傅，明确师傅的责任和待遇，师傅承担的教学任务应纳入考核，并可享受带徒津贴。试点院校要将指导教师的企业实践和技术服务纳入教师考核并作为晋升专业技术职务的重要依据。

4. 形成与现代学徒制相适应的教学管理与运行机制

科学合理的教学管理与运行机制是现代学徒制试点工作的重要保障。各地要切实推动试点院校与合作企业根据现代学徒制的特点，共同建立教学运行与质量监控体系，共同加强过程管理。指导合作企业制定专门的学徒管理办法，保证学徒基本权益；根据教学需要，合理安排学徒岗位，分配工作任务。试点院校要根据学徒培养工学交替的特点，实行弹性学制或学分制，创新和完善教学管理与运行机制，探索全日制学历教育的多种实现形式。试点院校和合作企业共同实施考核评价，将学徒岗位工作任务完成情况纳入考核范围。

四、稳步推进试点工作

1. 逐步增加试点规模

将根据各地产业发展情况、办学条件、保障措施和试点意愿等，选择一批有条件、基础好的地市、行业、骨干企业和职业院校作为教育部首批试点单位。在总结试点经验的基础上，逐步扩大实施现代学徒制的范围和规模，使现代学徒制成为校企合作培养技术技能人才的重要途径。逐步建立起政府引导、行业参与、社会支持，企业和职业院校双主体育人的中国特色现代学徒制。

2. 逐步丰富培养形式

现代学徒制试点应根据不同生源特点和专业特色，因材施教，探索不同的培养形式。试点初期，各地应引导中等职业学校根据企业需求，充分利用国家注册入学政策，针对不同生源，分别制定培养方案，开展中职层次现代学徒制试点。引导高等职业院校利用自主招生、单独招生等政策，针对应届高中毕业生、中职毕业生和同等学历企业职工等不同生源特点，分类开展专科学历层次不同形式的现代学徒制试点。

3. 逐步扩大试点范围

现代学徒制包括学历教育和非学历教育。各地应结合自身实际，可以从非学历教育入手，也可以从学历教育入手，探索现代学徒制人才培养规律，积累经验后逐步扩大。鼓励试点院校采用现代学徒制形式与合作企业联合开展企业员工岗前培训和转岗培训。

五、完善工作保障机制

1. 合理规划区域试点工作

各地教育行政部门要根据本意见精神，结合地方实际，会同人社、财政、发改等部门，制定本地区现代学徒制试点实施办法，确定开展现代学徒制试点的行业企业和职业院校，明确试点规模、试点层次和实施步骤。

2. 加强试点工作组织保障

各地要加强对试点工作的领导，落实责任制，建立跨部门的试点工作领导小组，定期会商和解决有关试点工作重大问题。要有专人负责，及时协调有关部门支持试点工作。引导和鼓励行业、企业与试点院校通过组建职教集团等形式，整合资源，为现代学徒制试点搭建平台。

3. 加大试点工作政策支持

各地教育行政部门要推动政府出台扶持政策，加大投入力度，通过财政资助、政府购买等奖励措施，引导企业和职业院校积极开展现代学徒制试点。并按照国家有关规定，保障学生权益，保证合理报酬，落实学徒的责任保险、工伤保险，确保学生安全。大力推进“双证融通”，对经过考核达到要求的毕业生，发放相应的学历证书和职业资格证书。

4. 加强试点工作监督检查

加强对试点工作的监控，建立试点工作年报年检制度。各试点单位应及时总结试点工作经验，扩大宣传，年报年检内容作为下一年度单招核准和布点的依据。对于试点工作不力或造成不良影响的，将暂停试点资格。

教育部

2014 年 8 月 25 日

关于开展现代学徒制试点工作的通知

教职成司函〔2015〕2号

各省、自治区、直辖市教育厅（教委）、各计划单列市教育局、新疆生产建设兵团教育局，有关单位：

根据《教育部关于开展现代学徒制试点工作的意见》（教职成〔2014〕9号）有关要求，经研究，决定遴选一批有条件、基础好的地市、行业、企业和职业院校开展现代学徒制试点工作。请有意向的单位按要求认真填写申报书，并于2015年1月30日前报我司。申报材料要求一式2份（附电子版光盘），地级市、职业院校和企业的申报材料由各省、自治区、直辖市教育厅（教委）统一组织报送，行业申报材料可直接报送。

联系人及电话：李红东、白汉刚，010-66096809。

电子信箱：jchzc@moe.edu.cn。

地址：北京市西城区西单大木仓胡同35号，邮编100816。

附件：1. 现代学徒制试点工作实施方案

2. 现代学徒制试点项目申报书（地级市、院校、企业版）

3. 现代学徒制试点项目申报书（行业版）

教育部职业教育与成人教育司

2015年1月5日

附件1

现代学徒制试点工作实施方案

为贯彻落实全国职业教育工作会议精神和《国务院关于加快发展现代职业教育的决定》，切实做好现代学徒制试点工作，根据《教育部关于开展现代学徒制试点工作的意见》（教职成〔2014〕9号）有关要求，特制定本方案。

一、试点目标

探索建立校企联合招生、联合培养、一体化育人的长效机制，完善学徒培养的教学文件、管理制度及相关标准，推进专兼结合、校企互聘互用的“双师型”师资队伍建设，建立健全现代学徒制的支持政策，逐步建立起政府引导、行业参与、社会支持，企业和职业院校双主体育人的中国特色现代学徒制。

二、试点内容

（一）探索校企协同育人机制。完善学徒培养管理机制，明确校企双方职责、分工，推进校企紧密合作、协同育人。完善校企联合招生、分段育人、多方参与评价的双主体育人机制。探索人才培养成本分担机制，统筹利用好校内实训场所、公共实训中心和企业实习岗位等教学资源，形成企业与职业院校联合开展现代学徒制的长效机制。

（二）推进招生招工一体化。完善职业院校招生录取和企业用工一体化的招生招工制度，推进校企共同研制、实施招生招工方案。根据不同生源特点，实行多种招生考试办法，为接受不同层次职业教育的学徒提供机会。规范职业院校招生录取和企业用工程序，明确学徒的企业员工和职业院校学生双重身份，按照双向选择原则，学徒、学校和企业签订三方协议，对于年满16周岁未达到18周岁的学徒，须由学徒、监护人、学校和企业四方签订协议，明确各方权益及学徒在岗培养的具体岗位、教学内容、权益保障等。

（三）完善人才培养制度和标准。按照“合作共赢、职责共担”原则，校企共同设计人才培养方案，共同制订专业教学标准、课程标准、岗位标准、企业师傅标准、质量监控标准及相应实施方案。校企共同建设基于工作内容的专业课程和基于典型工作过程的专业课程体系，开发基于岗位工作内容、融入国家职业资格标准的专业教学内容和教材。

（四）建设校企互聘共用的师资队伍。完善双导师制，建立健全双导师的选拔、培养、考核、激励制度，形成校企互聘共用的管理机制。明确双导师职责和待遇，合作企业要选拔优秀高技能人才担任师傅，明确师傅的责任和待遇，师傅承担的教学任务应纳入考核，并可享受相应带徒津贴。试点院校要将指导教师的企业实践和技术服务纳入教师考核并作为晋升专业技术职务的重要依据。建立灵活的人才流动机制，校企双方共同制订双向挂职锻炼、横向联合技术研发、专业建设的激励制度和考核奖惩制度。

（五）建立体现现代学徒制特点的管理制度。建立健全与现代学徒制相适应的教学管理制度，制订学分制管理办法和弹性学制管理办法。创新考核评价与督查制度，制订以育人为目标的实习实训考核评价标准，建立多方参与的考核评价机制。建立定期检查、反馈等形式的教学质量监控机制。制订学徒管理办法，保障学徒权益，根据教学需要，科学安排学徒岗位、分配工作任务，保证学徒合理报酬。落实学徒的责任保险、工伤保险，确保人身安全。

三、试点单位

现代学徒制试点采取自愿申报原则。申报试点的单位应是有一定工作基础、愿意先行先试的地级市、行业、企业及职业院校。

（一）以地级市为申报单位进行试点。地级市作为试点单位，统筹辖区内职业院校和企业，立足辖区内职业教育资源和企业资源，合理确定试点专业和学生规模，开展现代学徒制试点工作，重点探索地方实施现代学徒制的支持政策和保障措施。

（二）以行业系统为申报单位进行试点。行业作为试点单位，统筹行业内职业院校和企业，选择行业职业教育重点专业，开展现代学徒制试点工作，重点任务是开发现代学徒制的各类标准。

（三）以职业院校为申报单位进行试点。职业院校作为试点单位，选择学校主干专业作为试点专业，联合有条件、有意愿的企业，共同开展现代学徒制试点，重点探索开展现代学徒制的人才培养模式和管理制度。

（四）以企业为申报单位进行试点。具有多年校企一体化育人经验的大型企业作为试点单位，联合职业院校，共同开展现代学徒制试点，重点探索企业参与现代学徒制的有效途径、运作方式和支持政策。

四、工作安排

现代学徒制试点单位按照自愿申报、专家评审、统一部署等程序确定，试点工作在省级教育行政部门的统筹协调下开展。

（一）项目申报。各申报单位须填写项目申报书，申报材料要求一式2份（附电子版光盘），并于2015年1月30日前报我司。地级市、职业院校和企业的申报材料由所在省、自治区、直辖市教育厅（教委）统一组织报送（企业申报材料由合作院校所在省、自治区、直辖市教育部门报送），行业申报材料可单独直接报送。

（二）评审遴选。我部将组织专家对申报方案进行评审、遴选，优先选择目标明确、方案完善、支持力度大、示范性强的申报单位，作为教育部现代学徒制首批试点单位。

（三）组织实施。经我部批准的试点单位，按照试点工作方案，制订详细的试点工作任务书，以专业学制为一个试点周期，开展各项试点工作。教育行政部门应做好对试点工作的统筹协调，确保试点工作的顺利开展。

（四）总结推广。试点期间，我部将组织专家对试点工作进行监督检查，并建立年度报告和周期总结相结合的评价方式。试点结束后，试点单位要做好试点总结。在总结各地经验基础上，我部将逐步扩大实施现代学徒制的范围和规模，使现代学徒制成为校企合作培养技术技能人才的重要途径。

五、保障措施

各地要加强对试点工作的组织领导，健全工作机制，完善政策措施，加强指导服务。

（一）加强组织领导。各地要加强对试点工作的领导，落实责任制，建立跨部门的试点工作领导小组，定期会商和解决有关试点工作重大问题。要有专人负责，及时协调有关部门支持试点工作。要制订试点工作的扶持政策，加强对招生工作的统筹协调，扩大试点院校的招生自主权；加大投入力度，通过财政资助、政府购买等措施，引导企业和职业院校积极开展现代学徒制试点。

（二）科学制订试点方案。各试点单位要深入调研、科学论证，发挥现代学徒制多元主体作用，把试点工作细化、具体化，形成具有可操作性的试点项目实施方案。实施方案要针对学徒制实施过程中的实际问题，着力创新体制机制，明确试点目标、试点措施、进度安排、配套政策、保障条件、责任主体、风险分析和应对措施、预期成果及推广价值等内容。

（三）加强科学研究工作。各试点单位要坚持边试点边研究，及时总结提炼，把试点工作中的好做法和好经验上升成为理论，形成推动现代学徒制发展的政策措施，促进理论与实践同步发展。积极开展国际比较研究，系统总结相关国家（地区）开展学徒制的经验，完善中国特色的现代学徒制运行机制、办学模式、管理体制和条件保障等。

附件2（本书略）

附件3（本书略）

教育部办公厅关于公布首批现代学徒制试点单位的通知

教职成厅函〔2015〕29号

各省、自治区、直辖市教育厅（教委），新疆生产建设兵团教育局，有关单位：

根据《教育部关于开展现代学徒制试点工作的意见》（教职成〔2014〕9号）要求，我部组织各地开展了现代学徒制试点申报工作。经专家评议，决定遴选165家单位作为首批现代学徒制试点单位和行业试点牵头单位（以下简称“试点单位”），现予以公布，并就有关事项通知如下：

1. 制订工作任务书。各试点单位要结合实际，制订试点工作任务书，明确试点工作的重点建设内容、实施步骤、责任主体和保障措施等，确保试点工作顺利实施。试点工作任务书须报我部备案。各试点地区、职业院校、企业、地方行业的任务书由所在地省级教育行政部门统一报送，行业组织可直接报送。报送截止日期为2015年9月30日。

2. 加强科研工作。各试点单位要加强科学研究工作，坚持边试点边研究，及时总结提炼，把试点工作中的好做法和好经验上升为理论，促进理论与实践同步发展。有条件的试点单位要积极开展国际比较研究，系统总结相关国家（地区）开展学徒制的经验，完善中国特色的现代学徒制制度体系。

3. 做好宣传工作。各地要持续做好现代学徒制试点宣传工作，充分发挥主流媒体和网络、微信等新媒体作用，开展形式多样、内容丰富，多层次、全方位的宣传活动，将试点过程中的好做法、好经验和理论研究成果予以及时总结推广，营造有利于试点运作的良好社会氛围。

4. 强化组织领导。各省级教育行政部门要加强对工作试点的组织领导，特别是指导所辖地级市做好市级统筹，健全工作机制，落实责任，完善政策措施。要制订试点工作的扶持政策，加强对招生工作的统筹协调，扩大试点院校的招生自主权；加大投入力度，通过财政资助、政府购买等措施，引导企业和职业院校积极开展现代学徒制试点。试点期间，我部将组织开展现代学徒制政策解读及相关培训，定期组织专家对试点工作进行监督检查，并建立年度报告和周期总结相结合的评价方式。在总结经验基础上，将逐步扩大现代学徒制实施范围和规模，构建中国特色现代学徒制体系，使现代学徒制成为培养技术技能人才的重要途径。

联系人：尹玉杰、白汉刚

联系电话：010－66096809

地址：北京市西城区西单大木仓胡同 37 号
邮政编码：100816

附件：首批现代学徒制试点单位名单

教育部办公厅
2015 年 8 月 5 日

附件

首批现代学徒制试点单位名单

一、试点地区（含计划单列市）（17 个）

吉林省吉林市
吉林省辽源市
江苏省无锡市
江苏省南通市
江苏省常州市科教城
浙江省杭州市
浙江省嘉兴市
浙江省湖州市
湖北省荆州市
湖南省长沙市
湖南省湘潭市
广东省佛山市
广东省中山市
广西壮族自治区柳州市
四川省成都市
陕西省咸阳市
青岛市

二、试点企业（8 家）

天津海鸥表业集团有限公司
天津渤海化工集团有限责任公司
招商局物流集团上海有限公司
海澜集团有限公司
江西省建材集团公司

济南二机床集团有限公司
郑州宇通客车股份有限公司
博世汽车部件（长沙）有限公司

三、试点高职院校（100 所）

北京交通运输职业学院
北京电子科技职业学院
北京财贸职业学院
天津中德职业技术学院
天津电子信息职业技术学院
天津职业大学
河北建材职业技术学院
唐山工业职业技术学院
邢台职业技术学院
石家庄铁路职业技术学院
石家庄邮电职业技术学院
渤海理工职业学院
山西职业技术学院
山西工程职业技术学院
山西药科职业学院
内蒙古机电职业技术学院
内蒙古商贸职业学院
辽宁林业职业技术学院
辽宁职业学院
沈阳职业技术学院
大连装备制造职业技术学院
长春汽车工业高等专科学校
长春职业技术学院
哈尔滨职业技术学院
哈尔滨铁道职业技术学院
黑龙江农业工程职业学院
上海中侨职业技术学院
上海旅游高等专科学校
上海农林职业技术学院
江苏食品药品职业技术学院
无锡商业职业技术学院
南京工业职业技术学院
南通职业大学

江苏农林职业技术学院
南京信息职业技术学院
金华职业技术学院
温州职业技术学院
浙江机电职业技术学院
浙江商业职业技术学院
宁波职业技术学院
浙江建设职业技术学院
芜湖职业技术学院
安徽机电职业技术学院
安徽职业技术学院
福州职业技术学院
福建林业职业技术学院
福建生物工程职业技术学院
江西应用技术职业学院
江西航空职业技术学院
东营职业学院
滨州职业学院
山东商业职业技术学院
山东交通职业学院
山东科技职业学院
青岛职业技术学院
日照职业技术学院
河南工业职业技术学院
开封文化艺术职业学院
河南农业职业学院
漯河职业技术学院
商丘医学高等专科学校
黄冈职业技术学院
武汉铁路职业技术学院
武汉船舶职业技术学院
武汉职业技术学院
湖南石油化工职业技术学院
湖南工艺美术职业学院
长沙民政职业技术学院
长沙航空职业技术学院
清远职业技术学院
广东科学技术职业学院

广东工程职业技术学院
广东机电职业技术学院
广州铁路职业技术学院
广东邮电职业技术学院
广州番禺职业技术学院
广西职业技术学院
广西建设职业技术学院
广西交通职业技术学院
海南职业技术学院
三亚城市职业学院
重庆工业职业技术学院
重庆航天职业技术学院
重庆电子工程职业学院
四川交通职业技术学院
成都农业科技职业学院
四川邮电职业技术学院
贵州轻工职业技术学院
贵阳职业技术学院
昆明工业职业技术学院
云南国土资源职业学院
陕西交通职业技术学院
陕西工业职业技术学院
兰州资源环境职业技术学院
酒泉职业技术学院
青海畜牧兽医职业技术学院
宁夏职业技术学院
新疆轻工职业技术学院
新疆职业大学
新疆石河子职业技术学院

四、试点中职学校（27 所）

北京市昌平职业学校
承德工业学校
呼和浩特市商贸旅游职业学校
沈阳市化工学校
长春市农业学校
大庆市蒙妮坦职业高级中学
上海电子工业学校

亳州中药科技学校
福建省福州旅游职业中专学校
江西省医药学校
德州交通职业中等专业学校
洛阳铁路信息工程学校
重庆工商学校
四川省达州中医学校
贵阳铁路工程学校
玉溪工业财贸学校
西藏日喀则市职业技术学校
陕西省电子工业学校
平凉理工中等专业学校
青海省工业职业技术学校
中卫市职业技术学校
新疆工业经济学校
第一师阿拉尔职业技术学校
宁波市鄞州区古林职业高级中学
宁波市北仑职业高级中学
厦门工商旅游学校
深圳市第一职业技术学校

五、行业试点牵头单位（13 家）

机械工业教育发展中心
有色金属工业人才中心
中国煤炭教育协会
中国建筑材料联合会
中国汽车工程学会
中国物流与采购联合会
国家康复辅具研究中心
中民民政职业能力建设中心
中国艺术科技研究所
山西省煤炭工业厅
山西省旅游局
广东省旅游协会
南宁市焊接协会

人力资源社会保障部办公厅、财政部办公厅关于开展企业新型学徒制试点工作的通知

人社厅发〔2015〕127号

各有关省、自治区、直辖市人力资源社会保障厅（局）、财政厅（局）：

加强企业技能人才队伍建设，是增强企业核心竞争力、推动产业转型升级的必然要求，是稳定就业、化解就业结构性矛盾的重要措施，也是深入实施人才强国战略和创新驱动发展战略的重要内容。为贯彻落实《国务院关于进一步做好新形势下就业创业工作的意见》（国发〔2015〕23号）、《国务院办公厅转发人力资源社会保障部财政部国资委关于加强企业技能人才队伍建设意见的通知》（国办发〔2012〕34号）等文件精神，进一步推进企业职工培训工作，创新技能人才培养模式，人力资源社会保障部、财政部拟在部分省（区、市）开展企业新型学徒制试点工作。现将有关事项通知如下：

一、在北京市、天津市、内蒙古自治区、辽宁省、上海市、江苏省、山东省、河南省、广东省、重庆市、四川省、甘肃省等省（区、市）开展企业新型学徒制试点工作，每个省（区、市）选择3—5家大中型企业作为试点单位，每家企业选拔100人左右参加学徒制培训。基本条件为：企业重视技能人才队伍建设；建立较完善的企业职工培训制度；建立待遇与技能挂钩的激励机制；技能劳动者占企业职工比例达60%以上。

二、各试点省（区、市）人力资源社会保障部门、财政部门要参照《企业新型学徒制试点工作方案》，结合本地区实际情况，制定试点工作办法，落实好企业新型学徒制补贴政策，建立与试点企业的联系制度，积极推动技工院校（培训机构）与企业对接，有序推进试点工作。

三、各试点省（区、市）人力资源社会保障部门、财政部门要加强协调配合，共同研究解决试点工作中出现的难点问题，并根据实际情况，及时合理调整试点工作内容。试点工作办法与《企业新型学徒制试点工作方案》差异较大的，要报人力资源社会保障部、财政部备案批准。试点工作结束后，要及时向人力资源社会保障部、财政部报送试点工作总结和政策建议。

联系人：人力资源社会保障部职业能力建设司　项声闻

电话及传真：010－84207469

联系人：财政部社会保障司　侯丹

电　话：010－68551213

附件：企业新型学徒制试点工作方案

人力资源社会保障部办公厅
财政部办公厅
2015年7月24日

附件

企业新型学徒制试点工作方案

为贯彻落实党的十八届三中全会精神，改革创新企业职工培训制度，加快企业技能人才培养，根据《国务院关于进一步做好新形势下就业创业工作的意见》（国发〔2015〕23号）、《国务院办公厅转发人力资源社会保障部财政部国资委关于加强企业技能人才队伍建设意见的通知》（国办发〔2012〕34号）要求，决定在部分地区开展企业新型学徒制试点工作，并制定如下工作方案：

一、指导思想和目标任务

（一）指导思想。贯彻落实党的十八大和十八届三中全会精神，以服务就业和经济社会发展为宗旨，适应现代企业发展和产业转型升级要求，创新企业技能人才培养模式，改革传统的学徒培养方式，探索开展企业新型学徒制试点，健全完善企业技能人才工作新机制，为提高劳动者职业能力和职业素养，促进企业发展和经济发展方式转变提供支撑。

（二）目标任务。在企业推行以“招工即招生、入企即入校、企校双师联合培养”为主要内容的企业新型学徒制，进一步发挥企业的培训主体作用，通过企校合作等方式，组织有培训需求的企业技能岗位新招用人员和新转岗人员参加新型学徒培训，探索企业职工培训新模式，完善政策措施和培训服务体系，加快企业后备技能人才的培养。

二、企业新型学徒制的主要内容

（一）培养对象和培养模式。企业新型学徒制以与企业签订6个月以上劳动合同的技能岗位新招用人员和新转岗人员为培养对象。企业可结合生产实际自主确定培养对象，按照政府引导、企业为主、院校参与的原则，采取“企校双制、工学一体”的培养模式，即由企业与技工院校、职业培训机构、企业培训中心等教育培训机构（以下简称“培训机构”）采取企校双师带徒、工学交替培养、脱产或半脱产培训等模式共同培养新型学徒。

（二）培养主体职责。学徒培养的主要职责由企业承担。企业应与学徒签订培养协议，明确培养目标、培训内容与期限、考核办法等内容。企业委托培训机构承担学徒的具体培训任务，应签订合作协议，明确培训的方式、内容、期限、费用、双方责任等具体内容，保证学徒在企业工作的同时，能够到培训机构参加系统的专业知识学习和技能训练。承担企业学徒培养任务的院校，与企业签订合作协议后，对企业学徒进行非全日制学制教育学籍注册，加强在校学习管理。

（三）培养目标和主要方式。学徒的培养由企业结合岗位需求确定，培养目标以中、高级技术工人为主，培养期限为1—2年。培养内容主要包括专业知识、操作技能、安全生产规范、职业素养等。要以企业为主导确定具体培养任务，由企业和培训机构分别承担。在企业培养主要是通过企业导师带徒方式，在培训机构培养主要是采取工学一体化教学方式。学徒培训期满，经鉴定考核合格，可按规定取得相应职业资格证书或培训合格证书。

三、建立和完善相关政策体系

（一）建立企校双师联合培养制度。企业选拔优秀高技能人才担任学徒的企业导师。企业导师要指导学徒进行岗位技能操作训练，帮助学徒逐步掌握并不断提升技能水平和职业素养，使之能够达到职业技能标准和岗位要求，具备从事相应技能岗位工作的基本能力。培训机构为学徒指派指导教师，负责承担学徒的学校教学任务。指导教师应具备相应的专业知识和操作技能。

（二）推行技工院校弹性学制和学分制。技工院校应积极承担学徒的教学培训任务，要结合企业生产管理和学徒工作生活的实际情况，采取弹性学制，实行学分制管理。鼓励和支持学徒利用业余时间分阶段完成学业。要建立和完善适合弹性学制和学分制的教学质量评价体系和考核制度，学徒累计学分达到规定要求的，可获得技工院校毕业证书。

（三）健全企业新型学徒制培训投入机制。学徒在学习培训期间，按照劳动合同约定，由企业根据学徒实际工作贡献支付不低于当地最低工资标准的学徒基本工资。企业按照合作协议约定，向培训机构支付学徒培训费用，从企业职工教育经费中列支；符合有关政策规定的，由政府提供职业培训和职业技能鉴定补贴。承担带徒任务的企业导师享受导师带徒津贴，津贴标准由企业确定，津贴由企业承担。企业对学徒开展在岗培训、业务研修等企业内部发生费用，符合有关政策规定的，可从企业职工教育经费中列支。

（四）完善企业新型学徒制补贴政策。人力资源社会保障部门会同财政部门对开展学徒制培训的企业按规定给予职业培训补贴，补贴资金从就业专项资金列支。

补贴数额一般可按企业支付给培训机构培训费用（以培训费发票为准）的60%确定，每人每年的补贴标准原则上应控制在4000—6000元的合理区间，补贴期限不超过2年。培训后未能取得中级以上职业资格证书的，按补贴标准的50%给予补贴；培训合格并通过职业技能鉴定取得中级以上职业资格证书（未颁布国家职业技能标准的职业应取得培训合格证书）的，按补贴标准的100%给予补贴。

企业新型学徒制职业培训补贴实行先支后补、按年度事后结算的办法，企业在开展学徒培训前将有关备案材料报当地人力资源社会保障部门备案，年度培训任务完成后由企业向当地人力资源社会保障部门申请职业培训补贴，经人力资源社会保障部门审核后，财政部门按规定将补贴资金支付到企业在银行开立的基本账户。

备案材料包括：学徒培养计划、企业与学徒签订的培养协议、企业与培训机构签订的合作协议、学徒花名册及身份证复印件、劳动合同复印件等材料。企业申请职业培训补贴材料包括：除前述备案材料外，还应附职业资格证书或培训合格证书、培训机构出具的行政事业性收费票据（或税务发票）、企业在银行开立的基本账户等凭证材料。

四、实施步骤

试点为期两年，实施工作分三个阶段进行：第一阶段（2015 年 7—8 月）：启动阶段。印发试点工作通知，确定试点省份及试点企业，启动试点工作。第二阶段（2015 年 9 月—2017 年 5 月）：实施阶段。各省指导试点企业制定试点工作实施细则，完善相关政策制度，有序开展试点工作。第三阶段（2017 年 6—7 月）：总结阶段。对各省试点工作进行总结，修改完善企业新型学徒制政策。

五、认真做好组织实施工作

各地区、各有关部门要进一步提高认识，增强责任感和紧迫感，把推行企业新型学徒制作为加强技能人才队伍建设和职业培训的重要工作内容，认真组织实施。要建立人力资源社会保障、财政部门牵头，相关部门和人民团体密切配合、协同推进的工作机制。人力资源社会保障部门要会同财政部门落实企业新型学徒制补贴政策，制定企业新型学徒制试点补贴办法。人力资源社会保障部门要建立与试点企业的联系制度，加强工作指导，统筹推进试点工作。

关于公布现代学徒制试点工作任务书备案结果的通知

教职成司函〔2016〕109号

各省、自治区、直辖市教育厅（教委）、新疆生产建设兵团教育局，有关单位：

按照《教育部关于开展现代学徒制试点工作的意见》（教职成〔2014〕9号）及《教育部办公厅关于公布首批现代学徒制试点单位的通知》（教职成厅函〔2015〕29号）要求，我司组织专家对165家首批现代学徒制试点单位和行业试点牵头单位（简称试点单位）提交的任务书进行了备案审核。

长春职业技术学院等163个试点单位的任务书通过了备案审核；中国艺术科技研究所的任务书备案审核结果为不通过；中国汽车工程学会申请放弃试点。详见附件。

通过备案审核的试点单位，需进一步明确试点工作的总要求，把握试点内涵，保证工作进度，在本文发布后的两年内完成试点工作并进行总结。各地应继续完善和加强试点工作的组织保障、政策支持和监督检查，落实试点工作年报年检制度，及时总结试点工作经验和扩大宣传。备案的任务书在教育部职成司网页《高等职业教育创新发展行动计划（2015—2018年）》专栏《行动计划》管理平台公布。

没有通过备案审核的试点单位中止其试点资格；同意中国汽车工程学会放弃试点资格。

附件：现代学徒制试点工作任务书备案审核结果汇总表

教育部职业教育与成人教育司
2016年8月30日

附件

现代学徒制试点工作任务书备案审核结果汇总表

序　号	试点单位	审核结果	处理意见
1	吉林省吉林市	通过	备案
2	吉林省辽源市	通过	备案

续　表

序　号	试点单位	审核结果	处理意见
3	江苏省无锡市	通过	备案
4	江苏省南通市	通过	备案
5	江苏省常州市科教城	通过	备案
6	浙江省杭州市	通过	备案
7	浙江省嘉兴市	通过	备案
8	浙江省湖州市	通过	备案
9	湖北省荆州市	通过	备案
10	湖南省长沙市	通过	备案
11	湖南省湘潭市	通过	备案
12	广东省佛山市	通过	备案
13	广东省中山市	通过	备案
14	广西壮族自治区柳州市	通过	备案
15	四川省成都市	通过	备案
16	陕西省咸阳市	通过	备案
17	青岛市	通过	备案
18	天津海鸥表业集团有限公司	通过	备案
19	天津渤海化工集团有限责任公司	通过	备案
20	招商局物流集团上海有限公司	通过	备案
21	海澜集团有限公司	通过	备案
22	江西省建材集团公司	通过	备案
23	济南二机床集团有限公司	通过	备案
24	郑州宇通客车股份有限公司	通过	备案
25	博世汽车部件（长沙）有限公司	通过	备案
26	北京交通运输职业学院	通过	备案
27	北京电子科技职业学院	通过	备案
28	北京财贸职业学院	通过	备案
29	天津中德职业技术学院	通过	备案
30	天津电子信息职业技术学院	通过	备案
31	天津职业大学	通过	备案
32	河北建材职业技术学院	通过	备案
33	唐山工业职业技术学院	通过	备案

续　表

序　号	试点单位	审核结果	处理意见
34	邢台职业技术学院	通过	备案
35	石家庄铁路职业技术学院	通过	备案
36	石家庄邮电职业技术学院	通过	备案
37	渤海理工职业学院	通过	备案
38	山西职业技术学院	通过	备案
39	山西工程职业技术学院	通过	备案
40	山西药科职业学院	通过	备案
41	内蒙古机电职业技术学院	通过	备案
42	内蒙古商贸职业学院	通过	备案
43	辽宁林业职业技术学院	通过	备案
44	辽宁职业学院	通过	备案
45	沈阳职业技术学院	通过	备案
46	大连装备制造职业技术学院	通过	备案
47	长春汽车工业高等专科学校	通过	备案
48	长春职业技术学院	通过	备案
49	哈尔滨职业技术学院	通过	备案
50	哈尔滨铁道职业技术学院	通过	备案
51	黑龙江农业工程职业学院	通过	备案
52	上海中侨职业技术学院	通过	备案
53	上海旅游高等专科学校	通过	备案
54	上海农林职业技术学院	通过	备案
55	江苏食品药品职业技术学院	通过	备案
56	无锡商业职业技术学院	通过	备案
57	南京工业职业技术学院	通过	备案
58	南通职业大学	通过	备案
59	江苏农林职业技术学院	通过	备案
60	南京信息职业技术学院	通过	备案
61	金华职业技术学院	通过	备案
62	温州职业技术学院	通过	备案
63	浙江机电职业技术学院	通过	备案
64	浙江商业职业技术学院	通过	备案

续　表

序　号	试点单位	审核结果	处理意见
65	宁波职业技术学院	通过	备案
66	浙江建设职业技术学院	通过	备案
67	芜湖职业技术学院	通过	备案
68	安徽机电职业技术学院	通过	备案
69	安徽职业技术学院	通过	备案
70	福州职业技术学院	通过	备案
71	福建林业职业技术学院	通过	备案
72	福建生物工程职业技术学院	通过	备案
73	江西应用技术职业学院	通过	备案
74	江西航空职业技术学院	通过	备案
75	东营职业学院	通过	备案
76	滨州职业学院	通过	备案
77	山东商业职业技术学院	通过	备案
78	山东交通职业学院	通过	备案
79	山东科技职业学院	通过	备案
80	青岛职业技术学院	通过	备案
81	日照职业技术学院	通过	备案
82	河南工业职业技术学院	通过	备案
83	开封文化艺术职业学院	通过	备案
84	河南农业职业学院	通过	备案
85	漯河职业技术学院	通过	备案
86	商丘医学高等专科学校	通过	备案
87	黄冈职业技术学院	通过	备案
88	武汉铁路职业技术学院	通过	备案
89	武汉船舶职业技术学院	通过	备案
90	武汉职业技术学院	通过	备案
91	湖南石油化工职业技术学院	通过	备案
92	湖南工艺美术职业学院	通过	备案
93	长沙民政职业技术学院	通过	备案
94	长沙航空职业技术学院	通过	备案
95	清远职业技术学院	通过	备案

续 表

序 号	试点单位	审核结果	处理意见
96	广东科学技术职业学院	通过	备案
97	广东工程职业技术学院	通过	备案
98	广东机电职业技术学院	通过	备案
99	广州铁路职业技术学院	通过	备案
100	广东邮电职业技术学院	通过	备案
101	广州番禺职业技术学院	通过	备案
102	广西职业技术学院	通过	备案
103	广西建设职业技术学院	通过	备案
104	广西交通职业技术学院	通过	备案
105	海南职业技术学院	通过	备案
106	三亚城市职业学院	通过	备案
107	重庆工业职业技术学院	通过	备案
108	重庆航天职业技术学院	通过	备案
109	重庆电子工程职业学院	通过	备案
110	四川交通职业技术学院	通过	备案
111	成都农业科技职业学院	通过	备案
112	四川邮电职业技术学院	通过	备案
113	贵州轻工职业技术学院	通过	备案
114	贵阳职业技术学院	通过	备案
115	昆明工业职业技术学院	通过	备案
116	云南国土资源职业学院	通过	备案
117	陕西交通职业技术学院	通过	备案
118	陕西工业职业技术学院	通过	备案
119	兰州资源环境职业技术学院	通过	备案
120	酒泉职业技术学院	通过	备案
121	青海畜牧兽医职业技术学院	通过	备案
122	宁夏职业技术学院	通过	备案
123	新疆轻工职业技术学院	通过	备案
124	新疆职业大学	通过	备案
125	新疆石河子职业技术学院	通过	备案
126	北京市昌平职业学校	通过	备案

续　表

序　号	试点单位	审核结果	处理意见
127	承德工业学校	通过	备案
128	呼和浩特市商贸旅游职业学校	通过	备案
129	沈阳市化工学校	通过	备案
130	长春市农业学校	通过	备案
131	大庆市蒙妮坦职业高级中学	通过	备案
132	上海电子工业学校	通过	备案
133	亳州中药科技学校	通过	备案
134	福建省福州旅游职业中专学校	通过	备案
135	江西省医药学校	通过	备案
136	德州交通职业中等专业学校	通过	备案
137	洛阳铁路信息工程学校	通过	备案
138	重庆工商学校	通过	备案
139	四川省达州中医学校	通过	备案
140	贵阳铁路工程学校	通过	备案
141	玉溪工业财贸学校	通过	备案
142	西藏日喀则市职业技术学校	通过	备案
143	陕西省电子工业学校	通过	备案
144	平凉理工中等专业学校	通过	备案
145	青海省工业职业技术学校	通过	备案
146	中卫市职业技术学校	通过	备案
147	新疆工业经济学校	通过	备案
148	第一师阿拉尔职业技术学校	通过	备案
149	宁波市鄞州区古林职业高级中学	通过	备案
150	宁波市北仑职业高级中学	通过	备案
151	厦门工商旅游学校	通过	备案
152	深圳市第一职业技术学校	通过	备案
153	机械工业教育发展中心	通过	备案
154	有色金属工业人才中心	通过	备案
155	中国煤炭教育协会	通过	备案
156	中国建筑材料联合会	通过	备案
157	中国物流与采购联合会	通过	备案

续　表

序　号	试点单位	审核结果	处理意见
158	国家康复辅具研究中心	通过	备案
159	中民民政职业能力建设中心	通过	备案
160	山西省煤炭工业厅	通过	备案
161	山西省旅游局	通过	备案
162	广东省旅游协会	通过	备案
163	南宁市焊接协会	通过	备案
164	中国艺术科技研究所	不通过	中止
165	中国汽车工程学会	—	中止

教育部办公厅关于做好2017年度现代学徒制试点工作的通知

教职成厅函〔2017〕17号

各省、自治区、直辖市教育厅（教委），新疆生产建设兵团教育局，有关单位：

为贯彻《国务院关于加快发展现代职业教育的决定》（国发〔2014〕19号）和《教育部关于开展现代学徒制试点工作的意见》（教职成〔2014〕9号）精神，落实《教育部2017年工作要点》（教政法〔2017〕4号）关于“启动第二批中国特色现代学徒制试点”的要求，现就做好2017年度现代学徒试点工作通知如下：

一、遴选试点

按照“自愿申报、省级推荐、部级评议”的程序遴选确定第二批现代学徒制试点单位。

（一）自愿申报

凡具有一定校企合作基础的地级市、规模以上企业、职业院校及行业均可自愿申报。第一批现代学徒制试点单位（含参与单位）原则上不参与本次申报。请申报单位登录教育部官网职业教育与成人教育司主页（http：//www. moe. edu. cn/s78/A07/）《高等职业教育创新发展行动计划（2015—2018年）》专题“现代学徒制试点工作管理平台”（以下简称管理平台），按照第二批现代学徒制试点工作方案（附件1）要求，提交任务书（格式详见附件2）和实施方案。实施方案应包括申请单位（含合作单位）基本情况、试点工作基础、试点任务、进度安排、配套政策、保障条件、预期成果及推广价值等。

（二）省级推荐

省级教育行政部门（以下统称各地）须利用管理平台对省内提出申请的地级市、企业、职业院校和行业进行遴选和推荐。每省份原则上推荐不超过15家。

（三）部级评议

我部将组织专家对各地推荐的申报单位进行评议，公布评议结果、确定试点单位。

二、年度检查

2016 年备案的第一批现代学徒制试点的年检工作，按照“试点自检、省级检查、部级抽检”的程序进行。

（一）试点自检

试点单位对照备案的任务书，检查完成情况，撰写并上传自检报告（含校企合作协议）。自检报告应包括：目标和任务完成情况、主要建设成效、资金到位和执行情况、存在的主要问题及改进措施，以及至下一年试点结束的工作计划等。

（二）省级检查

各地要加强对试点工作的领导，督促参加第一批试点的地级市、企业、职业院校、相关行业做好自检，并通过管理平台审核相关单位的自检报告、提交省级年检报告。省级年检报告应包括：省内试点工作总体进展，省级部门对试点工作提供的组织保障、扶持政策、资金投入，以及典型案例、存在的问题及解决措施，至下一年试点结束的工作计划等。

（三）部级抽检

我部将组织专家随机抽查审核各地和试点单位报送的年检自检报告，视需要组织实地检查，对于工作不力或造成不良影响的，我部将暂停或中止试点。

三、专家推荐

为加强试点工作指导，我部组建现代学徒制工作专家指导委员会和专家库。各地可遴选推荐熟悉职业教育、具有较高专业素质和理论水平、熟悉企业生产管理流程、年龄不超过 65 周岁的行业企业专家和职业教育专家作为专委会委员人选（每省份限 1 人）和入库专家人选（每省份不超过 5 人）。

四、工作要求

（一）账号管理

管理平台登录账号实行分级管理。全国性行业组织和省级教育行政部门管理平台登录账号由我部指定联系人管理，地级市、企业、区域行业组织及职业院校等试点单位管理平台登录账号由省级教育行政部门管理。

（二）网络填报

请各地按照通知要求，于 2017 年 5 月 31 日前登录管理平台完成第二批试点单位推荐工作；于 2017 年 6 月 30 日前登录管理平台完成第一批试点单位年检工作。

（三）材料报送

请有关省级教育行政部门将第二批试点推荐单位的任务书与实施方案（一式两份）和专委会委员人选与入库专家人选推荐表（格式详见附件3，一式两份），于2017年6月16日前以公函形式报送至我部，推荐表电子版发送至指定邮箱；将第一批现代学徒制试点省级年检报告（含所属试点单位自检报告）于2017年7月14日前以公函形式报送我部。全国性行业组织的年检报告以公函形式直接报送我部（职成司）。

五、联系方式

教育部职成司联系人：张启明　任占营
电话/传真：010－66096232
管理平台技术支持联系人：王辉
电话：15016674601
电子邮箱：sfgz@ moe. edu. cn
通信地址：北京市西城区西单大木仓胡同35号
（邮编：100816）

附件：1. 第二批现代学徒制试点工作方案
2. 教育部现代学徒制试点工作任务书
3. 现代学徒制工作专家指导委员会成员、入库专家推荐表

教育部办公厅
2017年4月6日

附件1

第二批现代学徒制试点工作方案

为贯彻落实全国职业教育工作会议精神和《国务院关于加快发展现代职业教育的决定》，扎实推进《国家教育事业发展“十三五”规划》，持续做好现代学徒制试点工作，根据《教育部关于开展现代学徒制试点工作的意见》（教职成〔2014〕9号）制定本方案。

一、试点目标

探索建立校企联合招生、联合培养、一体化育人的长效机制，完善学徒培养的教学文件、管理制度、相关标准，推进专兼结合、校企互聘互用的双师结构师资队伍建设，建立健全现代学徒制的支持政策，形成和推广政府引导、行业参与、社会支持，企业和职业院校双主体育人的中国特色现代学徒制。

二、试点内容

（一）探索校企协同育人机制。完善学徒培养管理机制，明确校企双方的职责与分工，推进校企紧密合作、协同育人。完善校企联合招生、共同培养、多方参与评价的双主体育人机制。探索人才培养成本分担机制，统筹利用好校内实训场所、公共实训中心和企业实习岗位等教学资源，形成企业与职业院校联合开展现代学徒制的长效机制。

（二）推进招生招工一体化。完善职业院校招生录取与企业用工一体化的招生招工制度，推进校企共同制订和实施招生招工方案。规范职业院校招生录取和企业用工程序，签订学生与企业、学校与企业两份合同（或学徒、学校和企业之间的三方协议），明确学徒的企业员工和职业院校学生双重身份（对于年满16周岁未达到18周岁的学徒，须由学徒、监护人、学校和企业四方签订协议），明确各方权益及学徒在岗培养的具体岗位、教学内容、权益保障等。

（三）完善人才培养制度和标准。按照“合作共赢、职责共担”原则，校企共同设计人才培养方案，共同制订专业教学标准、课程标准、岗位技术标准、师傅标准、质量监控标准及相应实施方案。校企共同建设基于工作内容的专业课程和基于典型工作过程的专业课程体系，开发基于岗位工作内容、融入国家职业资格标准的专业教学内容和教材。

（四）建设校企互聘共用的师资队伍。完善双导师制，建立健全双导师的选拔、培养、考核、激励制度，形成校企互聘共用的管理机制。明确导师的职责和待遇，合作企业要选拔优秀高技能人才担任师傅，明确师傅的责任和待遇。院校要将指导教师的企业实践和技术服务纳入教师考核并作为晋升专业技术职务的重要依据。建立灵活的人才流动机制，校企双方共同制订双向挂职锻炼、联合技术研发、专业建设的激励制度和考核奖惩政策。

（五）建立体现现代学徒制特点的管理制度。建立健全与现代学徒制相适应的教学管理制度，制订学分制管理办法和弹性学制管理办法。创新考核评价与督查制度，基于工作岗位制订以育人为目标的学徒考核评价标准，建立多方参与的考核评价机制。建立定期检查、反馈等形式的教学质量监控机制。制订学徒管理办法，保障学徒权益，根据教学需要，科学安排学徒岗位、分配工作任务，保证学徒合理报酬。落实学徒的责任保险、工伤保险，确保人身安全。

三、试点形式

现代学徒制试点自愿申报。申报试点的单位应是具有一定工作基础、愿意先行先试的地级市、行业、企业及职业院校。

（一）地级市牵头开展试点。以地级市作为试点单位，统筹辖区内职业院校和企业，立足辖区内职业院校资源和企业资源确定试点专业和学生规模，重点探索地方实施现代学徒制的支持政策和保障措施。

（二）行业牵头开展试点。以行业作为试点单位，统筹行业内职业院校和企业，选择行业职业教育重点专业开展现代学徒制试点工作，侧重开发规范和保证现代学徒制实施的各类标准。

（三）职业院校牵头开展试点。以职业院校作为试点单位，选择学校主干专业，联合有条件、有意愿的企业共同开展试点工作，重点探索现代学徒制的人才培养模式和管理制度。

（四）企业牵头开展试点。以具有校企一体化育人经验的规模企业作为试点单位，联合职业院校共同开展试点工作，重点探索企业参与现代学徒制的有效途径、运作方式和激励机制。

四、工作安排

第二批现代学徒制试点工作按照自愿申报、省级推荐、部级评议、组织实施、验收推广等程序进行，试点工作在省级教育行政部门的统筹协调下开展。

（一）自愿申报。申报单位须提交试点实施方案，根据实施方案编制并提交任务书。地级市、职业院校、企业及区域行业组织的申报材料由所在省级教育行政部门统一组织报送（企业申报材料由合作院校所在省教育行政部门报送），全国性行业组织申报材料直接报送教育部（职成司）。

（二）省级推荐。省级教育行政部门对照教育部要求，结合区域发展和产业布局，统筹考虑省内职业院校、企业、区域行业组织，推荐试点单位。

（三）部级评议。教育部组织专家对申报材料进行评审、遴选，优先支持高附加值产业相关专业及新一代信息技术、高档数控机床和机器人、航空航天装备、海洋工程装备及高技术船舶、先进轨道交通装备、节能与新能源汽车、电力装备、新材料、生物医药及高性能医疗器械、农业机械装备等与“中国制造 2025”联系密切的 10 大领域相关专业开展试点；优先支持目标明确、方案完善、支持力度大、示范性强的申报试点。

（四）组织实施。省级教育行政部门负责区域内试点工作的统筹协调，年度检查；教育部组建“现代学徒制工作专家指导委员会”对试点工作进行指导、监督和检查，组织推动各地和试点单位之间经验交流，及时固化和完善成功经验。

（五）验收推广。试点工作自批准起为期二年。试点期满，试点单位须对照任务书进行总结，撰写总结报告；省级教育行政部门应对所属试点单位进行全面检查，组织省级验收，并将验收结论函报教育部；教育部将组织专家审核省级验收结论，视审核情况组织抽查，公布最终验收结果。省级教育行政部门及各试点单位应在成功试点的基础上，有序推广实施现代学徒制，使现代学徒制成为校企合作培养技术技能人才的重要途径。

五、保障措施

（一）加强试点指导。各地要加强对试点工作的指导，落实责任制，建立跨部门的试点工作领导小组，定期会商和解决有关试点工作重大问题；专人负责，及时协调有关部门支持试点工作；制订试点工作扶持政策，加强对招生工作的统筹协调；加大投入，通过财政资助、政府购买等措施引导企业和职业院校实施现代学徒制培养。

（二）科学组织实施。各试点单位要深入调研，科学制定实施方案，明确试点任务和目标；精心组织实施，坚持问题导向，针对现代学徒制试点过程中的实际问题，着力创新体制机制，完善制度体系，优化政策环境，确保试点工作取得实效。

（三）注重实务研究。试点单位要坚持边试点边研究，及时总结提炼，注重把试点工作中的好做法和好经验上升成为理论和措施，促进理论与实践同步发展。

附件2（本书略）

附件3（本书略）

教育部办公厅关于公布第二批现代学徒制试点和第一批试点年度检查结果的通知

教职成厅函〔2017〕35 号

各省、自治区、直辖市教育厅（教委），新疆生产建设兵团教育局，有关单位：

根据《教育部关于开展现代学徒制试点工作的意见》（教职成〔2014〕9 号，简称《意见》）和《教育部办公厅关于做好 2017 年度现代学徒制试点工作的通知》（教职成厅函〔2017〕17 号，简称《通知》），我部组织开展了第二批现代学徒制试点遴选和第一批试点年度检查工作。现将结果予以公布，有关事项通知如下：

一、新增试点

按照“自愿申报、省级推荐、部级评议”的工作程序，现确定第二批 203 个现代学徒制试点，详见附件。

各试点单位须按照我部审定公布的任务书扎实推进工作，按照要求接受年度检查和验收；把试点工作中的好做法好经验及时总结提炼上升为理论，促进理论与实践同步发展。任务书在我部官网职成司主页《高等职业教育创新发展行动计划（2015—2018 年)》专栏“现代学徒制试点工作管理平台”（http：//www. moe. edu. cn/s78/A07/zcs_ztzl/ztzl_ zcs1518/）公布。

各地要加强省级统筹，保证对试点工作的领导，争取协调部门支持；保证对试点工作的政策、资金支持，以财政资助、政府购买等方式引导企业和职业院校积极实行现代学徒制；落实年度检查和验收相关工作。

我部委托全国现代学徒制工作专家指导委员会对试点工作进行业务指导、组织开展现代学徒制相关培训与交流活动、按照我部要求开展年度检查和验收。各地和各试点单位应主动支持、积极配合委员会工作。对于试点期间工作不力或造成不良影响的，我部将中止其试点资格。

二、年度检查

按照“单位自检、省级检查、部级抽检”的程序，我部组织专家对第一批试点提交的自检报告进行了核查。

专家组根据《通知》要求、对照备案的任务书和自检报告，核查了试点工作进展情况，形成了年度检查意见（登录“现代学徒制试点工作管理平台”查看）。任务书、备案说明材料和年度检查意见将作为2018年验收工作的主要依据。请各试点单位按照《意见》和《通知》要求、对照任务书和年度检查意见，拾遗补缺纠偏，扎实推进试点工作，按时保质完成试点任务。

同意中国建筑材料联合会、辽宁职业技术学院中止试点的申请。

附件：第二批现代学徒制试点单位名单

教育部办公厅

2017年8月23日

附件

第二批现代学徒制试点单位名单

一、试点行业组织（4家）

中国电子信息行业联合会
中国检验检疫学会
江西省船舶工业行业协会
广东省物联网协会

二、试点地区（2个）

湖北省宜昌市
湖南省岳阳市

三、试点企业（5家）

天津圣纳科技有限公司
吉林大药房药业股份有限公司
吉林省汽车工业贸易集团有限公司
九江明阳电路科技有限公司
长沙五十七度湘餐饮管理有限公司

四、试点高职院校（154所）

北京工业职业技术学院
北京劳动保障职业学院
北京农业职业学院
北京信息职业技术学院
天津城市建设管理职业技术学院

天津城市职业学院
天津交通职业学院
天津青年职业学院
天津轻工职业技术学院
天津商务职业学院
天津冶金职业技术学院
天津医学高等专科学校
邯郸职业技术学院
河北工业职业技术学院
河北软件职业技术学院
秦皇岛职业技术学院
石家庄财经职业学院
石家庄科技工程职业学院
石家庄职业技术学院
山西华澳商贸职业学院
山西机电职业技术学院
运城职业技术学院
鄂尔多斯职业学院
包头职业技术学院
包头轻工职业技术学院
辽宁医药职业学院
辽宁冶金职业技术学院
辽宁水利职业学院
辽宁石化职业技术学院
辽宁省交通高等专科学校
辽宁农业职业技术学院
辽宁金融职业学院
辽宁建筑职业学院
辽宁城市建设职业技术学院
长春金融高等专科学校
吉林交通职业技术学院
大庆医学高等专科学校
黑龙江建筑职业技术学院
黑龙江林业职业技术学院
黑龙江农业经济职业学院
黑龙江生物科技职业学院
黑龙江职业学院
佳木斯职业学院

上海邦德职业技术学院
上海城建职业学院
上海东海职业技术学院
常州信息职业技术学院
江苏建筑职业技术学院
江苏农牧科技职业学院
苏州工业园区职业技术学院
杭州职业技术学院
嘉兴职业技术学院
浙江工贸职业技术学院
浙江工业职业技术学院
浙江旅游职业学院
安徽工商职业学院
安徽国际商务职业学院
安徽交通职业技术学院
安徽商贸职业技术学院
安庆职业技术学院
淮南职业技术学院
徽商职业学院
福建船政交通职业学院
湄洲湾职业技术学院
泉州工艺美术职业学院
江西工业工程职业技术学院
江西工业贸易职业技术学院
江西建设职业技术学院
江西泰豪动漫职业学院
江西冶金职业技术学院
九江职业技术学院
山东城市建设职业学院
山东畜牧兽医职业学院
山东工业职业学院
山东理工职业学院
威海职业学院
烟台职业学院
淄博职业学院
黄河水利职业技术学院
济源职业技术学院
长江职业学院

湖北交通职业技术学院
湖北生物科技职业学院
湖北职业技术学院
武汉城市职业学院
仙桃职业学院
襄阳职业技术学院
常德职业技术学院
湖南汽车工程职业学院
湖南铁道职业技术学院
湖南现代物流职业技术学院
永州职业技术学院
广东环境保护工程职业学院
广东建设职业技术学院
广东理工职业学院
广东食品药品职业学院
广州城建职业学院
广州工程技术职业学院
中山火炬职业技术学院
中山职业技术学院
珠海城市职业技术学院
广西电力职业技术学院
广西工商职业技术学院
广西工业职业技术学院
广西经贸职业技术学院
南宁职业技术学院
海南经贸职业技术学院
海南软件职业技术学院
三亚航空旅游职业学院
三亚理工职业学院
重庆城市管理职业学院
重庆电力高等专科学校
重庆工商职业学院
重庆三峡医药高等专科学校
重庆医药高等专科学校
成都纺织高等专科学校
成都工业职业技术学院
成都航空职业技术学院
成都职业技术学院

广安职业技术学院
四川航天职业技术学院
宜宾职业技术学院
毕节医学高等专科学校
贵州交通职业技术学院
黔东南民族职业技术学院
铜仁职业技术学院
曲靖医学高等专科学校
云南机电职业技术学院
云南能源职业技术学院
云南锡业职业技术学院
陕西国防工业职业技术学院
陕西能源职业技术学院
陕西铁路工程职业技术学院
陕西邮电职业技术学院
渭南职业技术学院
西安航空职业技术学院
西安铁路职业技术学院
西安职业技术学院
咸阳职业技术学院
杨凌职业技术学院
甘肃工业职业技术学院
甘肃交通职业技术学院
青海柴达木职业技术学院
宁夏财经职业技术学院
宁夏工商职业技术学院
宁夏建设职业技术学院
宁夏民族职业技术学院
巴音郭楞职业技术学院
昌吉职业技术学院
克拉玛依职业技术学院
乌鲁木齐职业大学
新疆交通职业技术学院
新疆农业职业技术学院
伊犁职业技术学院

五、试点中职学校（38 所）

北京市电气工程学校

河北省科技工程学校
衡水市职业技术教育中心
石家庄工程技术学校
唐山市第一职业中等专业学校
山西省忻州市原平农业学校
大连市轻工业学校
哈尔滨轻工业学校
上海海事大学附属职业技术学校
上海市杨浦职业技术学校
上海信息技术学校
常州刘国钧高等职业技术学校
江苏省常熟中等专业学校
江苏省太仓中等专业学校
南京金陵中等专业学校
盐城机电高等职业技术学校
绍兴市柯桥区职业教育中心
安徽金寨职业学校
河南信息工程学校
湖北十堰职业技术（集团）学校
醴陵市陶瓷烟花职业技术学校
佛山市顺德区陈村职业技术学校
广东省食品药品职业技术学校
重庆市江南职业学校
重庆市农业学校
重庆市渝北职业教育中心
攀枝花市华森职业学校
首钢水城钢铁（集团）责任有限公司中等专业学校
凤冈县中等职业学校
鹤庆县职业高级中学
拉萨市第二中等职业技术学校
陕西省电子信息学校
天水市职业技术学校
西宁市第一职业技术学校
阜康市职业中等专业学校
奇台中等职业技术学校
新疆安装工程学校
新疆生产建设兵团第三师图木舒克职业技术学校

教育部办公厅关于做好2018年度现代学徒制试点工作的通知

教职成厅函〔2018〕10号

各省、自治区、直辖市教育厅（教委），新疆生产建设兵团教育局，有关单位：

为贯彻党的十九大精神，落实《国务院关于加快发展现代职业教育的决定》（国发〔2014〕19号）和《国务院办公厅关于深化产教融合的若干意见》（国办发〔2017〕95号），以及《教育部关于开展现代学徒制试点工作的意见》（教职成〔2014〕9号）和《教育部2018年工作要点》（教政法〔2018〕1号），现就做好2018年度现代学徒制试点相关工作通知如下：

一、新增第三批试点

2018年，我部拟遴选新增现代学徒制试点140个左右。地方政府、规模以上企业、职业院校及行业组织均可自愿申报。

1. 网上填报。申报单位须于2018年4月20日—28日登录教育部官网职业教育与成人教育司主页（http：//www. moe. edu. cn/s78/A07/）《高等职业教育创新发展行动计划（2015—2018年）》专题"现代学徒制试点工作管理平台"（以下简称管理平台），按照第三批现代学徒制试点工作方案（附件1），向省级教育行政部门提交任务书（附件2）和实施方案。实施方案应包括申请单位（含合作单位）基本情况、工作基础、目标任务、进度安排、政策及条件保障、预期成果、推广价值及有关佐证材料。

2. 省级推荐。省级教育行政部门对省内申请单位进行遴选（原则上每省份不超过15家），于2018年5月4日—11日登录管理平台完成推荐工作，并于2018年5月17日前将申请材料和省级推荐表（各1份）函报我部职成司。

全国性行业组织按上述要求向我部职成司提交申请材料。

3. 专家遴选。我部委托全国现代学徒制工作专家指导委员会（以下简称专委会）遴选确定试点单位，原则上第一、二批现代学徒制试点单位（含参与单位）不牵头参与本次申报。

二、第二批试点年检

1. 试点自检。第二批试点单位须对照备案的任务书，总结试点经验、撰写自检报告。自检报告应包括：试点任务完成情况、工作成效及创新点、资金到位和执行情况、

存在问题及改进措施、下一阶段工作计划等。自检报告及相关佐证材料电子版须于2018年4月20日—28日登录管理平台提交。任务书内容如有变更，牵头单位须于2018年4月18日前报我部职成司备案。

2. 省级检查。省级教育行政部门要加强对试点工作的支持和指导，于2018年5月4日—11日登录管理平台审查各试点自检报告，结合其他形式的检查结果提出审查意见，形成省级年检报告，督促试点单位完善工作。省级年检报告应包括：省内试点工作总体进展、工作成效及创新点、组织保障、扶持政策、经费投入、存在问题及解决措施、下一阶段工作计划等。省级年检报告电子版须于2018年5月25日前上传管理平台，纸质版（1份，附省级年检结果汇总表）须于2018年6月1日前函报我部职成司。

全国性行业组织按上述要求向我部职成司提交年检材料。

3. 复核检查。我部委托专委会对各地和试点单位报送的年检材料进行复核，根据实际需要开展实地检查并反馈改进意见。对于工作不力或造成不良影响的，暂停或终止试点。

三、第一批试点验收

1. 试点总结。第一批试点单位须对照备案的任务书及2017年度检查意见表，全面总结试点工作、撰写总结报告。总结报告应包括：目标任务完成情况、工作成效及创新点、资金到位和执行情况、存在问题、对策建议等。总结报告及相关佐证材料电子版须于2018年4月20日—28日登录管理平台提交。不能按期完成试点任务的，试点牵头单位须于2018年4月18日前将延期验收申请报我部职成司备案。

2. 省级验收。省级教育行政部门须通过查资料、看现场等方式对试点单位进行省级验收，形成省级验收报告。验收报告应全面总结省内第一批试点工作并明确每个试点的省级验收结论。省级验收报告电子版须于2018年5月25日前上传管理平台，纸质版（1份，附省级验收结论汇总表）须于2018年6月1日前函报我部职成司。

全国性行业组织按上述要求向我部职成司提交总结报告。

3. 结果复核。我部委托专委会对各地和试点单位报送的验收材料进行复核，并根据实际需要组织实地验收，适时公布验收结果。

四、其他工作

1. 账号管理。管理平台登录账号实行分级管理。全国性行业组织和省级教育行政部门管理平台登录账号由我部指定联系人管理，地方政府、企业、区域行业组织及职业院校等试点（申报）单位的登录账号由省级教育行政部门管理。

2. 案例宣传。2018年我部将委托专委会向全国推出一批现代学徒制试点工作典型案例。请各省级教育行政部门结合本地试点工作实际，从政策支持、组织保障、显著成效等方面推荐3个省级层面的工作案例；从人才培养、招生招工、师资队伍建设、实习实训基地建设、管理创新等方面遴选推荐10个试点单位层面的典型案例，于2018年5月25日前上传管理平台。案例内容应思路清晰、图文并茂、数据详实，具有示范作用和推广价值，字数控制在1500字以内。

全国性行业组织可根据工作实际提交3个案例。

五、联系方式

通信地址：北京市西单大木仓胡同37号教育部职业教育与成人教育司高职发展处（邮编：100816）

教育部职成司联系人：石范锋　任占营

电话/传真：010－66096232

管理平台技术支持联系人：王辉

电话：15016674601

电子邮箱：sfgz@ moe. edu. cn

附件：1. 教育部第三批现代学徒制试点工作方案

2. 教育部第三批现代学徒制试点工作任务书（样表）

教育部办公厅

2018年3月6日

附件1

教育部第三批现代学徒制试点工作方案

现代学徒制试点是深化产教融合、完善职业教育和培训体系，推动职业教育高质量发展的重要实现形式。为扎实做好现代学徒制试点工作，根据《国务院办公厅关于深化产教融合的若干意见》（国办发〔2017〕95号）和《教育部关于开展现代学徒制试点工作的意见》（教职成〔2014〕9号）制定本方案。

一、试点目标

探索建立校企联合招生、联合培养、双主体育人的长效机制，完善学徒培养的教学文件、管理制度、培养标准，推进专兼结合、校企互聘互用的双师结构教师队伍建设，建立健全现代学徒制的支持政策，形成和推广政府引导、行业参与、社会支持，企业和职业院校双主体育人的中国特色现代学徒制。

二、试点内容

（一）探索校企“双主体”育人机制。完善学徒培养管理机制，明确校企双方的职责与分工，推进校企紧密合作、协同育人。完善校企联合招生、共同培养、多方评价的双主体育人机制。探索人才培养成本分担机制，统筹利用好校内实训场所、公共实训中心和企业实习岗位等教学资源，形成企业与职业院校联合开展现代学徒制人才培养的长效机制。

（二）推进招生招工一体化。完善职业院校招生录取与企业用工一体化的招生招工制度，推进校企共同制订和实施招生招工方案。规范职业院校招生录取和企业用工程序，签订学生与企业、学校与企业两份合同（或学徒、学校和企业之间的三方协议），明确学徒的“企业员工”和“职业院校学生”的“双重身份”（对于年满16周岁未达到18周岁的学徒，须由学徒、监护人、学校和企业四方签订协议），明确各方权益及学徒在岗培养的具体岗位、教学内容、权益保障等。

（三）完善人才培养制度和标准。按照“合作共赢、职责共担”原则，校企共同设计人才培养方案，共同制订专业教学标准、课程标准、师傅标准、质量监控标准及相应实施方案。校企共同建设基于工作内容的专业课程和基于典型工作过程的专业课程体系，开发基于岗位工作内容、融入国家职业标准的专业教学内容和教材。

（四）建设校企互聘共用的教师队伍。完善双导师制，建立健全双导师的选拔、培养、考核、激励制度，形成校企互聘共用的管理机制。明确导师的职责和待遇，合作企业要选拔优秀高技能人才担任师傅，明确师傅的责任和待遇。院校要将指导教师的企业实践和技术服务纳入教师考核并作为晋升专业技术职务的重要依据。建立灵活的人才流动机制，校企双方共同制订双向挂职锻炼、联合技术研发、专业建设的激励制度和考核奖惩政策。

（五）建立体现现代学徒制特点的管理制度。建立健全与现代学徒制相适应的教学管理制度，制订学分制管理办法和弹性学制管理办法。创新考核评价与督查制度，基于工作岗位制订以育人为目的的学徒考核评价标准，建立多方参与的考核评价机制。建立定期检查、反馈等形式的教学质量监控机制。制订学徒管理办法保障学徒权益，根据教学需要科学安排学徒岗位、分配工作任务，保证学徒合理报酬。落实学徒的责任保险、工伤保险，确保人身安全。

三、试点形式

申报试点的单位应是具有一定工作基础、愿意先行先试的地方政府、行业、企业及职业院校。

（一）地方政府牵头的试点。以地方政府作为试点单位，统筹行政区域内职业院校和企业，立足行政区域内职业院校资源和企业资源确定试点专业和试点规模，重点探索地方实施现代学徒制的支持政策和保障措施。

（二）行业牵头的试点。以行业作为试点单位，统筹行业内职业院校和重点企业，选择行业重点专业开展现代学徒制试点工作，侧重开发规范和保证现代学徒制实施的各类标准。

（三）职业院校牵头的试点。以职业院校作为试点单位，选择学校主干专业，联合有条件、有意愿、有影响的企业共同开展试点工作，重点探索现代学徒制的人才培养模式和管理制度。

（四）企业牵头的试点。以具有校企双主体育人经验的规模企业作为试点单位，联合职业院校共同开展试点工作，重点探索企业参与现代学徒制的有效途径、运作方式和激励机制。

四、组织实施

现代学徒制试点工作按照自愿申报、省级推荐、部级遴选、组织实施、验收推广等程序进行，试点工作在省级教育行政部门的统筹协调下开展。

（一）自愿申报。申报单位须提交试点实施方案，根据实施方案编制并提交任务书。地方政府、职业院校、区域行业组织的申报材料由所在省级教育行政部门统一组织报送，企业申报材料由合作院校所在省级教育行政部门报送。全国性行业组织申报材料直接报送教育部（职成司）。

（二）省级推荐。省级教育行政部门对照教育部要求，结合区域发展和产业布局，统筹考虑省内职业院校、企业、区域行业组织，推荐试点单位。

（三）部级遴选。教育部在省级推荐的基础上遴选确定试点项目，优先支持服务“一带一路”建设、京津冀协同发展、长江经济带等国家战略的试点项目；优先支持高附加值产业相关专业及新一代信息技术、高档数控机床和机器人、航空航天装备、海洋工程装备及高技术船舶、先进轨道交通装备、节能与新能源汽车、电力装备、新材料、生物医药及高性能医疗器械、农业机械装备等与“中国制造2025”联系密切的10大领域相关专业开展试点；优先支持目标明确、方案完善、支持力度大、示范性强的试点项目。

（四）组织实施。省级教育行政部门负责区域内试点工作的统筹协调和年度检查；教育部委托全国现代学徒制工作专家指导委员会对试点工作进行指导、监督和检查，组织推动各地和试点单位之间经验交流，及时固化和完善成功经验。

（五）验收推广。试点工作自批准起为期二年。试点期满，试点单位须对照任务书进行总结、撰写总结报告；省级教育行政部门应对所属试点单位进行全面检查、组织省级验收；教育部将组织专家复核省级验收结论和进行抽查，公布最终验收结果。省级教育行政部门及有关单位应在总结试点经验的基础上，有序推广实施现代学徒制，使现代学徒制成为校企合作培养技术技能人才的重要途径。

五、保障措施

（一）加强指导。各地要加强对试点工作的指导，落实责任制，建立跨部门的试点工作领导小组，定期会商和解决有关试点工作重大问题；专人负责，及时协调有关部门支持试点工作；制订试点工作扶持政策，加强对招生工作的统筹协调；加大投入，通过财政资助、政府购买等措施引导企业和职业院校实施现代学徒制培养。

（二）科学实施。各试点单位要深入调研，科学制定实施方案，明确试点任务和目标；精心组织实施，坚持问题导向，针对现代学徒制试点过程中的实际问题，着力创新体制机制，完善制度体系，优化政策环境，确保试点工作取得实效。

（三）注重实效。试点单位要坚持边试点边研究，及时总结提炼，注重把试点工作中的好做法和好经验上升成为理论和措施，促进理论与实践同步发展。

附件2（本书略）

教育部办公厅关于公布第三批现代学徒制试点单位的通知

教职成厅函〔2018〕41 号

各省、自治区、直辖市教育厅（教委），新疆生产建设兵团教育局，有关单位：

根据《教育部关于开展现代学徒制试点工作的意见》（教职成〔2014〕9 号）和《教育部办公厅关于做好 2018 年度现代学徒制试点工作的通知》（教职成厅函〔2018〕10 号），我部组织开展了第三批现代学徒制试点单位遴选工作。现将结果予以公布，有关事项通知如下：

一、遴选结果

按照“自愿申报、省级推荐、部级评议”的工作程序，现确定第三批 194 个现代学徒制试点，详见附件。各试点任务书及建设方案已经审定并在我部官网职成司主页《高等职业教育创新发展行动计划（2015—2018 年）》专栏“现代学徒制试点工作管理平台”（http://www.moe.edu.cn/s78/A07/zcs_ztzl/ztzl_zcs1518/）公布。

二、工作要求

各试点单位要不断提高认识，牢牢把握现代学徒制的核心要素、主要内容和发展方向；要对照任务书和建设方案，高标准严要求，扎实推进各项试点任务；要聚焦重心、汇集力量在各自试点的重点方向形成突破，取得实实在在的成果；按照要求接受年度检查和验收。

地方教育行政部门要加强对试点工作的支持和指导，落实年度检查和验收相关工作；要积极发挥政策引导作用，联合政府职能部门协同推进，以财政资助、政府购买等方式引导行业企业和职业院校积极推行现代学徒制。

我部委托全国现代学徒制工作专家指导委员会（以下简称专委会）对试点工作进行业务指导、组织开展现代学徒制相关培训与交流活动、按照我部要求开展年度检查和验收。各地和各试点单位应主动支持、积极配合专委会工作。对于试点期间工作不力或造成不良影响的，我部将终止其试点资格。

附件：第三批现代学徒制试点单位名单

教育部办公厅

2018 年 8 月 1 日

附件

第三批现代学徒制试点单位名单

一、试点行业组织（4 家）

中国电器工业协会
中国职业技术教育学会职业教育装备专业委员会
河南省建设教育协会
新疆马产业职业教育联盟

二、试点地区（1 个）

清远市人民政府

三、试点企业（4 家）

深圳市讯方技术股份有限公司
廊坊精雕数控机床制造有限公司
浙江海亮股份有限公司
香港雅姬乐集团有限公司

四、试点高职院校（156 所）

北京经济管理职业学院
天津滨海汽车工程职业学院
天津海运职业学院
沧州医学高等专科学校
河北对外经贸职业学院
河北轨道运输职业技术学院
河北化工医药职业技术学院
河北交通职业技术学院
廊坊职业技术学院
山西财贸职业技术学院
山西电力职业技术学院
山西建筑职业技术学院
山西交通职业技术学院
山西经贸职业学院
山西林业职业技术学院
山西轻工职业技术学院
山西水利职业技术学院

包头铁道职业技术学院
内蒙古化工职业学院
乌海职业技术学院
辽宁轨道交通职业学院
辽宁机电职业技术学院
辽宁经济职业技术学院
辽宁轻工职业学院
辽宁现代服务职业技术学院
辽宁职业学院
吉林电子信息职业技术学院
吉林工业职业技术学院
吉林铁道职业技术学院
黑龙江交通职业技术学院
黑龙江民族职业学院
黑龙江生态工程职业学院
黑龙江信息技术职业学院
上海工艺美术职业学院
上海济光职业技术学院
江苏海事职业技术学院
江苏经贸职业技术学院
南京铁道职业技术学院
苏州工业职业技术学院
苏州工艺美术职业技术学院
徐州工业职业技术学院
扬州工业职业技术学院
杭州科技职业技术学院
宁波城市职业技术学院
台州职业技术学院
浙江同济科技职业学院
浙江艺术职业学院
安徽财贸职业学院
安徽电气工程职业技术学院
安徽国防科技职业学院
安徽水利水电职业技术学院
滁州职业技术学院
阜阳职业技术学院
合肥职业技术学院
黎明职业大学

泉州轻工职业学院
三明医学科技职业学院
漳州职业技术学院
江西财经职业学院
江西工业职业技术学院
江西环境工程职业学院
江西旅游商贸职业学院
江西生物科技职业学院
江西水利职业学院
江西陶瓷工艺美术职业技术学院
江西外语外贸职业学院
德州职业技术学院
济宁职业技术学院
莱芜职业技术学院
聊城职业技术学院
临沂职业学院
青岛港湾职业技术学院
青岛酒店管理职业技术学院
山东商务职业学院
山东水利职业学院
山东医学高等专科学校
山东职业学院
泰山职业技术学院
潍坊职业学院
河南经贸职业学院
河南水利与环境职业学院
河南职业技术学院
三门峡职业技术学院
许昌职业技术学院
郑州铁路职业技术学院
郑州信息科技职业学院
湖北城市建设职业技术学院
湖北工业职业技术学院
湖北国土资源职业学院
湖北科技职业学院
湖北轻工职业技术学院
三峡电力职业学院
武汉交通职业学院

武汉软件工程职业学院
咸宁职业技术学院
湖南化工职业技术学院
湖南环境生物职业技术学院
湖南理工职业技术学院
湖南三一工业职业技术学院
湖南生物机电职业技术学院
湖南邮电职业技术学院
娄底职业技术学院
岳阳职业技术学院
长沙环境保护职业技术学院
长沙商贸旅游职业技术学院
东莞职业技术学院
广东碧桂园职业学院
广东工贸职业技术学院
广东科贸职业学院
广东轻工职业技术学院
广东水利电力职业技术学院
广州科技贸易职业学院
广州民航职业技术学院
河源职业技术学院
深圳信息职业技术学院
顺德职业技术学院
广西农业职业技术学院
广西水利电力职业技术学院
重庆财经职业学院
重庆城市职业学院
重庆电讯职业学院
重庆科创职业学院
重庆能源职业学院
重庆三峡职业学院
重庆水利电力职业技术学院
成都工贸职业技术学院
乐山职业技术学院
泸州职业技术学院
眉山职业技术学院
四川财经职业学院
四川工程职业技术学院

四川建筑职业技术学院
四川信息职业技术学院
四川长江职业学院
四川中医药高等专科学校
贵州电子信息职业技术学院
贵州护理职业技术学院
贵州建设职业技术学院
贵州盛华职业学院
黔南民族职业技术学院
昆明冶金高等专科学校
云南城市建设职业学院
云南农业职业技术学院
陕西航空职业技术学院
陕西职业技术学院
西安汽车科技职业学院
西安医学高等专科学校
甘肃建筑职业技术学院
兰州石化职业技术学院
青海建筑职业技术学院
青海交通职业技术学院
青海卫生职业技术学院
阿克苏职业技术学院
新疆建设职业技术学院
新疆铁道职业技术学院
新疆应用职业技术学院

五、试点中职学校（29 所）

北京市商业学校
邯郸市肥乡区职业技术教育中心
河北经济管理学校
山西省铁路工程学校
长春市第二中等专业学校
黑龙江省商务学校
上海市建筑工程学校
苏州工业园区工业技术学校
衢州中等专业学校
绍兴市中等专业学校
单县职业中等专业学校

山东省莱阳卫生学校
常德财经中等专业学校
湘西经济贸易学校
东莞理工学校
东莞市纺织服装学校
广西理工职业技术学校
四川仪表工业学校
重庆市奉节职业教育中心
重庆市九龙坡职业教育中心
重庆市南川隆化职业中学校
重庆市女子职业高级中学
贵州省交通运输学校
金沙县中等职业学校
遵义市旅游学校
甘肃省冶金高级技术学院
青海省水电职业技术学校
青海省重工业职业技术学校
宁夏回族自治区农业学校

人力资源社会保障部　财政部关于全面推行企业新型学徒制的意见

人社部发〔2018〕66号

各省、自治区、直辖市及新疆生产建设兵团人力资源社会保障厅（局）、财政厅（局）：

为贯彻落实党的十九大精神，加快建设知识型、技能型、创新型劳动者大军，按照中共中央、国务院《新时期产业工人队伍建设改革方案》、《关于推行终身职业技能培训制度的意见》（国发〔2018〕11号）有关要求和全国教育大会有关精神，现就全面推行企业新型学徒制提出如下意见：

一、指导思想和目标任务

（一）指导思想

以习近平新时代中国特色社会主义思想为指导，全面贯彻党的十九大和十九届二中、三中全会精神，认真落实党中央、国务院决策部署，以服务就业和经济社会发展为宗旨，适应培育壮大新动能、产业转型升级和现代企业发展需要，大力推进技能人才培养工作，深化产教融合、校企合作，创新中国特色技能人才培养模式，面向各类企业全面推行企业新型学徒制，扩大技能人才培养规模，为促进劳动者更高质量就业，实现经济高质量发展提供有力人才支撑。

（二）目标任务

按照政府引导、企业为主、院校参与的原则，在企业（含拥有技能人才的其他用人单位，下同）全面推行以“招工即招生、入企即入校、企校双师联合培养”为主要内容的企业新型学徒制，进一步发挥企业主体作用，通过企校合作、工学交替方式，组织企业技能岗位新招用和转岗等人员参加企业新型学徒培训，促进企业技能人才培养，壮大发展产业工人队伍。从今年起到2020年底，努力形成政府激励推动、企业加大投入、培训机构积极参与、劳动者踊跃参加的职业技能培训新格局，力争培训50万以上企业新型学徒（以下简称“学徒”）。2021年起，继续加大工作力度，力争年培训学徒50万人左右。

二、企业新型学徒制的主要内容

（三）培养对象和培养模式

学徒培训以与企业签订一年以上劳动合同的技能岗位新招用和转岗等人员为培养对象。企业可结合生产实际自主确定培养对象，采取“企校双制、工学一体”的培养模式，即由企业与技工院校、职业院校、职业培训机构、企业培训中心等教育培训机构（以下简称“培训机构”）采取企校双师带徒、工学交替培养等模式共同培养学徒。

（四）培养主体职责

学徒培养的主要职责由所在企业承担。企业应与学徒签订培养协议，明确培训目标、培训内容与期限、质量考核标准等内容。企业委托培训机构承担学徒的部分培训任务，应与培训机构签订合作协议，明确培训的方式、内容、期限、费用、双方责任等具体内容，保证学徒在企业工作的同时，能够到培训机构参加系统的、有针对性的专业知识学习和相关技能训练。培训机构与企业签订合作协议后，对学徒进行非全日制学籍注册，加强在校学习管理。

（五）培养目标和主要方式

学徒培养目标以符合企业岗位需求的中、高级技术工人为主，培养期限为1－2年，特殊情况可延长到3年。培养内容主要包括专业知识、操作技能、安全生产规范和职业素养，特别是工匠精神的培育。要以企业为主导确定具体培养任务，由企业与培训机构分别承担。在企业主要通过企业导师带徒方式，在培训机构主要采取工学一体化教学培训方式。积极应用“互联网＋”、职业培训包等培训模式。学徒培训期满，可参加职业技能鉴定或结业（毕业）考核，合格者取得相应职业资格证书（或职业技能等级证书、专项职业能力证书、培训合格证书、毕业证书，下同）。鼓励支持有条件的企业自主对学徒进行技能评价。

三、健全政策制度

（六）建立企校双师联合培养制度

企业应选拔优秀高技能人才担任学徒的企业导师。企业导师要着重指导学徒进行岗位技能操作训练，帮助学徒逐步掌握并不断提升技能水平和职业素养，使之能够达到职业技能标准和岗位要求，具备从事相应技能岗位工作的能力。培训机构应为学徒安排具备相应专业知识和操作技能水平的指导教师，负责承担学徒的学校教学任务，强化理论知识学习，做好与企业实践技能的衔接。

（七）学徒培养实行弹性学制和学分制

承担学徒培训任务的培训机构，要结合企业生产和学徒工作生活实际，采取弹性学制，实行学分制管理。鼓励和支持学徒利用业余时间分阶段完成学业。要建立和完善适合弹性学制和学分制的教学质量评价体系和考核制度。

（八）健全企业对学徒培训的投入机制

学徒在学习培训期间，企业应当按照劳动合同法的规定支付工资，且工资不得低于企业所在地最低工资标准。企业按照与培训机构签订的合作协议约定，向培训机构支付学徒培训费用，所需资金从企业职工教育经费中列支；符合有关政策规定的，由政府提供职业培训和职业技能鉴定补贴。承担带徒任务的企业导师享受导师带徒津贴，津贴标准由企业确定，津贴由企业承担。企业对学徒开展在岗培训、业务研修等企业内部发生的费用，符合有关政策规定的，可从企业职工教育经费中列支。

（九）完善财政补贴政策

人力资源社会保障部门会同财政部门对开展学徒培训的企业按规定给予职业培训补贴，补贴资金从就业补助资金列支。补贴标准由各省（区、市）人力资源社会保障部门会同省级财政部门确定，学徒每人每年的补贴标准原则上不低于4000元，并根据经济发展、培训成本、物价指数等情况逐步提高。企业在开展学徒培训前将有关材料报当地人力资源社会保障部门备案，经人力资源社会保障部门审核后列入学徒培训计划，财政部门按规定向企业预支不超过50%的补贴资金，培训任务完成后及时拨付其余补贴资金。对参加学徒培训的就业困难人员和毕业年度高校毕业生，按规定落实社保补贴政策。

四、加大组织实施力度

（十）加强组织领导

各级人力资源社会保障部门、财政部门要进一步提高认识，增强责任感和紧迫感，把推行企业新型学徒制作为推行终身职业技能培训制度、加强技能人才队伍建设的重要工作内容，制定工作方案，认真组织实施。要建立人力资源社会保障部门牵头，财政等有关部门密切配合、协同推进的工作机制，加强组织领导，全面推动实施。

（十一）规范组织实施

各省级人力资源社会保障部门、财政部门要制定具体实施办法，实行学徒培训备案审核制度，简化工作流程，探索政策创新。中央企业学徒培训按属地管理原则纳入当地工作范畴，享受当地政策，各级人力资源社会保障部门要主动对接属地中央企业，做好服务保障工作。各省、市、县人力资源社会保障部门要加大工作力度，加强工作力量，做好对各类企业特别是中小微企业学徒培训的管理服务工作，建立与相关企业的联系制度，做好工作指导。

（十二）建立培训质量评估监管机制

对学徒培训实施目录清单管理，制定企业目录、培训机构目录，及时向社会公开并实行动态调整。结合国家“金保工程”二期，建立基于互联网的职业培训公共服务和监管平台，积极推行网上备案审核制度，实现信息联通共享。实施学徒培训实名制信息管理，指导企业建立培训台账，详细记录参训人员的姓名、年龄、性别、身份证号、学历、培训职业（工种）、学校班次、培训时间、考核成绩、技能等级和联系方式等，以备查验。对培训机构和培训过程、培训结果要加强监管，实时监控，严格考核验收。

企业组织学徒培训要向人力资源社会保障部门报送如下备案材料：培训计划、学徒名册、劳动合同复印件等有关材料。完成全部培训任务后企业申请其余补贴资金时需备案以下材料：职业资格证书编号或复印件、不低于10次的培训视频资料、培训机构出具的行政事业性收费票据（或税务发票）等符合财务管理规定的凭证。

（十三）提高服务能力

要切实做好学徒培训经费保障工作，及时足额拨付补贴资金。健全资金管理制度，提高资金使用效益，确保资金使用安全。有条件的地方可安排工作经费，对学徒培训教材开发、师资建设、管理人员培训、管理平台开发等基础工作给予支持。支持承担学徒培训任务工作的培训机构提升培训基础能力。职业技能鉴定机构要提供便捷高效的鉴定服务，相关部门按规定落实职业技能鉴定补贴。

（十四）加强宣传动员

广泛动员企业、培训机构和劳动者积极参与学徒培训，扩大企业新型学徒制影响力和覆盖面。强化典型示范，突出导向作用，大力宣传推行企业新型学徒制的典型经验和良好成效。创新宣传方式，充分运用各类新闻媒体，采取灵活多样的形式，做好推广动员工作，努力营造全社会关心尊重技能人才、重视支持职业技能培训工作的良好社会氛围。

请各省（区、市）及新疆生产建设兵团人力资源社会保障部门、财政部门在每年年底前将企业新型学徒制工作开展情况报送人力资源社会保障部、财政部。

人力资源社会保障部　财政部

2018年10月12日

关于公布现代学徒制第一批试点验收结果和第二批试点检查情况的通知

教职成司函〔2018〕187号

各省、自治区、直辖市教育厅（教委），新疆生产建设兵团教育局，有关单位：

根据《教育部关于开展现代学徒制试点工作的意见》（教职成〔2014〕9号）和《教育部办公厅关于做好2018年度现代学徒制试点工作的通知》（教职成厅函〔2018〕10号）要求，我部组织开展了现代学徒制第一批试点验收、第二批试点年度检查工作。现将现代学徒制第一批试点验收结果和第二批试点检查情况予以公布，有关事项通知如下：

一、试点验收

按照"试点总结、省级验收、结果复核"的工作程序，我部组织专家对现代学徒制第一批试点单位进行验收，确定124家通过验收，32家暂缓通过验收，3家不通过验收，2家延期验收（见附件）。各试点单位须登录教育部职成司主页高等职业教育创新发展行动计划（2015—2018年）专栏（http：//www. moe. edu. cn/s78/A07/zcs _ ztzl/ztzl _ zcs1518/）"现代学徒制试点工作管理平台"查阅专家意见。

通过验收的试点单位须根据专家意见进一步总结和推广试点经验，提升实践水平，使其成为培养技术技能人才的重要途径。各地要切实做好试点工作经验和典型案例模式的宣传推广，充分发挥优秀案例的示范带动作用，形成以点带面、共同进步的工作氛围和发展态势，着力构建校企联合招生、联合培养、双主体育人的长效机制，全面提升技术技能人才的培养能力和水平。

暂缓通过验收和延期验收的试点单位须根据专家意见继续完成试点任务，与下一批试点单位同期验收；未通过验收的试点单位，终止试点。

二、年度检查

按照"单位自检、省级检查、部级核查"的程序，我部组织专家对第二批试点单位提交的自检报告进行检查。

专家组对照备案的任务书和自检报告，核查了试点工作进展情况，形成了年度检查意见（登录"现代学徒制试点工作管理平台"查阅）。任务书和年度检查意见将作为2019年验收工作的主要依据，请各试点单位对标对表，扎实推进，按时保质完成试点任务。

附件：现代学徒制第一批试点单位验收结果汇总表

教育部职业教育与成人教育司

2018 年 12 月 21 日

附件

现代学徒制第一批试点单位验收结果汇总表

序　号	试点单位	验收结果
1	吉林省吉林市	通过
2	吉林省辽源市	暂缓通过
3	江苏省无锡市	通过
4	江苏省南通市	通过
5	江苏省常州市科教城	通过
6	浙江省杭州市	通过
7	浙江省嘉兴市	暂缓通过
8	浙江省湖州市	通过
9	湖北省荆州市	暂缓通过
10	湖南省长沙市	通过
11	湖南省湘潭市	暂缓通过
12	广东省佛山市	通过
13	广东省中山市	通过
14	广西壮族自治区柳州市	通过
15	四川省成都市	通过
16	陕西省咸阳市	通过
17	青岛市	通过
18	天津海鸥表业集团有限公司	通过
19	天津渤海化工集团有限责任公司	通过
20	招商局物流集团上海有限公司	不通过
21	海澜集团有限公司	暂缓通过
22	江西省建材集团公司	通过
23	济南二机床集团有限公司	暂缓通过

续 表

序 号	试点单位	验收结果
24	郑州宇通客车股份有限公司	暂缓通过
25	博世汽车部件（长沙）有限公司	通过
26	北京交通运输职业学院	通过
27	北京电子科技职业学院	通过
28	北京财贸职业学院	暂缓通过
29	天津中德应用技术大学	暂缓通过
30	天津电子信息职业技术学院	通过
31	天津市职业大学	通过
32	河北建材职业技术学院	通过
33	唐山工业职业技术学院	通过
34	邢台职业技术学院	通过
35	石家庄铁路职业技术学院	通过
36	石家庄邮电职业技术学院	通过
37	渤海理工职业学院	通过
38	山西职业技术学院	通过
39	山西工程职业技术学院	通过
40	山西药科职业学院	通过
41	内蒙古机电职业技术学院	通过
42	内蒙古商贸职业学院	暂缓通过
43	辽宁林业职业技术学院	通过
44	沈阳职业技术学院	通过
45	大连装备制造职业技术学院	通过
46	长春汽车工业高等专科学校	通过
47	长春职业技术学院	通过
48	哈尔滨职业技术学院	通过
49	哈尔滨铁道职业技术学院	通过
50	黑龙江农业工程职业学院	通过
51	上海中侨职业技术学院	暂缓通过
52	上海旅游高等专科学校	通过
53	上海农林职业技术学院	通过
54	江苏食品药品职业技术学院	通过

续　表

序　号	试点单位	验收结果
55	无锡商业职业技术学院	通过
56	南京工业职业技术学院	通过
57	南通职业大学	通过
58	江苏农林职业技术学院	通过
59	南京信息职业技术学院	通过
60	金华职业技术学院	通过
61	温州职业技术学院	通过
62	浙江机电职业技术学院	通过
63	浙江商业职业技术学院	通过
64	宁波职业技术学院	通过
65	浙江建设职业技术学院	通过
66	芜湖职业技术学院	通过
67	安徽机电职业技术学院	通过
68	安徽职业技术学院	通过
69	福州职业技术学院	延期
70	福建林业职业技术学院	暂缓通过
71	福建生物工程职业技术学院	通过
72	江西应用技术职业学院	通过
73	江西航空职业技术学院	通过
74	东营职业学院	通过
75	滨州职业学院	通过
76	山东商业职业技术学院	通过
77	山东交通职业学院	暂缓通过
78	山东科技职业学院	暂缓通过
79	青岛职业技术学院	通过
80	日照职业技术学院	通过
81	河南工业职业技术学院	通过
82	开封文化艺术职业学院	通过
83	河南农业职业学院	通过
84	漯河职业技术学院	暂缓通过
85	商丘医学高等专科学校	通过

续 表

序 号	试点单位	验收结果
86	黄冈职业技术学院	通过
87	武汉铁路职业技术学院	通过
88	武汉船舶职业技术学院	通过
89	武汉职业技术学院	通过
90	湖南石油化工职业技术学院	暂缓通过
91	湖南工艺美术职业学院	通过
92	长沙民政职业技术学院	通过
93	长沙航空职业技术学院	通过
94	清远职业技术学院	通过
95	广东科学技术职业学院	通过
96	广东工程职业技术学院	通过
97	广东机电职业技术学院	通过
98	广州铁路职业技术学院	暂缓通过
99	广东邮电职业技术学院	通过
100	广州番禺职业技术学院	通过
101	广西职业技术学院	通过
102	广西建设职业技术学院	暂缓通过
103	广西交通职业技术学院	通过
104	海南职业技术学院	通过
105	三亚城市职业学院	暂缓通过
106	重庆工业职业技术学院	通过
107	重庆航天职业技术学院	通过
108	重庆电子工程职业学院	通过
109	四川交通职业技术学院	通过
110	成都农业科技职业学院	通过
111	四川邮电职业技术学院	通过
112	贵州轻工职业技术学院	通过
113	贵阳职业技术学院	通过
114	昆明工业职业技术学院	通过
115	云南国土资源职业学院	通过
116	陕西交通职业技术学院	通过

续　表

序　号	试点单位	验收结果
117	陕西工业职业技术学院	通过
118	兰州资源环境职业技术学院	通过
119	酒泉职业技术学院	通过
120	青海畜牧兽医职业技术学院	通过
121	宁夏职业技术学院	通过
122	新疆轻工职业技术学院	通过
123	新疆职业大学	暂缓通过
124	新疆石河子职业技术学院	暂缓通过
125	北京市昌平职业学校	通过
126	承德工业学校	通过
127	呼和浩特市商贸旅游职业学校	通过
128	沈阳市化工学校	通过
129	长春市农业学校	通过
130	大庆市蒙妮坦职业高级中学	通过
131	上海电子工业学校	通过
132	亳州中药科技学校	通过
133	福建省福州旅游职业中专学校	通过
134	江西省医药学校	通过
135	德州交通职业中等专业学校	暂缓通过
136	洛阳铁路信息工程学校	暂缓通过
137	重庆工商学校	通过
138	四川省达州中医学校	暂缓通过
139	贵阳铁路工程学校	暂缓通过
140	玉溪工业财贸学校	暂缓通过
141	西藏日喀则市职业技术学校	通过
142	陕西省电子工业学校	通过
143	平凉理工中等专业学校	通过
144	青海省工业职业技术学校	通过
145	中卫市职业技术学校	通过
146	新疆工业经济学校	通过
147	第一师阿拉尔职业技术学校	通过

续　表

序　号	试点单位	验收结果
148	宁波市鄞州区古林职业高级中学	通过
149	宁波市北仑职业高级中学	通过
150	厦门工商旅游学校	通过
151	深圳市第一职业技术学校	暂缓通过
152	机械工业教育发展中心	暂缓通过
153	有色金属工业人才中心	通过
154	中国煤炭教育协会	暂缓通过
155	中国物流与采购联合会	暂缓通过
156	国家康复辅具研究中心	不通过
157	中民民政职业能力建设中心	暂缓通过
158	山西省煤炭工业厅	暂缓通过
159	山西省旅游局	不通过
160	广东省旅游协会	通过
161	南宁市焊接协会	延期

教育部办公厅关于全面推进现代学徒制工作的通知

教职成厅函〔2019〕12号

各省、自治区、直辖市教育厅（教委），新疆生产建设兵团教育局：

为深入贯彻全国教育大会精神，落实《国家职业教育改革实施方案》，按照《教育部2019年工作要点》部署，现就“总结现代学徒制试点经验，全面推广现代学徒制”有关工作通知如下。

一、目标要求

以习近平新时代中国特色社会主义思想为指导，全面贯彻党的教育方针，落实立德树人根本任务，深化产教融合、校企合作，健全德技并修、工学结合的育人机制和多方参与的质量评价机制，深入推进教师、教材、教法改革，总结现代学徒制试点成功经验和典型案例，在国家重大战略和区域支柱产业等相关专业，全面推广政府引导、行业参与、社会支持、企业和职业学校双主体育人的中国特色现代学徒制。

二、工作重点

各地要明确全面推广现代学徒制的目标任务和工作举措，引导行业、企业和学校积极开展学徒培养，落实好以下重点任务。

（一）招生招工一体化。校企共同制订和实施招生招工方案，规范招生录取和企业用工程序，推进招生招工同步、先招工后招生、先招生后招工，明确学徒的企业员工和职业学校学生双重身份，保障学徒的合法权益。

（二）标准体系建设。按照专业设置与产业需求对接、课程内容与职业标准对接、教学过程与生产过程对接的要求，校企共同研制高水平的现代学徒制专业教学标准、课程标准、实训条件建设标准等相关标准，做好落地实施工作。在开展现代学徒制的专业率先实施“学历证书＋若干职业技能等级证书”制度试点。

（三）双导师团队建设。推广学校教师和企业师傅共同承担教育教学任务的双导师制度，校企分别设立兼职教师岗位和学徒指导岗位，完善双导师选拔、培养、考核、激励等办法，加大学校与企业之间人员互聘共用、双向挂职锻炼、横向联合技术研发和专业建设的力度，打造专兼结合的双导师团队。

（四）教学资源建设。充分利用生产性实习实训基地、技能大师工作室、工程技术研究中心、协同创新中心等，发挥校企双方的场所、设备、人员优势，共同开发一批新型活页式、工作手册式教材并配套信息化资源，及时吸纳新技术、新工艺、新规范和典型生产案例，形成共建共享的教学资源体系。

（五）培养模式改革。坚持德技并修、工学结合、知行合一，按照企业生产和学徒工作生活实际，实施弹性学习时间和学分制管理，育训结合、工学交替、在岗培养，积极探索三天在企业、两天在学校的“3+2”培养模式，着力培养学生的专业精神、职业精神和工匠精神，提升学生的职业道德、职业技能和就业创业能力。

（六）管理机制建设。健全与现代学徒制相适应的教学管理与运行机制。校企协同制订现代学徒制专业人才培养方案，并由学校党委会审定。校企共同分担人才培养成本，完善教学运行与质量监控体系，规范人才培养全过程。

三、组织实施

（一）加强组织领导。各地要把现代学徒制工作与贯彻落实《国家职业教育改革实施方案》统筹推进，加大政策保障和投入力度，完善政府、行业、企业、职业学校等共同参与的学徒培养质量评价机制，将现代学徒制实施情况作为省级、校级质量年度报告的重要内容。

（二）完成试点任务。各地要加强对现代学徒制试点单位的指导，通过查资料、看现场等多种形式审查试点工作进展情况，按要求做好年检和验收工作，确保高质量完成试点任务。我部将委托全国现代学徒制工作专家指导委员会对各地和试点单位报送的年检和验收材料进行复核，并根据实际需要组织实地检查，适时反馈年检意见、公布验收结果。有关年检和验收工作安排另行通知。

（三）推广典型经验。各地要加强现代学徒制宣传和推广工作，指定专门网站公开本地支持政策、成功经验。通过验收的试点单位，须持续推进现代学徒制工作，全面总结推广工作经验，在单位网站设立专栏，及时发布试点成果，充分发挥示范作用。

教育部办公厅

2019 年 5 月 14 日

关于公布现代学徒制第二批试点验收结果和第三批试点检查情况的通知

教职成司函〔2019〕97 号

各省、自治区、直辖市教育厅（教委），新疆生产建设兵团教育局，有关单位：

根据《教育部关于开展现代学徒制试点工作的意见》（教职成〔2014〕9 号）和《关于做好 2019 年现代学徒制试点年度检查和验收工作的通知》（教职成司函〔2019〕60 号）要求，我部组织开展了现代学徒制试点验收和年度检查工作。现将现代学徒制试点验收结果和年度检查情况予以公布，有关事项通知如下：

一、试点验收

按照“试点总结、省级验收、结果复核”的工作程序，我部组织专家对现代学徒制第二批试点单位、第一批延期验收和暂缓通过的试点单位进行验收，确定 232 家通过验收，2 家暂缓通过验收，1 家不通过验收，2 家延期验收（见附件）。

暂缓通过和延期验收的试点单位须根据专家意见继续完成试点任务，与第三批试点单位同期验收；未通过验收的试点单位，终止试点。

二、年度检查

按照“单位自检、省级检查、部级核查”的程序，我部组织专家对照第三批试点单位备案的任务书和自检报告，核查了试点工作进展情况，形成了年度检查意见。

各试点单位须登录教育部职成司主页高等职业教育创新发展行动计划专栏（http://www.moe.gov.cn/s78/A07/zcs_ztzl/ztzl_zcs1518/）“现代学徒制试点工作管理平台”查阅专家意见，对标对表，扎实推进，按时保质完成试点任务。任务书和年度检查意见将作为 2020 年验收工作的主要依据。

同意新疆铁道职业技术学院放弃试点资格申请。

附件：现代学徒制试点单位验收结果汇总表

教育部职业教育与成人教育司
2019 年 10 月 24 日

附件

现代学徒制试点单位验收结果汇总表

序　号	试点单位	验收结果	备　注
1	中国电子信息行业联合会	通过	第二批
2	中国检验检疫学会	通过	第二批
3	江西省船舶工业行业协会	通过	第二批
4	广东省物联网协会	通过	第二批
5	湖北省宜昌市	通过	第二批
6	湖南省岳阳市	通过	第二批
7	天津圣纳科技有限公司	暂缓通过	第二批
8	吉林大药房药业股份有限公司	通过	第二批
9	吉林省汽车工业贸易集团有限公司	通过	第二批
10	九江明阳电路科技有限公司	通过	第二批
11	长沙五十七度湘餐饮管理有限公司	通过	第二批
12	北京工业职业技术学院	通过	第二批
13	北京劳动保障职业学院	通过	第二批
14	北京农业职业学院	通过	第二批
15	北京信息职业技术学院	通过	第二批
16	天津城市建设管理职业技术学院	通过	第二批
17	天津城市职业学院	通过	第二批
18	天津交通职业学院	通过	第二批
19	天津青年职业学院（2018 年并入天津市职业大学）	通过	第二批
20	天津轻工职业技术学院	通过	第二批
21	天津商务职业学院	通过	第二批
22	天津冶金职业技术学院（2018 年更名为天津工业职业学院）	通过	第二批
23	天津医学高等专科学校	通过	第二批
24	邯郸职业技术学院	通过	第二批
25	河北工业职业技术学院	通过	第二批
26	河北软件职业技术学院	通过	第二批
27	秦皇岛职业技术学院	通过	第二批
28	石家庄财经职业学院	通过	第二批
29	石家庄科技工程职业学院	通过	第二批

续　表

序　号	试点单位	验收结果	备　注
30	石家庄职业技术学院	通过	第二批
31	山西华澳商贸职业学院	通过	第二批
32	山西机电职业技术学院	通过	第二批
33	运城职业技术学院	通过	第二批
34	鄂尔多斯职业学院	通过	第二批
35	包头职业技术学院	通过	第二批
36	包头轻工职业技术学院	通过	第二批
37	辽宁医药职业学院	通过	第二批
38	辽宁冶金职业技术学院	通过	第二批
39	辽宁水利职业学院（2018 年并入辽宁生态工程职业学院）	通过	第二批
40	辽宁石化职业技术学院	通过	第二批
41	辽宁省交通高等专科学校	通过	第二批
42	辽宁农业职业技术学院	通过	第二批
43	辽宁金融职业学院	通过	第二批
44	辽宁建筑职业学院	通过	第二批
45	辽宁城市建设职业技术学院	通过	第二批
46	长春金融高等专科学校	通过	第二批
47	吉林交通职业技术学院	通过	第二批
48	大庆医学高等专科学校	通过	第二批
49	黑龙江建筑职业技术学院	通过	第二批
50	黑龙江林业职业技术学院	通过	第二批
51	黑龙江农业经济职业学院	通过	第二批
52	黑龙江生物科技职业学院	通过	第二批
53	黑龙江职业学院	通过	第二批
54	佳木斯职业学院	通过	第二批
55	上海邦德职业技术学院	通过	第二批
56	上海城建职业学院	通过	第二批
57	上海东海职业技术学院	通过	第二批
58	常州信息职业技术学院	通过	第二批
59	江苏建筑职业技术学院	通过	第二批
60	江苏农牧科技职业学院	通过	第二批

续 表

序 号	试点单位	验收结果	备 注
61	苏州工业园区职业技术学院	通过	第二批
62	杭州职业技术学院	通过	第二批
63	嘉兴职业技术学院	通过	第二批
64	浙江工贸职业技术学院	通过	第二批
65	浙江工业职业技术学院	通过	第二批
66	浙江旅游职业学院	通过	第二批
67	安徽工商职业学院	通过	第二批
68	安徽国际商务职业学院	通过	第二批
69	安徽交通职业技术学院	通过	第二批
70	安徽商贸职业技术学院	通过	第二批
71	安庆职业技术学院	通过	第二批
72	淮南职业技术学院	通过	第二批
73	徽商职业学院	通过	第二批
74	福建船政交通职业学院	通过	第二批
75	湄洲湾职业技术学院	通过	第二批
76	泉州工艺美术职业学院	通过	第二批
77	江西工业工程职业技术学院	通过	第二批
78	江西工业贸易职业技术学院	通过	第二批
79	江西建设职业技术学院	通过	第二批
80	江西泰豪动漫职业学院	通过	第二批
81	江西冶金职业技术学院	延期验收	第二批
82	九江职业技术学院	通过	第二批
83	山东城市建设职业学院	通过	第二批
84	山东畜牧兽医职业学院	通过	第二批
85	山东工业职业学院	通过	第二批
86	山东理工职业学院	通过	第二批
87	威海职业学院	通过	第二批
88	烟台职业学院	通过	第二批
89	淄博职业学院	通过	第二批
90	黄河水利职业技术学院	通过	第二批
91	济源职业技术学院	通过	第二批

续 表

序 号	试点单位	验收结果	备 注
92	长江职业学院	通过	第二批
93	湖北交通职业技术学院	通过	第二批
94	湖北生物科技职业学院	通过	第二批
95	湖北职业技术学院	通过	第二批
96	武汉城市职业学院	通过	第二批
97	仙桃职业学院	通过	第二批
98	襄阳职业技术学院	通过	第二批
99	常德职业技术学院	通过	第二批
100	湖南汽车工程职业学院	通过	第二批
101	湖南铁道职业技术学院	通过	第二批
102	湖南现代物流职业技术学院	通过	第二批
103	永州职业技术学院	通过	第二批
104	广东环境保护工程职业学院	通过	第二批
105	广东建设职业技术学院	通过	第二批
106	广东理工职业学院	通过	第二批
107	广东食品药品职业学院	通过	第二批
108	广州城建职业学院	通过	第二批
109	广州工程技术职业学院	通过	第二批
110	中山火炬职业技术学院	通过	第二批
111	中山职业技术学院	通过	第二批
112	珠海城市职业技术学院	通过	第二批
113	广西电力职业技术学院	通过	第二批
114	广西工商职业技术学院	通过	第二批
115	广西工业职业技术学院	通过	第二批
116	广西经贸职业技术学院	通过	第二批
117	南宁职业技术学院	通过	第二批
118	海南经贸职业技术学院	通过	第二批
119	海南软件职业技术学院	通过	第二批
120	三亚航空旅游职业学院	通过	第二批
121	三亚理工职业学院	通过	第二批
122	重庆城市管理职业学院	通过	第二批

续　表

序　号	试点单位	验收结果	备　注
123	重庆电力高等专科学校	延期验收	第二批
124	重庆工商职业学院	通过	第二批
125	重庆三峡医药高等专科学校	通过	第二批
126	重庆医药高等专科学校	通过	第二批
127	成都纺织高等专科学校	通过	第二批
128	成都工业职业技术学院	通过	第二批
129	成都航空职业技术学院	通过	第二批
130	成都职业技术学院	通过	第二批
131	广安职业技术学院	通过	第二批
132	四川航天职业技术学院	通过	第二批
133	宜宾职业技术学院	通过	第二批
134	毕节医学高等专科学校	通过	第二批
135	贵州交通职业技术学院	通过	第二批
136	黔东南民族职业技术学院	通过	第二批
137	铜仁职业技术学院	通过	第二批
138	曲靖医学高等专科学校	通过	第二批
139	云南机电职业技术学院	通过	第二批
140	云南能源职业技术学院	通过	第二批
141	云南锡业职业技术学院	通过	第二批
142	陕西国防工业职业技术学院	通过	第二批
143	陕西能源职业技术学院	通过	第二批
144	陕西铁路工程职业技术学院	通过	第二批
145	陕西邮电职业技术学院	通过	第二批
146	渭南职业技术学院	通过	第二批
147	西安航空职业技术学院	通过	第二批
148	西安铁路职业技术学院	通过	第二批
149	西安职业技术学院	通过	第二批
150	咸阳职业技术学院	通过	第二批
151	杨凌职业技术学院	通过	第二批
152	甘肃工业职业技术学院	通过	第二批
153	甘肃交通职业技术学院	通过	第二批

续　表

序　号	试点单位	验收结果	备　注
154	青海柴达木职业技术学院	通过	第二批
155	宁夏财经职业技术学院	通过	第二批
156	宁夏工商职业技术学院	通过	第二批
157	宁夏建设职业技术学院	通过	第二批
158	宁夏民族职业技术学院	通过	第二批
159	巴音郭楞职业技术学院	通过	第二批
160	昌吉职业技术学院	通过	第二批
161	克拉玛依职业技术学院	通过	第二批
162	乌鲁木齐职业大学	通过	第二批
163	新疆交通职业技术学院	通过	第二批
164	新疆农业职业技术学院	通过	第二批
165	伊犁职业技术学院	通过	第二批
166	北京市电气工程学校	通过	第二批
167	河北省科技工程学校	通过	第二批
168	衡水市职业技术教育中心	通过	第二批
169	石家庄工程技术学校	通过	第二批
170	唐山市第一职业中等专业学校	通过	第二批
171	山西省忻州市原平农业学校	通过	第二批
172	大连市轻工业学校	通过	第二批
173	哈尔滨轻工业学校	通过	第二批
174	上海海事大学附属职业技术学校	通过	第二批
175	上海市杨浦职业技术学校	通过	第二批
176	上海信息技术学校	通过	第二批
177	常州刘国钧高等职业技术学校	通过	第二批
178	江苏省常熟中等专业学校	通过	第二批
179	江苏省太仓中等专业学校	通过	第二批
180	南京金陵中等专业学校	通过	第二批
181	盐城机电高等职业技术学校	通过	第二批
182	绍兴市柯桥区职业教育中心	通过	第二批
183	安徽金寨职业学校	通过	第二批
184	河南信息工程学校	通过	第二批

续 表

序 号	试点单位	验收结果	备 注
185	湖北十堰职业技术（集团）学校	通过	第二批
186	醴陵市陶瓷烟花职业技术学校	通过	第二批
187	佛山市顺德区陈村职业技术学校	通过	第二批
188	广东省食品药品职业技术学校	通过	第二批
189	重庆市江南职业学校	通过	第二批
190	重庆市农业学校	通过	第二批
191	重庆市渝北职业教育中心	通过	第二批
192	攀枝花市华森职业学校	通过	第二批
193	首钢水城钢铁（集团）责任有限公司中等专业学校	通过	第二批
194	凤冈县中等职业学校	暂缓通过	第二批
195	鹤庆县职业高级中学	通过	第二批
196	拉萨市第二中等职业技术学校	通过	第二批
197	陕西省电子信息学校	通过	第二批
198	天水市职业技术学校	通过	第二批
199	西宁市第一职业技术学校	通过	第二批
200	阜康市职业中等专业学校	通过	第二批
201	奇台中等职业技术学校	通过	第二批
202	新疆安装工程学校	通过	第二批
203	新疆生产建设兵团第三师图木舒克职业技术学校	通过	第二批
204	吉林省辽源市	通过	第一批
205	浙江省嘉兴市	通过	第一批
206	湖北省荆州市	通过	第一批
207	湖南省湘潭市	通过	第一批
208	海澜集团有限公司	通过	第一批
209	济南二机床集团有限公司	通过	第一批
210	郑州宇通客车股份有限公司	通过	第一批
211	北京财贸职业学院	通过	第一批
212	天津中德应用技术大学	通过	第一批
213	内蒙古商贸职业学院	通过	第一批
214	上海中侨职业技术学院	通过	第一批
215	福州职业技术学院	通过	第一批

续　表

序　号	试点单位	验收结果	备　注
216	福建林业职业技术学院	通过	第一批
217	山东交通职业学院	通过	第一批
218	山东科技职业学院	通过	第一批
219	漯河职业技术学院	通过	第一批
220	湖南石油化工职业技术学院	通过	第一批
221	广州铁路职业技术学院	通过	第一批
222	广西建设职业技术学院	通过	第一批
223	三亚城市职业学院	通过	第一批
224	新疆职业大学	通过	第一批
225	新疆石河子职业技术学院	通过	第一批
226	德州交通职业中等专业学校	通过	第一批
227	洛阳铁路信息工程学校	通过	第一批
228	四川省达州中医学校	不通过	第一批
229	贵阳铁路工程学校	通过	第一批
230	玉溪工业财贸学校	通过	第一批
231	深圳市第一职业技术学校	通过	第一批
232	机械工业教育发展中心	通过	第一批
233	中国煤炭教育协会	通过	第一批
234	中国物流与采购联合会	通过	第一批
235	中民民政职业能力建设中心	通过	第一批
236	山西省煤炭工业厅	通过	第一批
237	南宁市焊接协会	通过	第一批

关于做好2020年现代学徒制试点验收工作的通知

各省、自治区、直辖市教育厅（教委），新疆生产建设兵团教育局，有关单位：

为贯彻落实《国家职业教育改革实施方案》（国发〔2019〕4号），总结现代学徒制试点经验，根据《教育部2020年工作要点》和现代学徒制试点工作安排，现将验收工作有关事项通知如下。

一、验收范围

1.《教育部办公厅关于公布第三批现代学徒制试点单位的通知》（教职成厅函〔2018〕41号）确定的试点单位；

2.《关于公布现代学徒制第二批试点验收结果和第三批试点检查情况的通知》（教职成司函〔2019〕97号）同意延期验收和确定暂缓通过的第二批试点单位。

二、验收安排

1. 单位总结。参与验收的试点单位须分别对照备案任务书、年度检查意见表和专家验收意见，撰写总结报告，并提供佐证材料。总结报告应包括：试点目标完成情况、工作成效及创新点、资金到位和执行情况、存在问题、改进措施及建议、下一阶段工作计划等。佐证材料应该客观、全面地证实任务完成情况。

2. 省级验收。省级教育行政部门要认真做好省级验收工作，成立由省内外现代学徒制专家组成的验收专家组，专家组中至少有一名省外的现代学徒制专家库专家。各地要结合疫情防控形势，通过线上线下相结合等多种形式开展资料查阅、汇报答辩等活动，审查试点单位任务完成情况，并形成省级验收结论，结论为“通过”或“不通过”。

3. 结果复核。我司委托全国现代学徒制专家指导委员会（以下简称学徒制专委会）对各地和试点单位报送的验收材料进行复核，适时公布验收结果。

三、有关要求

1. 工作总结。省级教育行政部门须对照《教育部办公厅关于全面推进现代学徒制工作的通知》（教职成厅函〔2019〕12号）文件要求，认真总结重点任务落实情况，撰写省级现代学徒制工作总结报告。内容应包括：省内现代学徒制工作推进情况、工作成效及创新点、组织保障、扶持政策、经费投入、存在问题及解决措施、有关政策建议等。

2. 案例推荐。省级教育行政部门须结合本地工作实际，围绕现代学徒制重点任务、现代学徒制培养模式下教师、教材、教法改革和疫情期间学徒制班助力企业复工复产等方面推荐5个典型案例。案例内容应思路清晰、图文并茂、数据详实，具有示范作用和推广价值，每个案例字数控制在1500字以内。

3. 材料报送。试点单位验收材料电子版须于2020年11月5日—10日提交至学徒制专委会。省级现代学徒制工作总结报告和验收结论纸质版（1份，附省级验收结果汇总表）须于11月25日前函报我司，电子版发送至jxjc@moe.edu.cn。

四、联系方式

通讯地址：北京市西单大木仓胡同37号，教育部职成司教学与质量处（邮编：100816）

职成司联系人：康飞

联系电话：010－66092162

学徒制专委会联系人：王辉

联系电话：020－36409726　13360721716

教育部职业教育与成人教育司

2020年9月27日

云南省教育厅等五部门关于印发云南省职业院校现代学徒制试点工作实施方案（试行）的通知

云教职〔2015〕31 号

各州市教育局、工业和信息化委员会、财政局、人力资源和社会保障局、国有资产监督管理委员会，各应用本科高校转型试点单位，国家级或省级示范性高等职业院校，省属中等职业学校：

为贯彻落实《云南省人民政府关于贯彻落实国务院加快发展现代职业教育决定的实施意见》（云政发〔2015〕16 号）和《云南省现代职业教育体系建设规划（2015—2020 年）》等精神，深化职业教育办学体制机制改革，探索现代职业教育办学模式，省教育厅、省工业和信息化委员会、省财政厅、省人力资源和社会保障厅、省人民政府国有资产监督管理委员会共同制定了《云南省职业院校现代学徒制试点工作实施方案（试行）》，现印发给你们。请结合本地区、本部门、本单位实际，认真组织实施。

附件：云南省职业院校现代学徒制试点工作实施方案（试行）

省教育厅　省工信委　省财政厅
省人社厅　省国资委
2015 年 10 月 9 日

附件

云南省职业院校现代学徒制试点工作实施方案（试行）

根据《云南省人民政府贯彻落实国务院关于加快发展现代职业教育决定的实施意见》（云政发〔2015〕16 号）、《云南省现代职业教育体系建设规划（2015—2020 年）》和《教育部关于开展现代学徒制试点工作的意见》（教职成〔2014〕9 号）等精神，为进一步深化全省职业教育办学体制机制改革，探索现代职业教育人才培养模式，提高职业教育教学质量，推进职业教育与产业发展深度融合，有效服务云南经济社会发展方式转变和产业转型升级，特制订本实施方案。

一、重要意义

（一）建立现代学徒制是职业教育主动服务经济社会发展的强大引擎

当前，云南经济社会发展进入“四化”同步发展和“四个全面”发展的关键时期，主动适应经济发展新常态，对职业教育的改革与发展提出了新的要求和任务。开展现代学徒制试点工作是推进全省现代职业教育体系建设的重要选择，是增强职业院校技术应用和社会服务的有效手段，将有助于加快全省现代职业教育事业的发展，有助于经济发展模式转变和产业结构转型升级，有助于云南经济社会发展迈上新的台阶。

（二）建立现代学徒制是职业教育实现产教融合、校企合作的重要抓手

开展现代学徒制试点工作是行业、企业提高参与职业教育人才培养全过程的最直接方式，也是深化产教融合、校企合作，推进工学结合、知行合一的重要有效途径。既能实现课程内容与职业标准、教学过程与生产过程的有效对接，又能实现学校与企业、基地与车间、专业与产业、教师与师傅、学生与员工、培养培训与终身教育的对接，是提高人才培养质量和针对性的体现，更能为合作企业建立选人、育人、留人的长效机制，提升企业员工的综合素质和核心竞争力。

（三）建立现代学徒制是职业教育促进学生全面发展的重要实现途径

现代学徒制有利于拓展经济社会和文化建设服务的丰富内涵，有利于实现“师傅”对“徒弟”技术技能、文化血脉、职业精神、感情交流等方面全方位传授和传递，有利于实现学生、教师、师傅、企业、社会的多元化评价。开展现代学徒制试点工作是全面实施素质教育的具体体现，是把提高职业技能和培养职业精神高度融合的有效路径，是将职业道德和人文素养教育贯穿培养全过程的有效手段，是进一步培养学生社会责任感、创新精神、实践能力的重要举措。

二、指导思想和工作原则

（一）指导思想

以邓小平理论、“三个代表”重要思想、科学发展观为指导，以“四个全面”发展战略布局为统领，围绕把云南建设成为我国民族团结进步示范区、生态文明建设排头兵、面向南亚东南亚辐射中心，坚持以服务发展、就业导向、技能为本、能力为重为原则，以推进产教融合、适应需求、提高质量为目标，以立德树人和促进人的全面发展为试点工作的根本任务，以创新招生制度、管理制度和人才培养模式为突破口，以形成分工合作、协同育人、共同发展的长效机制为着力点，以注重整体谋划、增强政策协调、鼓励大众创新为手段，以试点、总结、完善、推广为发展路径，逐步建立起政府引导、行业指导、社会参与，企业和职业学校双主体育人的现代学徒制度。

（二）工作原则

——政府统筹，协调推进。充分发挥政府统筹协调作用，在将职业教育纳入经济社会发展规划的基础上，突出现代学徒制试点工作在经济社会发展中的作用。统筹利用好政府、行业、企业、学校、科研机构等方面的优质资源，协调好教育、人社、财政、发改等相关部门的关系，形成合力，共同研究解决试点工作中遇到的困难和问题。

——合作共赢，职责共担。坚持校企双主体育人、学校教师和企业师傅双导师教学，明确学徒的企业员工和职业院校学生双重身份，签订学生与企业、学校与企业两个合同，形成学校和企业联合招生、联合培养、一体化育人的长效机制，切实提高生产、服务一线劳动者的综合素质和人才培养的针对性，解决好合作企业招工难问题。

——因地制宜，分类指导。根据不同地区、不同行业、企业特点和人才培养要求，在招生与招工、学习与工作、教学与实践、学历证书与职业资格证书获取、资源建设与共享等方面因地制宜，积极探索切合实际的实现形式，形成特色。

——系统设计，重点突破。明确试点工作的目标和重点，系统设计人才培养方案、教学管理、考试评价、学生教育管理、招生与招工，以及师资配备、保障措施等工作。根据专业和岗位的需求，重点在人才培养质量、人才培养模式等方面取得有效突破。

三、工作内涵

（一）探索校企协同育人机制

完善学徒培养管理机制，明确校企双方职责、分工，推进校企紧密合作、协同育人。完善校企联合招生、分段育人、多方参与评价的双主体育人机制，共同研制校企一体化育人的人才培养方案和专业教学标准，共同开发专业课程内容和构建专业课程体系。探索人才培养成本分担机制，统筹利用各种实训场所、公共实训中心和企业实习岗位等教学资源，形成企业与职业院校联合开展现代学徒制的长效机制。

（二）推进招生招工一体化

根据不同生源特点，充分利用国家和省现有的高职院校自主招生、中职院校“考试入学＋注册入学”等多种考试招生政策，为接受不同层次职业教育的人员提供学习机会。与企业共同研制招生招工方案，规范职业院校招生录取和企业用工程序，探索建立复合式、多样化招生招工一体化方法。按照双向选择原则，学徒、学校和企业须签订三方协议，明确学徒的企业员工和职业院校学生双重身份。对于年满 16 周岁未达到 18 周岁的学徒，须由学徒、监护人、学校和企业四方签订协议，明确各方权益及学徒在岗培养的具体岗位、教学内容、权益保障措施等。

（三）完善人才培养制度和标准

按照“合作共赢、职责共担”原则，校企共同设计人才培养方案，共同制订专业教学标准、课程标准、岗位标准、企业师傅标准、质量监控标准及相应实施方案。校企共同建设基于工作内容的专业课程和基于典型工作过程的专业课程体系，开发基于岗位工作内容、融入国家职业资格标准的专业教学内容和教材。对企业和员工有需求的，也可以开展成人教育现代学徒制试点工作。

（四）建设校企互聘共用的师资队伍

完善专兼职结合的“双导师”制，建立“双导师”选拔、培养、考核、激励制度，形成校企互聘共用、双向挂职锻炼的管理机制。明确“双导师”职责和待遇，合作企业要选拔优秀高技能人才担任师傅，明确师傅的责任和待遇，将其承担的教学任务纳入企业员工的考核内容，并享受相应的带徒津贴。试点院校要选派专业带头人或专业骨干教师担任学校导师，将其企业实践和技术服务纳入教师考核并优先作为晋升专业技术职务的重要依据，按照优于其他教师的原则，落实学校导师的各项待遇。建立灵活的人才流动机制，校企双方共同制订双向挂职锻炼、横向联合技术研发、专业建设的激励制度和考核奖惩制度。

（五）建立体现现代学徒制特点的管理制度

建立健全与现代学徒制相适应的教学管理制度，制订学分制管理办法和弹性学制管理办法。创新考核评价与督查制度，制订以育人为目标的实习实训考核评价标准，建立多方参与的考核评价机制。建立定期检查、反馈等形式的教学质量监控机制。制订学徒管理办法，保障学徒权益，根据教学需要，科学安排学徒岗位、分配工作任务，保证学徒合理报酬。落实学徒的责任保险、工伤保险，确保人身安全。

四、重点任务

（一）改革培养模式

以提高学生技能水平为目标，按照“学生转学徒转准员工转员工”四位一体的人才培养总体思路，实行弹性学制或学分制。以适应职业岗位需求为导向，在“双导师”制下，共同组建教学团队，共同细化教学内容和教学环节，共同改革教学管理与运行机制，共同构建质量保障体系。支持试点专业学生参加企业技术改造升级和技术应用开发，开展创新创业教育实践活动。实施企业班组化管理模式，1 个师傅带 5 个左右徒弟，组成学习小组，确保学生切实掌握实习岗位所需的技能。

（二）创新实习内容

以人才培养对接用人需求、专业对接产业、课程对接岗位、教材对接技能为切入点，深化实习内容改革。将所学专业分解成若干个岗位，再将每个岗位分解成若干个技能元素。根据专业教学计划要求，结合行业的人才需求和岗位要求，科学、合理提炼岗位核心技能，由行业、企业、学校和有关社会组织以注重实践性和可操作性为原则，共同研究制定实习计划与实习大纲，编写具有鲜明职业特色的高质量培训教材。按照国家职业标准的要求，制定每个岗位的实习考核标准。同时，探索建立实习标准动态更新机制。

（三）加强队伍建设

以教师培养、评聘和考核为核心，强化“双导师”制团队建设。坚持以教师全员培训、集中专题培训为主要形式，建设高素质专业化教师队伍。实施学校与企业管理人员双向挂职锻炼，提高专业教师的实践能力和教学水平。推动专业教师与企业共同开展技术研发，及时完善和更新相关理论知识。建立健全绩效考核制度，评选并奖励优秀实习指导教师和师傅，形成吸引人才、稳定队伍的激励机制。承担带徒任务的导师享受带徒津贴，标准由企业和职业院校自行确定，并由导师所在单位承担。同时，建立导师人才库，保障实习考核工作质量。

（四）完善管理制度

根据现代学徒制的特点，以制度建设为基础，全面加强过程管理工作。在招生或招工阶段，必须要让考生了解国家和省有关现代学徒制试点的政策、报考与录取的有关要求和标准，学习或工作的时间、生活条件等。在培养阶段，学徒在岗培养主要由企业管理，在校培养主要由学校管理。试点院校和合作企业是保障学生（学徒）权益的责任主体。企业要制定专门的学徒管理办法，合理安排学徒岗位和工作任务，培养期间要按照国家和省有关规定，为学徒购买工伤保险和意外伤害保险等。在学徒培训期间，按照劳动合同约定，由企业根据学徒的实际工作贡献支付不低于当地最低工资标准的基本工资。完善巡视和跟踪管理制度，分人分片负责，定期不定期开展管理考核工作。规范学生档案管理，加强劳动安全教育和监督检查，保证学徒制试点工作健康、安全和有序开展。

（五）改革评价模式

以能力为标准，改革以往学校自主考评的评价模式，将学生自我评价、教师评价、师傅评价、企业评价、社会评价相结合，积极构建第三方评价机制，由行业、企业和职业技能鉴定机构对实习生岗位技能进行达标考核。理论考核与操作考核相结合，要求实习生所实习岗位须达到初级工要求；中级工班学生所实习岗位须达到中级工要求，切实提高学生的就业基础能力、岗位核心能力、职业迁移能力，实现“人人有技能，个个有特长”的目标。

五、实施办法

（一）试点类型

1. 以州市为申报单位进行试点。州市作为试点单位，统筹辖区内职业院校和企业，立足辖区内职业教育资源和企业资源，合理确定试点专业和学生规模，开展现代学徒制试点工作，重点探索地方实施现代学徒制的支持政策和保障措施。

2. 以行业系统为申报单位进行试点。以行业作为试点单位，统筹行业内职业院校和企业，选择行业职业教育重点专业，开展现代学徒制试点工作，重点任务是开发现代学徒制的各类标准。

3. 以职业院校为申报单位进行试点。职业院校以高职院校（含技师学院）为主体，中等职业学校（含技工学校）为辅助作为试点单位。专业以学校主干专业作为试点重点，联合有条件、有意愿的企业，共同开展现代学徒制试点，重点探索开展现代学徒制的人才培养模式和管理制度。

4. 以企业为申报单位进行试点。充分发挥企业重要办学主体作用，优先支持综合实力强、行业地位较高、校企合作基础较好、企业培训机制完善、具有高度社会责任感的大中型企业，与职业院校合作开展试点工作，重点探索企业参与现代学徒制的有效途径、运作方式和支持政策。

（二）试点名额

1. 现代学徒制试点采取自愿申报的原则。各州市和相关学校可依据职业教育工作自身发展的实际，既可选择开展试点工作，也可不开展此项工作。

2. 列入应用本科高校转型试点单位、国家级或省级示范性高等职业院校、省属中等职业学校（含技工学校）每个单位只能申报一种类型（最多20人）。

3. 每个州市可自行选择四种类别中的两种类型，每种类型最多20人。已列入教育部现代学徒制试点的单位也可申报，不占所在州市名额。

（三）工作安排

1. 项目申报。各申报单位须填写项目申报书，申报材料要求一式2份（附电子版光盘），并于2015年12月30日前报省教育厅。州市及所属职业院校申报材料由所在州市教育行政部门统一组织报送，行业、企业申报材料由合作院校所在州市教育行政部门报送，省属职业院校申报材料可单独直接报送。

2. 评审遴选。省教育厅将联合工信、财政、人社、国资等部门共同组织专家对申报方案进行评审、遴选，优先选择目标明确、方案完善、支持力度大、示范性强的申报单位，作为现代学徒制首批省级试点单位。

3. 组织实施。经省教育厅等五部门批准的试点单位，按照试点工作方案，制订详细的试点工作任务书，以专业学制为一个试点周期，开展各项试点工作。教育行政部门应做好对试点工作的统筹协调，确保试点工作的顺利开展。

4. 总结推广。试点期间，将组织专家对试点工作进行监督检查，并建立年度报告和周期总结相结合的评价方式。试点结束后，试点单位要做好试点总结工作。在总结州市、职业院校、行业、企业试点经验基础上，逐步扩大实施现代学徒制的范围和规模，使现代学徒制成为校企合作培养技术技能人才的重要途径。

六、组织保障

（一）加强组织领导

省级有关部门将建立现代学徒制试点工作联席会议制度，搭建现代学徒制管理和服务信息平台，及时发布职业院校、企业的现代学徒制招生招工信息。各地、各学校要加强对试点工作的领导，落实责任制，建立跨部门的试点工作领导小组，定期会商和解决有关试点工作重大问题。要有专人负责，及时协调有关部门支持试点工作。

（二）健全投入机制

省级教育行政部门、人力资源和社会保障部门会同财政部门对开展现代学徒制试点工作的职业院校给予基础能力建设补助。各试点单位要根据试点工作的需要，做好资金的保障工作。对开展学徒制培训的企业按规定给予职业培训补贴，补贴资金从就业专项资金中列支，具体按照《云南省就业专项资金管理办法》执行。企业对学徒开展在岗培训和业务研修等企业内部发生费用，符合有关政策规定的，可从企业职工教育经费中列支。

（三）制订试点方案

各试点单位要深入调研、科学论证，发挥现代学徒制多元主体作用，把试点工作细化、具体化，形成具有可操作性的试点项目实施方案。实施方案要针对学徒制实施过程中的实际问题，着力创新体制机制，明确试点目标、试点措施、进度安排、配套政策、保障条件、责任主体、风险分析和应对措施、预期成果及推广价值等内容。

（四）加强科学研究

各试点单位要坚持边试点、边研究的方式，把试点工作中的好做法和好经验上升成为模式和理论，形成推动现代学徒制发展的政策措施，建立符合云南实际的现代学徒制技术框架体系，促进理论与实践同步发展。积极开展国内外比较研究，大力开展以企业标准、导师标准、教学标准、课程标准、评价标准等为主要内容的标准化体系建设，系统总结相关地区开展学徒制的经验，完善具有地方特色的现代学徒制运行机制、办学模式、管理体制和条件保障等。

附：现代学徒制试点项目申报书

附

职业教育现代学徒制试点项目
申报书

项目类型：＿＿＿＿＿＿＿＿＿＿＿＿＿＿＿＿

项目名称：＿＿＿＿＿＿＿＿＿＿＿＿＿＿＿＿

申报单位：＿＿＿＿＿＿＿＿＿＿＿＿＿＿＿＿

负 责 人：＿＿＿＿＿＿＿＿＿＿＿＿＿＿＿＿

地　　址：＿＿＿＿＿＿＿＿＿＿＿＿＿＿＿＿

云南省教育厅制

2015 年

填 写 要 求

1. 本申报书由申报现代学徒制试点单位的州市、职业院校、行业、企业牵头单位填写。

2. 请用四号宋体填写，行间距为20磅。

3. 请用A4纸双面打印，每份申请表单独装订，不另单做封皮和装裱。

4. 本科院校、高职院校、省属中职学校无须填写州市教育行政部门意见。

一、试点项目基本情况

项目名称				
试点起止年月				
申报单位	单位名称			
	单位类别	□A. 地级市　□B. 高职院校　□C. 中职学校　□D. 企业		
	通讯地址		电子邮箱	
	联系电话		邮政编码	

主要参与学校与企业	单位名称	试点专业	专业名称	拟招生数	学制

项目负责人						
	姓名		性别		出生年月	
	专业技术职务/行政职务				最终学历/学位	
	联系电话				电子邮箱	

项目组主要成员	姓名	性别	出生年月	职称	工作单位	分工	签名

二、申请单位基本情况：（不多于 2000 字）①

1. 申请单位概况
2. 合作单位概况

① 表格不够，可自行拓展加页。下同。

三、试点项目实施方案及实施计划（不多于 2000 字）

1. 项目实施的必要性与可行性分析
2. 人才培养方案及推进举措（包括人才培养目标定位、联合招生招工方式、教学方案制订、课程体系开发、教学过程安排、标准和制度建设、证书获取等）

3. 具体实施步骤（含年度进展计划）
4. 项目预期的成果和效果（包括成果形式，预期推广、应用范围、受益面等）

四、试点保障

保障措施（包括支持政策、经费投入、师资队伍建设、实训基地建设等，可附有关文件）   负责人签字　　　　　　　　　　　　　　　　　　单位签章 年　月　日　　　　　　　　　　　　　　　　　　年　月　日

五、审核意见

<table>
<tr><td>申报单位主管部门意见</td><td>相应保障措施（包括支持政策、经费投入、师资队伍建设、实训基地建设等，可附有关文件）

负责人签章　　　　单位签章

年　月　日　　　　年　月　日</td></tr>
<tr><td>州市教育行政部门意见</td><td>相应保障措施（包括支持政策、经费投入、师资队伍建设、实训基地建设等，可附有关文件）

负责人签章　　　　单位签章

年　月　日　　　　年　月　日</td></tr>
</table>

云南省教育厅关于公布首批现代学徒制试点单位的通知

云教职〔2016〕19号

各州、市教育局，各有关单位：

根据《云南省教育厅等五部门关于印发云南省职业院校现代学徒制试点工作实施方案（试行）的通知》（云教职〔2015〕31号）精神，我省组织开展了现代学徒制试点申报工作。经专家评审，遴选出20家单位（详见附件1）作为首批省级现代学徒制试点单位和行业试点牵头单位（以下简称“试点单位”），现予以公布，并将有关事项通知如下：

一、制订工作任务书。各试点单位要根据《云南省职业院校现代学徒制试点工作实施方案》（试行）要求，结合实际，认真制订试点工作任务书（格式请参考附件2），并报主管部门审核同意后，报省教育厅备案。报送截止日期为2016年11月10日。

二、加强科研工作。各试点单位要加强科学研究工作，坚持边试点边研究，及时总结提炼，把试点工作中的好做法和好经验上升为理论，促进理论与实践同步发展。有条件的试点单位要积极开展地区比较研究，系统总结开展学徒制的经验，完善现代学徒制制度体系。

三、做好宣传工作。各地要持续做好现代学徒制试点宣传工作，充分发挥主流媒体和网络、微信等新媒体作用，开展形式多样、内容丰富，多层次、全方位的宣传活动，将试点过程中的好做法、好经验和理论研究成果予以及时总结推广。

联系人：浦艳吉

电　话：0871－65120307

附件：1. 首批现代学徒制试点单位名单

2. 项目任务书

云南省教育厅

2016年10月26日

附件 1

首批现代学徒制试点单位名单

一、企业（1 家）

昆明钢铁集团有限公司职业技能培训中心①

二、高等学校（3 所）

昆明理工大学城市学院
普洱学院
云南经济管理学院

三、高职院校（9 所）

云南国土资源职业学院（国家级现代学徒制试点单位）
昆明工业职业技术学院（国家级现代学徒制试点单位）
大理农林职业技术学院
西双版纳职业技术学院
玉溪农业职业技术学院
云南能源职业技术学院
云南机电职业技术学院
曲靖医学高等专科学校
云南锡业职业技术学院

四、中职学校（5 所）

玉溪工业财贸学校（国家级现代学徒制试点单位）
云南省贸易经济学校
云南省临沧卫生学校
剑川县职业高级中学
鹤庆县职业高级中学

五、技工院校（2 所）

云南工业技师学院
临沧高级技工学校

① 昆明钢铁集团有限公司职业技能培训中心现已更名为昆明钢铁控股有限公司职业技能培训中心。

附件 2

现代学徒制试点任务书

项目名称：______________________________

试点专业：______________________________

试点单位：______________________________

合作单位：______________________________

负 责 人：______________________________

所在地市：______________________________

云南省教育厅制
2016 年 10 月

填 写 要 求

一、本任务书由现代学徒制试的试点牵头单位填写。
二、请用四号仿宋填写，行间距为 20 磅。
三、请用 A4 纸双面打印，左侧装订，一式三份连同电子文档一并报送。

一、项目基本情况

<table>
<tr><td colspan="2">项目名称</td><td colspan="6"></td></tr>
<tr><td colspan="2">试点起止年月</td><td colspan="6"></td></tr>
<tr><td rowspan="4">申报单位</td><td>单位名称</td><td colspan="6"></td></tr>
<tr><td>单位类别</td><td colspan="6">□A. 地级市 □B. 高职院校 □C. 中职学校 □D. 企业</td></tr>
<tr><td>通讯地址</td><td colspan="3"></td><td>电子邮箱</td><td colspan="2"></td></tr>
<tr><td>联系电话</td><td colspan="3"></td><td>邮政编码</td><td colspan="2"></td></tr>
<tr><td rowspan="5">主要合作院校与企业</td><td colspan="3">单位名称</td><td rowspan="5">试点专业</td><td>专业名称</td><td>拟招生数</td><td>学制</td></tr>
<tr><td colspan="3"></td><td></td><td></td><td></td></tr>
<tr><td colspan="3"></td><td></td><td></td><td></td></tr>
<tr><td colspan="3"></td><td></td><td></td><td></td></tr>
<tr><td colspan="3"></td><td></td><td></td><td></td></tr>
<tr><td rowspan="3">项目负责人</td><td>姓名</td><td></td><td>性别</td><td></td><td>出生年月</td><td colspan="2"></td></tr>
<tr><td colspan="2">专业技术职务/
行政职务</td><td colspan="2"></td><td>最终学历/学位</td><td colspan="2"></td></tr>
<tr><td colspan="2">联系电话</td><td colspan="2"></td><td>电子邮箱</td><td colspan="2"></td></tr>
<tr><td rowspan="15">项目组主要成员</td><td>姓名</td><td>性别</td><td>出生年月</td><td>职称</td><td colspan="2">工作单位</td><td>分工</td></tr>
<tr><td></td><td></td><td></td><td></td><td colspan="2"></td><td></td></tr>
<tr><td></td><td></td><td></td><td></td><td colspan="2"></td><td></td></tr>
<tr><td></td><td></td><td></td><td></td><td colspan="2"></td><td></td></tr>
<tr><td></td><td></td><td></td><td></td><td colspan="2"></td><td></td></tr>
<tr><td></td><td></td><td></td><td></td><td colspan="2"></td><td></td></tr>
<tr><td></td><td></td><td></td><td></td><td colspan="2"></td><td></td></tr>
<tr><td></td><td></td><td></td><td></td><td colspan="2"></td><td></td></tr>
<tr><td></td><td></td><td></td><td></td><td colspan="2"></td><td></td></tr>
<tr><td></td><td></td><td></td><td></td><td colspan="2"></td><td></td></tr>
<tr><td></td><td></td><td></td><td></td><td colspan="2"></td><td></td></tr>
<tr><td></td><td></td><td></td><td></td><td colspan="2"></td><td></td></tr>
<tr><td></td><td></td><td></td><td></td><td colspan="2"></td><td></td></tr>
<tr><td></td><td></td><td></td><td></td><td colspan="2"></td><td></td></tr>
<tr><td></td><td></td><td></td><td></td><td colspan="2"></td><td></td></tr>
</table>

二、试点单位基本情况

1. 申请单位概况（含专业介绍情况）
2. 合作单位概况（人才需求情况）

三、项目建设目标和内容

（一）项目建设目标
（二）项目建设内容（包括人才培养目标定位、联合招生招工方式、人才培养方案制定、课程体系开发、教学过程安排、标准和制度建设、证书获取等）

四、项目建设的预期成果

（包括成果形式、预期推广、应用范围、受益面等）

五、项目实施步骤

六、项目计划进度安排

起止年月	工作内容	阶段性成果	主要负责人

七、项目建设的保障措施

（项目建设的组织保障、师资保障、设施条件保障、资金保障、体制机制方面的制度保障等）

八、责任主体

九、审核意见

申请单位主管部门意见： 盖　章 年　月　日
合作单位主管部门意见： 盖　章 年　月　日

云南省教育厅关于公布第二批现代学徒制试点单位的通知

云教职〔2017〕27 号

各州、市教育局，有关单位：

根据《云南省教育厅等五部门关于印发云南省职业院校现代学徒制试点工作实施方案（试行）的通知》（云教职〔2015〕31 号）要求，我省组织开展了第二批现代学徒制试点申报工作。经专家评审，遴选 19 家单位作为第二批省级现代学徒制试点单位和行业试点牵头单位（以下简称“试点单位”），现予以公布（附件 1），并就有关事项通知如下：

一、制订工作任务书

各试点单位要根据《云南省职业院校现代学徒制试点工作实施方案》（试行）要求，结合实际，制订试点工作任务书上报上级主管审核意见（附件 2），确保试点工作顺利实施。试点工作任务书须报我厅备案。报送截止日期为 2017 年 12 月 30 日。

二、加强科研工作

各试点单位要加强科学研究工作，坚持边试点边研究，及时总结提炼，把试点工作中的好做法和好经验上升为理论，促进理论与实践同步发展。有条件的试点单位要积极开展地区比较研究，系统总结开展学徒制的经验，完善现代学徒制制度体系。

三、做好宣传工作

各地要持续做好现代学徒制试点宣传工作，充分发挥主流媒体和网络、微信等新媒体作用，开展形式多样、内容丰富，多层次、全方位的宣传活动，将试点过程中的好做法、好经验和理论研究成果予以及时总结推广。

联系人：饶昊楠

电　话：0871－65102785

附件：1. 第二批现代学徒制试点单位名单

2. 项目任务书

云南省教育厅

2017 年 11 月 28 日

附件 1

第二批现代学徒制试点单位名单（19 所）

云南交通运输职业学院
昆明冶金高等专科学校
腾冲市第一职业高级中学
云南林业职业技术学院
玉溪第二职业高级中学
云南文化艺术职业学院
云南省曲靖应用技术学校
云南商务信息工程学校
云南旅游职业学院
云南农业职业技术学院
红河卫生职业学院
昆明市官渡区职业高级中学
云南工程职业学院
蒙自市职业高级中学
云南城市建设职业学院
昆明卫生职业学院
昆明高级技工学校
云南省邮电学校
云南经贸外事职业学院

附件 2　（本书前面已有，在此略）

云南省教育厅关于开展现代学徒制试点单位调研和中期检查工作的通知

各有关州、市教育局，有关高等职业院校：

为贯彻落实《教育部办公厅关于做好2018年度现代学徒制试点工作的通知》（教职成厅函〔2018〕10号）精神，及时了解试点工作进展、存在的问题，加强对试点单位的工作指导，经研究，决定对第一批、第二批全国现代学徒制试点单位开展调研，对全省现代学徒制试点单位（见附件1）开展中期检查。现将有关事项通知如下：

一、调研目的

全面了解试点的工作进展情况，发现典型经验、案例，及时掌握主要困难，为试点工作验收和年检提供参考。

二、调研内容

教育部、省教育厅备案公布的试点工作任务书完成情况，不同类型牵头单位重点探索内容进展情况。

三、调研形式

（一）组成调研组。由云南现代学徒制工作专家指导委员会组成调研组，分赴试点院校开展调研。

（二）查阅材料。各位专家认真查阅试点单位在教育部备案审核的任务书，对照教育部现代学徒制有关文件要求，熟悉现场考察要点。

（三）现场调研。包括听取汇报、实地查看、查阅资料、座谈访谈等环节。重点考察试点任务完成情况。按要求填写《现代学徒制试点单位现场调研意见表》（附件2）。

（四）案例遴选。结合各试点单位现场调研情况，推荐工作思路清晰、举措得当、成效显著，具有示范作用和推广价值的试点单位作为典型案例，填写《现代学徒制试点单位典型案例汇总表》（附件3）。

四、调研时间

2018年7月10日—8月10日，完成首批、第二批全国现代学徒制试点单位调研，每个试点单位不超过1天。

2018 年 9 月，完成云南省首批、第二批现代学徒制试点单位检查。

五、其他事项

（一）请省级第一批单位结合试点情况，撰写中期试点总结并填写有关表格；省级第二批试点单位结合申报书，撰写试点任务书。请于 2018 年 7 月 10 日前将总结、任务书发送至指定邮箱。专家组将在总结和任务书设定的基础上，有选择地组织现场指导。

（二）调研组要以推进职业教育校企精准对接、精准育人为出发点，坚持公平、公正、求真务实的工作原则，对所有试点单位应一视同仁、同等对待，并注意保守工作秘密。

（三）调研组要认真贯彻中央八项规定精神，轻车简从，严格按规定进行食宿、会议安排。

（四）各试点单位要高度重视此次调研工作，积极配合，提前准备调研材料，确保工作实效。

（五）云南现代学徒制工作专家指导委员会秘书处要协助组长做好沟通联络和日程安排等工作。

联系人：齐武福

联系电话：13518714468

电子邮箱：1499738515@ qq. com

附件：1. 现代学徒制试点单位名单

2. 现代学徒制试点单位现场调研意见表

3. 现代学徒制试点单位典型案例汇总表

云南省教育厅

2018 年 6 月 19 日

附件 1

现代学徒制试点单位名单

首批全国现代学徒制试点单位名单（3 所）

昆明工业职业技术学院
云南国土资源职业学院
玉溪工业财贸学校

第二批全国现代学徒制试点单位名单（5 所）

曲靖医学高等专科学校
云南机电职业技术学院
云南能源职业技术学院
云南锡业职业技术学院
鹤庆县职业高级中学

云南省省级第一批现代学徒制试点单位名单（20 所）

昆明工业职业技术学院
云南国土资源职业学院
云南机电职业技术学院
云南锡业职业技术学院
曲靖医学高等专科学校
大理农林职业技术学院
云南能源职业技术学院
玉溪农业职业技术学院
西双版纳职业技术学院
玉溪工业财贸学校
云南省贸易经济学校
云南省临沧卫生学校
剑川县职业高级中学
鹤庆县职业高级中学
云南工业技师学院
临沧高级技工学校
昆明钢铁集团有限公司职业技能培训中心
昆明理工大学城市学院
普洱学院
云南经济管理学院

云南省省级第二批现代学徒制试点单位名单（19 所）

云南交通运输职业学院
昆明冶金高等专科学校
腾冲市第一职业高级中学
云南林业职业技术学院
玉溪第二职业高级中学
云南文化艺术职业学院
云南省曲靖应用技术学校
云南商务信息工程学校
云南旅游职业学院
云南农业职业技术学院
红河卫生职业学院
昆明市官渡区职业高级中学
云南工程职业学院
蒙自市职业高级中学
云南城市建设职业学院
昆明卫生职业学院
昆明高级技工学校
云南省邮电学校
云南经贸外事职业学院

附件 2

现代学徒制试点单位现场调研意见表

试点单位名称：　　　　　　　　　　　　　　　　　　　　　　　　　　第　批试点单位

<table>
<tr><td colspan="4">一、试点情况</td></tr>
<tr><td rowspan="2">试点专业</td><td rowspan="2">合作单位</td><td colspan="2">招生人数（人）</td></tr>
<tr><td>第一年</td><td>第二年</td></tr>
<tr><td></td><td></td><td></td><td></td></tr>
<tr><td></td><td></td><td></td><td></td></tr>
<tr><td></td><td></td><td></td><td></td></tr>
<tr><td></td><td></td><td></td><td></td></tr>
<tr><td></td><td></td><td></td><td></td></tr>
<tr><td colspan="4">二、相关合同或协议的签订情况</td></tr>
<tr><td>是否签订校企合同或协议</td><td>是□否□</td><td>是否与学生签订用工合同或三方协议</td><td>是□否□</td></tr>
<tr><td colspan="4">如未签订相关合同或协议，说明原因：</td></tr>
<tr><td colspan="4">三、试点任务书完成情况</td></tr>
<tr><td colspan="4">1. 探索校企“双主体”育人机制情况</td></tr>
<tr><td colspan="4"></td></tr>
<tr><td colspan="4">2. 推进招生招工一体化情况</td></tr>
<tr><td colspan="4"></td></tr>
<tr><td colspan="4">3. 完善人才培养制度和标准情况</td></tr>
<tr><td colspan="4"></td></tr>
</table>

4. 建设校企互聘共用的教师队伍情况
5. 建立体现现代学徒制特点的管理制度情况
6. 其他内容完成情况（地方政府、行业、职业院校、企业四种不同类型牵头单位的重点探索内容）
四、其他意见或建议
五、现场调研结论（在括号内填写百分数及打“√”）
试点任务完成度（　　）%； 完成质量：较好（　　）一般（　　）较差（　　）。

组长签名：

成员签名：

2018 年　月　日

附件 3

现代学徒制试点单位典型案例汇总表

序　号	试点批次	试点单位名称	典型案例推荐理由	备　注
1				
2				
3				
4				
……				

注：1）试点批次是指“第一批”或“第二批”。2）推荐理由应从试点工作具有示范作用和推广价值上进行描述。

组长签名：
成员签名：

2018 年　月　日

云南省教育厅关于成立云南现代学徒制工作专家指导委员会的通知

各州、市教育局，各高职院校，省属中等职业学校：

为充分发挥专家组织的研究和指导作用，提高技术技能人才培养质量和针对性，构建具有云南特色的现代学徒制，经研究，决定成立云南现代学徒制工作专家指导委员会（简称专委会）。现将有关事项通知如下。

一、目标定位

专委会在云南省教育厅和云南省职业技术教育学会领导下，在全国现代学徒制试点工作专家指导委员会指导下，主要从事现代学徒制理论研究、指导探索实践，保证我省试点工作健康发展；围绕推进和推广现代学徒制开展咨询、指导、培训、评估、检查和促进交流等活动。

二、工作任务

（一）开展现代学徒制的理论研究、比较研究，组织研究课题，推进探索实践，推动建立云南特色现代学徒制理论体系。

（二）受省教育厅委托，开展现代学徒制的新增试点遴选、年度检查和验收等工作。

（三）开展现代学徒制专项培训研讨、经验交流，宣传和推广典型经验；开展咨询服务，督查指导试点工作。

（四）推动现代学徒制合作与交流。

（五）云南省教育厅和云南省职业技术教育学会委托的其他工作。

三、人员组成

专委会成员由《关于成立现代学徒制工作专家指导委员会、设立专家库（2017—2020 年）的通知》（教职成司函〔2017〕71 号）中公布的、入选全国现代学徒制工作专家指导委员会的云南省委员、专家库成员等构成。专委会设主任委员、副主任委员各 1 人，秘书长 1 人，委员 11 人。专委会秘书处设在云南国土资源职业学院。根据工作需要，将适时增加委员人选。

云南现代学徒制工作专家指导委员会（2018—2021 年）组成名单如下：

主 任 委 员：刘　伟　昆明工业职业技术学院

副主任委员：黄晓明　云南机电职业技术学院
秘　书　长：齐武福　云南国土资源职业学院
委　　　员：田应华　云南农业职业技术学院
段　波　云南冶金高等专科学校
杨曼云　云南机电职业技术学院
尹华玲　曲靖医学高等专科学校
李　强　昆钢养生敬老中心
权永红　玉溪工业财贸学校
卢绍浩　腾冲市第一职业高级中学
杨金莲　鹤庆县职业高级中学

四、工作要求

专委会须制定和完善《云南现代学徒制专家委员会章程》（以下简称《章程》），依据《章程》开展活动、结合工作需要调整优化专委会结构。专委会秘书处负责专委会的日常工作。

专委会委员所在单位要为专家参加专委会工作提供必要支持，在工作量、工作经费等方面给予保障。

专委会秘书处
联系人：齐武福
联系电话：13518714468
电子邮箱：1499738515@ qq. com

云南省教育厅
2018 年 6 月 28 日

云南省教育厅关于第一批全国现代学徒制试点单位验收情况的报告

教育部职业教育与成人教育司：

根据教育部《关于做好2018年度现代学徒制试点工作的通知》（教职成厅函〔2018〕10号）等文件精神，省教育厅组成专家组对云南国土资源职业学院、昆明工业职业技术学院、玉溪工业财贸学校3家被列为第一批现代学徒制试点的学校进行了试点工作验收检查。现将有关情况报告如下：

一、总体实施及验收情况

（一）把握方向，先行先试，做好顶层设计

云南省教育厅紧随教育部现代学徒制试点工作步伐，将推进现代学徒制试点作为抓实职业教育的重要举措，坚持“统筹协调、试点指导、督察检查”的原则，兼顾云南区域经济发展和少数民族非遗传承特色，将试点任务与服务国家战略相结合，促进民族技艺传承创新，鼓励各职业院校特色创新，出台相关文件，搭建沟通交流平台，初步形成推进现代学徒制试点工作体系，扎实推进现代学徒制试点。

2014年，教育部印发《关于开展现代学徒制试点工作的意见》（教职成〔2014〕9号）和《关于开展现代学徒制试点工作的通知》（教职成司函〔2015〕2号），并于2015年遴选确定了第一批现代学徒制试点单位和行业试点牵头单位。同期，云南省教育厅印发《云南省教育厅等五部门关于云南省职业院校现代学徒制试点工作实施方案（试行）的通知》（云教职〔2015〕31号）和《关于公布第一批现代学徒制试点单位的通知》（云教职〔2016〕19号），遴选确定包含3所全国第一批试点单位在内的20所职业院校为云南省第一批现代学徒制试点单位，成为全国继推行现代学徒制以来第三个出台相关政策的省份。

（二）现场调研，摸清家底，继续推进学徒制试点

2018年云南省现代学徒制试点调研和验收检查本着“全面了解试点的工作进展情况，发现典型经验、案例，及时肯定成绩，掌握主要困难问题，提出意见建议，为试点工作验收提供参考”目的，云南省教育厅组织成立云南现代学徒制工作专家指导委员会，针对教育部、省教育厅备案公布的试点工作任务书完成情况，于2018年7月下旬完

成第一批全国现代学徒制试点单位调研。

（三）认真学习，领会精神，努力提升专家的指导能力

于2018年7月13日组织召开云南省现代学徒制试点工作推进会，会上正式为云南现代学徒制工作专家指导委员会全体专家成员颁发证书；安排布置调研检查和推进试点工作；组织与会的现代学徒制试点单位领导和项目负责人学习相关文件，分别听取《把握职教发展新方向推进推广现代学徒制》《现代学徒制试点的探索与思考》两场专家专题讲座。2018年中下旬，职成教处组织我省现代学徒制专家委员会分别召开三次专题会议，学习文件精神，统一思想，提升能力，修订章程，细化工作计划，明确工作分工，并有针对性地对调研工作中出现的问题及时纠偏，确保顺利完成对第一批全国现代学徒制试点单位现场调研和检查验收工作。

二、各试点院校实施情况

3所试点院校按照现代学徒制实施方案完成了试点工作计划，最终参与试点的专业数、合作企业数、学徒数和经费投入有一定差异，见附件1，试点成效各异，总体来看，均基本实现或实现预期效果。

各院校领导高度重视现代学徒制试点工作，把现代学徒试点作为示范后提高办学质量，深化教育教学改革的有力抓手，学校高位推动，职能部门落实责任，项目单位积极推进各项工作，取得显著成绩，积累了很多好的经验和做法。

（一）探索校企协同育人机制

试点院校建立学徒制人才培养机制，建立了校企联合招生、分段育人、多方参与评价的双主体育人机制；形成了企业与院校分工协作、联合培养的协同育人机制；基本建立人才培养成本分担机制。试点突破与亮点：

企业办学形成天然“校企一体”，高层重视重点专业亮点突出。如昆明工业职业技术学院在完善学徒培养管理机制的前提下，明确校企双方职责和分工，形成“养老+教育”入住式现代学徒制试点新模式，打造“真实岗位任务真实学真实做”的课程体系。

（二）推进招生招工一体化

参与试点的企业和职业院校通过共同制订实施招生录取方案和企业用工方案，签订两份合同（或三方协议），确定培养岗位和学徒权益，有效保障了学徒学员的双重身份。试点突破与亮点：

通过签订协议认定双主体责任，铸就试点基石有亮点。如云南国土资源职业学院统一了各类协议的格式和内容，各试点专业必须与合作企业签订“现代学徒制试点人才培养校企合作协议”，学徒、学校、企业与家长之间必须签订“四方协议”，学徒与师傅之间必须签订“师徒协议”。通过这些协议的签订，使校、企、生在现代学徒制试点的过程中的责权利得到法律保护。

（三）完善人才培养制度和标准

试点院校基本能够根据现代学徒制人才培养的要求，按照人才培养目标制订和完善人才培养制度和标准，校企共同设计人才培养方案，推进学校教育与岗位培养相结合，实行工学交替的学习模式，共同开发基于专业教学标准和典型工作过程的专业课程体系。试点突破与亮点：

通过制定结构化企业版方案，落实企业学分有突破。如云南国土资源职业学院每个试点专业均开发了综合方案、学校方案、企业方案3个不同的人才培养方案，分别明确整体、校内、企业培养内容及学分要求。其中企业方案可以针对不同试点企业实际情况开发“个性化”方案，使企业课程的实施能够具备符合实际的环境条件。

（四）建立校企互聘共用的师资队伍

3所全国现代学徒制试点院校均能注重完善双导师制，基本建立双导师的选拔、培养、激励制度，形成校企互聘共用的管理机制；能较好地明确双导师的职责，选拔优秀高技能人才担任企业导师（师傅）；均能校企共同制定双向挂职锻炼、横向联合技术开发、专业建设制度。试点突破与亮点：

共建、共育、共培、共享稳定的双导师教学团队有亮点。如昆明工业职业技术学院利用校企一体得天独厚的优势，依托昆钢公司专业技术人员、能工巧匠建设一支稳定的承担专业课程教学和实践教学的兼职教师队伍，聘请了名誉教授13人，兼职教授199人，兼职教师和师傅465人，形成“双师型”教师队伍资源，为现代学徒制人才培养模式的实施提供了强有力的师资支撑。

（五）构建体现现代学徒制特点的管理制度

试点院校基本建立了现代学徒制管理制度，特别是与现代学徒制相适应的教学管理制度和考核评价标准，建立多方参与的考核评价机制；根据教学需要，安排学徒岗位、分配工作任务，落实学徒的责任保险、工伤保险，确保人身安全。试点突破与亮点：

机制建设出亮点。如云南国土资源职业学院顶层设计完整，制度健全，推行效果突出。

三、存在的问题

（一）协同育人机制仍需加强

试点院校顶层设计和思路清晰，但项目推进和实施不同专业差异较大。人才培养成本分担机制有，但需要进一步完善，资金投入应有保障。需增加校企双方充分发挥各自的场所、设备、人员优势，建立校企生产性实习实训内容。

（二）人才培养标准需完善

试点院校根据专业特点和学徒制试点要求，岗位、质量监控等标准还应进一步加强。融入国家职业资格标准的专业教学内容及教材建设仍有欠缺。

（三）双导师队伍管理水平需提高

试点院校双导师培养的相关制度及实施方案仍需细化，在双导师激励制度的建设方面需要完善。导师享受相应的带徒津贴方面缺乏明确规定。校企在横向联合技术开发、教学质量监控反馈机制方面还需加强。

四、下一步工作计划

（一）指导3所试点院校在完成阶段性验收工作的基础上，认真凝练成果、成效及创新点，并继续开展现代学徒制试点工作，不断扩大试点范围。

（二）加快研究出台有利于企业参与人才培养的政策、制度，使企业在双主体育人过程中找到真实利益点，切实推动企业在现代学徒制试点多方面发挥重要作用。

（三）充分发挥省级现代学徒制工作专委会作用，努力提升专家的指导能力。

（四）适时召开现代学徒制试点院校座谈会，交流经验，克服困难和不足，建立经验分享机制，扩大现代学徒制试点的成效。

附件：1. 云南省3所第一批全国现代学徒制试点单位情况一览表
　　　2. 云南省省级验收结论汇总表

云南省教育厅
2018年9月30日

附件1

云南省3所第一批全国现代学徒制试点单位情况一览表

试点单位名称	试点专业数	试点合作企业数	试点学徒数	经费投入（万元）
昆明工业职业技术学院	8	9	607	1292.20
云南国土资源职业学院	12	17	164	2929.10
玉溪工业财贸学校	4	3	120	906.0574
合计	24	29	891	5127.3574

附件2

云南省省级验收结论汇总表

序　号	试点单位	省级验收结论
1	昆明工业职业技术学院	通过验收
2	云南国土资源职业学院	通过验收
3	玉溪工业财贸学校	通过验收

云南省教育厅关于第二批全国现代学徒制试点单位年检情况的报告

教育部职业教育与成人教育司：

根据教育部《关于做好2018年度现代学徒制试点工作的通知》（教职成厅函〔2018〕10号）等文件精神，省教育厅组成专家组对曲靖医学高等专科学校、云南机电职业技术学院、云南能源职业技术学院、云南锡业职业技术学院、鹤庆职业高级中学5家被列为第二批现代学徒制试点的学校进行了试点工作中期年检。现将有关情况报告如下：

一、试点工作总体进展情况

5所试点院校按照现代学徒制实施方案完成了年度计划，在探索校企协同育人机制、推进招生招工一体化、完善人才培养制度和标准、建立校企互聘共用的师资队伍、构建体现现代学徒制特点的管理制度等方面进行了积极探索，取得了一定成效。各试点院校完成整体试点任务度在40%—60%之间，见附件1。

二、工作成效及创新点

（一）探索校企协同育人机制

对照备案任务书，试点院校积极探索学徒制人才培养机制，对校企协同育人有明确的认识，基本形成校企联合招生、分段育人、多方参与评价的双主体育人机制；初步形成了企业与院校分工协作、联合培养的协同育人机制；部分院校建立人才培养成本分担机制。试点亮点及突破：

校企积极探索学徒制人才培养成本分担机制初见成效。如云南机电职业技术学院在教学成本分担机制建设中，按教学任务完成比例，将学费收入按比例划拨企业，作为企业教学费用；再如曲靖医专一次性拨付企业生均800元，用于企业教学费用。

（二）推进招生招工一体化

多数院校能签订学生与企业、学校与企业两份合同（或学徒、学校和企业之间的三方协议），明确企业员工和学校学生的双重身份，明确各方权益和学徒培养的具体岗位、教学内容、权益等。

（三）完善人才培养制度和标准

试点院校基本能按“专业设置与产业需求对接、专业课程与职业标准对接、教学过程与生产过程对接”的要求，打造“工学交替、岗位成才”的人才培养模式，部分专业建立了融入国家职业资格标准的专业教学标准，校企共同部分建设基于工作内容的专业课程和基于典型工作任务的专业课程体系。试点亮点及突破：

基于企业岗位标准的现代学徒制人才培养方案开发与实践有亮点。如云南能源职业技术学院在开发现代学徒制人才培养方案过程中以企业岗位标准为基础，兼顾高等性与职业性制定培养目标；以企业生产为核心，职业针对性与毕业生发展性相协同制定课程体系及课程内容；体现双主体性，实现校企之间的有机融合与合理分工；既体现现代学徒制内在的理念与要求，又符合行业特点。

（四）建立校企互聘共用的师资队伍

试点院校均能注重完善双导师制，基本建立双导师的选拔、培养、激励制度，形成校企互聘共用的管理机制；能较好地明确双导师的职责，选拔优秀高技能人才担任企业导师（师傅）；均能校企共同制定双向挂职锻炼、横向联合技术开发、专业建设的相关制度。

（五）构建体现现代学徒制特点的管理制度

试点院校基本建立了现代学徒制管理制度，特别是与现代学徒制相适应的教学管理制度和考核评价标准，建立多方参与的考核评价机制；根据教学需要，安排学徒岗位、分配工作任务，落实学徒的责任保险、工伤保险，确保人身安全。

三、组织保障

云南省教育厅紧随教育部现代学徒制试点工作步伐，将推进现代学徒制试点作为抓实职业教育的重要举措，坚持“统筹协调、试点指导、督察检查”的原则，兼顾云南区域经济发展和少数民族非遗传承特色，将试点任务与服务国家战略相结合，促进民族技艺传承创新，鼓励各职业院校特色创新，出台相关文件，搭建沟通交流平台，初步形成推进现代学徒制试点工作体系，扎实推进现代学徒制试点。云南省教育厅成立现代学徒制工作专家指导委员会，组建专家组织，推进和推广现代学徒制，开展现代学徒制有关的咨询、指导、培训、评估、检查，对第二批全国现代学徒制试点单位开展调研和年检工作。试点院校均成立了由学校和企业主要负责人共同组成的学徒制工作小组，出台配套政策，保证试点项目有序推进。

四、政策扶持

2014 年，教育部印发《关于开展现代学徒制试点工作的意见》（教职成〔2014〕9 号）和《关于开展现代学徒制试点工作的通知》（教职成司函〔2015〕2 号），并于 2015 年遴选确定了首批现代学徒制试点单位和行业试点牵头单位。同期，云南省教育厅印发《云南省教育厅等五部门关于云南省职业院校现代学徒制试点工作实施方案（试行）的通知》（云教职〔2015〕31号）和《关于公布首批现代学徒制试点单位的通知》（云教职〔2016〕19号），遴选确定包含3所国家试点单位在内的20家单位为云南省首批现代学徒制试点单位，成为全国继推行现代学徒制以来第三个出台相关政策的省份。

2017年，云南省教育厅印发《关于公布第二批现代学徒制试点单位名单的通知》（云教职〔2017〕27号），遴选确定19所职业院校为云南省第二批现代学徒制试点单位。

2018年，为贯彻落实教育部办公厅《关于做好2018年度现代学徒制试点工作的通知》（教职成厅函〔2018〕10号）精神，及时了解试点工作进展、存在的问题，加强对试点单位的工作指导，云南省教育厅印发《关于成立现代学徒制专家委员会的通知》和《关于开展现代学徒制试点调研和中期检查的通知》，已形成国家和省两级试点联动机制。

五、经费投入

各试点院校经费投入见附件2。

六、存在的问题及解决措施

（一）探索校企协同育人机制有待加强

部分院校顶层设计缺失，学院重视不够，校企双主体育人机制不健全，校企成本分担机制不完整，双主体责任及分工不规范。

解决措施：强化校企双主体育人顶层设计，明确校企双方主体责任和分工，推进校企共建人才培养成本分担机制建设，建立开展现代学徒制人才培养的长效机制。

（二）双导师队伍管理水平需提高

试点院校在双导师双向挂职锻炼、横向联合技术开发、专业建设激励制度和考核奖惩制度建设没有进一步深化落实，双导师培养的相关制度不够完善，校企师资互聘措施实施力度不足。

解决措施：明确双导师享受相应的带徒津贴，加强双导师培养培训工作，在评先、晋升方面向双导师适当倾斜，出台对双导师带徒工作绩效的考核办法细则，搭建横向联合技术开发平台。

七、下步工作计划

（一）按照5所试点院校现代学徒制项目工作任务书计划继续开展现代学徒制试点工作。

（二）加快研究出台有利于企业参与人才培养的政策、制度，使企业在双主体育人过程中找到真实利益点，切实推动企业在现代学徒制试点多方面发挥重要作用。

（三）充分发挥省级现代学徒制工作专委会作用，努力提升专家的指导能力。

（四）适时召开现代学徒制试点院校座谈会，交流经验，克服困难和不足，建立经验分享机制，扩大现代学徒制试点的成效。

附件：1. 云南省5所第二批全国现代学徒制试点单位任务完成情况一览表
2. 云南省5所第二批全国现代学徒制试点单位经费投入情况一览表
3. 省级年检结论汇总表

云南省教育厅
2018年9月30日

附件1

云南省5所第二批全国现代学徒制试点单位任务完成情况一览表

试点单位名称	试点专业数（个）	合作单位数（个）	学徒数（人）	任务完成度（%）	完成质量
云南机电职业技术学院	3	4	50	60	较好
云南能源职业技术学院	1	1	30	52	一般
鹤庆县职业高级中学	1	1	10	45	一般
云南锡业职业技术学院	1	3	59	40	一般
曲靖医学高等专科学校	1	6	123	60	较好
合计/平均	7	15	272	51.4（平均）	

附件2

云南省5所第二批全国现代学徒制试点单位经费投入情况一览表

试点单位名称	实际投入	企　业	试点牵头单位	上级部门	其　他
	总经费（万元）	实际投入经费（万元）	实际投入经费（万元）	实际拨付经费（万元）	实际投入经费（万元）
云南机电职业技术学院	2421.80	799.5	642.3	980	0
云南能源职业技术学院	149	8	141	0	0
鹤庆县职业高级中学	52	0	2	50	0
云南锡业职业技术学院	40.41	5.98	34.43	0	0
曲靖医学高等专科学校	269.02	106.08	162.94	0	0
合计	2932.23	919.56	982.67	1030	0

附件3

省级年检结论汇总表

序　号	试点单位	省级年检结论
1	云南机电职业技术学院	通过检查
2	云南能源职业技术学院	通过检查
3	曲靖医学高等专科学校	通过检查
4	云南锡业职业技术学院	通过检查
5	鹤庆县职业高级中学	通过检查

云南省教育厅关于做好 2019 年现代学徒制试点年度检查和验收工作的通知

各有关州、市教育体育局，有关高等职业院校：

为贯彻落实《教育部办公厅关于全面推进现代学徒制工作的通知》（教职成厅函〔2019〕12 号）精神，按照教育部《关于做好 2019 年现代学徒制试点年度检查和验收工作的通知》（教职成司函〔2019〕60 号）文件要求，现将 2019 年度试点年检和验收工作有关事项通知如下。

一、年检工作

（一）单位自检

全国第三批试点单位以及全省第二批试点单位须对照备案任务书，总结试点经验、撰写自检报告。自检报告应包括：试点年度任务完成情况、工作成效及创新点、资金到位和执行情况、存在问题、改进措施及建议、下一阶段工作计划等。

（二）省级检查

省教育厅组织云南现代学徒制工作专家指导委员会（以下简称专委会）对各试点单位自检材料进行复核，根据需要开展实地调研检查并反馈改进意见。对于工作不力或造成不良影响的单位，终止试点。

二、验收工作

（一）单位总结

全国第二批试点单位、暂缓通过的全国第一批试点单位和全省第一批试点单位须分别对照备案任务书、年度检查意见表和专家验收意见，撰写总结报告，并提供佐证材料。总结报告应包括：试点目标完成情况、工作成效及创新点、资金到位和执行情况、存在问题、改进措施及建议、下一阶段工作计划等。

（二）省级验收

省教育厅组织专委会对各试点单位报送的验收材料进行复核，并根据实际需要组织实地调研和验收，适时公布省级试点单位验收结果。

三、其他事项

（一）案例撰写

每个试点单位须结合本单位现代学徒制工作实际，从招生招工、人才培养、师资队伍、管理创新等方面撰写1—2个典型案例。案例内容应思路清晰、图文并茂、数据详实，具有示范作用和推广价值，每个案例字数控制在1500字以内。

（二）材料报送

国家级试点单位年度检查和验收材料于2019年8月20—28日上传教育部现代学徒制试点工作管理平台。省级试点单位年度检查和验收材料于2019年7月15日前发送至联系人邮箱。

实地调研检查方案由专委会另行通知。

联系人：齐武福

联系电话：13518714468

电子邮箱：1499738515@ qq. com

云南省教育厅

2019年6月23日

云南省教育厅关于报送全国现代学徒制试点单位年度检查和验收情况的函

教育部职业教育与成人教育司：

根据《教育部办公厅关于全面推进现代学徒制工作的通知》（教职成厅函〔2019〕12号）、教育部职成司《关于做好2019年现代学徒制试点年度检查和验收工作的通知》（教职成司函〔2019〕60号）等文件精神，对云南省教育厅组织云南现代学徒制工作专家指导委员会对云南农业职业技术学院、云南城市建设职业学院、昆明冶金高等专科学校3所院校进行了试点中期省级检查，对玉溪工业财贸学校（首批全国试点单位暂缓通过）、云南机电职业技术学院等6所院校进行了省级验收。

现将有关情况呈送贵司，请审阅。

附件：

1. 云南省第二批全国现代学徒制试点单位验收情况
2. 云南省6所第二批（含第一批暂缓通过）全国现代学徒制试点单位情况一览表
3. 云南省6所第二批（含第一批暂缓通过）全国现代学徒制试点单位省级验收结论汇总表
4. 云南省第三批全国现代学徒制试点单位年检情况
5. 云南省3所第三批全国现代学徒制试点单位任务完成情况一览表
6. 云南省3所第三批全国现代学徒制试点单位省级年检结论汇总表

云南省教育厅

2019年9月16日

附件1

云南省第二批全国现代学徒制试点单位验收情况

根据教育部《关于做好2019年现代学徒制试点年度检查和验收工作的通知》（教职成司函〔2019〕60号）文件精神，云南省教育厅组织云南现代学徒制工作专家指导委员会对玉溪工业财贸学校（首批全国试点单位暂缓通过）、云南机电职业技术学院等六所院校进行了省级验收。有关情况如下：

一、云南省现代学徒制试点工作总体情况

（一）加强学习，统一思想，积极推进试点工作

为深化职业教育改革，加强内涵建设，按照教育部的统一安排部署，在全国现代学徒制专委会的指导下，云南省各试点院校加强对现代学徒制理论政策的学习，提高对做好现代学徒制试点工作重要性的认识，统一思想，积极推进试点工作的开展。通过成立专委会，加强过程检查，聚焦共性问题，及时补缺纠偏，做好迎接验收和中期检查工作，推广交流典型工作经验，调动企业参与职业教育和试点工作的积极性等措施，确保我省试点工作质量。2019 年，委托省专委会于2019 年5 月17—18 日和7 月5—6 日，分别对云南省全国第二、三批和云南省第一、二批现代学徒制试点院校和合作企业举办云南省现代学徒制试点工作交流研讨会。各试点单位分管校领导和试点部门负责人、骨干教师和企业人事部经理、部分师傅参加研讨会，研讨会组织学习了《国家职业教育改革实施方案》、现代学徒制试点有关文件，传达相关会议精神，并通过分组讨论、现代学徒制合作企业参观学习、试点院校和企业经验交流等多种形式，探讨试点过程中出现的问题，切实推进云南省现代学徒试点工作出实效。研讨会上同时就2019 年云南省现代学徒制试点年度检查和验收推进工作做出相关要求和工作的安排部署，为做好2019 年年度检查和验收奠定了坚实的基础。

（二）领先一步，认真学习，加强专家团队建设

省专委会全体专家成员，于2019 年5 月和7 月先后两次召开学习专题会议，共同学习《国家职业教育改革实施方案》、现代学徒制试点有关文件，传达相关会议精神，并通过参与分组讨论、到现代学徒制合作企业现场指导、试点院校和企业经验交流等多种形式，共同学习提升政策水平和对现代学徒制的理解、指导和解决试点过程中出现的典型问题的能力和水平。

（三）省厅统筹，分类验收，将试点工作落到实处

云南省现代学徒制试点省级验收检查本着“全面了解试点的工作进展情况，发现先进典型经验、案例，充分肯定成绩，及时纠正偏差，了解困难问题，提出意见建议，促进推广，为试点工作验收和年检提供参考”的目的，省专委会在云南省教育厅的统一领导下，在全国现代学徒制试点工作专家指导委员会指导下，针对教育部、省教育厅备案公布的试点工作任务书完成情况，开展现场调研和中期检查。其中国家试点和云南省第一批试点院校现场调研采用听取汇报、问题质询、查阅资料、座谈会、企业调研、个别访谈、集体研究和意见反馈等方式进行；云南省第二批重点采用对照任务书审核材料的方式开展了中期检查。在专家们的努力下，2019 年7 月13 日—8 月15 日，专家组深入试点单位、学校，完成云南省全国首批、第二批现代学徒制试点单位现场省级验收检查。

二、工作成效及创新点

各学校对照任务书和教育部年检反馈意见，逐项完成试点任务，试点专业数、学徒数、试点合作企业数具体见附件1，总体而言，均已基本实现或实现了试点的预期目标，完成了试点任务。

试点学校高度重视现代学徒制试点工作，把现代学徒试点作为示范后提高办学质量，深化教育教学改革的有力抓手，学校高位推动，职能部门落实责任，项目单位积极推进各项工作，取得显著成绩，积累了很多好的经验和做法，也发现了不少典型案例，均已实现或基本实现试点目标任务。试点院校工作推进情况如下。

（一）探索校企协同育人机制

试点院校建立学徒制人才培养机制，建立了校企联合招生、分段育人、多方参与评价的双主体机构和育人机制；形成了企业与院校分工协作、联合培养的协同育人机制；建设有校企共建共管共享的实训基地，以不同形式建设了基本建立人才培养成本分担机制。试点创新点：

1. 多形式合作建成以岗位能力要求为标准的共建共管共享的实训基地，如云南机电职业技术学院飞机机电校企共建实训基地、雄风人才培养工厂；鹤庆县职业高级中学银器加工基地；曲靖医学高等专科学校眼视光校企一体实训基地等。

2. 校企积极探索学徒制人才培养成本分担机制初见成效，不同程度形成了教学成本、师资成本和实训基地建设成本的合理分担。如云南机电职业技术学院按教学任务完成比例，将学费收入按比例划拨企业；曲靖医学高等专科学校一次性拨付企业生均800元；其余院校均以课时费方式支付师傅酬金；企业提供师资、场地和部分设备。

（二）推进招生招工一体化

参与试点的企业和职业院校通过共同制订实施招生录取方案和企业用工方案，签订两份合同（或三方协议），确定培养岗位和学徒权益，有效保障了学徒学员的双重身份。

（三）完善人才培养制度和标准

试点院校能够根据现代学徒制人才培养的要求，按照人才培养目标制订和完善人才培养制度和标准，校企共同设计人才培养方案，推进学校教育与岗位培养相结合，实行工学交替的学习模式，开发基于专业教学标准和典型工作过程的专业课程体系。试点创新点：

1. 试点院校均由校企共同制订具有现代学徒制特征和专业特色的人才培养方案，培养效果突出。

2. 联合企业共同开发融入国家职业资格标准的专业教学内容和特色教材，并进行应用。如云南机电职业技术学院汽车维修与技术专业接合“1+X”证书和国家职业资格标准，将标准融入教学中，结合SGAVE项目标准和企业岗位需求，共同编制特色教材用于教学，成效显著。

3. 校企共同构建人才培养模式有特色，如云南锡业职业技术学院构建并实践了“2234”（2个主体，2种身份，3类平台，4阶培养）现代学徒制人才培养模式。

（四）建立校企互聘共用的师资队伍

试点院校注重完善双导师制，建立双导师的选拔、培养、激励制度，形成校企互聘共用的管理机制，能较好地明确双导师的职责，选拔优秀高技能人才担任企业导师（师傅）。校企均能共同制定双向挂职锻炼、横向联合技术开发、专业建设的相关制度。

（五）构建体现现代学徒制特点的管理制度

试点院校建立了现代学徒制管理制度，特别是与现代学徒制相适应的教学管理制度和考核评价标准，建立多方参与的考核评价机制；根据教学需要，安排学徒岗位、分配工作任务，落实学徒的责任保险、工伤保险，确保人身安全。

三、组织保障

云南省教育厅紧随教育部现代学徒制试点工作步伐，将推进现代学徒制试点作为抓实职业教育的重要举措，坚持“统筹协调、试点指导、督察检查、全面推进”的原则，试点学校和专业紧紧围绕云南传统优势产业、发展八大重点产业、五网建设和打造世界一流“绿色能源”“绿色食品”“健康生活目的地”这“三张牌”对技能人才的需求，开展现代学徒制人才培养试点工作。试点学校和专业结合云南区域经济发展和少数民族非遗传承特色，将试点任务与服务国家战略相结合，促进民族技艺传承创新，鼓励各职业院校特色创新，出台相关文件，搭建沟通交流平台，初步形成推进现代学徒制试点工作体系，扎实推进现代学徒制试点。一是云南省教育厅指导现代学徒制工作专家指导委员会，推进和推广现代学徒制，开展现代学徒制有关的咨询、指导、培训、评估、检查，对第二、三批全国现代学徒制试点院校和云南省第一批现代学徒制试点单位开展调研、验收和年检工作；二是部分州（市）及县级教育主管部门出台现代学徒制指导性文件，有效指导试点职业中学完成试点任务；三是试点单位均成立了由学校和企业主要负责人共同组成的学徒制工作小组，出台配套政策，保证试点项目有序推进。

四、扶持政策

2014年，教育部印发《关于开展现代学徒制试点工作的意见》（教职成〔2014〕9号）和《关于开展现代学徒制试点工作的通知》（教职成司函〔2015〕2号），并于2015年遴选确定了首批现代学徒制试点单位和行业试点牵头单位。同期，云南省教育厅印发《云南省教育厅等五部门关于云南省职业院校现代学徒制试点工作实施方案（试行）的通知》（云教职〔2015〕31号）和《关于公布首批现代学徒制试点单位的通知》（云教职〔2016〕19号），遴选确定20所职业院校为云南省首批现代学徒制试点单位，云南成为全国继推行现代学徒制以来第三个出台相关政策的省份。

2017年，教育部印发《关于做好2017年度现代学徒制试点工作的通知》（教职成厅函〔2017〕17号）和《关于公布第二批现代学徒制试点和第一批试点年度检查结果的通知》（教职成厅函〔2017〕35 号），分别对教育部备案的第一批现代学徒制试点进行年检，并遴选确定了第二批现代学徒制试点单位和行业试点牵头单位。根据教育部要求，云南省教育厅印发《关于公布第二批现代学徒制试点单位名单的通知》（云教职〔2017〕27 号），遴选确定 19 所职业院校为云南省第二批现代学徒制试点单位。

2018 年，为贯彻落实教育部办公厅《关于做好 2018 年度现代学徒制试点工作的通知》（教职成厅函〔2018〕10 号）精神，及时了解试点工作进展、存在的问题，加强对试点单位的工作指导，云南省教育厅印发《关于成立现代学徒制专家委员会的通知》和《关于开展现代学徒制试点调研和中期检查的通知》，已形成国家和省两级试点联动机制。

2019 年，根据《教育部办公厅关于全面推进现代学徒制工作的通知》（教职成厅函〔2019〕12 号）精神，按照教育部《关于做好 2019 年现代学徒制试点年度检查和验收工作的通知》（教职成司函〔2019〕60 号）文件要求，云南省教育厅于 2019 年 6 月发布《云南省教育厅关于做好 2019 年现代学徒制试点年度检查和验收工作的通》，委托云南省现代学徒制工作专家委员会组织研讨、指导和检查验收工作，形成由省教育厅领导，云南省现代学徒制工作专家委员会指导，各试点院校实施的试点推广机制。

上述政策措施，确保了云南省现代学徒制试点工作按计划高质量推进，取得了阶段性成绩，为省内职业教育其他项目的改革推进做出了示范。

五、经费投入

试点单位经费投入情况详见附件 2。

六、存在问题及解决措施

（一）现代学徒制人才培养质量保障制度体系有待进一步完善

建立内部质量保证体系及教学诊断改进机制。强化过程管理，建立校企共同实施管理、共同检查、反馈等形式的教学运行与质量监控机制及交流机制，及时诊断并改进教育教学。

（二）师资队伍建设需进一步加强

进一步加强校企一体化师队建设，拓展专业教师和企业师傅合作科研技改项目，充分利用企业师傅较强的实践和项目开发能力，通过联合开发等形式，提升学院教师水平和能力；加强教师培训工作，定期开展对企业培训师和企业师傅的教育教学法的培训，提升教育教学理念。

七、下一阶段工作计划

（一）加强学习，持续推进现代学徒制试点工作

以习近平新时代中国特色社会主义思想为指导，落实《国家职业教育改革实施方

案》，根据《教育部办公厅关于全面推进现代学徒制工作的通知》要求，深入贯彻全国教育大会精神，按照《教育部2019年工作要点》的部署，全面贯彻党的教育方针，落实立德树人根本任务，深化产教融合、校企合作、健全德技并修、工学结合的育人机制，通过参加培训、组织培训和交流学习等多种形式，持续推进、推广现代学徒制试点工作。

（二）加强研究，适时出台一些政策

加快研究出台有利于企业参与人才培养的政策、制度，使企业在双主体育人过程中找到真实利益点，切实推动企业在现代学徒制试点多方面发挥重要作用。适时召开现代学徒制试点院校座谈会，交流经验，克服困难和不足，建立经验分享机制，扩大现代学徒制试点的成效。

（三）加强总结凝练，进一步推广现代学制工作

全面贯彻党的教育方针，落实立德树人根本任务，深化产教融合、校企合作，总结现代学徒制试点成功经验和典型案例，充分总结凝练现代学徒制试点成果，发现亮点，突出校企共育中卓有成效的独创之处、特殊做法结合学院特色和专业特点，在数量和质量上推广双主体育人的中国特色现代学徒制。

附件2

云南省6所第二批（含第一批暂缓通过）全国现代学徒制试点单位情况一览表

序号	学院名称	试点专业数（个）	学徒数（人）	试点合作企业（个）	资金投入（万元）			
					企业	院校	各级财政	合计
1	玉溪工业财贸学校	4	132	5	100.44	355.64	0	456.08
2	云南机电职业技术学院	3	287	3	930	1458	1459	3848
3	云南能源职业技术学院	1	30	1	25	141	154	320
4	曲靖医学高等专科学校	1	345	6	248.32	378.57	0	626.89
5	云南锡业职业技术学院	1	144	2	167.86	148.91	0	316.77
6	鹤庆县职业高级中学	1	10	1	200	4.3	60	264.3
合计		12	948	18	1671.62	2486.42	1673	5832.04

附件 3

云南省 6 所第二批（含第一批暂缓通过）全国现代学徒制试点单位省级验收结论汇总表

序　号	学院名称	验收结论
1	云南机电职业技术学院	省级验收通过
2	曲靖医学高等专科学校	省级验收通过
3	玉溪工业财贸学校	省级验收通过
4	鹤庆县职业高级中学	省级验收通过
5	云南锡业职业技术学院	省级验收通过
6	云南能源职业技术学院	省级验收通过

附件 4

云南省第三批全国现代学徒制试点单位年检情况

根据教育部《关于做好 2019 年现代学徒制试点年度检查和验收工作的通知》（教职成司函〔2019〕60 号）文件精神，云南省教育厅组织云南现代学徒制工作专家指导委员会对云南农业职业技术学院、云南城市建设职业学院、昆明冶金高等专科学校 3 所院校进行了试点中期省级检查。有关检查情况如下：

一、试点工作总体进展情况

3 所试点院校按照现代学徒制实施方案完成了年度计划，在探索校企协同育人机制、推进招生招工一体化、完善人才培养制度和标准、建立校企互聘共用的师资队伍、构建体现现代学徒制特点的管理制度等方面进行了积极探索，取得了一定成效。各试点院校完成整体试点任务度在 50%—60% 之间，见附件 1。

二、工作成效及创新点

（一）探索校企协同育人机制

对照备案任务书，试点院校积极探索学徒制人才培养机制，对校企协同育人有明确的认识，基本形成校企联合招生、分段育人、多方参与评价的双主体育人机制；初步形成了企业与院校分工协作、联合培养的协同育人机制；部分院校建立人才培养成本分担机制。试点创新点：

校企积极探索共享型实训基地建成效突出。如昆明冶金高等专科学校的引企入校，建立了宝玉石实训基地，基地建设成效明显，岗位特征明确，校企合作取得明显成效。云南城市建设职业学院与企业联合成立了 3 个现代学徒制特色学院：“建英建筑学院”“现代测绘学院”“装饰企业联盟学院”，云南农业职业技术学院打造现代学徒制合作企业联盟等。

（二）推进招生招工一体化

多数院校能签订学生与企业、学校与企业两份合同（或学徒、学校和企业之间的三方协议），明确企业员工和学校学生的双重身份、明确各方权益和学徒培养的具体岗位、教学内容、权益等。试点创新点：

积极探索先招工后招生的实现路径。如云南城市建设职业学院与大姚品尚居装饰工程有限公司初步达成了先招工后招生的合作意向，拟定先招工后招生实施方案，并计划在单招考试中开始实施。

（三）完善人才培养制度和标准

试点院校基本能按“专业设置与产业需求对接、专业课程与职业标准对接、教学过程与生产过程对接”的要求，打造“工学交替、岗位成才”的人才培养模式，部分专业建立了融入国家职业资格标准的专业教学标准，校企共同部分建设基于工作内容的专业课程和基于典型工作任务的专业课程体系。

（四）建立校企互聘共用的师资队伍

试点院校基本建立双导师的选拔、培养、激励制度，形成校企互聘共用的管理机制；部分院校能较好地明确双导师的职责，选拔优秀高技能人才担任企业导师（师傅），并由校企共同制定双向挂职锻炼、横向联合技术开发、专业建设的相关制度。试点创新点：

选拔优秀高技能人才担任企业导师有成效，如昆明冶金专科学校校企共建大师工作室，工作室项目融入教学环节，能有效提升学生综合能力。

（五）构建体现现代学徒制特点的管理制度

试点院校基本建立了现代学徒制管理制度，部分试点院校能出台与现代学徒制相适应的教学管理制度和考核评价标准，建立多方参与的考核评价机制。试点创新点：

现代学徒制管理制度有成效，如昆明冶金高等专科学校建立了现代学徒制学分制和弹性学制管理办法取得一定实效；建立多方参与的考核评价机制，逐步形成以教学诊改为核心的全过程现代学徒制育人机制。云南城市建设职业学院将党建、三全育人融入现代学徒制要才培养全过程。云南农业职业技术学院建立了“双T双E”教学质量监控与保证体系，有效确保了学徒教学质量。

（六）特色亮点突出

3所现代学徒制试点学校结合学校实际，积极探索，特色明显。如云南城市建设职业学院把建设全国样板党支部与现代学徒制试点工作有机结合，党建引领，夯实现代学徒制建设的政治基础，加强学徒的思想政治教育效果显著；推行学徒班级积分管理，强化学徒的自我管理，促进学徒成长。云南农业职业技术学院开发“智学徒”现代学徒制育人平台，拓展学徒的学习空间，加强学徒的日常管理监督。昆明冶金高等专科学校通过深化产教融合，校企合作，建设生产性实训基地，提高宝玉石鉴定加工技术技能人才培养质量等。

三、组织保障

云南省教育厅紧随教育部现代学徒制试点工作步伐，将推进现代学徒制试点作为抓实职业教育的重要举措，坚持“统筹协调、试点指导、督察检查、全面推进”的原则，试点学校和专业紧紧围绕云南传统优势产业、发展八大重点产业、五网建设和打造世界一流“绿色能源”“绿色食品”“健康生活目的地”这“三张牌”对技能人才的需求，开展现代学徒制人才培养试点工作。试点学校和专业结合云南区域经济发展和少数民族非遗传承特色，将试点任务与服务国家战略相结合，促进民族技艺传承创新，鼓励各职业院校、企业特色创新，出台相关文件，搭建沟通交流平台，初步形成推进现代学徒制试点工作体系，扎实推进现代学徒制试点。一是成立云南省教育厅指导现代学徒制工作专家指导委员会，支持专委会开展现代学徒制有关的咨询、指导、培训、评估、检查等工作，专委会认真履职，努力工作，圆满完成了对第二、三批全国现代学徒制试点院校和云南省第一批现代学徒制试点单位开展调研、验收和年检工作；二是部分州（市）及县级教育部门出台现代学徒制指导性文件，划拨专项经费，有效指导和支持试点职业院校完成试点任务；三是试点单位均成立了由学校和企业主要负责人共同组成的学徒制工作小组，出台配套政策，保证试点项目有序推进。

四、扶持政策

2014 年，教育部印发《关于开展现代学徒制试点工作的意见》（教职成〔2014〕9 号）和《关于开展现代学徒制试点工作的通知》（教职成司函〔2015〕2 号），并于 2015 年遴选确定了首批现代学徒制试点单位和行业试点牵头单位。同期，云南省教育厅印发《云南省教育厅等五部门关于云南省职业院校现代学徒制试点工作实施方案（试行）的通知》（云教职〔2015〕31 号）和《关于公布首批现代学徒制试点单位的通知》（云教职〔2016〕19 号），遴选确定 20 所职业院校为云南省首批现代学徒制试点单位，云南成为全国继推行现代学徒制以来第三个出台相关政策的省份。

2017 年，教育部印发《关于做好 2017 年度现代学徒制试点工作的通知》（教职成厅函〔2017〕17 号）和《关于公布第二批现代学徒制试点和第一批试点年度检查结果的通知》（教职成厅函〔2017〕35 号），分别对教育部备案的第一批现代学徒制试点进行年检，并遴选确定了第二批现代学徒制试点单位和行业试点牵头单位。根据教育部要求，云南省教育厅印发《关于公布第二批现代学徒制试点单位名单的通知》（云教职〔2017〕27 号），遴选确定 19 所职业院校为云南省第二批现代学徒制试点单位。

2018 年，为贯彻落实教育部办公厅《关于做好 2018 年度现代学徒制试点工作的通知》（教职成厅函〔2018〕10 号）精神，及时了解试点工作进展、存在的问题，加强对试点单位的工作指导，云南省教育厅印发《关于成立现代学徒制专家委员会的通知》和《关于开展现代学徒制试点调研和中期检查的通知》，已形成国家和省两级试点联动机制。

2019年，根据《教育部办公厅关于全面推进现代学徒制工作的通知》（教职成厅函〔2019〕12号）精神，按照教育部《关于做好2019年现代学徒制试点年度检查和验收工作的通知》（教职成司函〔2019〕60号）文件要求，云南省教育厅于2019年6月发布《云南省教育厅关于做好2019年现代学徒制试点年度检查和验收工作的通》，委托云南省现代学徒制工作专家委员会组织研讨、指导和检查验收工作，形成由省教育厅领导，云南省现代学徒制工作专家委员会指导，各试点院校实施的试点推广机制。

通过上述政策措施，确保了云南省现代学徒制试点工作按计划高质量推进，取得了阶段性成绩，为省内职业教育其他项目的改革推进做出了示范。

五、经费投入

试点单位经费投入情况见附件5。

六、存在问题及解决措施

1. 进一步完善过程管理及考核评价机制

健全包括学生管理、教师管理、校企合作管理、就业管理等多个方面的管理、考核制度，探索校企联合开展现代学徒制培养人才的长效运行机制；加强校企沟通、交流和互培、互评、互督力度，确保教学质量，确保学生在双重身份下的各项权益；优化多元评价体系，实现“过程+结果”的教学效果评价体系，客观、全面评价学生能力培养情况。

2. 师资队伍建设需进一步加强

加大学校与企业之间人员互聘共用、双向挂职锻炼力度；拓展专业教师和企业师傅合作科研技改项目，通过项目提升双师教学团队的专业教学能力和素质。

3. 进一步加强实训基地建设

加强校内实训基地软硬件建设，将基地岗位、岗位标准、课程和企业文化融入实训基地，完善实训基地管理制度和考核制度。

七、下一阶段工作计划

云南省第三批全国现代学徒制试点单位调研工作暂告一个段落，回顾调研的试点单位，试点效果和任务完成情况大相径庭，试点成效参差不齐，但从试点任务完成情况来看，时间过半，任务基本过半。从调研情况来看有如下思考与建议：

（1）按照3所试点院校现代学徒制项目工作任务书计划继续开展现代学徒制试点工作。

（2）加快研究出台有利于企业参与人才培养的政策、制度，使企业在双主体育人过程中找到真实利益点，切实推动企业在现代学徒制试点多方面发挥重要作用。

（3）充分发挥省级现代学徒制工作专委会作用，努力提升专家的指导能力。

（4）适时召开现代学徒制试点院校座谈会，交流经验，克服困难和不足，建立经验分享机制，扩大现代学徒制试点的成效。

附件5

云南省3所第三批全国现代学徒制试点单位任务完成情况一览表

学院名称	试点专业数（个）	学徒数（人）	试点合作企业（个）	任务完成度	完成质量	资金投入（万元）			
						企　业	院　校	各级财政	合　计
昆明冶金高等专科学校	2	131	5	50%	一般	1121	206	0	1327
云南城市建设职业学院	2	126	7	60%	较好	60.93	124.16	0	185.09
云南农业职业技术学院	1	39	1	60%	较好	20	158.2	0	178.2
合计	5	296	13	/	/	1201.93	488.36	0	1690.29

附件6

云南省3所第三批全国现代学徒制试点单位省级年检结论汇总表

序　号	学院名称	验收结论
1	昆明冶金高等专科学校	省级年检通过
2	云南城市建设职业学院	省级年检通过
3	云南农业职业技术学院	省级年检通过

云南省教育厅关于首批现代学徒制试点单位验收结果和第二批试点检查情况的通报

各州、市教育体育局，各有关单位：

按照教育部职业教育与成人教育司《关于做好2019年现代学徒制试点年度检查和验收工作的通知》（教职成司函〔2019〕60号）要求，省教育厅组织开展了现代学徒制第一批试点验收、第二批试点年度检查工作。现将检查验收情况通报如下：

一、第一批试点验收情况

按照“试点总结、省级验收”的工作程序，省教育厅组织专家对现代学徒制第一批试点单位进行验收，确定15家通过验收，3家暂缓通过验收，1家终止试点（见附件）。

二、第二批试点年度检查情况

按照“单位自检、省级检查”程序，省教育厅组织专家对昆明理工大学城市学院等21家单位进行检查，形成了年度检查意见（已反馈至各试点单位）。

三、下步工作要求

（一）通过验收的试点单位要进一步总结和推广试点经验，提升实践水平，要切实做好试点经验和典型模式的宣传推广，充分发挥试点带动作用，形成以点带面、共同进步的工作氛围和发展态势，着力构建校企联合招生、联合培养、双主体育人的长效机制，全面提升技术技能人才的培养能力和水平。

（二）暂缓通过验收的试点单位要根据专家意见继续完成试点任务，与下一批试点单位同期验收；未通过验收的试点单位，终止试点。

（三）年度检查意见将作为2020年验收的主要依据之一。

对于检查发现试点单位存在领导重视不够、承担试点部门沟通协调不足、“双主体”落实教学工作不实等问题，各试点单位要对标对表，切实整改，扎实推进各项试点工作任务。

附件：现代学徒制第一批试点单位验收结果汇总表

云南省教育厅

2019年11月4日

附件

现代学徒制第一批试点单位验收结果汇总表

序　号	试点单位	验收结果
1	昆明钢铁集团有限公司职业技能培训中心	通过
2	昆明理工大学城市学院	通过
3	普洱学院	通过
4	云南经济管理学院	通过
5	云南国土资源职业学院	通过
6	昆明工业职业技术学院	通过
7	临沧高级技工学校	通过
8	大理农林职业技术学院	通过
9	西双版纳职业技术学院	通过
10	玉溪农业职业技术学院	暂缓通过
11	云南能源职业技术学院	通过
12	云南机电职业技术学院	通过
13	曲靖医学高等专科学校	通过
14	云南锡业职业技术学院	通过
15	玉溪工业财贸学校	通过
16	云南省贸易经济学校	终止试点
17	云南省临沧卫生学校	暂缓通过
18	剑川县职业高级中学	通过
19	鹤庆县职业高级中学	通过
20	云南工业技师学院	暂缓通过

关于开展云南省现代学徒制标准研制、课题研究和试点典型案例征集工作的通知

云学专字〔2020〕1 号

各有关高、中等职业院校、相关企业、专指委委员单位：

为进一步贯彻国务院《国家职业教育改革实施方案》，落实教育部办公厅《关于全面推进现代学徒制工作的通知》（教职成函〔2019〕12 号）要求，深化中国特色现代学徒人才培养，做好我省全面推进现代学徒制的各项工作，确保人才培养质量，按照全国专委会要求和云南省教育厅职成教处的工作安排，云南现代学徒制工作专家指导委员会拟组织开展云南省现代学徒制标准研制、课题研究申报和试点典型案例征集等工作。现将有关事项通知如下：

一、项目分类

包括标准研制、课题研究和典型案例征集。

二、项目分类

1. 标准研制：15 项；
2. 课题研究：15 项；
3. 典型案例：30 项。

三、申报方式及数量

标准研制和课题研究以学校为单位申报，各申报单位可根据试点情况，自行申报，同一学校每类项申报不超过 2 项；专指委委员可单独申报，每位委员限申报 1 项。试点典型案例限云南省、全国现代学徒制试点单位，每个单位须至少上报 1 个典型案例（上报时间截止到 4 月 15 日）。

四、其他事项

（一）标准研制、课题研究周期为一年，即 2020 年 12 月底前结束。

（二）项目申报书及典型案例撰写参照附件填报。

（三）请各院校和委员积极申报，此次项目申报将作为全省第二批现代学徒制试点单位验收及后续开展全省现代学徒制专业工作开展的重要支撑材料。

（四）2020 年 3 月 10 日前将项目推荐汇总表、申报书电子文档报送至专委会秘书处指定邮箱，纸质稿一式三份待疫情解除后补报。

（五）专委会将组织省内外专家进行评审。对标准研制和课题研究进行立项，对典型案例进行修改汇编。

联系人：赵心亮

联系电话：18687158488

电子邮箱：531828476@ qq. com

附件：1. 云南省现代学徒制标准研制项目申报书

2. 云南省现代学徒制课题研究项目申报书

3. 云南省现代学徒制试点典型案例编写要求

4. 项目推荐汇总表

云南现代学徒制工作专家指导委员会

2020 年 2 月 19 日

附件1

云南省现代学徒制标准研制项目
申报书

标准名称：____________________

____

主 编 人：____________________

主编单位：____________________（盖章）

参与企业：____________________（盖章）

____________________（盖章）

申报日期：____________________

云南现代学徒制工作专家指导委员会制

2020年2月

填 表 说 明

一、本表用于云南省现代学徒制标准研制立项的申请和审批。

二、标准必须由校企共同研制，第一主编单位可以是院校，也可以是企业行业，主编单位不得超过两家，参编单位原则上不超过六家。

三、标准研制应围绕现代学徒制人才培养全过程各环节，不需要面面俱到，尤其要关注关键环节，包括但不限于：试点企业、院校遴选标准、学徒选拔标准、师傅、教师聘用标准、企业课程标准、学徒考核评价标准、质量监控标准、企业课程实训条件建设标准等。

四、请认真填写各项内容，各项栏目不得空缺，无此项内容时填“/”或“0”。封面上的各项信息须与项目基本信息一致。申报书各项内容应实事求是，表达要明确、严谨。外来语要同时用原文和中文表达，第一次出现的缩写词，须注出全称。

五、请用小四号宋体填写，行间距为 20 磅。

六、项目计划起止日期为：2020 年 2 月至 2020 年 12 月

七、申报书及附件材料用 A4 纸左侧装订成，一式三份。

申报者的承诺与成果使用授权

本人自愿申报云南省现代学徒制标准研制项目，认可所填写的申报书为有约束力的协议，并承诺对所填写的各项内容的真实性负责，保证没有知识产权争议。申报如获准立项，在研究工作中，接受云南省教育厅或其授权（委托）的云南现代学徒制工作专家指导委员会，以及本人所在单位的管理，并对以下约定信守承诺：

1. 遵守相关法律法规。遵守我国著作权法和专利法等相关法律法规；遵守我国政府签署加入的相关国际知识产权规定。

2. 遵循学术研究的基本规范，恪守学术道德，维护学术尊严。研究过程真实，不以任何方式抄袭、剽窃或侵吞他人学术成果，杜绝伪注、伪造、篡改文献和数据等学术不端行为；成果真实，不重复发表研究成果；维护社会公共利益，维护云南省现代学徒制标准研制项目的声誉和公信力，不以项目名义牟取不当利益。

3. 遵守云南省科研项目有关管理规定以及云南省财务规章制度。

4. 凡因项目内容、成果或研究过程引起的法律、学术、产权或经费使用问题引起的纠纷，责任由相应的项目研究人员承担。

5. 同意云南省教育厅或其授权（委托）的云南现代学徒制工作专家指导委员会有公布、使用、宣传申报书内容及使用项目研制的相关成果。

项目负责人（签章）________________（申报院校）

或________________（合作企业）

年　　月　　日

一、云南省现代学徒制标准研制立项申请表

<table>
<tr><td colspan="2">标准名称</td><td colspan="5"></td></tr>
<tr><td rowspan="5">第一主编单位</td><td>名　　称</td><td colspan="5"></td></tr>
<tr><td>通讯地址</td><td colspan="3"></td><td>邮　编</td><td></td></tr>
<tr><td>项目主持人</td><td></td><td>性　别</td><td></td><td>出生年月</td><td></td></tr>
<tr><td>职　务</td><td></td><td>职　称</td><td></td><td>最终学位</td><td></td></tr>
<tr><td>专业领域</td><td></td><td>手　机</td><td></td><td>邮　箱</td><td></td></tr>
<tr><td rowspan="5">第二主编单位</td><td>名　　称</td><td colspan="5"></td></tr>
<tr><td>通讯地址</td><td colspan="3"></td><td>邮　编</td><td></td></tr>
<tr><td>项目主持人</td><td></td><td>性　别</td><td></td><td>出生年月</td><td></td></tr>
<tr><td>职　务</td><td></td><td>职　称</td><td></td><td>最终学位</td><td></td></tr>
<tr><td>专业领域</td><td></td><td>手　机</td><td></td><td>邮　箱</td><td></td></tr>
<tr><td rowspan="4">参编单位</td><td>1</td><td colspan="5"></td></tr>
<tr><td>2</td><td colspan="5"></td></tr>
<tr><td>3</td><td colspan="5"></td></tr>
<tr><td>4</td><td colspan="5"></td></tr>
<tr><td rowspan="8">标准起草成员</td><td>序号</td><td>姓名</td><td>年龄</td><td>工作单位</td><td>职务/职称</td><td>从事专业</td></tr>
<tr><td>1</td><td></td><td></td><td></td><td></td><td></td></tr>
<tr><td>2</td><td></td><td></td><td></td><td></td><td></td></tr>
<tr><td>3</td><td></td><td></td><td></td><td></td><td></td></tr>
<tr><td>4</td><td></td><td></td><td></td><td></td><td></td></tr>
<tr><td>5</td><td></td><td></td><td></td><td></td><td></td></tr>
<tr><td>6</td><td></td><td></td><td></td><td></td><td></td></tr>
<tr><td>7</td><td></td><td></td><td></td><td></td><td></td></tr>
</table>

二、标准主编单位、主编人基本情况（不多于1000字）

（一）主编单位基本情况 （主要填写主编单位成立时间、工作性质、工作业绩、技术能力）：

（二）主编人基本情况

（主要填写主编人的工作业绩、技术成果、获奖荣誉、参加编制的其他标准）：

三、标准编制纲要（不多于800字）

（一）编制（修订）标准的目的、意义及该标准的应用前景
（二）与国内外相关标准的关系

（三）标准的适用范围、主要技术内容（或标准拟解决的问题）
（四）标准编制、修订的工作计划
第一阶段（完成初稿）：　　年　月　日至　　年　月　日。 第二阶段（完成征求意见稿）：　　年　月　日至　　年　月　日。 第三阶段（完成送审稿）：　　年　月　日至　　年　月　日。
（五）保障措施（主编单位项目管理和经费支持情况）

四、审核意见

第一主编单位意见	负责人（签字）：（盖章） 年　月　日
合作企业意见	负责人（签字）：（盖章） 年　月　日
云南现代学徒制工作专家指导委员会意见	主任委员（签字）：（盖章） 年　月　日

五、相关附件

（一）主持人身份证复印件（正反面）；
（二）主持人职称证书复印件；
（三）论文技术成果情况（论文首页及发表该论文刊物封面复印件）；
（四）承担项目情况（须提供项目批文复印件）；
（五）获奖情况（奖励复印件）；
（六）申请授权专利情况（专利证书复印件）；
（七）产生经济社会效益情况（相关证明材料复印件）；
（八）获得人才计划情况（人才计划批文复印件）；
（九）其他附件。

附件 2

云南省现代学徒制课题研究项目

申报书

项目名称：______________________________

主 持 人：______________________________

所在学校：______________________________（盖章）

手机号码：______________________________

电子邮箱：______________________________

云南现代学徒制工作专家指导委员会制

2020 年 2 月

填 表 说 明

一、本表用于云南省现代学徒制课题研究项目的申请和审批。

二、项目必须由校企共同合作实施，主持人可以来自院校，也可以来自企业，项目组成员院校、企业须各占一半。

三、请认真填写各项内容，各项栏目不得空缺，无此项内容时填“/”或“0”。封面上的各项信息须与项目基本信息一致。申报书各项内容应实事求是，表达要明确、严谨。外来语要同时用原文和中文表达，第一次出现的缩写词，须注出全称。

四、请用小四号宋体填写，行间距为20磅。

五、项目计划起止日期为：2020年2月至2020年12月。

六、本表第二至第五部分可根据实际情况自行拉长加页。

七、申报书及附件材料用A4纸左侧装订，一式三份。

申报者的承诺与成果使用授权

本人自愿申报云南省现代学徒制标准研制项目，认可所填写的申报书为有约束力的协议，并承诺对所填写的各项内容的真实性负责，保证没有知识产权争议。申报如获准立项，在研究工作中，接受云南省教育厅或其授权（委托）的云南现代学徒制工作专家指导委员会，以及本人所在单位的管理，并对以下约定信守承诺：

1. 遵守相关法律法规。遵守我国著作权法和专利法等相关法律法规；遵守我国政府签署加入的相关国际知识产权规定。

2. 遵循学术研究的基本规范，恪守学术道德，维护学术尊严。研究过程真实，不以任何方式抄袭、剽窃或侵吞他人学术成果，杜绝伪注、伪造、篡改文献和数据等学术不端行为；成果真实，不重复发表研究成果；维护社会公共利益，维护云南省现代学徒制课题研究项目的声誉和公信力，不以项目名义牟取不当利益。

3. 遵守云南省科研项目有关管理规定以及云南省财务规章制度。

4. 凡因项目内容、成果或研究过程引起的法律、学术、产权或经费使用问题引起的纠纷，责任由相应的项目研究人员承担。

5. 同意云南省教育厅或其授权（委托）的云南现代学徒制工作专家指导委员会有权公布、使用、宣传申报书内容及使用项目研制的相关成果。

项目主持人（签章）：＿＿＿＿＿＿＿＿＿＿

年　　月　　日

一、简　表

<table>
<tr><td rowspan="3">项目简况</td><td>项目名称</td><td colspan="8"></td></tr>
<tr><td>项目主持人身份</td><td colspan="8">□院校领导　□企业领导　□院校中层干部　□企业中层干部　□学校师傅
□企业师傅　□其他人员</td></tr>
<tr><td>起止年月</td><td colspan="8"></td></tr>
<tr><td rowspan="16">项目主持人</td><td>姓名</td><td colspan="2"></td><td>性别</td><td></td><td>出生年月</td><td colspan="3"></td></tr>
<tr><td colspan="2">专业技术职务/行政职务</td><td colspan="2"></td><td colspan="2">最终学位</td><td colspan="3"></td></tr>
<tr><td rowspan="3">所在单位</td><td rowspan="2">单位名称</td><td colspan="3" rowspan="2"></td><td colspan="2">邮政编码</td><td colspan="2"></td></tr>
<tr><td colspan="2">电话</td><td colspan="2"></td></tr>
<tr><td>通讯地址</td><td colspan="7"></td></tr>
<tr><td rowspan="5">主要教学/工作简历</td><td>时间</td><td colspan="2">课程名称</td><td colspan="2">授课对象</td><td>学时</td><td colspan="2">所在单位</td></tr>
<tr><td></td><td colspan="2"></td><td colspan="2"></td><td></td><td colspan="2"></td></tr>
<tr><td></td><td colspan="2"></td><td colspan="2"></td><td></td><td colspan="2"></td></tr>
<tr><td></td><td colspan="2"></td><td colspan="2"></td><td></td><td colspan="2"></td></tr>
<tr><td></td><td colspan="2"></td><td colspan="2"></td><td></td><td colspan="2"></td></tr>
<tr><td rowspan="6">与项目有关的研究与实践基础</td><td>立项时间</td><td colspan="5">项目名称</td><td colspan="2">立项单位</td></tr>
<tr><td></td><td colspan="5"></td><td colspan="2"></td></tr>
<tr><td></td><td colspan="5"></td><td colspan="2"></td></tr>
<tr><td></td><td colspan="5"></td><td colspan="2"></td></tr>
<tr><td></td><td colspan="5"></td><td colspan="2"></td></tr>
<tr><td></td><td colspan="5"></td><td colspan="2"></td></tr>
<tr><td rowspan="11">项目组成员</td><td rowspan="2">总人数</td><td colspan="3">职称</td><td colspan="3">学位</td><td colspan="2"></td></tr>
<tr><td>高级</td><td>中级</td><td>初级</td><td>博士</td><td>硕士</td><td>本专科</td><td colspan="2">参加单位数</td></tr>
<tr><td></td><td></td><td></td><td></td><td></td><td></td><td></td><td colspan="2"></td></tr>
<tr><td rowspan="8">主要成员（不含主持人，不超过6人）</td><td>姓名</td><td>性别</td><td>出生年月</td><td>职称</td><td colspan="2">工作单位</td><td>分工</td><td>签名</td></tr>
<tr><td></td><td></td><td></td><td></td><td colspan="2"></td><td></td><td></td></tr>
<tr><td></td><td></td><td></td><td></td><td colspan="2"></td><td></td><td></td></tr>
<tr><td></td><td></td><td></td><td></td><td colspan="2"></td><td></td><td></td></tr>
<tr><td></td><td></td><td></td><td></td><td colspan="2"></td><td></td><td></td></tr>
<tr><td></td><td></td><td></td><td></td><td colspan="2"></td><td></td><td></td></tr>
<tr><td></td><td></td><td></td><td></td><td colspan="2"></td><td></td><td></td></tr>
<tr><td></td><td></td><td></td><td></td><td colspan="2"></td><td></td><td></td></tr>
</table>

二、立项依据

含项目意义、研究综述和现状分析等（不多于 800 字）

三、项目方案

（一）目标和拟解决的问题（不多于 300 字）
（二）研究与实践内容（不多于 800 字）

（三）研究方法（不多于 300 字）
（四）实施计划（不多于 500 字）
（五）经费筹措方案（不多于 300 字）

（六）预期成果和效果（不多于 500 字）
（七）特色与创新（不多于 300 字）

四、研究与实践基础

（一）与本项目有关的研究成果简述（不多于 500 字）

（二）项目组成员所承担的与本项目有关的教学改革、科研项目和已取得的教学改革工作成绩（不多于500字）

五、学校审核意见

学校审核和推荐意见：
学校签章： 2020年　月　日

六、专委会审核意见

云南现代学徒制工作专家指导委员会意见	主任委员（签字）：　　（盖章） 年　月　日

七、相关附件

（一）项目主持人身份证复印件（正反面）；
（二）项目主持人职称证书复印件；
（三）发表论文情况（论文首页及发表该论文刊物封面复印件）；
（四）承担项目情况（须提供项目批文复印件）；
（五）获奖情况（奖励复印件）；
（六）申请授权专利情况（专利证书复印件）；
（七）产生经济社会效益情况（相关证明材料复印件）；
（八）获得人才计划情况（人才计划批文复印件）；
（九）其他附件。

附件3

云南省现代学徒制试点典型案例编写要求

1. 题目（宋体三号字、加粗）

紧扣主题，体现实现路径、举措和特色，文字不超过25字。

2. 署名（宋体小四号字、加粗）

编写案例单位及合作单位在题目正下方，不超过三个，超过三个时加“等”；撰写人写在案例最后括号内（撰写人：×××）。

3. 摘要（宋体小四号字）

呼应主题，对案例内容进行简明总结归纳，可以是体现本案例在现代学徒制实施过程中的基本路径、解决问题的主要措施、实现的成效等，可以包含目的、方法、效果、结论和核心的量化数字，不加评论和补充解释。字数控制在300字以内。

4. 正文（标题宋体小四号字、加粗，正文宋体小四号字）

背景部分：基于区域经济发展和产业转型对技术技能人才的需求（避免空洞，需提供必要的数据支撑），突出校企联合实施现代学徒制的基础、缘由。请勿大量篇幅介绍试点单位基本情况。字数不得超过总内容的10%。

具体做法：建议内容观点鲜明，积极向上，言之有物，体现标志性成果；各级标题需进一步凝练，标题或自然段落首句要体现本部分或段落主要内容；目标、举措及成效要有数据支撑，对于突出案例的实现路径的核心内容，建议用3—5个框架图进行展示，总图片数不宜超过10张。字数占总内容的70%左右。

5. 字数

总字数控制在4000字以内，框图、图片不超过5张。

6. 其他

案例中应规避跟岗实习、顶岗实习、“2+1”培养等不能体现现代学徒制内涵特色的描述。

附件 4

项目推荐汇总表

填报单位：（盖章）　　　　填表时间：　　年　　月　　日

填表人：　　　　填表人电话：

序　号	项目类别	项目名称	申报单位名称	联合申报单位名称	项目主持人（院校）	项目主持人（企业）	备　注
……	……	……	……	……	……		

说明：

1. 本表以院校为单位填写，委员申报可单独填写。
2. “项目类别”填写标准研制、课题研究、典型案例分项填写。

关于公布云南省现代学徒制标准研制、课题研究项目立项名单的通知

云学专字〔2020〕2 号

各有关高、中等职业院校及相关单位：

根据《关于开展云南省现代学徒制标准研制、课题研究和试点典型案例征集工作的通知》（云学专字〔2020〕1 号）要求，经专家网络评审，共批准云南省现代学徒制标准研制项目 15 项、课题研究项目 15 项（详见附件）。现将立项名单予以公布。

请各项目主持人按照要求，开展项目研究工作，按期完成研究任务。各单位负责督促项目实施，并组织校内验收，于 2021 年 1 月 10 日前提交项目结题验收材料（结题报告、公开发表的论文、教材、专著等有关研究成果）。不按要求开展工作或提交结题验收材料的项目，将予以取消，并对项目所在单位今后的有关项目申报工作进行限制。

联系人：赵心亮

联系电话：18687158488

附件：1. 云南省现代学徒制标准研制项目立项名单

2. 云南省现代学徒制课题研究项目立项名单

云南现代学徒制工作专家指导委员会

2020 年 4 月 30 日

附件 1

云南省现代学徒制标准研制项目立项名单

序　号	主编单位	标准名称	主编人	备　注
1	云南现代学徒制专委会秘书处	职业院校现代学徒制认证标准体系构建	刘　伟	专指委委员单独申报
2	云南机电职业技术学院	现代学徒制校企合作企业遴选标准	黄晓明	专指委委员单独申报

续　表

序　号	主编单位	标准名称	主编人	备　注
3	云南林业职业技术学院	现代学徒制“双主体育人”企业教学标准研制——以木材工业专业群现代学徒制合作企业为例	黄荣文	
4	云南农业职业技术学院	现代学徒制智能化管理平台建设技术规范	李一源	专指委委员单独申报
5	云南国土资源职业学院	高职院校地质类专业现代学徒制学徒标准开发	齐武福	专指委委员单独申报
6	云南旅游职业学院	烹调工艺与营养专业学徒考核评价标准	韩昕葵	
7	昆明冶金高等专科学校	宝玉石鉴定与加工现代学徒制专业标准研制	普欣尧	
8	昆明理工大学	职业本科机械工程专业现代学徒制教学质量监控标准	郑兴睿	
9	云南农业职业技术学院	现代学徒制合作企业联盟标准	郑　琳	
10	云南能源职业技术学院	工程测量技术专业现代学徒制企业、院校遴选及学徒、师傅选拔、聘用标准	朱劲松	
11	昆明理工大学	职业本科机械工程专业现代学徒制企业课程标准	罗胜阳	
12	云南锡业职业技术学院	机电类专业企业课程标准研制	刘　树	
13	云南文化艺术职业学院	杂技表演专业现代学徒制标准	蒋　波	
14	玉溪工业财贸学校	现代学徒制陶瓷工艺专业教学标准建设研究	余　锋	
15	玉溪农业职业技术学院	基于混合所有制的现代学徒制的人才培养模式绩效评估标准	钟建明	

附件2

云南省现代学徒制课题研究项目立项名单

序　号	申报单位	项目名称	主持人	备　注
1	云南机电职业技术学院	飞机机电设备维修专业现代学徒制人才培养模式研究	杨曼云	专指委委员单独申报
2	昆明冶金高等专科学校	珠宝首饰类专业现代学徒制研究及实践	姚志奇	
3	云南林业职业技术学院	木材工业专业群现代学徒制“赛教融合”人才培养的探索与实践	陈　竹	
4	云南经济管理学院	“现代学徒制”助力智力扶贫模式研究	孙明山	
5	曲靖医学高等专科学校	眼视光技术专业现代学徒制人才培养模式研究	尹华玲	专指委委员单独申报
6	云南能源职业技术学院	工程测量技术专业现代学徒制实践现状及对策研究	徐晓艳	
7	云南交通运输职业学院	基于现代学徒制的工匠精神培养研究	赵建明	
8	云南城市建设职业学院	双项目融通中建筑室内设计专业工匠精神培养的研究	王　维	
9	云南锡业职业技术学院	企业办学背景下的现代学徒制教学运行机制研究	张惠芬	
10	云南经贸外事职业学院	职业教育生源多源化趋势的背景下现代学徒制人才培养模式研究	汪　湳	
11	红河卫生职业学院	依托现代学徒制试点项目高职药学专业群工作手册式教材开发应用研究——以《药物制剂技术》教材开发为例	陈建雯	
12	腾冲市第一职业高级中学	中等职业学校珠宝加工专业现代学徒制改革试点研究	杨明熙	
13	曲靖医学高等专科学校	眼视光技术专业现代学徒制人才培养方案的制定与实施探索	舒艳琼	
14	云南新兴职业学院	医药类专业现代学徒制人才培养模式的创新与实践	杨　晶	
15	云南工程职业学院	汽车检测与维修技术专业“现代学徒制”人才培养模式探索	李加祥	

云南省教育厅关于做好2020年现代学徒制试点年度验收工作的通知

各有关州、市教育体育局，有关高校：

为贯彻落实《教育部办公厅关于全面推进现代学徒制工作的通知》（教职成厅函〔2019〕12号）精神，做好2020年度试点验收工作，现将有关事项通知如下：

一、验收工作要求

（一）单位总结

全国第三批试点单位、全省第二批试点单位和暂缓通过的全省第一批试点单位须分别对照备案任务书、年度检查意见表和专家验收意见，撰写总结报告，并提供佐证材料。总结报告应包括：试点目标完成情况、工作成效及创新点、资金到位和执行情况、存在问题、改进措施及建议、下一阶段工作计划等。

（二）省级验收

省教育厅组织专委会对各试点单位报送的验收材料进行复核，并根据实际需要组织实地调研和验收，适时公布省级试点单位验收结果。

二、材料报送要求

国家级试点单位年度检查和验收材料上传教育部现代学徒制试点工作管理平台的时间另行通知。省级试点单位年度验收材料于2020年7月31日前发送至联系人邮箱。实地调研检查方案由专委会另行通知。

联系人：齐武福

联系电话：13518714468

电子邮箱：1499738515@ qq. com

云南省教育厅

2020年7月23日

云南省教育厅关于公布第二批省级现代学徒制试点验收结果的通知

各州、市教育体育局，各有关单位：

根据《教育部关于开展现代学徒制试点工作的意见》（教职成〔2014〕9号）、教育部职成司《关于做好2020年现代学徒制试点验收工作的通知》和《云南省教育厅关于做好2020年现代学徒制试点验收工作的通知》，按照“试点总结、省级验收”程序，省教育厅组织省内外专家对省级现代学徒制第二批试点单位进行验收，确定22家通过验收，1家终止试点（名单详见附件）。现予以公布。

通过验收的试点单位要进一步总结和推广试点经验，提高对现代学徒制人才培养重要性的认识，切实做好试点工作经验总结和典型案例宣传推广，充分发挥试点工作的带动作用，着力构建校企联合招生、联合培养、工学交替、双主体育人的长效机制，全面提高技术技能人才培养质量。

各州市教育体育局要统筹做好本地现代学徒制推广工作；各试点职业院校要充分发挥示范作用，带头做好现代学徒制推广工作。要按照《教育部办公厅关于全面推进现代学徒制工作的通知》要求，从招生招工一体化、标准体系建设、双导师团队建设、教学资源建设、培养模式改革、管理机制建设各方面全面推广现代学徒制，积极探索中国特色学徒制。

附件：云南省第二批（含第一批未通过验收）现代学徒制试点验收结果

云南省教育厅

2020年12月8日

附件：

云南省第二批（含第一批未通过验收）现代学徒制试点验收结果

序　号	试点单位	验收结果	备　注
1	云南城市建设职业学院	通过	第二批
2	昆明冶金高等专科学校	通过	第二批
3	云南农业职业技术学院	通过	第二批

续　表

序　号	试点单位	验收结果	备　注
4	云南省曲靖应用技术学校	通过	第二批
5	云南林业职业技术学院	通过	第二批
6	云南经贸外事职业学院	通过	第二批
7	蒙自市职业高级中学	通过	第二批
8	云南交通运输职业学院	通过	第二批
9	昆明理工大学城市学院	通过	第一批
10	昆明高级技工学校	通过	第二批
11	云南文化艺术职业学院	通过	第二批
12	红河卫生职业学院	通过	第二批
13	云南旅游职业学院	通过	第二批
14	腾冲市第一职业高级中学	通过	第二批
15	云南商务信息工程学校	通过	第二批
16	昆明市官渡区职业高级中学	通过	第二批
17	云南工程职业学院	通过	第二批
18	玉溪农业职业技术学院	通过	第一批
19	云南工业技师学院	通过	第一批
20	云南省临沧卫生学校	通过	第一批
21	玉溪第二职业高级中学	通过	第二批
22	昆明卫生职业学院	通过	第二批
23	云南省邮电学校	终止试点	第二批